U0115712

草原往事

◎ 张文 编著

内蒙古人民出版社

图书在版编目(CIP)数据

草原往事 / 张文编著. —呼和浩特：内蒙古人民
出版社，2020.11(2021.10 重印)

ISBN 978-7-204-16445-5

Ⅰ.①草… Ⅱ.①张… Ⅲ.①民族历史-内蒙古
Ⅳ.①K280.26

中国版本图书馆 CIP 数据核字（2020）第 206030 号

草原往事

作　　者	张　文	
责任编辑	李　鑫	
封面设计	安立新	
出版发行	内蒙古人民出版社	
地　　址	呼和浩特市新城区中山东路 8 号波士名人国际 B 座 5 楼	
网　　址	http://www.impph.cn	
印　　刷	内蒙古恩科赛美好印刷有限公司	
开　　本	710mm×1000mm　1/16	
印　　张	25	
字　　数	400 千	
版　　次	2021 年 1 月第 1 版	
印　　次	2021 年 10 月第 2 次印刷	
印　　数	2001—4000 册	
书　　号	ISBN 978-7-204-16445-5	
定　　价	48.00 元	

如发现印装质量问题，请与我社联系。联系电话：(0471)3946120　3946173

前　言

　　内蒙古大草原是一块神奇的土地,具有悠久的文明史。据史志载:距今70万年前的上古时期,这里已有人类活动的踪迹。从春秋战国以来,先后有匈奴、鲜卑、突厥、契丹、女真、蒙古、汉、满等民族在这块土地上繁衍生息,并建有本民族形式各异的政权机构。历史上的内蒙古大草原,被称为漠南地区,史学家称其为历史后院。两千多年来,在这辽阔美丽的草原上,曾上演过无数个威武雄壮的历史话剧,涌现出无数的英雄豪杰,谱写了一部辉煌灿烂的文明史。那横亘着的静卧了千百年的赵长城、汉长城、魏长城、金堑壕、明长城和辽上京、元上都、归化城、清衙署,仿佛在滔滔不绝地向人们讲述着中华民族的辉煌历史。母亲河——黄河从这块土地上流淌,滋润着八百里的河套平原和黑黝黝的土默川平原,成为举世瞩目的塞外粮仓,养育着历代生息在这里的芸芸众生。在这块神奇的土地上,游牧文化与农耕文化的撞击、融合和发展,孕育出独具特色的、内涵丰厚的民族文化,并成为中华文明的重要源流之一。

　　暗淡了刀光剑影,远去了鼓角争鸣,湮没了黄城古道,荒芜了烽火边城,眼前飞扬着一个个鲜活的面容,历史铭记着一件件生动的事情。漠南草原的历史从战国的赵武灵王筑长城进入云中算起,迄今已有23个世纪了。在这漫长的历史时期,曾经历过春秋战国、秦、汉、唐、宋、元、明、清几个朝代,期间又有匈奴、鲜卑、突厥等游牧民族在草原上建立本民族的政权机构。而后辽、金、西夏王朝在此地建国,成吉思汗又建立起强大的蒙古汗国,实现了蒙元一统。期间,在风云变幻的草原上,发生了许许多多惊天动地的历史故事,涌现出许多的能人志士,他们那英勇悲壮的事迹,感天地,泣鬼神,他们的精神光照人间,并在各民族的融合中共同创造了辉煌的历史。

编史修志,功在当代,惠及千秋。为弘扬中华文化,发扬蒙古马精神,作者先后用了五年时间,多方取材,反复考证,几易其稿,编著了此书。全书以翔实的文字,朴实的语言,秉笔直书,全面地记述了有史以来至中华民国初期发生在漠南草原上的一系列重大历史事件,再现了当年那波澜壮阔的历史画面。

目 录

综　述

　　历史,每天都在消失,然而,人类每天又都在谱写新的历史。历史是无情的,无论多么辉煌灿烂的历史,终将不断消逝。然而,历史又是有情的,它不断消逝,却又不会永远泯灭;它不断消逝,却又永恒存在。任何一个民族和国家无论经过多少曲折,每前进一步,都和整个历史发展有着密切关系,有着历史的必然性。任何人都无权割断历史,忘却历史。忘却历史就是背叛,所以说历史的经验值得注意。

　　善于总结历史经验,是为了促进历史的发展,推动历史沿着正确的方向健康发展,继承和弘扬自己民族的光荣传统和革命精神,不断为创造新的历史开拓道路。

　　历史固然是人民群众创造的,但终究是走在历史前面的先进人物,有智慧、有才干、有远见、有理想的代表人物,勇于探索和创新,不畏艰险,敢于开拓道路,身先士卒,影响和带领广大人民群众不断前进,谱写新的历史篇章。任何一个民族的光辉历史,都与当代英雄与代表人物的性格和命运息息相关。

　　各民族的历史,无论是古代还是近代,总是通过正史来记录历史,通过对历史的真实记录,达到存史、资政、育人之作用。

　　内蒙古历史悠久,人杰地灵。据考古证实:距今70万年前的上古时期,在内蒙古这块神奇的土地上就有人类祖先活动的踪迹,如"大窑文化"。纵观内蒙古地区的历史,先后经历了古代、近代和现代(即中华人民共和国成立后),古代内蒙古经历了东周、秦汉、三国、两晋、隋唐、五代、宋、辽、夏、金、元和明清等历史时期,各个历史时期的概况如下:

（一）

内蒙古草原自古以来就是北方游牧民族繁衍和生息的摇篮，早在公元前21世纪至公元前3世纪，内蒙古草原就生活着一些游牧民族，他们与中原地区的民族发生过密切关系。据史志载：商夏至春秋时期，甲骨文中就有"土方""鬼方"之记载，而春秋史书中则记载有"荤粥""猃狁""戎""狄"等族称。公元前16世纪至公元前11世纪，辖有今天之河南、河北、山东、山西等地域的商王朝，曾与北方的土方、鬼方等民族发生过战争。公元前770年至公元前221年，汉文献记载的北方民族就有了具体的称谓，活动在今内蒙古地区的北方各民族主要有匈奴、林胡、楼烦。这些民族都先后建立过自己的游牧政权。

匈奴是第一个统一大漠南北的草原游牧民族。据《史记·匈奴列传第五十四》载："匈奴，其先祖夏后氏之苗裔也，曰淳维，唐虞以上有山戎，猃狁、荤粥，居于北蛮，随畜牧而转移。"由此可见，匈奴是一个游牧民族，经过长期分合聚散，由狄系集团中的一支匈奴兼并了诸戎、狄戎而强大起来，形成了以匈奴为称号的游牧集团。匈奴兴起于战国时期，强盛于秦汉年代，其势力东至辽河，西至葱岭，北抵贝加尔湖，南达长城。匈奴在战国时期就建立了自己的游牧政权——匈奴政权。在匈奴政权的机构中，单于为国家最高首领。单于总揽国家军政大权。单于之下设左右贤王、左右大将军、左右大都尉、左右大当户和左、中、右三部制，单于庭直辖匈奴中部。单于庭在西汉时期，包括今土默特平原和乌兰察布丘陵地带及以北的阴山北麓一带。在战国时期开始，匈奴与中原政权发生了连绵不断的战争，到了汉武帝刘彻时期，汉匈战争大为激烈。据史志载：汉武帝建元六年至太初三年（公元前140到前102年），汉武帝先后派大将军卫青、骠骑大将军霍去病、将军李广、将军公孙敖等，数次出雁门、云中击匈奴，建塞檄，起亭隧，筑长城，设屯戍以守之（今武川县境庙沟、二份子、大青山乡均有汉代城堡遗址，今达尔罕茂明安联合旗新宝力格苏木、巴音珠日和苏木、百灵庙镇、红旗牧场及乌拉特中旗、乌拉特后旗均有汉代长城遗址和村落遗址）。汉武帝元朔三年（公元前12年），汉武帝北击匈奴，把匈奴驱至阴山以北。汉武帝效仿秦始皇，边筑长城边移民。后来,汉武帝又派卫青、李息出云中至高阙,收河南地,置朔方郡(今杭锦后旗北),并改九原郡为五原郡;调集 10 万人修筑朔方郡、五原郡卫所,由山东往朔方郡、五原郡转运粮饷,年耗资数百万两。为减轻负担朝廷征募奴隶到朔方、五原郡屯驻,其原奴隶身份改为自由民。匈奴侵汉之战连绵起伏。据史志载:汉武帝元朔四年(公元前 125 年)夏,匈奴分三路各 3 万骑兵入代郡(郡治所在今河北省蔚县西南,辖境包括今丰镇市、兴和县部分地区),定襄郡(郡治所在和林格尔县西北土城子,辖境包括呼和浩特市南部、和林格尔县、卓资县和清水河部分地区),上郡(辖今鄂尔多斯南部及陕北地区),杀戮并俘获近万人。汉武帝多次派重兵去抗击匈奴,战火弥漫。据史志载:汉武帝元朔元年(公元前 128 年)二月,汉大将卫青率 10 万骑兵出定襄郡攻打匈奴,斩杀匈奴军 3000 余人而返。并将其兵马安置在定襄、云中、雁门等地修整。是年四月,汉大将卫青再次出定襄郡攻打匈奴军,斩杀俘获匈奴军数万人。汉军有 2 名将军及 3000 骑兵阵亡。右将军苏建只身逃归,前将军赵信降匈奴。汉武帝元狩四年(公元前 119 年),汉大将卫青、将军霍去病分别从定襄、代郡出兵北伐,各率 5 万骑兵先行,后续兵士达 10 万人。卫青在漠北(今甘肃环县西)围攻单于,斩获匈奴 1.9 万人,至阗颜山(今内蒙古杭爱山一支)而还;霍去病率兵与左贤王交战,斩获匈奴 7 万余人,兵至狼居胥山(一说在今克什克腾旗至阿巴嘎旗一带,一说在蒙古国肯特山)眺望瀚海后而返。云中太守遂成立功,被封为诸侯相,赐食邑 200 户,黄金百斤。匈奴受到汉朝的沉重打击,单于庭迁往漠北。

如此长时间、大规模的战争,使双方两败俱伤。此后几十年里,汉匈没有发生过大规模战争。匈奴出兵阴山之后,守护南界,汉军则沿长城严密设防。

公元前 114 年,伊稚斜单于死后,子乌维立。公元前 105 年,乌维单于死,国力进一步削弱,只好向西北方向发展。其左方兵面对汉属云中,右方兵南对汉属酒泉。匈奴势力不得不退出内蒙古高原中部,这无疑是给东胡系统的乌桓和鲜卑的发展提供了历史契机。乌桓、丁零等降附属部也乘机起来反击匈奴。在这种形势下,匈奴统治集团内部发生了分裂与内讧。公元前 57 年,匈奴内部出现了五单于争位的混乱局面。其中有一位名叫稽侯珊的呼呼韩邪单于,他在大混乱中被另一位郅支单于打败,只好降服于汉朝。这样一来,匈奴远遁,漠南无王庭。

公元前 49 年,汉朝方面新皇即位,即汉元帝。呼韩邪单于的部落在汉朝的支持下,力量不断壮大。呼韩邪单于再次请求到长安觐见皇帝。汉元帝以最高礼仪接待了呼韩邪单于。呼韩邪单于请求允许他北返大单于庭,汉朝方面同意并派兵护送。郅支单于自知不敌,弃庭西逃。呼韩邪单于回到单于庭,成为名副其实的匈奴大单于。这时他感恩汉朝,欣然盟约:汉与匈奴合为一家,世代毋得相诈相攻。

这以后的许多年,匈奴没有发起任何形式的对汉战争。公元前 33 年春正月,呼韩邪单于再次入长安,自言愿意做汉家女婿。汉元帝在后宫中选了一位女子嫁给呼韩邪单于,一位传唱千古的人物出现了,她就是王昭君。王昭君出塞后,使汉匈和平关系得到进一步加强。阴山前后"数世不见烟火之警,人民炽盛、牛马遍野"。这一地区的农牧业经济得到了恢复和发展。公元前 31 年,呼韩邪单于死后,王昭君遵从匈奴习俗,再嫁新单于,仍为阏氏。后来,王昭君的女儿、女婿经常到西河郡(今伊金霍洛旗红庆河古城)与汉朝的使者往来。

王昭君,成为匈奴以后为历代草原民族所爱戴的历史人物。今呼和浩特市南郊的昭君墓、鄂尔多斯达拉特旗黄河南的昭君坟,似乎都在诉说着远逝的历史;包头市南郊多次出土西汉后期的"单于和亲""千秋万岁""长乐未央"等陶片瓦当,见证了永远的王昭君。正如董必武题词:昭君自有千秋在,胡汉和亲识见高。

在汉代,除匈奴外,乌桓族也在漠南这片土地生息繁衍,并建有自己的临时政权。据史志载:公元前 49 年(光武帝刘秀建武二十五年),乌桓人接受东汉封号,率领部众移居到辽西、右北平、渔阳、上谷、雁门、代郡、朔方等10 郡之内。

这些相继或同时出现在内蒙古地区的游牧民族,他们像鹰一样从历史的天空中掠过,大多数飞得无影无踪,留下来的只是一些历史遗迹或遗物,零落于荒烟蔓草之间,诉说着昔日的民族融合和繁荣。

(二)

东汉时期,在漠南地区生息的拓跋鲜卑逐渐强大起来,并建有临时性民族政权机构。关于鲜卑,《史记》《后汉书》等史集记载基本相同,认为鲜卑之先为东胡,自从被匈奴打败后,远去辽东塞外。鲜卑族的名称起源是:国有大先卑山,因以为号,是以山名作为族名。据史志载:鲜卑的祖室在嘎仙洞石室,嘎仙洞本为天然石洞,位于内蒙古呼伦贝尔市鄂伦春自治旗阿里河镇北约10公里。地处大兴安岭北段顶峰之东麓,属嫩江两岸甘河上游……这一带林海茫茫,峰峦层叠,古木参天、松桦蔽日。嘎仙洞巍然陡立在花岗岩峭壁上,离平地5米,洞口略呈三角形,高12米,宽19米,方向朝南偏西30度。洞内宽阔,可容纳数千人。整个洞内,石壁平整,穹顶浑然,"大厅"气势雄伟,斜洞曲径幽邃,充满一种威严的宗教气氛。后世把它称之为祖庙。

曾经在嘎仙洞居住的鲜卑族是西部鲜卑,西部鲜卑的拓跋部后来建立了北魏,使它的历史流传下来。根据拓跋鲜卑的口传史,拓跋部族从他们所居的"石室"(嘎仙洞)所在地向外迁徙,这次迁徙发生在以"推寅"为名号的部落君长时代,也就是第一推寅。在1至2世纪,拓跋部的第一次迁徙到达了呼伦湖周围的辽阔草原,开始了他们的游牧生活。拓跋部在草原上留下了许多墓群,这些墓群包括内蒙古陈巴尔虎旗完工墓群、满洲里扎赉诺尔墓群以及海拉尔区南部伊敏河流域各地发现的墓群等。从扎赉诺尔墓群出土的动物纹铜饰件看,拓跋鲜卑走出石室后,很快接受了匈奴文化的影响。除铜饰件外,骨器也具有游牧民族特色,其中一块刻有猎人射鹿的狩猎纹骨板,反映了拓跋鲜卑在呼伦贝尔大草原上还兼事狩猎。而墓中发现的大量牛、马、羊骨,则可证实此时的拓跋鲜卑从事着以畜牧业为主的经济活动。

拓跋鲜卑在呼伦贝尔大草原上生活了近百年,又开始第二次迁徙。带领这次迁徙的部落首领是推寅洁汾,迁徙路线是从大兴安岭地带辗转至西辽河一带,但往南走的路受到阻滞,所以只好从那里西折,循漠南草原路线到达阴山,越阴山而达五原、云中、定襄地区。行进中,拓跋鲜卑部曾经陷入迷途,幸好有一个样子像马、声音像牛的"神兽"引领,才得以走出险境。他们到达阴山一带时间应在 3 世纪初中叶。

东部拓跋鲜卑于公元 91 年北匈奴主力西迁之后,占据了匈奴旧地,吸引了留在漠北的匈奴人十余万,力量骤盛。到 2 世纪中的东汉后期,东部鲜卑的慕容部出现一位著名首领檀石槐(156—181 年在位)。他在弹汗山(今河北省尚义县南大青山)建立庭帐,兵强马壮,各部都归服于他。史称檀石槐率部"南抄缘边,北拒丁零,东劫余夫,西击乌孙,尽据匈奴故地,东西一万四千余里,南北七千余里,网罗山川水泽盐池",建立起一个鲜卑部落军事大联盟。檀石槐将其所控制的地区划分为三部分。自辽东至右北平(今内蒙古赤峰市南)为东部;自右北平西至上谷(今脑阁,多伦县南)为中部;自上谷以西至敦煌为西部。檀石槐建立的这个鲜卑军事大联盟虽然军事力量很强,但政治组织并不坚固。所以当 181 年檀石槐死后,鲜卑大联盟开始分裂。随后被称为"小种鲜卑"的轲比能集团继起,重新统一漠南地区,直至 235 年轲比能被刺身亡,鲜卑局部统一的联盟又被瓦解。以后东部鲜卑分化,宇文部、段部和慕容部兴起,这几部在十六国时期,都曾在中原活跃一时。

拓跋鲜卑人在檀石槐至轲比能的大联盟时期,悄悄完成了他们的第二次迁徙,到达阴山后,成为鲜卑大联盟西部的一部分。而当时西部鲜卑中除兴起的拓跋部外,还有秃发部和乞优部等。公元 258 年,拓跋部众从阴山西段的五原向东一直移至盛乐(今和林格尔县土城子古城),将盛乐一带作为扩张基地,迅速发展起来。拓跋部一方面与中原魏、晋政权互通贸易,每年得到大量财物;另一方面,不断蚕食边境地区,征服四邻部族。到首领禄官时期(295—308 年)疆域大为拓展,仍将拓跋分为东、中、西三部,其中东部由禄官率部驻牧,中部由猗迤率众驻牧,西部则由猗卢拥众而居。至 4 世纪,分三部分而居的拓跋部首领禄官和猗迤相继死去,由猗卢总摄三部。310 年,猗卢以助击骚扰西部郡县的自部鲜卑和铁费匈奴有功,被西晋封为代公,并得到西晋划给的陉岭以北五县之地。315 年,猗卢以盛乐为北都,平成(今山西大同)为南都,建立政权,自称代王。其势力所及包括今内蒙古部分地区及晋冀北部地区。316 年,猗卢被八子刺杀,统治集团发生内讧,势力一度衰弱,辖地缩小。直至 338 年,什翼犍即代王位,设置百官,判定法律,结束内战,才正式建立代国政权。304 年,什翼犍定都盛乐,筑新城,开始定居,从事农牧业生产。376 年,氏贵族建立的前秦政权进攻代国,什翼犍被击败,部落散离,代国灭亡。

然而仅仅过去 10 年,拓跋鲜卑强盛起来,383 年,前秦在淝水之战中失败后,拓跋部乘机发展自己的势力。386 年,拓跋珪在牛川(今呼和浩特东)大会诸部,即代王位,建元登国。不久迁都盛乐,即称魏王。当时拓跋魏北面是柔然和高车,东面是西拉木伦河、老哈河流域的契丹和库莫奚,南面是鲜卑慕容氏建立的后燕国,西面则是黄河河套中的铁弗匈奴。为巩固政权,拓跋珪发动了一系列征服战争。389 年,拓跋鲜卑击库莫奚,获杂畜 10 万余;390 年,大破高车诸部落;391 年,又破高车回纥部,获马羊 20 余万。同年,破灭铁弗匈奴刘卫辰,得马 30 余万匹,牛羊 400 余万头;396 年,破灭燕军,获资财无数;398 年,攻破后燕都城牛川。

通过不间断地兼并作战,拓跋魏统治地区不断扩大,国力进一步增强。398 年,拓跋珪迁都平城;次年,改号称皇帝(魏道武帝),北魏王朝正式建立。到太武帝拓跋焘(423—452 年在位)时,又先后灭了夏、北燕、北凉等国,统一了北方。

鲜卑人曾经建立了多个政权,包括前燕、后燕、西燕、南燕、吐谷浑、西秦、南凉、北魏、西魏、东魏、北齐、北周,其中拓跋鲜卑建立的北魏政权存续时间较长,国力鼎盛,影响最大。

公元 398 年,拓跋鲜卑建立的魏帝国将其政治中心东迁至平城(今大同),后又于 493 年将都城南迁洛阳。嘎仙洞的后裔们整体向外扩张,把他们的勃兴之所扔在后面,内蒙古高原便成为他们的北部边疆。为防御北方柔然等族的南侵,北魏统治者还修筑了长城。北魏长城东起今河北省赤城县,经内蒙古乌兰察布市南部,鄂尔多斯东部,西至包头,绵延 1000 多千米。同时沿阴山一线设立了 6 个军镇:沃野、怀朔、武川、抚冥、柔玄和怀荒。

(三)

历史上地处漠南阴山北麓的武川是隋唐王朝的发祥地。清代著名史学家赵翼在所著的《二十二史答记》中云:"周、隋、唐三代之祖,皆生武川,则自以当时此一区中为疆兵所在,故力征经营者起于此,其附从之功臣,亦易出于此。区区一偏僻弹丸之地,出三代帝王,周幅员尚小,隋、唐大一统者三百余年,岂非王气所聚,硕大繁衍也哉!"

上述这段议论不仅感叹着武川降龙育凤的殊景风水,也说明开创了西魏、北周、隋、唐四个朝代的宇文氏、杨氏、李氏家族皆出自阴山以北的武川。这三个家族作为关陇军事贵族集团的核心成员,龙虎风云际会于武川,累三四代世交结盟,生出了十位皇帝:西魏创立及实际掌权者宇文泰被追谥为北周文帝;北周五帝,宇文觉(孝闵帝)、宇文毓(明帝)、宇文邕(武帝)、宇文赟(宣帝)、宇文阐(静帝);隋二帝,杨坚(文帝)、杨广(炀帝);唐开朝二帝,李渊(高祖)、李世民(太宗)。这在中国历史上是绝无仅有的奇迹。

隋唐时期,在漠南地区又兴起了一个少数民族,这就是突厥。据史志载:敕勒族到了隋唐时代,仍有影响,称为铁勒。按照突厥自己的文字记载说:"九姓铁勒者,吾之同族也。"说明突厥和敕勒同族,都是从赤狄、丁零演变而来。突厥第一次见于汉文献是在《周书·宇文测传》,记载说542年突厥首领阿史那土门曾派人到塞上交易缯絮,表示愿与中原王朝交往。545年,西魏派酒泉昭武九姓胡安诺盘陀出使突厥。几年后,突厥阿史那土门协助柔然荡平铁勒诸部,降伏铁勒5万余众,实力大增。551年,阿史那土门婚配西魏长乐公主,与内地王朝关系趋于密切。552年,阿史那土门出兵进攻柔然,柔然不备,部众四散,柔然可汗阿那瓌兵败自杀。柔然汗国衰败后,阿史那土门建立了突厥汗国,设庭于乌德健山(今鄂尔浑河上游杭爱山之北山),自号伊利可汗。

突厥汗国建国的第二年,伊利可汗土门卒,其子科罗继位,号乙息记可汗。不久乙息记可汗死,传位于阿史那土门可汗的第二子燕都,号木杆可汗。木杆可汗英勇善战,足智多谋,在位20年,他在位期间彻底消灭了柔然汗国,且西破厌哒,东服契丹,联合中原王朝征服吐谷浑,北并黠嘎斯,控制了东起辽河,西达西海(今黑海地区)、北至北海(今贝加尔湖地区)、南抵阴山的广大区域。572年,木杆可汗燕都死,其弟佗钵可汗立。佗钵可汗在位10年,继续保持了木杆可汗时期的强大国势。当时中国北方有北齐和北周两个政权,北周和北齐相互对峙,争相联合突厥以限制对方,不惜厚输财物,以博突厥欢心。

581年,佗钵可汗死,突厥内讧,分裂为东、西两部分。阿史那土门之弟点密的后裔控制了西域,从大一统的突厥汗国分裂出去,为西突厥汗国。留在本营的东突厥汗国,其汗帐仍设在乌德健山,统辖区域向东缩退。这一年,是隋朝开皇元年。

隋朝时期,突厥出现了一位英明可汗叫启发可汗。启发可汗这个名号是隋文帝杨坚赐的,以前他的名号为桑突利可汗,而他的名字叫阿史那染干。581年,佗钵可汗死后,汗位传给侄子摄图,号为沙钵略可汗,就是染干的亲伯父。当时汗庭已经没有太大的权威,因此沙钵略把属部的管辖权进行合理分配,以获取平衡,同时他封弟弟处罗为突利可汗,此人便是染干之父。突利可汗受命管理汗国东部契丹、奚、室韦,即靺鞨各族分布区,染干长大后,协助其父执政。583年,大漠南北发生旱灾和疫病,人畜大批死亡。隋朝乘机兵分八路出塞攻之,大败突厥。突厥汗国的实力在混乱中进一步削弱。沙钵略可汗向隋朝遣使求和,隋文帝允许突厥诸部南迁阴山,寄居白道川。587年,沙钵略可汗死,染干之父突利可汗即位大可汗,号莫何可汗,把"突利可汗"的名号给了儿子染干。588年,莫何可汗卒,大汗之位又交回到沙钵略可汗的儿子手里,号都蓝可汗。

都蓝可汗即位,立刻做出一项重要决定——与隋断交。同时开始对染干进攻。染干被迫无奈,只好投奔隋朝。隋文帝杨坚将宗室女义成公主嫁给染干,并封染干为"意利珍豆启民可汗",简称"启民可汗"。597年,隋朝为启民可汗筑大利城(今清水河县境内),以此安排启民可汗所率的突厥部众。后因都蓝可汗不断侵扰,隋朝遂于599年将启民可汗部众迁到黄河以南(今鄂尔多斯地区)。隋朝为启民可汗筑金河(今大同城南)两城。601年,启民可汗随隋军一道北战,其势力又向北扩展。

609年,启民可汗卒,其子继位可汗,称始毕可汗。这时东突厥汗国国力日益强大,契丹、室韦、吐谷浑、高昌等纷纷臣服于东突厥。始毕可汗即位初期,与隋朝关系融洽,但很快出了问题。615年,隋炀帝身边的黄门侍郎裴矩觉得突厥日益强盛,向隋炀帝献策削弱突厥势力,隋炀帝同意了。于是隋朝许诺在马邑(今山西朔州市)与突厥互市,然后诱杀前来互市的突厥官员。事情发生后,隋朝转而告诉始毕可汗,那些被诱杀的突厥官员有反叛朝廷的嫌疑。始毕可汗不相信,于是与隋朝结怨。正巧隋炀帝又出来巡游,始毕可汗发重兵围攻雁门,险些将隋炀帝活捉。

607年,隋炀帝在胜州榆林郡城宴请启民可汗等,定下一个关乎和平的盟约。8年之后这个盟约被毁。从617年开始,反抗隋朝的义旗此起彼伏。

7世纪中叶,历史上一个空前的盛世出现了,那就是唐代。628年,唐太宗剿除了盘踞在贵州(今鄂尔多斯南)的割据势力梁师都,并于同年收降了北方的契丹、奚等部族,使其脱离了东突厥汗国政权。

630年,唐军在白道(今呼和浩特北坝口子)大破突厥;二月,又于阴山北击溃突厥部众。东突厥颉利可汗逃至铁山(阴山),余众尚有数万。唐军派六路大军远征突厥,突厥大败,颉利可汗被俘,东突厥汗国灭亡。至此,南起阴山,北至大漠,尽归大唐。此后大约半个世纪,漠北无狼烟。颉利可汗押至长安,被唐太宗李世民斥五大罪,但仍饶他不死,并将其安置在太仆寺,供养丰厚。

为处置10万突厥降众,李世民召集群臣商议,众臣议论纷纷各抒己见。李世民却说:"自古皆贵中华,贱夷狄,朕独爱之如一。"于是他采纳了中书令文彦博之建议,将突厥各部安置在河南朔方之地,并完整地保留其部落。根据这个建议,唐朝在贞观年间把突厥内附各部安置在东起幽州(今河北省承德市),西至灵州(今宁夏灵武市)沿长城一线广大地区。历史上称之为羁縻府州。唐朝在全国沿边内附的民族地区,先后设置羁縻州府800多个,并对羁縻州府采取了不同于普通州的统治形式。羁縻州内仍遵循少数民族传统的风俗习惯,也不强迫居民改变生产方式。羁縻府州内可以使用各族传统的法律,允许保留自己的兵马,但唐朝中央政府对这些兵马有调遣权。唐政府一般不直接征收羁縻府州治下百姓的赋税,而由各族统治者按原有方式自行征收,象征性地向中央政府"纳贡"。羁縻府州的统治形式,是唐朝统治者在一定历史条件下实行的比较开明而有效的民族政策,它有助于加强封建国家的统一,对于民族间经济文化交流和民族地区生产发展起到了积极的作用。当时,北方各族都尊称唐太宗为"天可汗",并于大漠南北开辟了一条大道,名为"参天可汗道"。

李世民按照既定的怀柔策略,对前来降服的突厥人众做了安置,让主动降唐的突利可汗回到大漠,召集其部众;封与颉利可汗一同被俘的阿史那思摩为怀化郡王;其余凡是降服到长安的突厥酋长都拜将军、中郎将等。唐朝廷中五品以上者突厥人有百余人,几乎占朝臣的一半。随他们入居长安的突厥将近万家。

后来,当李世民听说颉利可汗郁郁寡欢,常与家人相对悲泣,便产生了怜悯之情。他觉得颉利可汗可能想离开长安,就任命他为虢州刺史,因为那里麋鹿多,可以游猎,但颉利可汗坚持不去,于634年离世。李世民允许按照突厥人的风俗焚尸渭水东,并追封颉利为归义王。

唐代在北部地区设置了几个都护府,所管辖的羁縻府州,基本上按照唐太宗贞观年间的怀柔政策对边疆进行治理。

(四)

安史之乱后,唐朝陷于割据状态。自契丹占据燕云十六州以后,使白沟河变成了契丹、北宋两国不可逾越的江乌沟。12世纪初女真南下,把中国从淮河中拦腰切断,分成两个天下。这个时期,西夏占据了河西,而西辽也建国于西域地区,成吉思汗及其后人摧毁了几个处在衰朽阶段的地方政权,扫除了各族间的疆界,使汉唐以来多民族的大国又恢复了原状。

907年正月,耶律阿保机成为契丹部落联盟可汗。同一年,唐朝灭亡,宣武节度使梁珠称帝,中国进入五代十国时期。

耶律阿保机担任契丹可汗后,致力于对部落联盟体制的改革,推行新的政治制度。他设立官职以管理族属和部众;建立属于可汗的斡鲁朵(营帐即种属性质的部落人口等),扩充隶属个人的侍卫亲军组织。911—915年,耶律阿保机又用近5年的时间,粉碎了部落内部反对势力的叛乱,进一步推行了以私有化为核心的封建君主集权政治。916年,耶律阿保机宣布即皇帝位,建元神册,国号契丹。他仿唐朝政治模式,健全国家机构,立长子耶律倍为皇太子,以亲信将领葛鲁为于越(总管家);以皇后家族萧氏(审密部)世代为北府宰相,统领以契丹迭剌部为核心的北府 5 部;以皇弟耶律苏为南府宰相,统领契丹乙室部等 3 部;明确了契丹各部落的基本"镇驱区域",将各部落统领军队的夷离堇改为详稳,为直属于北、南府宰相统治下的一级官员。

918 年,耶律阿保机在西楼之地修建皇都(今巴林左旗林东镇博罗河屯辽上京遗址),下诏建子庙、佛市、道观,创建契丹文字。除西楼皇都外,又于龙化州建东楼,木叶山建南楼,于大部落北建北楼,四时游猎,往来于四楼之间。四楼之地应为耶律阿保机的私属斡鲁朵(营帐),对于内附的农业人口,则仿照唐朝行政建置进行谋划,至辽太宗时,基本上奠定了以五京为五道的行政区划。道下设府、州、军、城和县,府置留守或知府事,州有节度使、观察州、防御州、团练州或刺史州,县令有丞、尉、主簿,沿袭了唐代的地方行政建置。

919 年,耶律阿保机派其长子耶律倍率军征服了北方乌古敌烈诸部。923 年,耶律阿保机亲率大军分两路征服阻卜,平定漠南。会师于古回纥回鹘城后,向西进至阿尔泰山,征服了回纥等西部各游牧部落,基本上完成了对北方草原的统一。同年,契丹与河东沙陀李氏建立的后唐爆发了著名的"望都之战",契丹获胜,奠定了契丹在漠南地区的统治。926 年,契丹灭渤海,征服女真诸部,完成了对东北地区的统一。

947 年契丹国改国号为辽,又于 982 年改回契丹,再于 1066 年复改为辽。1125 年,辽皇室西奔,祖地潢水河(西拉木伦河)流域为金朝所控制。

契丹族在 200 余年的历史中,在政治、经济、科技、文化方面都颇有建树,并组成了一个地域辽阔的多民族大家庭。"辽(契丹)文化"即以本身的原生文化为主体,以中原文化为依托,并吸收西域、东北各民族先进文化,构成特有的文化体系。

辽代的绘画艺术在中国绘画史上成就突出,以描写边塞草原风光、游牧骑射生活为主题,在中国画史上形成了"北方草原画派"。

辽代的音乐和舞蹈也得到了极大发展,有祭祀祖先、神祇的傩舞和巫舞,还有民族节庆的大型踏歌舞,向中原学习的一般由 66 人表演的大型文舞,由 68 人同时表演的武舞;继承了唐十二和乐,并由此发展融合而转为本民族的十二安乐;还有散乐、大乐、鼓吹乐,向汉族学习的鱼龙漫衍戏、百戏、角抵等;有官适民间、君臣共享的射兔与射柳等大型祈祷娱乐活动。体育活动有射箭比赛、摔跤比赛和蹴鞠比赛等。皇室在京城中还设有专辟的鞠院。

辽代的文化教育也得到很大发展,在立国之初创造出契丹大字 3000 余字,并于 920 年颁行。此后创建契丹小字,这两种文字与汉字并行在辽及辽所辖的地区,使用了近 300 年。契丹族有很多技艺高超的书法家,契丹文、汉文均书写得高妙叫绝。辽也重视儒学,尊孔,建孔庙,各府、州、县均设府学、州学、县学,并有博士、助教来进行教授与管理,开科取士,录取进士授以官衔,为国效力。佛教文化与道教文化也大为兴盛,佛寺、道观普及各州府县,辽代的佛塔是国内遗存最多的辽代建筑。

辽代的雕塑艺术也有极大发展,上京真寂寺的石刻雕像,上京南塔、中京威圣佛寺舍利塔上的雕像,辽奉国寺的 7 尊大佛塔等,都成为辽代雕塑艺术的代表作。其中大同市的华严寺,佛坛上完整地保存了 31 尊菩萨,体态丰盈,衣饰自然,飘带飘逸。当时的木雕技术精湛,庆州的白塔所出的柏木涂金彩绘塔,其雕刻精美。辽代的金银雕祖先像也十分精道。契丹的马兵、革带雕塑装饰华丽。其玉石雕刻塑饰件精美,其中表现游牧生活题材的玉饰件,一直影响到金、元以后的玉饰件风格。

辽代的制瓷艺术也得到了长足发展,其中三彩在继承唐三彩的基础上所烧制的三彩佛像,有的同真人一样大小。有的则是真人的 2~3 倍。佛造像根据其身份地位、面部表情乃至心理,雕刻得神态各异,形象逼真生动。

宋辽之间战争频繁,1004 年,辽皇太后和辽圣宗率兵南犯北宋。十一月,辽军抵达重镇澶渊城北,直接威胁宋朝的都城东京开封。北宋宰相寇准临危不乱,力请宋真宗亲征澶渊。宋军在澶渊前线射杀了辽军统帅萧达凛,辽军士气大挫,形成两军对峙局面。宋真宗登上澶州北城楼督战,宋军士气大振;辽军因折将受挫,同意与宋议和。同年十二月,双方达成如下协议:一、宋辽各守疆界,互不侵犯,约为兄弟之国,辽帝称宋帝为兄。二、宋朝每年给辽绢 20 万匹,银 10 万两,称为岁币。三、双方人户不得交侵,对于逃往越界者,双方都要互相遣送。澶渊之盟是宋辽双方势力均衡条件下的产物,以后宋辽形成长期并立之局面,不再有大的战争。

1004年,辽宋澶州之战爆发,宋朝无力顾忌西北,给党项李氏集团提供了机遇。1031年,李继迁之孙李元昊继位,不断开疆拓土,统治范围扩大到东至黄河、西界玉门、南接萧关、北控大漠的中国西北一隅。

1038年,李元昊称帝,建都兴庆府(今宁夏回族自治区银川市),国号大夏,史称西夏。西夏既立,宋、辽、夏三足鼎立之势形成。大宋占据中原自视为正统;辽地域广阔,奠基日久;唯有大夏国国基初创,偏居西北一隅,羽翼尚未丰满。因此,西夏立国伊始就采取了"连辽伐宋,北和东征"之国策。契丹方面也采取了"以夏制宋"的战略,利用西夏牵制宋朝。然而,辽夏和平时间并不长,1044—1049年爆发了两次辽夏战争,都是由辽方面发动的,战争发生地都在阴山以南的黄河河曲(今鄂尔多斯北部)之地。

西夏建国后,继续拓展疆域。今阿拉善盟、鄂尔多斯西部、巴彦淖尔市西端均属于西夏辖境。其中在阿拉善盟西有黑水威福军司、东有白马强镇军司,都是重要的军镇城寨。鄂尔多斯南部的夏州是党项李氏贵族的隆兴之所,也是一处重要城垣。

1227年西夏亡于蒙古,立国189年。但从夏割据算起,党项族在这一带活动了400余年,创造了灿烂的文化。

女真民族历史悠久。曾经活动在北方的肃慎人,乃是女真人先祖,到秦汉时称为"挹娄",南北朝时期称为"勿吉",隋唐时期称之为"靺鞨"。7世纪末,靺鞨粟末部建立渤海政权,征服了除黑水靺鞨之外的其他五部,而黑水靺鞨仍偏居黑龙江下游一带苦寒之地。10世纪初,契丹灭渤海,居民南迁;黑水部南下至长白山的渤海故地,开始被称为女真。

女真被契丹征服后,辽朝曾将女真族的一部分迁居辽阳以南,编入契丹属国户籍,称之为熟女真。而数目众多的女真人,则居住在松花江、牡丹江流域及以东地区,称之为生女真。生女真的社会发展水平相对落后,10世纪初,生女真还处在原始社会阶段,直到11世纪初才开始向封建社会阶段过渡。12世纪前后,生女真中的完颜部逐渐壮大,为统一女真各部奠定了基础。

1113 年,完颜部的阿骨打继任为辽朝女真部节度使,但却开始与辽朝抗衡。1114 年,完颜阿骨打率兵袭辽,先击渤海军,又败辽兵于出河店,以俘获的人口装备充实女真兵力;1115 年,阿骨打率兵攻陷黄龙府,并追击辽军;辽军崩溃;女真各部统一纳入完颜贵族的统治下;同年,完颜阿骨打建立了女真政权,建都会宁府(今黑龙江省阿城南),年号天辅。1122 年,改国号为金。1125 年金军俘虏了辽天祚帝,辽亡。辽朝所辖的内蒙古的大片土地被金朝所占据,辽上京成为金朝自成一路的临潢府。

金代的文化艺术成就辉煌,在文学、杂剧戏曲、儒学、史学、书法、绘画、雕刻壁画上都颇有建树。金代文人能在我国文学史上开后来派别之先河或启发于后世者,主要是王若虚、元好问。王若虚是金代著名学者,著有《滹南遗老集》,他还兼任经史考证。他的贡献在于初步建立了文法学和修辞学。元好问则是金朝集大成者,著有《遗山文集》。杂剧戏曲在金朝也得到相当发展,已经盛行以杂剧的形式作戏。金代院本的发展,为后来元代用北曲谱成表演故事的杂剧打下了基础。金章宗时的董解元的《西厢记诸官调》,是我国古典戏剧中一部典范性的杰作,被称之为"古今传奇鼻祖""北曲之祖"。金朝以儒家思想为统治人民的基本思想,此外,老庄之学、佛学,特别是法家之学亦较为广泛流传和应用。金朝除继承历朝史学外,尚有其特殊贡献。金代对传统的正统观展开批评,发扬了历史上的民主和包括各族在内的统一的中华思想。元好问的《中州册》是以诗存史,他把各地区、各民族的诗人均视为中州人物,这是包括各民族在内的统一的中华思想的具体反映。金代在绘画和书法方面也取得很高成就。海陵王完颜亮能画竹,显宗允恭善画獐鹿、人物,王庭筠善山水墨竹,王邦基善画人物,徐荣之善画花鸟,杜锜善画鞍马。金代壁画和雕刻艺术造诣深,现存的金代寺院壁画和已发掘的雕砖墓和遗物充分说明了这点。

成吉思汗是蒙古汗国开国君主,是中国历史上著名的军事家、政治家。他姓孛儿只斤,名铁木真。

1162 年,成吉思汗出生在漠北斡难河一个蒙古贵族家。他的五世祖和四世祖曾被契丹国封为属部官令稳和详稳;其曾祖父合不勒汗、伯祖父忽都刺汗都做过蒙古部主;其父也速该有"巴特尔"的称号,是一个有实力的贵族。成吉思汗出生时,受金朝支持的塔塔尔人正与蒙古人发生激战,其父也速该俘虏了塔塔尔首领铁木真,于是用俘虏为婴儿命名,以此纪念胜利。

1170年,铁木真的父亲也速该被塔塔尔人毒死,当时铁木真才9岁,部众纷纷离去,母亲诃额伦夫人领着铁木真和他的几个弟弟度过了几年艰难的生活。少年铁木真曾被泰赤乌贵族掳去囚禁,逃回后投靠了蒙古高原上最强大的克烈部主脱里汗。

1206年,铁木真在斡难河源召开了盛大的忽里台大会,树九斿白旗,建立了蒙古汗国,即大汗位,号成吉思汗。蒙古汗国建立后,原来的许多部众被分编到不同4户中,部落界限从此消失。

1207年,吉利吉思部归附。1209年,畏兀儿部归附。1211年,哈鲁刺部归附成吉思汗。1205年和1207年,成吉思汗攻入西夏,夺取大批骆驼和财物。1209年他又大举进攻西夏,引黄河水淹没西夏都城中兴府(今银川市)。西夏不得已,纳女求和。1211年,成吉思汗率军南下攻金。当时金朝正处于社会危机中,无力抵御蒙古入侵。据守野狐岭的金军号称40万,但一触即溃。在浍河堡战斗中,成吉思汗实行中央突破,全歼金军主力。1213年,成吉思汗南出紫荆关,兵分三路横扫华北平原,获掠财物,俘虏工匠。金朝无力抵抗,于1214年向成吉思汗献上岐国公主及大批金银珠宝。金宣宗随后南迁至南京(今开封)。1215年,蒙古军占领中都。华北、东北的地主武装纷纷投向蒙古,倒戈攻金。1217年,成吉思汗封木华黎为太师国王,专事攻金,自己准备西征。1218年,成吉思汗派大将哲别灭了西辽。

1219年,成吉思汗率20万大军西征,向中亚的花剌子模发动了战争。1219年蒙古军攻讹答剌城,次年攻克。1220年,成吉思汗攻不花剌、花剌子模新都城撒麻尔干(今乌兹别克斯坦撒弥罕)等城。成吉思汗的儿子术赤、窝阔台、察合台率兵攻打花剌子模都城玉龙杰赤(今土库曼斯坦乌尔根奇),成吉思汗的幼子拖雷则率军进入呼罗珊地区。哲别、速不台奉成吉思汗之命穷追摩诃末,摩诃末逃入里海孤岛病死。1221年,成吉思汗在中亚占领区设置达鲁花赤(行政官)监治。1223 年,成吉思汗返回撒麻尔干,次年启程回国。

1226 年,成吉思汗出征西夏,次年西夏亡于蒙古。1227 年夏历七月十二成吉思汗病逝,临终提出联宋灭金之战略。

成吉思汗统一蒙古各部,在历史上起了重要作用。攻金灭夏,曲折地反映了当时中国各民族交往日益密切的客观形势,为元朝建立奠定了基础。成吉思汗对中亚之战,在客观方面打通了东西方面交流之通道,削平了东西方经济交流的堡垒,极大地推动了东西文明的交流。

元代,东西方文化交流很活跃,主要表现在两个方面:

一、西方文化东传

1. 宗教方面:元代对宗教宽容,回教、基督教、犹太教、祆教等再度传入。

2. 艺术方面:西欧绘画理论技巧、外国乐器(如胡琴)及回教建筑艺术(如广州、泉州等地的清真寺)传入,使中国传统艺术内涵更为丰富。

3. 科技方面:元代礼遇色目人,并重视技术人才。所以西方的天文、数学、历法、医术、炮术等也相继传入中国。元代设回回司天文台,用阿拉伯天文学家制造天文仪器,用阿拉伯医药治病,同时回回人的火炮也传入中国。

4. 欧洲人东来:意大利马可·波罗在元做官 17 年,回国后著《马可·波罗游记》(又名《东方闻见录》)一书,引起欧洲人东来的渴望,为日后欧洲人探求新航路起到了重要作用,改变了欧洲人对东方的观念。

二、中国文化西传

1. 罗盘:罗盘经阿拉伯、波斯传入欧洲,改变了欧洲的航海技术,后来哥伦布发现新大陆及葡萄牙人东来,都与此有很大关系。

2. 火药:火药和火炮的制造技术,随着蒙古西征而西传。欧洲人的武器得到改善,导致欧洲封建制度的崩溃及民族国家的兴起。

3. 印刷术:中国的雕版印刷及活字印刷术,在元代经阿拉伯西传,自此西方书籍流传更广,有助于欧洲教育及学术普及,间接促成文艺复兴及宗教改革的发生。

4. 其他:纸币、算盘及瓷器,亦由蒙古西征以及驿道之间进行中西贸易

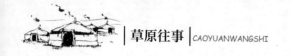

时传入欧洲,推动了欧洲的财政与商业经济的发展。

(五)

中华民族作为一个自觉的民族实体,是近百年来中国和西方列强对抗中出现的,但作为一个自在的民族实体则是几千年的历史过程形成的,他的主流是有许许多多分散孤立存在的民族单元,经过接触、混杂、联结和融合,同时也有分裂和消亡,形成一个你来我去、我来你去,我中有你、你中有我,而又各具特色的多元统一体。

明代,在漠南草原上涌现出一位杰出的蒙古领袖人物,此人叫达延汗。达延汗(1461—1543 年),名巴图蒙克。他素以贤智卓越著称。达延汗即位前夕,蒙古内部争夺汗权的斗争十分激烈,战乱近一个世纪。明成化十五年(1479 年),巴图蒙克即汗位,称达延汗。即位后,率众东征西战,才使分裂的蒙古重新获得统一。达延汗针对太师专权,汗权旁落的弊病,断然撤废太师、丞相,取消封建主特权。重新划分左右两翼 6 万户,分封诸子。右翼交付亲生儿子统辖,左翼则自己驻帐察哈尔万户执掌。达延汗保持同明朝和平贡市关系。每年除派贡使赴北京外,还通过马市同明朝进行贸易。这种贡市关系维持了十余年。达延汗对宗教也做了相应改革。达延汗毕生致力于反对分裂,统一蒙古,重建大业,因而受到蒙古族人民世代敬仰。

16 世纪 40 年代,蒙古右翼的阿勒坦汗成为实际领导者。阿勒坦汗戎马一生,早年主要是征讨蒙古兀良哈和卫拉特部,意在牢牢掌握统治权,以巩固祖父达延汗创造的统一局面。到了中年之后,阿勒坦汗主要是发动对明的战争,其意在通过武力迫使明朝开关互市。蒙古汗庭退出中原后,单一的原始畜牧业使蒙古族人民的生活陷于极其困难之境地。为此,各个时期的蒙古封建主都曾与明廷进行通贡。所谓通贡就是由蒙古商团赶着马到明朝地界,向守边将军交验明政府所赐敕书,或加盖明廷所赐官印的一份贡表,由边关送往京师,这在明朝方面叫"进贡"。第二是"回赐",就是将贡物计价,给与相应的货物或货币,"给赐"和"回赐"的货物一般都很珍贵,如彩缎、折纱、绢等,常常针对蒙古贵族和特权者。与朝贡并行的马市,是一种广泛的贸易形式。如朝贡进行的话,就开放马市;如关系恶化,马市关闭。马市关闭,战争就发生。贸易和战争这两种情况交替进行,构成了明蒙关系的最主要内容。

1541 年阿勒坦汗第一次出面向明朝求贡。他派出了两位使者,一位是汉人石天爵,另一位是蒙古人垦切。两人到大同边关持书求贡,请求恢复通贡互市,大同巡抚赶快拿着阿勒坦汗的书信到北京面圣。这一年是嘉靖三年,明朝皇帝是明世宗朱厚熜。接到书信后,明世宗召集大臣商议,经过商议,明政府同意通贡。但后来明政府突然变卦了,不但拒绝通贡,而且要悬赏取阿勒坦汗首级,于是战争爆发。阿勒坦汗率兵破关,长驱直入晋中平原,杀掠万余人。

1546 年 5 月,阿勒坦汗再次派信使到大同左卫求贡,却不料又遭到明政府的诱杀。阿勒坦汗没发怒,7 月又递书求贡,表现出了极大的耐心。明政府的宣大总督翁万达也反复递书,一方面批评朝廷,另一方面强烈要求朝廷批准通贡。到 1548 年 3 月,翁万达四次上书,都遭到皇帝斥责,贡市之门被彻底封闭。1551 年,明政府终于同意开马市,先开大同镇,随后宣府、延宁也都开放了马市,但仅仅开放了一年。1552 年 9 月,嘉靖皇帝下诏“罢各边马市”。

1571 年 3 月,明政府封阿勒坦汗为顺义王,接着又先后任命阿勒坦汗弟弟、长子、侄子为都督同知、指挥金事、千户、百户等军职。5 月 21 日,阿勒坦汗在大同得胜堡外会集所属各部大小首领举行隆重典礼,以迎接朝廷的诏书,并用蒙古族的泼酒礼祷天发誓:“我蒙古地方新生孩子长成大汉,马驹长成骏马,永不犯中原本部。”与明朝定下信守和平的规约十三条,这就是历史上著名的“隆庆议和”。

1517 年,长城各镇东至宣大,西至延宁,共开辟了张家口、新平堡、德胜堡、水泉营、红山墩、清水营六个互市场所(次年又增开守口堡)。这一年,仅张家口、新平堡、德胜堡、水泉营四处官市和民市,蒙古人出售马、骡、驴、牛、羊等牲畜共计 286544 头(只),同时购回大量绸缎、布匹、米、豆、盐,特别是锅。200 年来,失去了与中原联系的蒙古人最苦的就是缺铁锅,而这回,明朝方面取消了铁出口禁令。

内蒙古大青山的平原在北魏南北朝时期叫敕勒川;隋唐时期叫白道川;辽金元时叫丰州滩;到 16 世纪时,这里驻牧着蒙古右翼三万户之土默特万户,所以这里又叫土默川。

16 世纪 40 年代,阿勒坦汗主政土默特,其势力影响漠南蒙古右翼三万户,为此他积极寻求与明朝建立通贡互市关系,但是十分困难。于是他考虑开发土默川,使中原地区的农业、手工业进入土默特平原,以弥补蒙古草原上畜牧业的单一脆弱。

明朝从 16 世纪初,国内矛盾空前激化,农民起义此起彼伏。起义军失败后,由于官府的追捕,他们偷越长城奔向草原,而他们的同教、同族、同乡常常会受到株连,不堪明朝政府追击,也渡关出塞,逃到草原。从 1551 年到 1570 年之间的 20 年时间里,迁徙到土默特地区的汉族人口总数已达到 5 万人左右。他们从蒙古封建主那里领到土地,用他们的铁锹和锄头、耕牛和犁耙在黄河和黑河之滨,开辟良田千顷。于是在星罗棋布的蒙古包之间,又出现了一些农业村落。这些汉族农民聚居的村落,被称为"板升"(蒙古语,意为房子)。

1572 年,明穆宗隆庆六年,阿勒坦汗在大青山脚下,黑河之滨大兴土木,兴建了一座城郭,叫库库和屯。1575 年,明神宗万历三年竣工。竣工后阿勒坦汗派遣使官携良马、牛、羊等赴明朝请赐城名,并迎请佛像、经文、蟒缎等物,明朝赐名"归化"(后称归化城)。归化城落成后不久,一个新的历史选择摆在蒙古土默特部面前,那就是选择了信奉藏传佛教格鲁派。

大召是归化城最早建立的一座喇嘛庙。大召(无量寺),蒙古语称伊克召,汉译大庙,俗称大召,藏语为叭圪密得令,汉语叫无量寺。大召的称呼来源据传有二:过去归化城人们将蒙古语"伊克"汉译为"大"字,和蒙古语"召"合并,成蒙古语汉语混合语之方言;大召是阿勒坦汗建,阿勒坦汗乃蒙古大汗,故取大汉"大"字和蒙古语"召"合并,称大召。大召始建于明万历七年(1579 年),由土默特部首领阿勒坦汗主建。大召坐落在归化城旧城南门迤南,今大南街路西,它迤东是归化城另一名寺席力图召。大召三楹三开门的庙门为歇山式建筑;木制大门每扇筑有铜制门钉,横七纵五三十五颗。山门正中檐下挂一横匾,上书"九边第一泉"(九边:明朝为抵御蒙古,沿长城一线设置九个军事重镇,由东至西以此为辽东、蓟州、宣化、大同、山西、延绥、宁夏、固原、甘肃)。其三门建筑是呼和浩特唯一的歇山式门建筑。

1581 年,阿勒坦汗去世。后期主持建城的主要是三娘子。阿勒坦汗在这座城里只住了几个月,在这里居住时间较长的是三娘子。因此,归化城还有个别称"三娘子城"。

1585 年,第三世达赖喇嘛索南嘉措来到归化城,为大召银佛像开光,同时为阿勒坦汗诵经超度。为迎接索南嘉措的到来,土默特的信众又在归化城修建了一座较大规模的寺庙——席力图召。1588 年,三世达赖喇嘛索南嘉措圆寂在从归化城到北京的途中。根据他的意愿,确定阿勒坦汗的曾孙云丹嘉措为第四世达赖喇嘛。在此期间,明朝政府也不断向归化城输送各种汉文佛教经典。大量的藏、汉佛教经典在归化城被译成蒙古语。蒙古各部都纷纷派人到归化城请僧学经,同时学习归化城召庙建筑。1585 年,在漠北鄂尔浑河中游岸建立额尔德尼召时,僧俗各界都一致同意采用归化城大召的图纸。在汉、藏文化影响下,蒙古民族建筑艺术水平得到快速发展,归化城成为召庙林立、金碧辉煌的美丽城市。16 世纪末,归化城已成为漠南蒙古的政治、经济和文化中心。

1612 年,长期主政右翼土默特部的三娘子去世,明朝封她为"忠顺夫人"。这时中国已进入明朝后期。

1604 年,蒙古左翼察哈尔部由年少的林丹汗即位,是名义上的蒙古大汗。当时,蒙古各部处于割据状态,蒙古大汗的实权仅限于察哈尔本部。这样,摆在林丹汗面前的一个重要使命就是用武力重新统一蒙古各部。然而,随着林丹汗力量的加强,另一股政治势力也在壮大。兴起于东北一带的女真逐渐成为蒙古的新劲敌。在建州女真首领努尔哈赤的经营下,女真实力迅速壮大。1616 年努尔哈赤建立了爱新国(也称后金)。1619 年,爱新国取得抗击明朝的萨尔浒大捷。1621 年,爱新国攻陷辽阳、沈阳、连克明朝在辽东的 70 余座城池。向西,爱新国千方百计与林丹汗争夺割据余外的蒙古各部,利用蒙古部与林丹汗的矛盾,积极与蒙古各部联姻、结盟,以图孤立林丹

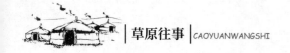

汗。明朝方面采取扩大互市的办法,拉拢林丹汗,制约爱新国。此时,林丹汗决定征讨游离不定的右翼各部,实现其先统一蒙古,再与明朝及爱新国争锋的方针。

至1626年,科尔沁及喀尔喀等左翼蒙古部纷纷投向爱新国。这样,林丹汗不得不设法向西扩张,以蒙古右翼为根据地,再与爱新国周旋。1627年7月,林丹汗率领所属浩特桥、苏尼特、乌珠穆沁及克什克腾诸部向西迁徙。10月底,林丹汗攻入右翼喀喇沁境内。11月进入右翼土默特境内,归化城被林丹汗的军队占领。此时,由土默特、鄂尔多斯、喀喇沁诸部共同形成的反林丹汗联盟军曾一度攻打林丹汗所控制的归化城。1628年初,林丹汗大军组织反扑,重新夺回归化城。因归化城又称"召浩特"(寺庙之城),所以这次战役又被称为"召城之战"。1628年8月,林丹汗在埃不哈(今达茂旗艾不盖河一带)之役中大败右翼蒙古联军,从而完全控制了东起辽河,西到鄂尔多斯的广袤地区。

1632年4月,爱新国天聪汗皇太极开始发动对林丹汗的远征。爱新国军队和喀喇沁、土默特、扎鲁特、敖汉、奈曼、科尔沁及阿鲁科尔沁蒙古各部军队组成联军,从西拉木伦河向西挺进。林丹汗得报后仓促撤离,渡黄河而西逃。爱新国及其联盟军一路攻克归化城,收取察哈尔余部。1634年8月,林丹汗病故于甘肃大草滩,部众分崩离析。林丹汗死后,在爱新国强大声势的影响下,察哈尔部众开始东返。1634年底,林丹汗的长子额哲随其母苏泰太后一起回到鄂尔多斯之地。1635年4月苏泰夫人与儿子额哲一起归降了后金。察哈尔就是达延汗统一漠南蒙古时期的宗主部落,是蒙古大汗的直属部落。察哈尔的归降是一个标志,标志着蒙古左、右翼的大部分归降了后金。

1636年,爱新国可汗改国号为清,称皇帝。已归附了后金的蒙古诸部参加了在盛京(今沈阳市)召开的清朝开国大典。在这次大会上,清朝皇帝分叙外藩蒙古贵族军功,封受爵号,授予各部首领以扎萨克之权,让其继续管领各自部落。清政府为蒙古贵族赐封和硕亲王、多罗郡王、多罗达尔汉、多罗杜棱、多罗贝勒等爵号的同时,这些蒙古贵族原有的汗、济农等一并取消。

1636 年 10 月,清政府再派蒙古衙门官员分赴蒙古各地,组织蒙古诸部贵族会盟,清点壮丁数字,统一编制牛录,建立蒙古旗。他们包括:科尔沁 10 旗,翁牛特部 2 旗,巴林部 2 旗,阿鲁科尔沁部 1 旗,四子部落 1 旗,扎鲁特部 2 旗,乌拉特 3 旗,敖汉旗 1 旗,奈曼部 1 旗,共 23 个扎萨克旗;另加额哲所领察哈尔 1 旗、喀喇沁 1 旗、土默特(东)2 旗,共 27 个旗。

1638 年,清政府将归化、土默特编为左右 2 旗。

1641 年,将察哈尔所属苏尼特部为 1 旗。次年,又增 1 旗。将察哈尔所属乌珠穆沁部编为 1 旗,1646 年又增 1 旗。将阿巴嘎部编为 1 旗,1651 年又增 1 旗。

1646 年,将浩齐特部编为 1 旗,1653 年又增 1 旗。

1649—1650 年,将鄂尔多斯部编为 1 旗。

1652 年,将察哈尔所属克什克腾部编为 1 旗。

1664 年,将茂明安部编为 1 旗。

1665 年,将阿巴哈纳尔部编为 1 旗,次年又增 1 旗。

到 1670 年为止,清政府在漠南蒙古地区设 49 个旗,史称"漠南 49 旗"。这些蒙古旗名到今大部分仍保留着。

在蒙古地区推行旗制的过程中,清朝于早期设立了专门处理蒙古事务的中央机构——蒙古衙门,其地位与六部平级,位列其后。其主要官员分承政、参政两级,下设有启心郎等若干办事人员,多以满蒙籍官员充任。1638年 6 月,将蒙古衙门更名为理藩院,同年铸造了理藩院印信,次年又增设了分管各旗的章京若干名。

清政府在编定蒙古扎萨克旗的同时,还组织了直属清朝中央的蒙古八旗,分别为蒙古两黄旗、两红旗、两白旗、两蓝旗。其人员组成以喀喇沁人为主体,编入早期归附爱新国的所谓"旧蒙古"。蒙古八旗为军队编制,与八旗满洲并列,内部机构也与八旗满洲相同,其政治地位低于满洲而高于汉军。大清入关后,八旗蒙古随同满、汉一起驻防在京师和全国各地。

八旗制度是清代满族的社会组织形式。满族的先世女真人以狩猎为业,每到采捕季节,以氏族或村寨为单位,由有名望的人当首领。这种以血缘和地缘为单位进行集体狩猎的组织形式,称之为牛录制。总领称为牛录额真(牛录意为大箭;额真意为主)。

努尔哈赤在统一女真各部的战争中,不断取得胜利。随着势力扩大,人口增多,他于1601年建立黄、白、红、蓝四旗,称之为正黄、正白、正蓝、正红,旗皆纯色。1615年,努尔哈赤为适应满足社会发展的需要,在原有牛录制的基础上,创建了八旗制度,即在原有四旗之外,增编镶黄、镶白、镶红、镶蓝四旗(镶,俗写做厢)。旗帜除四色旗外,黄、白、蓝均镶以红,红镶以白。把后金管辖下的所有人都编在旗内。其制规定:每300人为1牛录,设牛录额真1人;5牛录为1甲剌,设甲剌额真1人;5甲剌为一固山,设固山额真1人。当时编有满洲牛录30个,蒙古牛录76个,汉军牛录16个,共400个。此时所编设的八旗,即后来的满洲八旗。清太宗时,又建立蒙古八旗和汉军八旗。八旗由皇帝、诸王、贝勒所控制,旗制终清未改。

八旗初建时兵民合一,全民皆兵,凡满洲成员皆隶于满洲八旗之下。旗的组织具有军事、行政和生产等诸方面职能。入关前,八旗兵丁平时从事生产劳动,战时从征,军械粮草自备。入关后,为巩固统治地位,加强对全国各族人民的控制,同时为解除八旗官兵的后顾之忧,更好地为清王朝效力,建立八旗常备兵制和兵饷制度与绿营共同构成清朝统治全国的强有力军事工具,八旗兵从而成为职业兵。八旗兵无论满洲、蒙古或汉军,均以营为单位,由都统及副都统率领,称骑兵营,用于驻防或征战。并有炮营、枪营、护炮藤牌营,附属于汉军骁骑营。

史书所讲的"康乾盛世"起源于康熙二十年(1681年)平三藩之乱,止于嘉庆元年(1796年)川陕楚白莲教起义爆发,持续时间长达115年。有些史学家将"康乾盛世"称为辉煌时期,是因为这个时期在政治、经济、文化等诸方面将中国传统社会推向了一个新高峰。他们认为国家统一的最终完成,社会经济的高度繁荣,学术文化的集大成是"康乾盛世"最显著的历史特征。

康熙大帝最大成就之一就是平定三藩,三藩之乱是清朝初期由三个藩王发起的叛乱事件。三藩是指平西王吴三桂、平南王尚可喜、靖南王耿精忠。

清朝入关后,需要应对李自成起义的力量和南明政府的反抗,而明朝的降官是可借助之力量。但 20 年后,驻云南的吴三桂、驻广东的尚可喜、驻福建的耿精忠等藩王已形成很大势力,与朝廷分庭抗礼。其中吴三桂势力最大,不仅在经济上是中央政府沉重负担,而且威胁到清朝的统治。1673 年春,康熙皇帝决定撤藩。吴三桂首先于 11 月杀云南巡抚朱国治,自称天下都招讨兵马大元帅,并提出"兴明讨虏"口号,将矛头指向朝廷。吴三桂军队由云贵开进湖南,几乎占据湖南全省。进而到四川,四川官员纷纷投降。福建、广东、广西、陕西、湖北、河南等地都有藩王或将领响应。吴三桂在湖南沿长城(明嘉靖年间修筑,规模较小)地带布置防御工事,不敢再向北发展。康熙帝抓住机会调整战略、安排兵力。他首先坚决打攻吴三桂,而对其他的叛逆者却实行招抚,通过分化反叛力量而孤立吴三桂。在军事上则以湖南为进攻重点,同时充分信任汉军,这样便极大地鼓舞了朝廷军队的士气,同时也争取了民心。在耿精忠、尚可喜归顺朝廷后,吴三桂却在 1678 年在衡州称帝,立国号周,建元昭武,大封诸将。其实这时的吴三桂已是穷途末路,他积郁而死后,将"帝位"传给孙子吴世璠。1681 年,清军进入云贵,吴世璠自杀,历时 8 年的三藩之乱被平定。平定三藩,对于清政府来讲,是完成统一,确立稳定的皇朝政权统治的标志,为"康乾盛世"创造了条件。

清康熙年间,在漠南大草原上涌现出一支新兴的商业队伍叫旅蒙商。这些商人、商号和商帮,活跃于我国北部蒙古高原地区,从事贸易,当时把这些人通称为旅蒙商。在 16 世纪兴起的草原召城归化城,吸引了旅蒙商的注意。随着旅蒙商号的增多,贸易范围的扩大,归化城很快发展成为草原上著名的商业城市。在这个城市里,居民稠密,商户林立,一切外来的货物先汇集到此城囤积,然后陆续分拨各处售卖。归化城是中国近代商业史上最大的旅蒙商号为大盛魁。

大盛魁商号是由山西太谷商人王相卿和祁县人史大学、张杰三人共同创办。起初,这三个人都是清军队伍里的随军小贩。清军击溃噶尔丹后,主力移居阴山中段,军需供应须经山西右玉的杀虎口,王、史、张三人便在杀虎口开了一个小商号,称吉盛堂。康熙末年,改名大盛魁,总柜初设在漠北的乌里雅苏台,大约在雍正初年,将总号迁回归化城,把乌里雅苏台和科布多作为经营地区。大盛魁商号在19世纪中叶发展极盛,其时商号有员工6000余人,商队骆驼近20000头,商业活动城区包括整个蒙古高原、新疆、俄罗斯等地。大盛魁商号实行股份制,组织管理细微而周密,且效率很高。大盛魁主要经营涉及蒙古地区的商品,代表了大部分旅蒙商的经营特色。主要经营的商品有砖茶、生烟、绸缎、糖类、靴子、木碗、药材、铁器、牲畜、羊肉、皮毛等。大盛魁除经营以上货物外,还从事畜牧养殖、皮毛加工、票号(银行)业务,并设有若干分庄。在大大小小的旅蒙商号中,大盛魁商号具有绝对权威性。在归化城除大盛魁商号外,还有元盛德商号和天义德商号。

元盛德最早称为元盛宏,是康熙征讨噶尔丹时随营贸易商号,创始人是山西祁县南社村段泰。此人原是拉骆驼的,由归化城拉上骆驼,驮这些货物到科布多附近去卖。元盛宏因欠他的脚费,就给他加入一个财股;以后又欠他的货价,便把整个生意推给他,改名元盛德。

元盛德是塞外旅蒙商三大号之一。其开设年代,早于大盛魁。其资金积累、经营范围次于大盛魁。大盛魁、天义德以放印票账运销货物为主。元盛德以养生畜为主。其总号设于归化城,分号设于科布多。据悉,光绪三十四年(1908年),元盛德有羊70多万只。

天义德是蒙古地区放贷的一家银票庄,是旅蒙商中三大号之一,其成立比大盛魁稍迟几年。财东除原创始人郭姓、范姓和马姓三家各有一股外,元盛德也加入二股,活佛雅克格圪森加入二股,共七个财股。天义德放印票的范围,只限于三音诺颜汗部。规模小于大盛魁,放印票每年的贷款额也比大盛魁少。每年收账收回的羊马,运到归化城市场上的羊30000~40000只,马2000多匹,天义德每四年结一次账,每股分红利三四千两银子。

同样受到康熙平定噶尔丹的影响,包头地区有了商业活动。由于包头地区以民垦荒,对农用手工业要求很高。康熙中期,山西定襄铁匠梁如月来到包头东河打造农牧铁器,兼制铁马掌,修理箭头,以换取邻近地区牧民的皮张、雕翎、鹿茸,再运回山西出售。雍正年间,开设"如月号"店庄。而同期进入包头的另一家商号"复盛公"则在后期创造了商业辉煌。"复盛公"商号的创始人是山西祁县乔家堡的乔贵发,他随一个秦姓的亲戚出走包头西脑包开小铺,经营豆腐、豆芽之类的杂货;后又兼营首饰楼,做银活。最终以经营粮食起家,创号"复盛公"。复盛公除经营皮贸易外,还兼办钱庄票号和典当行,成为草原上的大商号,领跑包头商界200年。

一业动,百业兴。旅蒙商业的发展,带来其他商业的繁荣。当时归化、包头等地的茶庄、绸缎庄、银楼、钱庄、皮毛行、货栈以及饭馆、戏院等,都相继建立和发展起来,归化城从事各行业的回族人就达数百户。张家口也是旅蒙商的重要基地,那里对旅蒙地贸易的商号,包括茶庄、烟店、绸缎庄、钱庄等,在康熙年间只有十几家,到雍正年间增至90多家,乾隆末年增为190多家,咸丰末年增至300多家,光绪末年增至530多家。晋商的"汇通天下"票号生意,已到了"富可敌国"的程度。

旅蒙商在边疆贸易中的不断发展壮大和商品流通量不断增长的结果,必然是商品市场的进一步扩大。表现在两个方面:一是大批新兴城镇的出现;二是从事对蒙贸易的内地市场增多。新兴城镇的兴起多数是因为农牧产品商品化的蒙垦设施的结果。漠南东部有海拉尔、开鲁、赤峰、林西等;中西部有陶林、兴和、武川、和林、清水河、托克托、萨拉齐、包头、五原、定远营(今巴彦浩特)等十余座城。一些建城较早的商业城镇如张家口、归化城、库伦、乌里雅苏台,商品流通量大为增加。

(六)

历史上的西口就是指杀虎口。杀虎口位于山西省右玉县城北20公里的长城边墙附近。明嘉靖二十三年(1544年)始筑堡,称之为杀虎堡,墙为土筑。万历三年(1574年)用砖砌堡,又称杀虎城。隆庆六年(1572年)杀虎口成为蒙汉互市关口,因杀虎堡通塞外蒙古俺答汗部部落的大松川、丰州川、咸海等处,地处要冲,所以在蒙汉互市后,杀胡堡便成为联系蒙汉经济文化的重要孔道。万历四十三年,明政府开始在附近另筑新堡一座,名平集堡,专供蒙汉交易使用。后又在两堡之间筑起东西两墙,合二为一,前后左右开门,并设守备管辖。进入清代后,杀胡堡改名为杀虎口,继续作为蒙汉交易场所。清顺治十八年(1661年)六月,户部在此设关,并派监督执掌关税,定年税正额1.3万两,比张家口多3000两。当时,"道通北藩,为牛羊、马驼、皮草、木植之所初,商家称络绎焉"。(《清圣主实录》)可见其地位之重要,贸易之兴盛。也从此时起,张家口被称之为东口,杀虎口则被称为西口。

杀虎口在康熙、雍正年间地位极盛,康熙二十九年(1690年),噶尔丹部进犯内蒙古地区。康熙三十年,康熙帝分遣重臣驻张家口、大同、宁夏。康熙三十年在山西右卫(今右玉县),设山西右卫将军1人,护军统领2人副都统4人,护军参领56人,协领12人,佐领防御骁骑校各72人,护军校112人,杀虎口成为重点防护要地。康熙亲征噶尔丹,大败之,噶尔丹自杀。威胁被解除。康熙三十七年,即裁撤统领56人,协领1人,佐领防御骁骑校各8人,护军校112人。

清初,统治者割断蒙汉民之间交往的政策,使鄂尔多斯部落南边的长城北侧一条南北宽50里,东西延伸200余里的地带成为禁地,人们统称为黑界地,以此为界,禁止通过。《钦定理藩部则例》规定:凡蒙古官兵招汉民去种地的,都受扣发俸禄、罚没牲畜、打皮鞭、戴木枷等处罚。汉民则要发配充军。所以在清初,无走西口一说。

走西口,其特定的地域环境与风俗形成了依顺关系,走西口这种特殊的社会现象,产生于特定地区,即晋西、保德、偏关三县,雁北朔县、平鲁、左云、右玉、山阴五县;陕北的府谷、神木、榆林、横山、靖边、定边六县。为什么走西口集中于这些地域呢? 是由其特殊的地域环境所决定的。

其一:这些地区是典型的黄土高原地区,沟壑纵横,植被鲜少,土壤贫瘠,雨量不足。因而,粮食产量低下,农民辛苦一年,连吃的问题也解决不了。

其二:日益严重的土地兼并促使农民贫困化,土地兼并是农民贫困的一个重要原因。土地兼并是旧中国所共有的社会现象,在北方这一最贫瘠的地区尤为严重。地主、富农占总土地数量的50%以上,而70%以上的贫雇无地少地,少食无食,农民不得不走西口谋生路。

其三:内蒙古草原地域环境为走西口者提供了良好的谋生市场,与晋陕地区一水相隔的内蒙古大草原(时称漠南)地广人稀,土地肥沃,资源丰富,交通闭塞,此地既是官府统治鞭长莫及的地区,又是正处在发展时期,急须广阔的劳务市场。

其四:蒙汉文化的融合也是走西口形成的重要原因:三北(晋西北、雁北、陕北)地区,与内蒙古毗邻。通过年复一年的走西口,打通了黄土文化与奶茶文化的通道,产生了走西口文化。

移民实边是清朝末期在内蒙古地区推行新政的主要内容之一。19 世纪末,由于帝国主义的入侵,边疆危机日益严重,特别是《辛丑条约》签订后,清政府被迫向列强承付巨额赔款。清政府为解决财政危机,一改过去对蒙荒开发禁止限制的政策,开始了大规模的移民垦荒,整理旧垦改私垦为官垦,以此来侵占土地,搜刮押荒银和田赋。从 1902—1908 年的移民实边高潮中,漠南地区共放垦土地 2450 亩。清政府推行的移民实边新政,为晋陕人民走西口,来草原安家落户,开荒种田创造了条件。从此晋陕贫苦农民纷纷背井离乡,通过漫长而艰难的走西口生涯,来到了浩瀚的漠南草原,据史志载:19 世纪初,归化城六厅人口达 120776 人(《嘉庆大一统志》山西统部);赤峰地区汉族人口达 112604(《承德府制》卷二十三);丰镇厅汉族人达 151875 人(《山西通志》卷六十五);科尔沁左翼后旗汉族人口达 40000 人,共计 42.5 万人。

西口文化,是指自清代以来经康熙年间至 20 世纪 20 年代旅蒙商贸易和清代后期数次开放蒙禁、鼓励垦殖导致的大量内地商人农民(以晋、陕地区为主)进入内蒙古中部地区,通过走西口得以让草原文化与晋陕文化广泛交流,而形成的具有鲜明特点的地域文化。西口文化的地域范围包括归化城、包头、巴彦淖尔、阿拉善(东部)、鄂尔多斯、乌兰察布等地,是草原文化与中原农耕文化(特别是晋陕文化)的交流荟萃之地。西口文化具有以下几个特征:一是西口文化具有草原文化与晋陕文化有机结合的复合文化特征。例如,蒙古族蒙古族传统民歌特别是短调与陕北的信天游以及晋西北民歌的结合,产生了漫瀚调(即弯汉调、蒙汉调、山曲),漫瀚的曲名也体现了这一特点;有蒙古语汉译的,如《达呼儿希里》《阿拉腾达旦》等;有蒙古语、汉语合璧的,如《纳林沟》《德胜西》等;有的曲目则是汉语的,如《帐篷》等。在农区、半农半牧区,蒙古族基本上都居住在固定的房屋中,如炕围、家具的装饰图案往往都保留着蒙古族艺术特点,也有吸收晋陕文化的因素;二是西口文化具有商业文化的显著特点:旅蒙商的兴起是西口文化的产生、发展的重要因素之一。旅蒙商延续200多年,他们带来了汉族商业文化,并将大漠南北文化相结合,催生出具有浓郁草原商业气息的旅蒙文化。旅蒙商也是西口文化的形成、发展的有力支持者。旅蒙商兴旺时期,塞外商埠的归化、包头,饭店、酒楼、茶馆、剧场纷纷运用而生;三是西口文化具有与时俱进的开拓性:西口文化的产生,深刻体现晋陕文化的开拓性。长期以来,贫困的陕北人民为了生存,祖祖辈辈辛勤耕耘,踏上了一条勇往直前的开拓之路。正是在这条十几代人前赴后继、不断前行的开拓之路上,创造出了适应不同的社会历史条件的与时俱进的开拓精神和多姿多彩的西口文化。

山西移民在塞外开发中做出了杰出的历史贡献,主要表现在以下几个方面:

一是完成行政区划的演变。通过研究清代归化城区行政区划演变时发现,尽管这一地区具有各民族杂居的特殊因素,但与其开发的关系密切相关,更是移民运动进展的标尺。其演变的过程大约三个时期。

1. 雍正以前酝酿的时期。据嘉庆《重修一统志》载:归化城六厅建置沿革称:"本朝天聪六年,太宗皇帝亲征察哈尔、驻跸归化城,土默特部落归顺。九年,以贝勒岳脱驻守归化城。康熙三十五年,圣祖仁皇帝自白塔住与此,其官制有都统、协领等员统理诸旗。"这一时期内,土默特及其周围地区归入清朝统治后,基本上仿照清朝八旗制度,实行都统或扎萨克统领。

2. 雍正至同治年间为全面推进时期。这一区域的行政区划建设初具规模。雍正元年(1723年),设置归化城理事同知,隶属山西朔平府,是这一地区正式行政区建设的开始,也是这一大片区域隶属山西的开始。乾隆元年(1736年)于归化城东又建绥远城,移左卫之建威将军驻守,作为归化城区即西二盟最高军事长官。在设置绥远城理事同知的同时,又将这一地区分为五路,增设协理通判分管。据嘉庆《重修统一志》载:乾隆二十五年增置归化、托克托、清水河、萨拉齐、和林格尔通判五员,并属归绥道。二十九年,裁归化城通判,共为六厅。此处之增置,其实即正式将五协理通判升为理事通判厅,上述归化城六厅包括绥远城同知,其范围与《绥乘》口外五厅完全一致。

3. 光绪年间是归绥一带行政区划实现重大突破时期。在这时期,归绥道所属理事厅从口外五厅一跃增补口外十二厅,这些理事厅一并改为抚民厅兼理事,管辖内容的扩大必然是因为境内汉民数量速增之缘故。另外,这些新设抚民厅官员均由山西各州府改任,完全是有利于对当地山西移民的管理,也有助于加强山西内地与这一地区的联系,南北一家往来无碍的优越时机更会激励更多的山西人北上。

总之,归化城六厅是清代山西省的一个组成部分,其设置本身就是山西行政区划演变中的重大突破。首先,秦汉以来,中央虽有在长城以北地区设置郡县之先例,但维持时间短暂,这些郡县与山西省北部的联系也不密切。至明代,中央王朝又一直以长城一线为最北边界,调集大批军士屯集塞上,与塞北民族成水火之势。清代,长城南北和睦相处,为山西平民的北上创造了得天独厚的机会。其次,大量口内平民的北上,为边墙之外蒙古地区的治理带来了新问题。各理事厅的设置都是在汉民聚成都会之处,其设置的区域及时间与山西移民推进速度相适应。再加上地缘关系,归绥道隶属山西成为顺理成章之事,而这一归属又同时为山西平民的继续北上创造出更良好的氛围。直至民国初年,归绥地区的行政区划的演变充分体现山西移民运动进展情况,同时较为准确地反映出各个时期该地区开发的深度与广度。

二是促进了农业生产的发展。中国一直是较为纯粹的农业大国,农业是具有压倒性优势的主导产业。汉民既为较纯粹的农业人口,而长城又是中国农牧业区的分界线,因此,汉民越过长城,走到口外,向塞外居住,在移入地顺理成章地展开传统农业生产,可以说,汉民的北迁实质上就是南部农业的北扩。在经商之外,大多是山西平民来到塞外也主要是从事土地开垦,为当地农业生产的发展做出了积极的贡献。

农业生产发展的内涵多种多样,其主要指标包括农业人口的增长、耕地的扩大、农作物品种的改良与引进以及粮食产量增长等等。正是由于大批晋人的北上,清代归化土默特地区的农业生产获得长足发展。至清光绪年间,清代官府鼓励垦荒,使这一地区开垦面积迅速扩大,从而一举改变塞北地区对南方农业区的严重依赖,不仅达到粮食自给,而且还成为山西大部分地区粮食供应基地,使漠南地区由千里荒漠变为粮仓,实现了历史性飞跃。

据《土默特志》载:清代土默特境内放垦的土地分为不同种类,然而每一种垦地的进展都与山西移民有关:

一、大官地共有八处:善岱垦地1500顷;西尔格、补退、什拉乌素三处垦地7000顷;清水河垦地2.7万顷;特穆尔茹力行、浑津垦地2500顷;丁木哈克垦地2500顷。八处垦地面积共4万顷。

二、归化、萨拉齐、托克托、和林格尔、清水河五厅,乾隆年间丈放粮地20105顷98亩有余。

三、从康熙到光绪年间奏放各项粮地官丁各地有10万余顷。

据史志载:"到清代中叶,归化土默特地区生产的粮食不仅能够满足本地区的需要,而且还大量向长城以南供应,成为闻名遐迩的塞上粮仓。

山西人不仅是口外地区商业的开拓者,而且也是口外地区商业发展的一支重要力量。而城镇的兴起正是商业发展之结果,而山西成功的富商巨贾为塞外城镇的兴起和发展做出了举足轻重的贡献。

俺答汗封贡后的南北互市为塞外商业提供了千载难逢的机遇,清代南北统一更为商贾往来铺平了道路。声名显赫的晋商迅速把自己经营地域向塞外拓展。据史志载:"塞上商贾,多宣化、大同、朔平三府人。甘劳瘁,耐风寒,以其沿边居处,素习土著故也。轻生而重利,其情乎……是以收利盈千万亿,致富不资。"山西商人这种冒险精神极大地促进了塞外荒漠的商业扩展与城镇的兴起。据《归化县志》载:"(归化城)邑,明代为蒙汉游牧地,谙达(即俺答汗)内附后,始有晋人来营商业,初反百物互易,后始代以货币,货币银为主,制钱辅之……票号有平遥帮、祁县帮、太古帮之分。"

清代口外蒙古的贸易基本上为旅蒙商所垄断,而归化城则是旅蒙商经营的主要基地之一。在鼎盛时期,归化城中有旅蒙商四五十家,最负盛名的是三大号——大盛魁、元盛德、天义德,在这三大号中,要数大盛魁最为显赫。到清末，大盛魁成为口外地区天字第一号的商业集团。大盛魁经营的范围极广，上至绸缎，下至葱蒜，几乎无所不含；经营地域北至蒙古、新疆南至晋、豫、湖广地区。其下属商号有三玉川茶庄、天顺泰绸布庄、大盛川票号、裕盛厚钱庄等。大盛魁的从业人员最多时达六七千人。因此，大盛魁就有了个响当当的绰号——半个归化城。它实际上控制了整个归化城的经济命脉。

先有复盛公，后有包头城。这句话简明扼要地道出复盛公商号对于包头城的发展起到的巨大作用。包头城的历史相当短，这一地名直到清康熙年间才出现，当时只是一个很不起眼的小村落。到嘉庆年间，包头才由村改镇。而复盛公的创始人是山西祁县人叫乔贵发，如今在包头东河区有一个商业区叫贵发庄。乔贵发与一位秦姓老乡早在乾隆年间就走西口来到漠南草原，先是在萨拉齐落脚，后来到包头开杂货店，逐渐发达起来。二人于乾隆二十二年（1757 年）合开广盛公商号，也就是复盛公商号的前身。到嘉庆年间改为复盛公，由乔家独自经营。道光以后，复盛公又独资开设复盛全与复盛西商号。在包头市面上，复盛公、复盛西、复盛全三大号共设十九个门脸，有四五百伙计。尽管清代末年，社会动荡，国事日渐凋敝，而复盛公这个塞上商业巨头却枝繁叶茂，走过了 200 余年兴盛之路。民国初年，京绥铁路的贯通，黄河航运的发展，使包头迎来前所未有的机遇，复盛公的事业也臻于极盛。复盛公、复盛全、复盛西三大商号成为包头市面上九行、十三社的资金周转中心，成为内地通向新疆、蒙古、俄罗斯等地区的畜产、皮毛、粮食的集散地，号称塞上水旱码头。

清代，随着大批晋商走西口来到漠南草原定居，不仅改变了塞外的经济、社会结构，也带来了晋陕地区的社会文化，极大地促进了草原文化与黄土高原文化的融合，进而形成具有复合型文化特征的西口文化，让内地文化的春风吹暖了漠南草原。

首先，走西口是二人台赖以发展的土壤，没有任何一种艺术形式比二人台和走西口关系更为密切。走西口为二人台提供极好的素材，二人台反过来生动地反映了走西口的现实。二人台的代表剧目便是《走西口》，其唱词中有:"头天住古城,二天住纳林,第三天翻坝梁,两眼泪汪汪。"这生动的唱词把晋人走西口的路线说得十分准确。唱词中有这样一句刻骨铭心的唱段:哥哥你走西口,小妹妹我实在难留……这唱词字字句句饱含着血泪,道出晋人走西口的辛酸历史。还有《打后套》《水刮西包头》等剧目也反映了内蒙古草原的史实。在二人台曲牌中直接引入蒙古族名称的也屡见不鲜,如《巴音杭盖》《喇嘛苏》《海莲花》《四公主》《大青马》《巴音冒汗》等。二人台这种地方剧种自从进入漠南草原以来,由打坐唱演变为二人台。200多年来,二人台在内蒙古地区生根发芽,开花结果,逐渐成为内蒙古百花盛开的艺术园林中的一朵艳丽之花。《走西口》《打樱桃》《五哥放羊》等优秀剧种成为广受草原人民喜欢的剧目,二人台已走进草原人民的心里。

其次,随着草原文化与中原文化的融合,中原一些优秀剧目如京剧、晋剧也走进了草原。据史志载:清代在归化城、包头等商业重镇,各商会纷纷建庙宇、搭戏台、唱大戏。每逢重大节日各地都要集资唱戏酬神,主要有社戏和官戏。当时,演唱的主要是晋剧,如《打金枝》《骂金殿》《四郎探母》《牧羊圈》《明公断》《五雷阵》《游龟山》《辕门斩子》《九件衣》《下河东》等传统晋剧走进了归绥城和包头城。每逢春节、二月二和其他重大节日期间,各地都要酬神唱大戏,届时人山人海,极大地繁荣了草原文化。

再次,内地各种民间传统文化活动走进了草原。这些民间活动主要有庙会(庙戏)社火、灯游会、狮子舞、高跷、船灯、龙灯、双阁、旱板车、玩艺班子等。这些活动从清末一直延续到中华人民共和国成立后。现重点介绍以下几个活动项目:

庙会,也叫庙戏。活动地点在龙王庙、关帝庙和全神庙、大仙庙等。庙会就是每年在一定时间请来戏班子给庙神唱戏,为的是让神在天显灵,风调雨顺,时来运转。这种戏一般唱三四天。唱戏期间,老百姓穿上新衣服,带着自己生产的农副产品,扶老携幼,前来赶会,既是一次文化娱乐会,也是一次物资交流会。庙会的时间有的是农历四月十八,有的是五月二十五;有的是在七月、十月,日子一般是固定的,但有时也会因事提前或推后。

灯游会。凡是大一点的庙会都要举办灯游会,时间多数是在正月十四、

十五、十六晚上,也有在二月初一至初三,初七到初九,十四到十六的晚上。先在庙前拢起360个小土堆,其面积约2亩,在小堆上点上用面捏的小油灯,用纸糊个灯罩,人们叫它九曲黄河阵,里面有一定的路线,能进能出,不易走错。举行灯游会的晚上,人们成群结队从四面八方赶到这里边转转,叫做转灯游会,也叫游九曲。转灯游会的人多则一两千,少则几百几十,老乡们认为进去转转一年通顺,免除灾疫。夫妻不和睦者,转转可以和好。有病者转转可以除病消灾。不能生孩子的妇女则趁机会偷上一个灯,说是可以生下小孩,生下小孩后再把灯送回。有冤仇者相跟上转转,能化仇解冤。转到老杆下面时,游者却要抱住老杆摇一摇,说是能长命百岁。

玩艺儿班子。清朝末年,在内蒙古西部地区的乡村里活跃着一支文艺队伍,这支队伍起初的名字叫玩艺儿班子,当地人也叫打小板。玩艺儿班子一般每年都是从正月初六开始演到月底,有时演到农历二月底。他们先是在镇内演出,后来又转村演出。这种玩艺儿班子人员少,队伍精。玩艺儿班子演艺高超,不仅能打玩艺儿,而且能唱蒙古族歌曲。这支队伍走到哪里都会赢来一片喝彩声。民国初年,在归化城的南郊沟子板村成立了一个玩艺儿班子。由杨润茂、卢掌这两位民间艺人组织。开始在各地巡回演出。演出的剧目有硬码戏《走西口》《下山》《打后套》《挂红灯》等,起初这个戏班子以归化城为基地,后来逐渐演到包头、固阳、武川、凉城等地。这个班子农闲时在外演出,农忙时回村种地。就这样,这个玩艺班子演了27年。此班子之所以能坚持27年,主要靠他们的团队精神,27年来,他们一直精诚团结,和睦相处,有福同享,有苦共尝。

像这样的玩艺班子,在内蒙古中西部地区如雨后春笋,遍地开花。他们的精彩演出,不仅给贫苦农民送上欢乐,而且也极大地丰富了广大农村牧区的文化生活。

秧歌。秧歌是内蒙古中西部地区最红火热闹的文艺活动,每逢正月城镇、乡村都不约而同开展秧歌活动。从正月初五开始,各地群众集中于三官庙前,紧锣密鼓地排练节目,整修道具,直到初六便开始"红火","踩街""拜庙"、拜机关、转商号、串户家,进行演出。在呼和浩特地区比较著名的秧歌就是托克托县的双墙秧歌。

清朝末年是双墙秧歌发展的兴盛时期。当时,双墙秧歌拥有节目达30多个,结构完整的唱词100多首。既表演经过改编的从内地来的秧歌节目,又不断增添自编自演的新节目。以致"双墙秧歌"之名不仅在县境内家喻户晓,喜闻乐道,而且名传"口外七厅",声传晋陕邻县。

双墙秧歌原来沿袭晋、陕地区一些秧歌由"伞头"总揽全局,点配节目的传统表演形式。在其发展中,将伞头所持道具改为佛尘(俗称"蛇刷子")。"伞头"之名也改称为"分公子"。"分公子"取代"伞头"这一角色后,在双墙秧歌中又由一个角色演变为两个角色,一俊一丑。表演过程中,上演节目的顺序,舞动队伍的变化,演出队伍的进退行止,均由俊、丑两位"分公子"以"对扭对唱"的演唱形式指挥、分配。这样一来,就比原来一个"伞头"支配节目更风趣。

双墙秧歌的表演也分为"过街"和"打场子"两种。"过街"即在街道上随整个社火队边走边演。其队形基本上是"二龙出水",即分双行就走就舞。"打场子"就是在街头、广场或院落中表演,是秧歌表演的主要形式。打场演出又分为"大场子"和"小场子"。"大场子"又称"扭大场"或"清场",秧歌队成"一字长蛇"队列扭一"大圆场",划出场地,然后在大场里由分公子点配节目,分别进行"小场"演出。

分公子对唱的歌词,讲究"张口就来",且要幽默、风趣。如:

俊唱:正月十五闹红火,

　　　男女老少挤满街。

丑唱:秧歌队伍出场我安排,

　　　某某某上场来。

被点到的"某某某"即将在鼓乐声中进行小场表演。当此节目表演告一段落后,分公子以唱词令其退场,再点下一个节目上场。

在商号、户家演出时,分公子往往有类似唱词:

东家的鞭炮响得高,

把我们弟兄难住了。

要唱你们就好好唱，

叮铃烂单不像样。

双墙秧歌分文秧歌和武秧歌，故称"文武带打"。

文秧歌的代表剧有《海蚌戏渔翁》《拉花踢鼓》《竹马·老罕王进京》《划旱船》等。这类节目在晋陕民间秧歌的基础上，因时、因地、因人，从表演程序、舞蹈动作、唱词曲调等方面进行艺术创作，从而使其更具地方特色。

文秧歌的表演技术突出一个"扭"字。双墙艺人在舞蹈姿态的曲、仰、俯、撇，舞蹈韵律等传统舞技的基础上，融合蒙古舞蹈和二人台舞蹈的步伐特点，形成了自成一家的艺术风格——"三腰两圪截"。这是在"腰、胯为主动，两腿进、退，两臂自然摆动"的基本动作形象的基础之上，根据节目情节、剧中人物性格等需要，灵活变化舞姿、表情，表达复杂的感情色彩，或粗犷矫捷，或诙谐幽默，或轻舒悠柔等。同时，舞蹈动作要与四分之二、四分之四的锣鼓、唢呐曲谱节奏丝丝入扣。

双墙秧歌的小场扭舞场形根据各个节目的表演需求各有变化。场形是为节目服务的。这区别于一般社火节目为"演走场"而走场的程序套路。为此，双墙秧歌的场形也别具一格，自有特色。

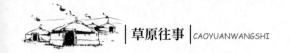

第一章　匈奴帝国的兴起与民族融合

第一节　匈奴统一

一、匈奴的来源

公元前221年，秦始皇在咸阳建立起中国历史上第一个多民族统一的专制主义中央集权封建君主制帝国，结束了春秋战国时期割据纷争的局面。当时在中国北方，仍有一个强大的游牧政治实体没有被纳入秦帝国的版图，这就是匈奴。

秦统一中国前，中国的边疆地区存在着东夷、南蛮、西戎、北狄等少数民族。公元前21世纪至公元前3世纪，内蒙古地区分布着一些游牧民族，他们与中原华夏民族建立的政权发生过密切关系。商周至春秋战国时期，甲骨文中有土方、鬼方之记载，春秋史书中则记载有荤粥、猃狁、戎狄等名称。这些称谓有的泛指中国北方地区的游牧民族，有的特指其中的某一民族。公元前16世纪至公元前11世纪，以现在河南、河北、山东、山西等省为直接辖区的商王朝与北方民族，如土方、鬼方等发生过战争。约公元前11世纪至公元前5世纪，以陕西地区为中心的西周王朝同北方的猃狁、尤戎等交往密切。公元前770年至公元前221年，汉文献记载的北方民族有了具体称谓，活动在今内蒙古区域内的北方民族主要有林胡、楼烦、东胡和匈奴。

战国时期，北方民族林胡和楼烦活动在内蒙古高原上。至战国中晚期，其活动区域逐渐向北移动。公元前361年至公元前332年，林胡和楼烦在燕国的西北活动,包括今土默特平原和乌兰察布市南部丘陵地带。公元前325年至公元前298年,赵国强盛起来,向北击败林胡、楼烦,迫使其向西边的鄂尔多斯高原迁徙。公元前297年,赵国降伏楼烦王,之后又破林胡。当匈奴强大起来之后,林胡和楼烦的遗民又归属于匈奴。至此,在内蒙古高原上只有两个游牧民族集团,即西边的匈奴和东边的林胡。

据《史记·匈奴列传第五十》载:"匈奴,其先祖夏后氏之苗裔也,曰淳维,唐虞以上有山戎、猃狁、荤粥,居于北蛮,随畜牧而转移。"由此可见,经过长期的分合散聚,狄系集团中的一支收服诸戎、狄强大起来,形成以匈奴为称号的游牧集团。战国时,汉文献中称其为"匈奴"。至公元前3世纪初,匈奴民族分布于今内蒙古中西部地区,其东邻内蒙古东部的林胡,西毗河西走廊一带的月氏,南与燕、赵、秦诸国相望,长期在今鄂尔多斯高原、巴彦淖尔市和土默特平原驻牧,并繁衍生息。

二、草原帝国的建立

秦始皇建立秦帝国后,匈奴与强秦隔秦长城相望并抗衡。秦始皇嬴政三十二年(公元前215年),秦始皇派大将蒙恬率30万大军北击匈奴,夺取河南地(今巴彦淖尔市乌加河以南及鄂尔多斯地区),并以黄河(今乌加河)为塞,沿黄河修筑34城,把内地的囚徒迁徙于此,充实新城,称新秦中。公元前210年(秦始皇嬴政三十七年),匈奴逾长城,渡河南下,复踞河南地(河套之南),戍边的中原人逃离今鄂尔多斯地区。时九原地区被匈奴冒顿单于占领。秦二世胡亥元年(公元前209年),蒙恬被害,活动在黄河河套、阴山山脉一带的匈奴东征,破东胡。生息在西拉木伦河流域的东胡部落瓦解,一部分人退居乌桓山,称乌桓部;一部分人退居鲜卑山,称鲜卑部。

汉高祖刘邦元年(公元前206年),匈奴冒顿单于击败东胡部落联盟后,又向西进,打败游牧于今河西走廊及阿拉善一带的月氏人,占据包括今阿拉善盟的大片地区,又向南并吞楼烦、白羊河南王,全部收回秦将蒙恬占据的黄河以南地区,在长城一带与西汉分界。为加强统治,匈奴把所占地区分为

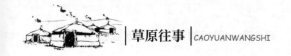

左、中、右三部分，实行左右翼区划制：今内蒙古东部地区为左部，是左贤王等左方将领的游牧区；今鄂尔多斯市、巴彦淖尔市、阿拉善盟地区为右部，是右贤王将领的游牧区；今呼和浩特平原及乌兰察布丘陵地带为中部，是匈奴最高首领单于的游牧地，单于庭在今内蒙古中部的阴山地带。至此，一个强大的草原帝国建立起来了。

第二节　冒顿鸣镝

匈奴帝国的大单于叫头曼，他有一个儿子叫冒顿。最初，头曼确定冒顿为单于继承人，但后来又另立他人。原因是他非常宠爱一位阏氏（单于的妻或妾），想让受宠阏氏之子成为单于位的继承人。在阏氏的唆使下，头曼将冒顿送到月氏国做人质，并决定突然袭击月氏，企图以自己的背约之举激怒月氏王，让其愤而杀死冒顿。冒顿既勇敢又机智，在月氏国王没下手之前，抢先盗出月氏国的良马，乘夜色逃出月氏，回到匈奴部落。头曼看到冒顿毫发无损地回来了，很是惊奇，就让冒顿担任万骑长。冒顿是一个很有心计之人，他表面上欣然接受，暗中却积聚力量，准备东山再起。他严格训练自己的嫡系骑兵，并使这支队伍绝对忠于自己。机会终于来了。公元前209年的一天，头曼单于率众外出狩猎，冒顿王子乘机用鸣镝向头曼单于射去，其左右也应声向头曼发箭，头曼单于连中数箭身亡。冒顿回到单于庭，捕杀了企图加害自己的后母和诸异母兄弟，以及其他不服从他的贵族，宣誓自立为匈奴大单于。

冒顿自立为单于后，分别遣使，以告左右邻部。之后，东胡王派使者到匈奴，向冒顿单于索要千里马。冒顿单于升帐，与属下商量如何应付此事。臣僚们都觉得东胡王的要求过分了，可是冒顿单于却决然说道："给！"东胡王得到千里马，他以为冒顿畏惧自己，因此才满足自己的要求，便又派来使臣，向冒顿单于要一位阏氏。冒顿又向自己的臣僚们征求意见，臣僚们都觉得东胡王太无礼了，坚决要求拒绝，并群情激昂地请求出兵回击。然而冒顿单于仍然是一个字："给!"东胡王的要求一再得到满足,这样一来,他变得愈加骄蛮,竟然要求冒顿单于割让匈奴和东胡之间近千余里的缓冲地带。冒顿单于又一次召集会议,征询于左右。大部分臣僚认为不能答应这个要求,但有一位贵族却说:"千里马能给,阏氏能送,这地嘛,给也行,不给也行。"冒顿大怒道:"土地和草场是我们匈奴立国的根本,怎么能给呢?"他杀掉那位主张弃地的贵族,宣誓出征东胡。而东胡方面自以为冒顿单于没胆量抗击他们,便放松警惕,结果吃了败仗。匈奴军乘胜追击,掳掠了东胡一部分牲畜,并将东胡集团分裂为乌桓和鲜卑两支。尔后,冒顿又出兵西方,战胜素来强大的月氏国,占据河西走廊及其以北的广大地区;向北征服浑庾、屈射、丁零、鬲昆、薪犁各族;向南吞并楼烦、白羊河南王,收复了被秦帝国夺走的河南地,与立国未稳的西汉形成对峙局面,势力达到朝那(今甘肃省平凉市)、肤施(今陕西省榆林市南)。贵族们为冒顿单于的胆识和智慧折服,匈奴上层统治集团的意志得到统一。

公元前206年,汉高祖刘邦建立了汉朝。刚刚经历了秦末战乱及楚汉相争,西汉王朝疲于兵马,无暇北顾。于是,匈奴便在冒顿单于的率领下南侵,进犯中原。汉高祖六年(公元前201年),冒顿亲率大军围攻汉将韩王信于代郡马邑(今山西省朔州市朔城区),韩王信兵败投降;次年,冒顿又使诱兵之计,把亲率32万大军前来抵御匈奴的汉高祖刘邦围困在平城白登山(今山西省大同市东北)。汉高祖刘邦厚赂冒顿后宫诸人,才使匈奴退兵,得以解危。其后,匈奴屡屡袭扰汉边,汉朝不得已与匈奴和亲,双方约为"兄弟之国"。匈奴单于不仅要娶汉朝公主为阏氏,每年还要一定数额的絮、缯及酒、米等食物。尽管如此,匈奴仍频繁地袭扰汉朝北部边郡。在此期间,冒顿单于派右贤王再破月氏,征服西域诸国。至此,匈奴势力东到辽河,西至葱岭,北抵贝加尔湖,南达长城,第一次统一了北方草原。

汉文帝十四年(公元前174年),冒顿单于死。从公元前209年即位至公元前174年去世,冒顿单于统治匈奴35年,为匈奴的强盛奠定了基础。到汉武帝初年,匈奴一直是中国北方势力较强的游牧政权。

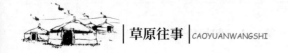
第三节　赵长城和胡服骑射

赵国,战国七雄之一。赵王君为晋大夫赵衰之后,赵衰曾随晋公子重耳(晋文公)出亡十九年。重耳后来返国并及霸主地位(春秋五霸之一),多得助于赵衰。衰子盾,盾子朔,皆掌晋之国政。晋景公时,赵氏为司寇屠岸贾所害,曾遭灭族之祸。朔妻乃成公之姐,有遗腹,走匿成公宫中,得免于难,生子赵武。武为朔友程婴门客公孙杵臼救出。赵武成人后,复故位,杀屠岸贾,晋国之政归于赵氏。此后,赵氏名为晋卿,实专晋权。

烈侯赵籍是赵开国君主。公元前403年,赵与韩、魏相立为诸侯,得到周威烈王承认,建都晋阳(今山西省太原市东南)。公元前386年(敬侯元年),赵迁都邯郸。公元前376年,赵、韩、魏三家分晋,当时赵占据今山西中部、陕西东北一小部分和河北西南部。

公元前325年,武灵王赵雍即位,为战国时赵国的第六代国君(公元前325年至公元前299年在位)。

武灵王执政初期,赵国辖有今山西省中部与河北省南部一带,被秦、楼烦、林胡、魏、齐、韩等包围,并经常受到侵扰。公元前325年至公元前307年(武灵王元年至十九年),赵国被秦、魏等攻伐,并数次战败。武灵王八年至九年(公元前318年至公元前317年),赵国出兵攻秦,战败,死亡8万余人。武灵王十年、十二年,秦国夺取赵国中都、西阳等城,大将赵庄战败被俘。此外,林胡、楼烦连年出骑进袭,使赵国不得安宁。为扭转被动局面,公元前307年,武灵王亲率骑兵队伍北略中山之地,"遂之伐";翌年,"西略胡地至榆中,林胡献马";公元前300年(武灵王二十六年),攘地北至燕代,西至云中、九原,北破林胡、雁门、代郡,占有今河北西部、山西北部和前套(乌拉山以东)、后套(乌拉山以西)以及呼和浩特南部托克托县一带。从此,武灵王将阴山地区纳入赵国版图,接着又"以原阳为骑邑",在大黑河左岸建立骑兵基地,进一步提高了骑兵队伍的战斗力。

赵长城为武灵王时所筑,故也称赵武灵王长城。据《史记·匈奴列传》载:"赵武灵王亦变俗胡服,习骑射,北破林胡、楼烦,筑长城,自代并阴山下,至高阙为塞。""代"为赵之属地,在今河北省蔚县东宣化境内,赵武灵王于此置郡。"阴山"由大马群山(东段,在河北西北部与内蒙古边境)、才华山(南段,在集宁、丰镇以东,接大马群山)、辉腾梁山、大青山(中段)、乌拉川、狼山(西段)等山组成。"高阙"在今巴彦淖尔市北部狼山口。《史记正义》引《地理志》云:"朔方临戎县北有连山,险于长城,其山中断,两山俱峻,土俗名为'高阙也'。"这道长城大部分在内蒙古境内,东起于代,沿阴山西行,止于高阙。

赵长城的具体走向为:由河北省宣化境内,经尚义县,跨东洋河,进入内蒙古兴和县,而后走灰腾梁山、大青山南麓,经乌拉山而直趋于狼山。在内蒙古境内实地考察,也是如此:赵长城自兴和西行,经察右前旗、卓资县至呼和浩特北,沿大青山到包头,再越昆仑河,绕乌拉山进入河套平原,然后进入狼山。其遗址断断续续,时而以山陵为屏障,时而又穿入深山峡谷之中,逶迤曲折,雄浑古朴,甚为壮观。

赵武灵王在代、雁门、云中郡所筑长城,因在赵国北境,故又称赵北长城。秦始皇后来修筑万里长城时,曾利用其一部分作为基础。

赵武灵王在修筑长城的同时,为了抵御北方人的侵袭,实行了"胡服骑射"的军事改革。改革的中心内容是让将士们穿胡人的服装,学习胡人骑马射箭的作战方法。为了推行军事改革,赵武灵王在说服群臣克服保守思想的基础上,于武灵王十九年(公元前307年)向全国下达了"胡服骑射令",自己身体力行,胡服临朝。与此同时,赵武灵王"招骑射""建骑邑",组织骑兵队伍。"胡服骑射令"下达的次年(公元前306年)"林胡献马",武灵王在原阳(今呼和浩特市大黑河左岸)建立了军马场。

"胡服骑射"这一军事改革使赵国军队的战斗力迅速提高,赵国很快强盛起来,对外用兵节节胜利。武灵王二十年,赵国破林胡、楼烦,并攻占中山之地;武灵王二十六年,"攘地北至燕代,西至云中、九原"(《史记·赵世家》)。

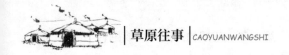

赵武灵王的"胡服骑射"是中国古代军事上的一次大变革,被历代史学家传为佳话,并载入史册。特别是武灵王以敢为天下先的进取精神,在中原王朝把少数民族看作"异类"的政治背景下,力排众议,坚决实行向少数民族学习的国策,展现了作为古代社会改革家的魄力和胆识。赵武灵王不愧为一位值得纪念和效法的杰出历史人物。

第四节　汉匈战争

一、汉武帝抗击匈奴

西汉经过文景之治,国力逐渐强盛起来。到了汉武帝刘彻时期,汉朝进入全盛时期。汉武帝刘彻是汉朝第六位皇帝,是一位贤明而有雄才大略的君主。他登基后,在国内推行了一系列改革措施,努力解决北部边防问题,先后发动了一系列对匈奴的战争,有力地打击了匈奴的势力,保证了国家的安宁。

据史书记载,建元元年至太初三年(公元前140年至前102年),汉武帝刘彻先后派卫青、霍去病、李广、公孙敖等率领大军,出雁门、云中北击匈奴,建塞徼、起亭燧、筑外城、设屯戍以守之(今武川县庙沟、二份子、大青山乡均存有汉代城堡遗址,今达尔罕茂明安联合旗新宝力格苏木、巴音珠儒和苏木、百灵庙镇、红旗牧场及乌拉特中旗、乌拉特后旗均存有汉代外长城遗址)。元光六年(公元前129年),匈奴攻打上谷(今河北省张家口市怀来县大古城村),杀掠吏民。汉武帝派车骑将军卫青、将军公孙敖、轻骑将军公孙贺、骁骑将军李广各率万骑从上谷、代、云中、雁门出兵。卫青大军攻打至龙城(在今东乌珠穆沁旗、西乌珠穆沁旗一带),与匈奴左贤王部对战,斩首匈奴700余人而返。元朔二年(公元前127年),汉武帝派车骑将军卫青、李息出兵云中至高阙,收河南地,置朔方郡(今杭锦后旗北),将秦置的九原郡改为五原郡,并调集10万人修筑朔方郡、五原郡卫所,由山东往朔方、五原郡转运粮饷,耗费巨大。元朔四年(公元前125年)夏,匈奴分兵三路攻入代郡(郡治在今河北省蔚县西南,辖境包括今丰镇市、兴和县部分地区)、定襄郡(郡治在今和林格尔县土城子,辖今和林格尔县、卓资县和清水河部分地区)、上郡(辖今鄂尔多斯市南部),杀戮并俘获近万人。汉武帝也不示弱,第二年春,令卫青以朔方为大本营,率3万骑兵北渡黄河。卫青以卫尉苏建为游击将军、左内史李沮为疆弩将军、太仆公孙贺为车骑将军、代相李蔡为轻车将军,各率车骑击匈奴。匈奴右贤王以为汉军不能至,饮酒醉。汉军夜至,围困右贤王。右贤王惊慌,连夜逃走。卫青俘获匈奴副王等10余人,兵丁1.5万人,牲畜数十万。翌年二月,汉武帝又派大将军卫青带领六将军率10万骑兵出定襄郡攻打匈奴,斩杀匈奴军3000余人后返回定襄、云中、雁门等郡休整。四月,卫青率领六将军兵马再度出定襄郡攻打匈奴军,斩杀俘获万余人。元狩二年(公元前121年),匈奴浑邪王带其众4万余人降汉,汉置其众于云中、朔方等地,设五属国,其中上郡属国、西河属国、五原属国在今内蒙古境内。是年,汉武帝设置乌桓校尉,监领被汉朝迁徙到上谷、渔阳、右北平、辽西和辽东五郡塞外的乌桓人。匈奴人金日磾(休屠王太子)入汉,因长于养马,汉武帝封其为驸马都尉,后官至光禄大夫。

汉武帝刘彻雄心勃勃,决心征服匈奴,他在位期间,接连不断地发兵征伐匈奴。元狩三年(公元前120年)夏,汉武帝派骠骑将军霍去病领兵万骑由陇西出发,绕道鸡鹿塞(今磴口县西北啥隆格乃谷口),到达居延(今额济纳旗东南),转由河西征伐匈奴休屠王部,大获全胜。接着,元狩四年(公元前119年),汉武帝又派卫青、霍去病分别从定襄、代郡出兵北伐,各率5万骑兵先行,“步兵踵军后数十万人”。卫青在青山(今甘肃省环西县)幕北围单于,斩匈奴兵将19000人,至阗彦山(今蒙古国杭爱山的一支)而还;霍去病与左贤王交战,斩获匈奴7万余人,兵至狼居胥山(今蒙古国肯特山)眺望瀚海后返。汉为阻止匈奴再度南下,决定修筑东起山海关西至甘肃以西的长城。今赤峰地区正扼汉长城中段,在喀喇沁旗、宁城县南部山区,汉代烽火台密布,城堡坚森,境内长城300余里。这一年,匈奴受到汉朝的沉重打击,单于庭迁往漠北(今蒙古国中部)。“匈奴远遁,而漠南无王庭。”

匈奴虽然受到汉朝的沉重打击,但仍伺机侵扰汉朝。太初三年(公元前102年)秋,匈奴大兵入侵云中、定襄、朔方,杀戮数千人,抢劫粮食2000余石,沿途破坏徐自为下令修筑的城、鄣列亭,又入酒泉、张掖,后被击退。为此,汉武帝刘彻又多次发兵征讨匈奴。天汉四年(公元前97年)一月,汉武帝刘彻遣将李广利率骑兵6万、步兵10万出朔方,遣路博德率1万余众、韩说率步骑3万出五原,与匈奴单于作战,击败了单于。接着,征和三年(公元前90年)三月,汉武帝刘彻又派贰师将军李广利领兵10万余众出五原郡讨伐匈奴,将匈奴大军追至范夫人城(约今百灵庙西北),战败,李广利降匈奴。单于知其为汉大将,将其女嫁于李广利为妻,尊宠在卫律之上。总之,汉武帝时期,汉匈战争不断,给人民带来沉重的灾难。

二、封狼居胥

元朔三年(公元前126年),匈奴内部发生变乱。匈奴大单于军臣死,太子于单无法顺利即位。当时,军臣单于的弟弟谷蠡王伊稚斜战胜太子于单,自立为单于。太子于单被迫向汉军投降,被汉武帝册封为涉安侯,不久死去。伊稚斜自立为单于之初便发兵大举进攻汉地,亲率骑兵入代郡(今河北省蔚县东北)、雁门(今山西省右玉南)、定襄(今和林格尔县土城子古城)、上郡(今陕西省榆林市榆阳区西南)等地,杀掠吏民;同时又派匈奴右贤王攻入河南地,侵扰朔方(今鄂尔多斯市西北)。后右贤王被汉军统帅卫青所率的10万余众包围。公元前123年二月,汉军统帅卫青率众出定襄进攻匈奴,斩首3000余级而返;四月,卫青再度出兵定襄,消灭匈奴骑兵1万余众。元狩二年(公元前121年),匈奴右翼遭到霍去病所率汉军攻击,浑邪王、休屠王二部损失惨重。伊稚斜单于对二王的失败大为不满,准备兴师向罪。浑邪王和休屠王恐慌之下,准备向汉朝投降,可休屠王后来又反悔了。为此,浑邪王袭杀休屠王,并兼并了休屠王部众4万余人,向汉军投降,汉武帝封浑邪王为漯阴侯。匈奴降众被安置在陇西、北地、小郡、朔方、云中五郡,遵照匈奴的习俗对其进行管理,史称"匈奴五属国"。公元前119年,伊稚斜单于听说汉大将军卫青出定襄，骠骑大将军霍去病出代郡，越过沙漠来袭，决定北移其政治中心，却遭到汉军的围截，失众7万余人，汉军也死亡数万人，军马死10余万匹。自此之后，匈奴远遁漠北60余年。"匈奴失阴山之后，过之未尝不哭也。"此后几十年间，汉匈没有发生大规模战争。匈奴出兵阴山（今乌拉特中旗东部阴山）之后，守护南界，汉军则沿长城严密设防。

元鼎五年（公元前114年），伊稚斜单于死，其子乌维继位。乌维单于上任后休养兵马，练习骑射，并且频繁遣使到长安请和。公元前105年，乌维单于死，匈奴势力进一步削弱，只好向西北方向发展。其左方兵南对汉属云中，右方兵南对汉属酒泉。匈奴势力不得不退出内蒙古高原东部。这样一来，无疑给东胡系统乌桓和鲜卑的发展提供了契机。匈奴势力日益衰弱，再加上无情的自然灾害的侵袭，匈奴人民生活在水深火热中。乌桓、丁零等降附属部也乘机起来进攻匈奴。在天灾人祸面前，匈奴统治集团内部发生分裂和内讧。五凤元年（公元前57年），匈奴出现五大单于争位的混乱局面。其中有一位单于的称号为呼韩邪单于，他的名字叫稽侯珊。这位呼韩邪单于在混乱中被郅支单于打败，只好向南溃逃，降附汉朝，从此漠南无王庭。

第五节 汉匈和亲 昭君出塞

连年不断的汉匈相争不仅极大地消耗了汉朝和匈奴的实力，而且给彼此人民带来了极大的灾难。到汉宣帝时期，战争平息，汉朝和匈奴开始友好交往。

汉宣帝甘露三年（公元前51年）正月，呼韩邪单于要到长安去觐见汉朝皇帝。汉朝方面对此事十分重视。汉宣帝命车骑都尉韩昌为专使，前去五原郡迎接，在朔方、西河、上郡、北地等沿途发兵陈列道上，以迎接呼韩邪单于。到了京都长安后，汉宣帝以最高礼节接待呼韩邪单于，将其列于各诸侯王之上。汉宣帝以中央王朝的名义册封呼韩邪单于为匈奴大单于，派高昌侯董忠率骑兵送呼韩邪单于返回匈奴，并让董忠留驻边地，协助呼韩邪单于恢复实力。当时,漠北匈奴单于庭还被郅支单于控制,汉宣帝便让呼韩邪单于留居于漠南的光禄塞(今达尔罕茂明安联合旗百灵庙镇西南古城)。

汉元帝初元元年(公元前48年)六月,呼韩邪单于复上书,言民众困乏。汉元帝下诏,命云中郡、五原郡转送粮谷2万斛(古时每斛约合粮30市斤)予以接济。

此时,呼韩邪单于再次请求到长安觐见汉朝皇帝。虽然头一年郅支单于也来过长安,但汉元帝还是以最高礼节接待了呼韩邪单于。呼韩邪单于请求允许他北返大单于庭,汉元帝答应了他的要求,并派兵将护送。郅支单于自知不敌,弃庭西逃。就这样,呼韩邪单于回到了单于庭,成为名副其实的匈奴大单于。他感戴汉朝方面的恩德,欣然立下盟约:"汉与匈合为一家,世世毋得相诈相攻……令其世世子孙尽如盟。"

在以后的许多年,虽然呼韩邪单于所领匈奴日益强盛,但没有发动任何形式的对汉战争。

汉元帝竟宁元年(公元前33年)一月,匈奴单于呼韩邪赴长安朝觐汉元帝,请求和亲。呼韩邪单于向汉朝提出请求,自言愿做汉家女婿。汉元帝就选了一位宫女嫁给了韩邪单于,这位宫女便是王昭君。

王昭君,本名王嫱,字昭君,南郡秭归(今湖北省江陵)人,元帝在位时,被选入后宫。但由于种种原因,入宫好几年后,王昭君仍没能见到皇帝。于是当呼韩邪单于来到长安后,在当时汉匈关系十分融洽的情况下,王昭君勇敢地自荐出嫁漠北。只见王昭君仪态万方,使汉庭为之生色;她举止从容,落落大方,让左右肃然起敬。汉元帝深悔于这位绝代美女的出嫁,但他作为皇帝,既已答应了呼韩邪单于,怎能失信,只好封王昭君为"宁胡阏氏",意寓让她保佑匈奴平和安宁。

王昭君嫁到匈奴后,汉匈的和平关系进一步加强。阴山前后数世不见烟火之警,人民炽盛,牛马布野,农牧业经济得到恢复和发展。汉成帝建始二年(公元前31年),呼韩邪单于去世,王昭君遵从匈奴习俗,再嫁于单于,仍为阏氏。后来,王昭君的女儿、女婿经常到西河郡虎猛(今伊金霍洛旗红庆河古城)与汉朝方面的使者联络。

王昭君是草原历代各民族爱戴的历史人物,今呼和浩特南郊的昭君墓、鄂尔多斯达拉特旗黄河南岸的昭君坟都在向人们诉说着这远逝的历史;包头市南郊多次出土西汉后期的"单于和亲""千秋万岁""长乐未央"等陶片瓦,见证了王昭君做出的历史贡献。此外,老一辈无产阶级革命家董必武给王昭君题词:"昭君自有千秋在,胡汉和亲识见高。"

汉平帝元始元年(公元 1 年),西汉皇权落入权臣王莽手中。8 年后,王莽篡汉自立,国号为新。王莽登基后,改变了对匈奴的政策,汉匈关系恶化。他粗暴地干涉匈奴内政,改匈奴单于为"降奴服于",激起匈奴的不满。匈奴又开始侵扰汉边。这期间,王昭君的女婿右骨都侯须卜当为执政大臣,他与妻子云出面周旋,双方才没有爆发大规模战争。然而,王莽又贬匈奴之号为"恭奴",改单于为"善于"。这样一来,匈奴愈加不满,汉朝北方再度陷于战乱。

第六节　南匈奴入塞

公元 23 年(更始元年),王莽政权覆灭。但此时的形势发生了很大的变化:力争与汉朝修好的王昭君的女婿、女儿相继去世,匈奴贵族中的反汉势力占据主导地位。匈奴趁中原内乱、汉军北方防务空虚之机,大举犯边,朔方、五原、云中、定襄郡所属的河套地区无法进行正常的农牧业生产。

公元 46 年前后,匈奴国内发生了严重的自然灾害,人畜饥疫,死亡大半。公元 48 年(汉光武帝建武二十四年),匈奴再度发生内乱,驻牧于匈奴之南、管领匈奴南边八部的右奥鞬日逐王比南下归附汉朝,自立为呼韩邪单于。实际上,他是前一个呼韩邪单于的孙子。公元 49 年,这位后呼韩邪单于派使者到长安,请求归附。汉光武帝答应了他的请求,并在南匈奴设置中郎将这样的官职,协助呼韩邪单于管理匈奴事务。汉朝允许南匈奴设单于庭(南庭)于五原西部塞,随后又让匈奴入居西河郡美稷县(今准格尔旗纳林古城),匈奴人分布于朔方、五原、云中、定襄、北地、上郡、雁门、代郡、上谷等地,与汉人杂处。南匈奴降汉后,经济发展,人民生活稳定。北匈奴则处在动荡之中,部众纷纷南下投靠南匈奴。公元92年前后,南匈奴人口是其初迁塞内时的5倍之多。公元140年(东汉永和五年),南匈奴内乱,东汉为避扰掠,将原居于西河、上郡、朔方等地的部众南移。这样一来,许多匈奴人便进一步向南集中到汾水流域一带,逐步与中原汉人融合。

第二章　北魏王朝的建立改变了草原

第一节　鲜卑是从大兴安岭崛起的狩猎民族

一、鲜卑族源

在中国古代"鲜卑"还有犀比、犀毗、胥纰、师比等称谓。近代国学大师王国维考证认为："兼鲜卑一语之转。"并说："黄金师比者，本胡名也。"我国古代把北方和西方的民族泛称为胡，而上述名字发音相近，是北方一个少数民族的族名。"鲜卑"最早作为族名见于古籍，是在《国语·晋语》。据《国语·晋语》记载："昔成王盟诸侯于歧阳，楚为荆蛮，置茅蕝设望表，与鲜卑同燎，故不与盟。"这里说的是周成王与诸侯于歧山之阳设神位立誓缔约的事。楚为荆州之蛮，鲜卑是东夷，属于蛮夷，所以当他们束草、立木为神位，共同燃火烛（庭燎）立誓时，成王"不与盟"。这段文字记载说明，早在战国时期，鲜卑族就已在中原地区活动。汉以后，"鲜卑"一名不但多见于古籍，而且其族源也趋于一致。

据《后汉书》记载："鲜卑，亦在东胡之支。"据《三国志·魏志》记载："乌丸、鲜卑，即古所谓东胡也。"晋代王沈编纂的《魏书》说得更明白："鲜卑，亦东胡之余地……鲜卑为冒顿所破，远窜辽东塞外，不与余国争衡，未有名通于汉，而自与乌丸相接。"

关于鲜卑，《史记》《后汉书》等史籍记载基本相同，认为鲜卑之先为东胡，自从被匈奴打败后，远去辽东塞外，此后再也不与邻国相争，默默无闻，与汉王朝也没有往来。至于鲜卑具体逃往辽东塞外的什么地方,就更无法明确了。《魏书》是二十四史中较多记述鲜卑历史的书,还对鲜卑族源进行了记述。《魏书》在开头的《序纪》中记载道:

"昔黄帝有子二十五人,或为列诸侯,或外分荒服,昌意少子,受封北土,国有大鲜卑山,因以为号。其后,世为君长,统幽州之北,广漠之野,畜牧迁徙,射猎为业,淳朴为俗,简易为化,不为文字,刻木纪契而已,世事远近,人相传授,如史官之纪录焉。黄帝以土德王,北俗称谓土为托,谓后为跋,故以为氏。其裔始均,入仕尧世,逐女魃于弱水之北,民赖其勤,帝舜嘉之,命为田祖。爰历三代,以及秦汉、猃狁、山戎、匈奴之属,累代残暴,作害中州,而始均之裔,不交南夏,是以载籍无闻焉。"

这段文字说鲜卑族的名称是"国有大鲜卑山,因以为号",是以山名作为族名,其姓氏则是"黄帝以土德王,北俗称谓土为托,谓后为跋"。"托"同"拓","托跋"即"拓跋",这就是"鲜卑拓跋氏"的由来。这以本民族的传说为依据,因为鲜卑族没有文字,只在木片上刻上花纹来记事。至于开头所述他们的祖先是黄帝二十五子之一的昌意之"少子,受封北土",而且其后裔始均还"入仕尧世""帝舜嘉之",都未必可信。受中国封建正统思想影响,做皇帝之人均要自称是黄帝后裔,以此来表明自身的正统性。相比之下,"人相传授"的说法可能更接近事实。

综上所述以及本民族传说,鲜卑是东胡的一支,被冒顿单于打败后,流落到辽东大鲜卑山,从此自称"鲜卑"。他们在塞外的深山老林中生息繁衍,与外世隔绝,不与邻国抗争,与中原的汉朝也不通声息。

二、拓跋氏祖室

鲜卑的族称是"国有大鲜卑山,因以为号"。那么大鲜卑山在什么地方呢?对此,都付诸阙如。北魏开国皇帝道武帝拓跋珪之诏书中也只是说:"昔朕之祖,总御幽都。"这"幽都"的方位在哪里,终未说明。

直到北魏太平真君四年(443年),突然有"乌洛侯国"的使团前来认本家,并带来丰厚的礼物献给太武帝,称本国西北有先帝旧墟,旧墟有宽大的石室,南北 90 步,东西 40 步,高 70 尺,室内有神灵,当地居民多有祈请。当太武帝问乌洛侯国的地理位置时,使者说他们的国家在地豆于之北,离代都平城 4500 余里。其国北有完水,东北流合于难水,又有许多支流汇合,东入于海。使者还讲述了当地的自然环境、四季冷暖,以及居民的生活习惯等。

这突如其来的消息震动了朝野。当年,太武帝就派遣中书侍郎李敞带领一队人马和礼品,不远千里前往鲜卑旧墟石室祭祖。他们用最高的皇帝礼仪,举行了盛大的祭天祭祖仪式,宣读祝文,然后把祝文刻在石室的石壁上。对于李敞走的路线,《魏书》没有记载,只是说:"石室南距代京可四千余里。"

《魏书》是北齐著名文人魏收所编,成书于公元 554 年,是现存较早且详细记录北魏历史的著作。上面两段文字所述代都至石室的距离,一处说四千五百余里,一处说四千余里。同一书中记述不一,有可能李敞走的是近路。但这乌洛侯国和石室又在哪里,完水和难水指的是东北的哪条江河呢?由此,历史学家追寻的焦点就由"大鲜卑山"转向"乌洛侯国"和"石室"。但是,此后的大量历史文献都没有相关记载,鲜卑祖先的旧墟石室成为千古之谜。

中华人民共和国成立后,文献学与考古学相结合,取得了大批成果。20世纪 80 年代,考古学又与民族学及民族生态学相结合,考古人员于 1980 年在大兴安岭北部丛山密林间的嘎仙洞内发现鲜卑旧墟石室,解开了这一千古之谜。

1980 年夏,呼伦贝尔盟文物工作站站长米文平在长期调查研究的基础上,于当年 7 月 30 日找到了石室,并于洞内石壁上发现了北魏太平真君四年的石刻祝文。

米文平在《鲜卑石室的发现与初步研究》一文中这样描述嘎仙洞石室规模和地理位置:嘎仙洞本为天然石洞,位于内蒙古自治区呼伦贝尔盟鄂伦春自治旗阿里河镇西北 10 公里。地当大兴安岭北段顶巅之东麓,属嫩江两岸支流甘河上游……这一带林海茫茫,峰峦层叠,古木森天,松桦蔽日。嘎仙洞位于高达百米、巍然陡立的花岗岩峭壁上,离平地 25 米,洞口略呈三角形,高 12 米,宽 19 米,方向朝南偏西 30 度。洞内宽阔,南北长 92 米,东西宽 27~28 米,穹顶最高处达 20 多米,宏伟如大厅,面积约 2000 平方米,可容纳数千人。"大厅"西北角上为一斜洞,顺 20 多度斜坡拐上左上方,斜洞宽 9 米、高 6~7 米、长 22 米。斜洞顶端上部东、西各有一壁龛状小耳室。在"大厅"地面当中,有一块不规则天然石块,长 3.5 米、宽 3 米,下面有大石块凸起约 0.5 米高,群众称之为"石桌"。

整个洞内,石壁平整,穹顶浑然。"大厅"气势雄伟,斜洞曲径幽邃,充满一种威严的宗教气氛,难怪后世把它称为祖庙。

米文平发现的祝文是在嘎仙洞洞口内纵深 15 米的西侧石壁上,全文如下:

维太平真君四年,癸未岁七月廿五日,天子臣焘使谒者仆射库六官中书侍郎李敞、傅崔用骏足,一元大武,柔毛之牲,敢昭告于皇天之神:

启辟之初,佑我皇祖,于彼土田,历载亿年。聿来南迁,应受多福。光宅中原,惟祖惟父。拓定四边、庆流后胤。延及冲人,阐扬玄风。增构崇堂、克翦凶刃,威暨四荒,幽人忘遐。稽首来王,始闻旧墟,爰在彼方。悠悠之怀,希仰余光。王业之兴,起自皇祖。绵绵瓜瓞,时惟多。归以谢施,推以配天,子子孙孙,福禄永延。

荐于:皇之帝天、皇之后土。

以皇祖先可汗配,皇妣先可敦配。

尚飨!

东作师使念凿。

石室祝文与《魏书·礼志一》原文大体一致。这样一来,嘎仙洞即北魏鲜卑拓跋氏祖先居住的旧石室,得以验证。这是大兴安岭北部边疆地区迄今已知最早的有确切纪年并见于文献记载的少数民族遗迹。它无可争辩地证明,鲜卑人自古以来就住在这里。石室的发现结束了历史学界长期以来对拓跋鲜卑发源地和大鲜卑山方位的争论,为研究东胡系诸部族的地理、历史问题提供了科学依据。这一考古发现和研究结论得到中外史学界的确认和高度评价,被列为我国重大考古成果,并载入 1980 年《中国历史学年鉴》。国家文物局顾问谢辰在《文物工作》1985 年第一期撰文,高度评价嘎仙洞的重大发现。他指出:"内蒙鄂伦春的嘎仙洞,说明了鲜卑族发源的历史,不仅有很高的历史价值,而且说明我国历史疆域问题上还有很大的政治作用,其价值绝不比秦俑坑差。"1988 年,国务院公布嘎仙洞遗址为全国第三批重点文物保护单位。

第二节　拓跋鲜卑大迁徙

一、第一次南迁

曾经在嘎仙洞居住的鲜卑是西部鲜卑,西部鲜卑的拓跋部后来建立了北魏帝国,使其口传史能够留传下来。根据拓跋部的口传史,拓跋部族从他们所居住的"石室"(嘎仙洞)所在地向外迁徙,这件事发生在以"推寅"为名的部落君长的时代,也就是第一推寅时期。在公元 1 至 2 世纪,拓跋部在第一次迁徙中来到呼伦湖周围的辽阔草原,开始了他们的游牧生活。据《魏书·序纪》载:"宣皇帝讳推寅立,南迁大泽,方千余里,厥土昏冥沮洳。谋更南徙,来行而崩。"

这就是鲜卑拓跋部的第一次南迁。而南迁之"大泽"即今内蒙古的呼伦湖,当地称达赉湖,这一考证结论已为我国史学界所认同。

呼伦湖位于大兴安岭西南呼伦贝尔草原地带,南北长约 2000 里,东西宽约 100 里,一周 800 多里,这是现在测定的数据。千百年来,沧桑变迁,"方千余里"之说大体与现在吻合。湖区周围大部分是沼泽地,故云"厥土昏冥沮洳"(沮洳,低湿之地),走过大泽就是广阔无垠的呼伦贝尔大草原。

拓跋部从他们的山林旧墟(嘎仙洞一带)出发,走出大兴安岭西根河边的拉布大林(现额尔古纳市),即后院大门,沿甘河一带向西南溯诺敏河越过大兴安岭,顺海拉尔河抵呼伦湖一带的草原地带,全程 1100 余里;另一条路线是顺着根河向西越过大兴安岭,顺伊图里河到根河,再经莫尔根河进入呼伦贝尔草原,全程 800 余里。

至于拓跋部南迁的交通工具,米文平先生曾形象地描述他的考证结论,叫作"四不像",也就是鲜卑人崇拜的"神兽"。据《魏书·序》载:"有神兽,其形似马,其声类牛,先行导行,历年乃出。"

直到现在,鄂伦春自治旗猎民还在使役这种动物。这是一种半驯化的鹿类动物,角有数歧似鹿非鹿,蹄分两瓣似牛非牛,头生尖耳似马非马,身长灰色似驴非驴。专家经考证认为,这是产于北方森林苔原地区的北极鹿,专门吃一种生长在苔原或寄生于死掉的松桦树上的苔藓,这种苔藓称作"恩特"或"来为特"。鲜卑人视为"神兽"的四不像,蹄瓣大,身体轻,善于在森林中穿行,可驮载猎物,也可以拽拉雪床;在沼泽地行走时,踩着塔头(沼泽地生长的一种草类盘状植物),不会陷入泥塘之中。

就这样,鲜卑拓跋部在部落大人(大酋长)第一推寅隣的率领下,携家带口,用"神兽"四不像这种极好的交通工具,或骑或驮或拉,翻山越岭,历经九难八阻,到达呼伦贝尔大草原这片新天地,时在公元 1 世纪初。

1959 年 4 月,在达赉湖小河口扎赉诺尔地区发现 300 余座古墓群,至 1984 年陆续清理出 450 余件文物。1985 年以后,又出土了一大批文物,有陶器、铜器、铁器、骨器、木器、金饰物、珠饰物、贝壳等。棺木用桦木制作,四周用石灰掩埋,尸骨排列有序。随葬品有牛、马、羊等,说明当时的畜牧经济相当发达。考古界确认,扎赉诺尔古墓群为拓跋鲜卑墓葬遗址。从出土的一个汉代"规矩镜"残片和一块带有"如意"字样的织锦来看,早在汉代,居住在扎赉诺尔的拓跋鲜卑已与中原有了广泛的经济、文化联系。再从墓葬的形式看,多为单人葬,也有男女合葬墓,且多数为土葬棺木,古朴、简单,显然受到中原文化及其习俗的影响。关于拓跋鲜卑古墓群,在扎赉诺尔流传着许多美丽的传说,其中"拓跋鲜卑合葬"的传说就是雄踞于草原的拓跋鲜卑与中原东汉之间经济、文化交往的写照。

二、第二次南迁

拓跋鲜卑在呼伦贝尔大草原生活百年之后，又开始第二次迁徙。发起这次迁徙的部落首领是第二推寅洁汾。洁汾受父命二次南迁，始居匈奴故地，时间约东汉初年。这一时期北方的形势是，汉匈双方经过多年争战，实力大减，进入一个相对和平的时期。东汉建武二十二年（46年），一因天灾，二因统治集团内讧，匈奴分为南、北两部分。南匈奴南下附汉，先居五原塞下，后入住西河郡，设南匈奴单于庭于美稷（今准格尔旗西北纳林乡），其部众分布于北地、五原、朔方、云中、定襄、雁门、代郡等地区。北匈奴因遭受东汉和南匈奴军多次攻击而分裂，一部分西迁，一部分滞留漠北。鲜卑正是在匈奴故地相对空虚的情况下南迁的。

鲜卑拓跋部迁徙匈奴故地的路线是：一支从大泽向西，逆今克鲁伦河，沿土拉河进入北匈奴地区（今蒙古国乌里雅苏台或科布多一带），此后又沿匈奴南下旧路，到达阴山南北；另一支则从大泽南下，逆今乌尔逊河、喀尔喀河，经乌珠穆沁旗东境，再南下今内蒙古中部地区。

公元1世纪末至2世纪中期，鲜卑、乌桓取代匈奴，成为大漠南北的主体民族。他们经常进兵袭扰辽东、辽西、右北平、渔阳、代、上谷、雁门、定襄、云中、五原、朔方等郡。其时，东部鲜卑的慕容部落中出现了一位著名的首领叫檀石槐，《后汉书·乌桓鲜卑传》和《三国志》裴松之注引《魏书》都记载了其人其事。檀石槐十四五岁时就勇健而有智略，异部大人抄取其外家牛羊，檀石槐单骑追击，尽得所失之牛羊而还，使该部落畏服。之后，他被推举为鲜卑各部的最高军事首领，在高柳（今山西省阳高南）北300余里的弹汗山（今内蒙古商都县附近）设立庭帐，势力很大，东西各部大人都来归附。其势力向四周扩展，南抄缘边，北拒丁零（今俄罗斯贝加尔湖地带），东却夫余，西击乌孙，尽占匈奴故址，建立起一个空前强大的鲜卑军事大酋帮，所控之地，东西14000余里，南北7000余里，网罗山川水泽盐地。檀石槐把他控制的地区分为三部分：自辽东至右北平（今内蒙古赤峰市南）为东部，自右北平以西至上谷(今内蒙古多伦县南)为中部,自上谷以西至敦煌为西部。檀石槐建立的这个鲜卑军事联盟,虽然军事力量很强大,但政治组织并不稳固。所以,当公元187年檀石槐一死,鲜卑军事联盟便开始分裂。随后,被称为"小种鲜卑"的轲比能集团崛起,重新统一漠南地区。公元235年,轲比能被刺身亡,鲜卑局部统一的联盟遂趋瓦解。此后,东部鲜卑分化,宇文部、段部和慕容部兴起。这几个部落在十六国时期,曾经在中原地区活跃。

嘎仙洞走出去的拓跋鲜卑人在檀石槐和轲比能联盟时期,悄悄地完成了他们的第二次南迁。鲜卑人的南迁在其民族发展史上占有十分重要的地位。如果说第一次南迁使他们的民众脱离了野人般的生活状态(当时鲜卑人习惯居住在深山老林中,食肉衣皮),那么第二次南迁的鲜卑已成为驰骋千里的马背民族了。两次迁徙的过渡地带——呼伦贝尔草原,在这其中起着至关重要的作用,鲜卑民族正是从这里跃上马背,然后一泻千里,占据了蒙古高原和大漠南北,从而开辟了一番宏伟大业。

三、在茫茫草原上壮大

鲜卑人走出森林,眼前豁然开朗,展现在他们面前的是茫茫大草原。他们过去追逐的野兽不见了,代之以绿野中缓缓移动的畜群;过去他们用桦树皮和野兽皮搭建的茅棚"撮罗子",在这里已不适用,一场大风过来就被刮得无影无踪了。这一自然生态环境的巨大变化促使整个鲜卑民族的生产生活发生根本性的变化,即由游猎过渡到游牧。反映在文化方面,游猎文化也过渡到游牧文化。这一切巨大变化在鲜卑民族的发展史上具有决定性的意义。

游牧型经济是以草原自然生态环境为依托的经济生活方式,其要点在"游牧"二字。鲜卑人进入草原地带"驻牧",其经济生活和文化生活也是如此。

(一)绿色游牧

过去鲜卑人游猎的原始森林中,只有野兽出没,不适合畜群生长;来到草原后,人们不必完全依赖于野生动植物生存,而是用天然的青草牧养牛、马、羊、骆驼等牲畜,获取皮毛和肉食,以保证衣食之源。猎人追逐的是野兽,牧人追逐的是水草。大自然赐给牧民绿草地和河流,他们逐水草而居,衣、食、住、行无一不与这绿草地融为一体。鲜卑到来后,大草原又接纳了一个新的民族。

(二) 马背上的民族

曾经帮助鲜卑人走出森林、走过大泽的神兽"四不像"在大草原上再无用武之地,加之干旱的草原地带无苔藓之类的食物,"四不像"慢慢地消失了。现在,又有一种神奇的动物——马,进入鲜卑人的生活。牧人骑马在草原上游牧,儿童先学会骑羊,稍长大就被父母扶上马背,学着骑马在大草原上奔驰。鲜卑人在和野狼等天敌斗争中学会了骑射,以骑射之本领应对来自别的部落的攻击。在弓箭等长兵器外,鲜卑人还使用短兵器。鲜卑以娴熟的骑射本领成为马背上的民族。《通典·边防》在记述"拓跋氏"时写道:"狡虏之性,食肉衣皮,以驰骋为容仪,以燎猎为南亩,非有车舆之安,宫室之卫,栉风沐雨,不以为劳,露宿莽寂,实惟其性。焱骑蚁聚,轻兵马集,蹂蹂禾稼,焚热闾井,虽边将多略,未审何以御之。"

(三) 毡庐晓月

北方少数民族逐水草而居,迁徙无定,毡帐是他们日常的住房。《史记·匈奴列传》记载道:"匈奴父子乃同穹庐而臣人。"《魏志·乌丸鲜卑传》注引《魏书》载,乌丸鲜卑"居无常处,以穹庐为宅"。鲜卑人在草原上驻牧,以前游猎时就地取材临时搭建的圆锥形帐篷,现在不适用了,代之而起的是在木制的骨架上围盖毛毡的半圆形毡房。半圆形的结构适于抗御草原上强烈的季风,毛毡则有利于防寒防潮,而且围毡还可以随季节冷暖而增减。穹庐顶开天窗,状如日月般圆,其圆拱犹如一把打开的伞,面对着苍天。毡壁上有木制门和毡门帘,四周有可以撩起毡帘的小窗。牧人坐在毡房内就可以看到在草原上觅食的牲畜。由于毛毡不隔音,牧人夜间躺在帐内便可以掌握牲畜的各种动静。

(四)髡头衣赤者

鲜卑拓跋部在南朝史书中被称为"索头虏"或"索髫虏"。胡三省解释说:"索虏者,以比上辫发,谓之索头也。"东汉应劭著《风俗通义》说鲜卑与乌丸同俗,"髡头而衣赭"。《宋书》九五《索虏传》称:"索头虏姓托(拓)跋氏。"《魏书》载:"乌丸者,东胡也……悉髡头以为轻便,妇人至嫁时乃养发。"这说明鲜卑拓跋氏与其他北方少数民族的装束不同。拓跋氏"髡头",髡头即剃发。为了轻便,男女从小便剃发,女子至出嫁时才蓄发,发辫盘在头顶上;男子则只留中间的头发编成辫,所以鲜卑拓跋部被称为"索头虏"或"索头部"。

随着拓跋氏逐步南迁,拓跋氏与中原汉族和其他少数民族交往日益频繁,其民族服饰也不可避免地受到其他民族的影响。南迁的鲜卑人脱下兽皮制作的衣服,从中原地区换取丝绵衣料缝制衣服。赭色是鲜卑人喜爱的颜色,他们经常穿赭色的服装。饮食方面,以肉食类和乳制品为主。春季牧畜产仔到挤奶结束的半年时间里,牧民忙着准备科季所需的乳制品,包括奶干、奶酪和黄油等。在考古发掘中,考古人员发现鲜卑人的墓葬陶罐中有粮食,说明此时他们也吃粮食。

第三节 始祖拓跋力微盛乐奠基

拓跋力微生于何年,这一问题至关重要,因为它涉及到鲜卑拓跋部与盛乐的历史纪年。以前鲜卑没有文字,历史主要靠"人相传授",其世系有确切年可考者,正是始于力微。据《魏书·序纪》记载,其始祖"神元皇帝"力微元年,岁在庚子。王鸣盛《十七史商榷》卷66称:"神元元年,岁在庚子,系魏黄初元年,即汉献帝在位之三十一年,正月,改元延康,十月曹丕篡汉改元。"220年曹丕称帝,建元黄初。神元元年,亦即公元220年。

《魏书·序纪》又载:"神元五十八年,(晋帝)方遣帝(沙漠汗)。始祖闻帝归,大悦,使诸部大人诣阴馆迎之。其年,始祖不豫……始祖寻崩。凡飧国五十八年,年一百四岁。"

神元五十八年(277年),力微死,享年一百零四岁。由此上推,力微生于公元174年,应是确切无误的。力微的主要功绩叙述如下。

一、吞并没鹿回部

拓跋力微跟随其父洁汾西进南迁的经历,《魏书》无记载,按时间推算,约在公元2世纪末,即檀石槐于弹汗山建立牙帐,占据匈奴故地前后。东汉永寿二年(156年),檀石槐将三四千骑寇云中;东汉延熹九年(166年),率数万骑入缘边九郡,并杀掠吏人。汉遣张奂击之,鲜卑兵退塞外。公元180年(汉灵帝光和三年)以后,檀石槐死,部落联盟解体,分裂成许多小部落,鲜卑轲比能拥众数万据云中、雁门(今山西省右玉县南),西部边界到达五原(今包头市)。约于此时,洁汾率部进入漠北西部地区。力微继位后,又南下进入五原北境,即今达尔罕茂明安联合旗、乌拉特中旗和固阳一带。约在魏文帝黄初元年(220年),力微遭到驻朔方的西部鲜卑大人蒲头的攻击,力微不能抵抗,率部南下投靠没鹿回部大人窦宾。

据史载,力微有"雄杰之度,时人莫测"。力微随窦宾攻击西部蒲头时失败,窦宾的战马走失,只好步行往回逃。力微看在眼里,将自己所乘骏马派人送给窦宾,使窦宾脱险。回到营地,窦宾下令在部属内寻找送马之人,要给以重赏。力微隐瞒不说。后来,窦宾总算打听出送马者是力微,非常惊奇,把他请去,要把自己国土的一半分给这位救命恩人。力微说什么也不肯接受。无奈,窦宾将自己的爱女窦氏嫁给力微。窦宾问力微,还有什么要求?反复追问之下,力微才请求让他率领部属北居长川(今兴和县境内)。窦宾答应了他的请求。

力微驻牧长川十余年,"德代大治,诸旧部民,咸来归附"。神元二十九年(248年)窦宾临终前,将他的两个儿子叫到跟前,当面劝诫他们要善待力微。窦宾死后,儿子马上变卦,企图乘力微前来为其父发丧时杀死力微,尽占其部众。但消息被泄露,力微当机立断,先行下手,在宫中埋伏下勇士,先把帝后窦氏杀死,马上派使者告诉速侯,说窦氏病故。速侯等大惊,急忙前

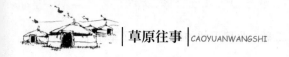
来看视，被力微杀死。随后，力微兼并了速侯等的部众，其余诸部大人纷纷来归附，力微的势力大大增强，"控弦士马二十余万"。

二、迁居定襄之盛乐

魏高贵乡公甘露三年(258年)，一支由20万大军和家眷随从组成的庞大队伍追赶着畜群，行进在今内蒙古乌兰察布草原上。一路上人喧马嘶，尘土飞扬。这支队伍正是鲜卑拓跋部的，他们的祖上从大兴安岭的高山密林中走出，跨过大泽，越过草原，尽占大漠，南迁阴山。而此时，他们在部落酋长力微的率领下，正从长川前往定襄(今和林格尔县土城子古城)，要去开辟一番宏伟大业。

这支由鲜卑人组成的队伍，个个身穿赭色衣袍，儿童剃头，成年人辫发，腰扎鲜卑部落带，妇女头戴步摇冠，人称"索头部"。就这样，20万人马在定襄驻牧，力微把定襄郡治成乐改为"盛乐"，又到郊外祭天，远近共有35个部落的君长前来助祭。从此，力微取得大酋长世袭大权，拓跋部开始建立政权。

鲜卑拓跋部为什么要南迁盛乐？这得从盛乐的地理位置和当时北方的形势说起。古代定襄郡占据着十分重要的地理位置，位于水草丰美的古敕勒川东南部，北面是横亘千里的阴山山脉，南靠晋北山地，蛮汉山系西迤，崇山峻岭绵延不断，其间分布着广阔的天然牧场。金河(今宝贝河)绕城流过，城东有白渠水(今茶坊河)，北有荒干河(今大黑河)，西南有沙陵湖(又名天瑞泊)，再往西便是黄河。纵横交错的河流为这块土地提供了丰富的水源，该地草长马肥，无论是畜牧，还是屯军，都是理想的处所。

定襄郡地理位置极其重要，是交通枢纽：从这里向西南可过黄河通长安，从东南过杀虎口可通雁门，北越阴山可通漠北，向西北可直达五原郡。北有阴山屏障，西有黄河天险，其南部依托崇山峻岭，山谷狭长幽深，山势紧逼，谷道奇险。用兵时，无论是南进还是北退，进可以隐蔽行军，退可以据险拒守。所以，此地历来是胡汉频繁争夺的重镇。胡胜，则战场推至雁门关，汉人凭险关各隘与之再战;胡败,则北逾阴山遁回大漠,汉人便拥有了广袤的塞漠,边疆稳定。《汉书·地理志》载:"定襄郡,高帝置。莽曰得降。属并州。户三万八千五百五十九,十六万三千一百四十四,县一十二:成乐……""六年冬十月,令天下县邑城。"

汉高祖六年(公元前201年),西汉置定襄郡,筑成乐城,到新莽时改定襄为得降,东汉时又恢复定襄郡。定襄郡一直是汉王朝管理北方地区的重要属郡,也是民族融合的重要地区之一。而力微居盛乐之时,正是三国将尽之际。

公元258年为魏高贵乡公甘露三年,蜀汉后主刘禅景耀元年,吴会稽王孙亮太平三年。高贵乡公曹髦14岁被扶上皇位,但朝廷大权却被司马氏掌握。不久,曹髦被司马昭杀害,司马昭之子司马炎用禅让方式灭魏建晋。到公元258年,蜀汉先主刘备去世35年,诸葛亮去世24年。后主刘禅花天酒地,专权的宦官黄皓求神问卜,无济于事,姜维苦撑局面,最终被魏军打败。263年,蜀亡于晋。而偏安东南之吴国在孙权死后也逐渐走上下坡路。末帝孙皓是三国时期有名的暴君,专横荒淫,弄得人人自危。公元280年,西晋六路大军征伐,孙皓投降,吴国灭亡。

中原地区政局动荡,无力北顾,北方的鲜卑、乌桓、匈奴、丁零、柔然等民族纷纷南下,于缘边驻牧,并不时南下抄掠边民。鲜卑拓跋部正是在魏晋交替,北方民族纷纷南下,陉北和漠南相对空虚之际,吞并没鹿回部,入居盛乐,长据长川、定襄、云中、五原,即今乌兰察布市、呼和浩特市和包头市地区,时在神元三十九年,力微当时84岁。

第四节 穆帝猗卢建立代国

力微死后,其子悉鹿继位。这虽是父子相承,但并不是嫡长子继承,于是诸部离叛,导致"国内纷扰"。悉鹿死后,他的弟弟绰继位。可绰是一个短命的继承人,之后弗继位。

在这之后,力微的小儿子禄官于公元 295 年登上了政治舞台,他不愿违背嫡长子继承的惯例,分国为三部:自己率一部在东,居上谷北、濡源西,即今河北宣化、沽源一带,称昭成帝;沙漠汗的长子猗㐌率一部在中,居参合陂北,即今内蒙古凉城县东十号乡小坝子滩一带,称桓帝;猗㐌的弟弟猗卢率一部在西,居盛乐,称穆帝。对此,《魏书·纪》中有明确记载:"昭成帝讳禄官立,始祖之子也。分国为三部:帝自以一部居东,在上谷北,濡源之西,东接宇文部;以文帝之长子桓皇帝讳猗㐌统一部,居代郡之参合陂北;以桓帝之弟穆皇帝讳猗卢统一部,居定襄之盛乐故城。"

一国分三部,三部各有君。他们所控制的地区大约东至濡源,西沿阴山至五原。自从始祖力微以来,拓跋鲜卑与晋通好,没有战事发生,百姓安居乐业,人畜两旺,区域内人口大增,光是骑兵就有 40 余万人。这说明始祖的儿子禄官和他的两个孙子都不同凡响。当时,西晋正经历"八王之乱",中原地区民不聊生,一些士人和富商纷纷投奔相对稳定的拓跋鲜卑部,以避战乱。拓跋部是来者不拒,让这些失意人士为官做相,参与军国大事。与此同时,他们得到了洛阳和繁田寺巨商的资助,力量有所增强。此外,分国为三部之后的七年时间里,各部不断向外扩张势力,各有所获。

猗卢即位的当年,就开始向外扩张势力,他率众南下并州彰显实力,返回时将南逃此地的杂胡徙居云中、五原、朔方(今河套地区),然后又策马西南,渡过黄河,袭击匈奴、乌桓盘踞在此地的部落,把西南边界拓展到杏城(今陕西省黄陵县西南)以北 80 里。中部猗㐌也不甘落后,先后打败高车等 20 多个部落割据势力,使其归附。东部禄官与慕容部交好,慕容部送礼以示朝贡,禄官将女儿嫁于慕容部首领,以巩固自己的地位。经过开疆拓土,拓跋三部的实力都大大增强。

刘渊为匈奴五部大都督,被封为汉光侯,住在山西汾河流域。在西晋内部纷乱之际,刘渊的势力却日渐强盛。公元304年,他在左国城(今山西省离石县北)自称汉王,对西晋朝廷构成重大威胁。面对晋室危局,并州刺史司马腾遣使前来参合陂向桓帝求援,猗㐌毫不犹豫,马上率领10余万骑南驰,和司马腾一齐出击刘渊。东部禄官听到消息后,也亲率大军驰援。三部合力,在西河、上党将刘渊打败。战争结束后,猗㐌在参合陂西界,也就是今和林格尔县黑老窑乡境内累石为亭,树碑以纪此行。晋永兴二年(305年),刘渊再攻司马腾,司马腾请求桓帝支援。猗㐌以数千轻骑驰援,把刘渊打败。两次救晋,两次获胜,西晋朝廷给予奖赏,封桓帝为大单于,并赐金印紫绶。

猗㐌和禄官死后,公元308年,猗卢统摄三部,仍居盛乐。其时的拓跋部已有人马40余万,相比力微初到盛乐时,力量壮大很多。猗卢与西晋的并州刺史刘琨交好,结为兄弟,刘琨还把儿子刘遵派到盛乐当质子。在鲜卑白部与铁弗匈奴刘虎攻打雁门(今山西省右玉县南)与新兴(今山西省忻州)二郡之际,应刘琨邀请,猗卢出兵两万,在拓跋郁律的带领下急驰南援,先破白部大人,接着大败刘虎,迫使其收拾残部渡过黄河,逃往朔方。刘琨感激之余,奏请晋朝封猗卢为大单于,并晋爵为代公。猗卢向刘琨提出把雁门关以北的土地划归代国的要求。刘琨自认为找到了靠山,满口答应,把楼烦(今山西宁武)、马邑(今山西朔州)、阴馆(今山西山阴)、繁畤(今山西繁峙县)、兴崞(今山西苛岚)五县的民众移到雁门关以南,把方圆数百平方公里的土地全部献给猗卢。

正在大力扩张势力的猗卢仅仅通过与刘琨交好并助其争战,一下子就得到了梦寐以求的大片土地。欣喜之余,猗卢迁10万户人家到这块土地上生息。一下子迁出10万户人家,说明当时的代国的国力确实不弱。通过开疆拓土,拓跋部疆域东接代郡,西连西河(今山西汾阳县境内)、朔方,南至陉岭,北通大漠,方圆数百里,势力更加强大。

为了回报刘琨，猗卢多次帮助刘琨攻打晋朝。公元312年，刘琨请求猗卢帮忙进攻刘聪、石勒。猗卢亲率20万大军进攻晋阳（今山西太原），晋阳守将惊恐万状，连忙烧掉粮草辎重，突围逃出。猗卢派骑兵追击，一路追杀数百里，路上遍布败军的尸体。获胜之后，猗卢将数千马匹、牛、羊和百余辆战车送给刘琨，并留下精锐部队帮刘琨守卫晋阳，然后率军返回盛乐。猗卢与刘琨相互支援，这在相当大的程度上维护了代国的利益。在当时来讲，这不失为一种明智之举。与此同时，在帮助刘琨作战的过程中，鲜卑骑兵的战斗力进一步提高，积累了作战经验。

公元313年，拓跋猗卢修筑盛乐城作为代国的北都，修建旧平城为南都，并派他的长子六修镇守南都。这是盛乐第一次作为国家首都出现在历史上。

公元315年，西晋封猗卢为代王，猗卢定国号为代。此时的代国，地域广阔，人口众多，兵强马壮，再加上吸收了先进的中原文化，并且吸纳了很多的中原志士协助治理国家，变得更加强大。最先归附拓跋部的是代人卫操父子及其宗室乡亲十数人。卫操劝桓帝猗卢招纳晋人，以利于本国发展。刘渊、石勒作乱之时，卫操又进言猗卢匡助晋朝，出兵援助晋朝，从而为双方搭起一座友好相处的桥梁。卫操的儿子卫雄勇健有计谋，被桓帝委任为将军，常常随桓帝征伐，威名大振，被封为左将军、云中侯。繁畤大商人莫含是并州刺史刘琨的手下，常来代国经商，与猗卢交往密切。后来，莫含也来到代国为猗卢效力，深得猗卢器重，常常参与军国大谋，被封为左将军、关中侯。大批晋人来归，对此，猗卢一律给予善待，拜将封侯，使其参与军国大事，代国也由此日益兴旺，封建化步伐大大加快。

为了巩固统治，猗卢采取了两项重要的措施：一是分置官属，二是"明刑峻法"。制定典章制度，规范国家行为，用极其残酷的刑罚镇压敢于抗令的部属，凡是违反军令的，全部落都要被杀死，前后有上万人死于非命。猗卢的施政措施有其积极的一面，但其推行暴政注定是自掘坟墓。

六修是穆帝猗卢的长子，镇守南都平城。猗卢更宠爱自己的小儿子比延，并想立其为太子。六修来朝见，猗卢命其参拜比延，六修不从。六修有骓骝骏马,可以日行500里,猗卢想要送给比延,六修不给。猗卢让比延坐在自己的步辇里出游,使人导引,六修望见,以为是穆帝,谒伏路左,等到了跟前,才发现是比延,于是愤怒而去。公元316年,猗卢征召六修,但六修违命不从,猗卢愤怒,出兵前往平城征讨,双方激烈对战,结果猗卢被六修击败。情急之下,猗卢逃到一处民宅躲藏,被民妇认出并告知六修,结果穆帝猗卢被儿子六修所杀。

猗卢死后,代国国内大乱,顽固保守势力和新生势力展开了激烈的斗争。听说叔父穆帝猗卢被杀,正在守卫边境的普根立即赶回,将六修杀死,但他继位仅月余便毙命。之后,他刚刚出生的儿子被立为代王,但也于当年冬天死去。代国的内乱使得轰轰烈烈的一场改革被迫中断。

公元317年,力微的孙子郁律被立为代王,称平文皇帝。即位之后,他开始东征西讨,向西大破铁弗匈奴刘虎,刘虎单骑逃走,郁律在追击过程中又兼并了乌孙人的地盘;向东又吞并了位于今东北长白山一带的勿吉,不但扩大了地盘,而且收降了部众,使得代国人口总数不下百万。

郁律还集中精力讲武练兵,准备南下平定中原,他深受百姓爱戴。但桓帝猗迤的皇后祁氏却对郁律极为不满。出于对自身利益的考虑,她联络心腹发动政变,将郁律杀死,与郁律亲近的几十个部大人也被杀死。之后,她立即把自己的二儿子贺傉扶上代王位,称惠帝,然后由自己临朝。贺傉即位四年才临朝,而其时的盛乐城人心浮动,诸部大人都不服。贺傉感到害怕,他在东木根山修了一座城,把国都迁到那里,但那里对他来说也不是安生之地,贺傉于次年在东木根山死去。

贺傉死后,祁氏又立三儿子纥那为代王,称炀帝。纥那的情况更糟,在后赵石勒的进攻之下,代国国内混乱,人心不稳,君臣相互猜忌,纥那东躲西藏,一直不敢回国都盛乐。

纥那远逃不归,国家基本无主,鲜卑人迫切需要一个新的领袖重振雄风。在这种情况下,公元329年,诸部大人在贺兰部的帮助下,一致立郁律的长子翳槐为代王,称烈帝。翳槐马上将弟弟什翼犍派往位于今河北邢台西南的襄国当质子,随同前去的有5000余家,以换取短暂的和平。然而,在其后七年时间里,代国仍旧混乱不堪,周边国家的局势也不稳定,战争与死亡始终伴随着鲜卑臣民。其间,纥那又被另外一部分部落大人扶上台,对翳槐的君位构成了巨大威胁。在后赵石虎的帮助下,翳槐率部打败纥那。等到局势稍稍稳定之后,翳槐才回到盛乐。

此时的盛乐城因为长时间无人管理,满目疮痍:城垣破败,宫室尽毁,杂草丛生,狐兔出没,人口锐减,周围的牧场上,牛羊稀少,一派荒凉。公元337年,翳槐调集民工,在故城南10里处又修建了一座盛乐城,恢复北都。一年之后,翳槐在新都死去。

如果说代国当时的状况是由战争引发的话,那么祁氏发动的宫庭政变加剧了混乱局面,盛乐城在如此混乱的局势下遭到毁坏,这的确是在所难免的。立志要在盛乐干一番大事业的拓跋鲜卑人遵循在哪里跌倒就在哪里爬起来的准则,还是在原都附近新建了盛乐城,这显示出拓跋鲜卑人矢志不渝的精神与信念。

代国衰亡

翳槐死后,公元338年,他的弟弟什翼犍在繁畤登上王位,改元建国。这时他才19岁,史称昭成皇帝。他曾在襄国(在今河北省邢台市西南,为后赵都城,后迁都邺城)当过10年质子,由少年成长为青年,期间经历了后赵石勒、石弘、石虎政权的治乱,总结了治国安邦之道,还吸收了先进的中原地区的文化,这对他即位后重振代国雄风具有重要意义。

第二年春,他"始置百官,分掌众职",任命其弟拓跋孤和长子寔君为二部大人,任用汉人燕凤为长史,许谦为中书令,并制定法律典章,稳定了政局。就都城定在何处,什翼犍君臣进行了争论。昭成帝一开始想定都于平城附近的今桑干河畔,但王皇后认为国家基业未固,守旧势力仍然很强,不宜急着定都,于是作罢。其后,议定移都于云中盛乐宫,即今托克托县云中古城行宫。公元341年,又在盛乐故城南八里新筑都城,仍旧沿用盛乐一名。在什翼犍在位的39年时间里,他大力整顿军事,发展经济,颇有建树。

在军事上,他开展讲武驰射活动。《魏书·序纪》载:"五年夏五月,幸参合陂。秋七月七日,诸部毕集,设坛埒,讲武驰射,因以为常。"

参合陂一带自古就是战略要地，水草丰美。在这里，什翼犍亲自登坛讲授武略，演习场上围起了矮墙障碍，骑手驰射，人喊马嘶，一派生机。通过讲武驰射，代国军队的战斗力进一步提高，军事实力进一步增强。

经济上，他大力发展游猎经济，下令禁止过度猎获，建立了许多苑囿和围场，将野兽圈围起来，以利其繁殖。在此基础上，什翼犍还组织民众在盛乐、云中、五原等地狩猎，为军队和民众提供了大量的肉食与皮张。什翼犍接受许谦的建议，在都城盛乐附近开辟农田，任用汉人与乌桓人耕种，大力发展农业生产。

政治上，什翼犍命令燕凤多次出使强大的前秦。苻坚于公元357年称大秦天王，建元天兴，建立前秦政权。翌年十一月，什翼犍即代王位，当时苻坚派遣使者前来代国朝贡，什翼犍令燕凤带厚礼前往长安回报前秦。双方在大殿坐定后，秦王苻坚问道："你们代王是什么样的人啊？"燕凤回答道："我主宽厚仁爱，经略高远，为当今之英雄，常有吞并天下之志！"苻坚不屑地说："你们北方人骑马打仗，无坚甲利器，敌弱就前进，敌强就逃跑，怎能兼并天下？！"燕凤毫不示弱地答道："此言差矣！我们北方人强壮剽悍，上马手持三件武器，以应对不同情况，远者弯弓射之，近者举枪刺之，再近者抡刀劈之。策马驱驰，敏捷如飞，所向披靡。我主雄杰却不失睿智，占有北方广大地区，拥有百万之众，只要一声令下，便可杀向战场。军队无辎重拖累，战士个个轻装。无需生火造饭，食物随身携带。这就是你们南方人疲惫劳累，而我们北方人常常决胜的原因。"秦王又问："贵国人马有多少啊？"燕凤回答："实话实说，可供骑射的人数有数十万，马100万匹。"群臣马上反驳："燕凤胡说，哪有那么多呀。"燕凤不慌不忙地说："我们代国有的是广阔的牧场，单说云中川，自东山至黄河200里，北山到南山百余里，每年九月，草长马肥，牧人们集会庆贺丰收。放眼望去，云中川满川都是马。再说，像云中川这样的牧场，代国还有许多呢。这样算下来，我这个当使臣的真说不清究竟有多少马匹。"燕凤不卑不亢，有理有据，直说得秦王颔首，群臣目瞪口呆，由衷地佩服燕凤及代国。通过燕凤数次出使前秦，秦、代两国在30多年时间里保持了稳定的关系。

就在拓跋鲜卑崛起之时,居于东北龙城一带的慕容鲜卑也趁势崛起,并先于拓跋鲜卑建立了封建性质的国家前燕。在与前燕的交往中,什翼犍实行和亲政策,燕王的妹妹和女儿先后嫁给代王做皇后,而代王也将公主嫁给燕王。什翼犍在位 39 年间,双方共有婚嫁 6 次,遣使、朝贡、奉纳币、致赗等 7 次。通过和亲政策,燕代之间结成相对稳固的政治联盟。

经过多年的积蓄,代国的实力明显增强,周边国家如前燕、后赵、前凉、前秦,以及铁弗匈奴刘卫辰等纷纷前来朝贡。一方面,代国与周边国家保持着友好的关系;另一方面,也显示出代国占据着较为重要而突出的位置。

在国力日盛之时,什翼犍开始二征高车、三讨刘卫辰。

高车是漠北的一个民族,又被称为丁零。经过长时期的发展,到什翼犍建立代国时,高车逐步南迁,接近代国的北部边境。作为游牧部落,高车人生性剽悍,善于骑射,对代国的安全构成威胁。公元 363 年冬十月,什翼犍亲自率军征讨高车,结果大获全胜,俘获高车 1 万多人,缴获马匹、牛、羊百余万。公元 370 年冬十月,代国又对高车发动了进攻,结果仍然是大获全胜。两次征讨高车,迫使高车人北撤,解除了代国的北部隐患。

铁弗匈奴是居住在朔方的一个民族,与代国的西部边境相接。到刘卫辰时代,由于其性格多变,立场总是摇摆不定,有时与前秦苻坚通好,有时又与代国修好并和亲。到后来,他看到前秦日渐强大,便接受苻坚的封号,有恃无恐地东渡黄河,攻伐代国。于是,什翼犍接连三次出兵讨伐刘卫辰。

第一次在公元 365 年,刘卫辰渡过黄河,什翼犍立即出兵迎敌,刘卫辰害怕被歼灭,慌忙逃遁。

第二次在公元 367 年冬十月,代王发兵征讨刘卫辰。此时的黄河正值流凌之时,代王的军队来到东南岸,立即命令军士收割河滩地里的芦苇,投入河中与流凌一起冻结,再撒芦苇于其上,形成一座冰桥。代军沿着冰桥渡过黄河,直逼刘卫辰牙帐。刘卫辰以为黄河正处于流凌时期,无法过河,未加防范,眼看代军杀过来,来不及应战,急忙带领宗室向西逃去。什翼犍轻而易举地拿下了刘卫辰的老巢。

第三次是在公元 374 年,什翼犍再次出兵征讨刘卫辰。上一次战争,刘卫辰损失部众十之六七、牲畜 10 万头，元气大伤。在此后七年时间里，代国北征高车，无暇西顾，于是刘卫辰收集旧部，势力又有所恢复。但刘卫辰哪里是什翼犍的对手，双方交战没有几个回合，刘卫辰便败下阵来，向南奔逃，投靠前秦苻坚去了。双方之间争战数次，从此结下世怨。

在东征西讨的过程中，代国的国力也明显受到影响。而此时，通过苻坚多年的经营，前秦国力大增。苻坚于公元 351 年即位之后，政治上重用汉族人士参与军国大事，改革内政；经济上注重发展农耕事业，增加财政收入；对外关系上，派军队进攻前燕，并于公元 370 年灭掉前燕，又于 376 年灭掉前凉，疆域东至辽，西至蜀，大江以北尽为前秦所有。相对弱小的东晋与代国，此时已岌岌可危。

与此同时，代国宫庭内部发生了两件大事，先忧后喜，震动朝野。一是长孙斤蓄意谋反，竟然闯入宫庭，拔刀向着昭成帝什翼犍砍去，幸而太子在场，当即将其制服，才避免了一场大祸。二是皇孙拓跋珪出生于参合陂北，昭成帝十分喜悦，群臣称庆，大赦天下，告于祖宗。

可此时，前秦苻坚居于长安，势力日渐壮大的他正虎视着代国；而铁弗匈奴刘卫辰困守朔方，也图谋复仇。于是，代国与前秦及其附庸刘卫辰展开了一场生死大战。公元 376 年冬，前秦苻坚大军打着援救匈奴刘卫辰的旗号，一路浩浩荡荡，出长安，过陕北，直逼代国。其时，得到消息的盛乐、云中民众一片惊慌。十一月，什翼犍命白部、独孤部、南部刘库仁各领一部到西南边境抵御。两军对阵，代国军队尚未开战，前秦军便金鼓齐鸣，杀声震天，三军合力杀来。交战不久，白部、独孤部就败下阵来，而刘库仁部也因兵败而逃回云中。眼看前秦军所向披靡，什翼犍又命刘库仁率"王师" 10 万赴石子岭（今内蒙古乌审旗北境）抵抗，但还是难以抵挡前秦大军的冲杀。不久，前秦大军渡过黄河进驻君子津（今内蒙古托克托县境内的黄河岸边），这里距都城盛乐不到 70 公里的路程。病中的代王什翼犍不能亲自挂帅，群臣中又派不出得力的将帅前往抵御，危急之下，他带领皇室成员、王公大臣以及大批人马翻越白道，避难于阴山以北。他本想暂避阴山之北观察盛乐的动静，以便重振旗鼓，可是刘卫辰带领秦军占领盛乐、云中后还不肯罢休，继续进击,于是代国余部继续远走漠北。在漠北,他们又遭到了当年两次被代国击败的高车族的袭扰。高车族不但驱赶他们的兵马,还不让他们的牲畜吃草,这让什翼犍感到十分无奈。秦军稍退,什翼犍才小心翼翼地回到盛乐。

此时,代王重病在身,前秦军驻扎在君子津,情形还是非常的险恶,宫中谣言四起。接着,宫庭内乱发生,太子寔君听信谣言,以为代王将传位给另一个兄弟,并准备将他杀死。于是,寔君前去探听虚实。果然,皇宫此时戒备森严,为防不测事件发生,众皇子都一身戎装,守卫在代王什翼犍的皇宫。愚蠢的寔君不分青红皂白,召集部众将众皇子杀死,皇宫顿时乱作一团,代国一时间处于风雨飘摇之中。听到代国内乱的消息,前秦大军抓住机会,立即引兵赶往皇宫,一举攻灭了代国。

从310年到376年,拓跋鲜卑在盛乐建立的代国经历了67年时间,先后有8人登上王位。这半个多世纪正值西晋和十六国中前期,是中国历史上较为混乱的一段时期,也是社会政治最为黯淡的时期。拓跋力微从长川西迁到盛乐,为鲜卑民族发展奠定了基础;猗卢在力微创立的基业的基础上建立政权,并在众多中原封建王国中争得一席之地;什翼犍在位39年,内政外交颇多建树,把代国引上振兴之路,并使其逐步成为封建性质的王国。虽然后世史家未将其列入十六国之列,但在当时列国中,无论是疆域、实力和地位,代国与其他国家相比毫不逊色,这在鲜卑民族的发展史上是空前的壮举。

拓跋鲜卑立足于盛乐,创业于盛乐,发展壮大于盛乐,这得益于这个民族矢志不渝的品格,得益于盛乐地区较好的自然环境,同时也得益于当时的政治军事态势。尽管代国在什翼犍时期被前秦攻灭了,但这只是军事集团的覆灭,拓跋鲜卑的血性还在,其部落和人民还在,政治基础和军事潜力还在。在代国的废墟之下,一个更为强大的北魏王朝正在酝酿。

第五节　北魏王朝的建立

北魏的开国皇帝名叫拓跋珪,公元371年生于参合陂北行宫,是献明帝拓跋寔君的儿子、什翼犍的嫡孙,母亲是献明贺皇后。拓跋寔君于371年拓跋珪出生当年的春天死去,这说明拓跋珪是遗腹子。

《魏书·纪》载:"以建国三十四年七月七日,生太祖于参合陂北,其夜复有光明。昭成大悦,群臣称庆,大赦,告于祖宗。"

关于拓跋珪的出生地,《和林格尔县志草》认为在今和林格尔县盛乐镇雅达牧村一带。但有学者经过考证后认为,拓跋珪出生于今凉城县城关镇东、岱海北的榆树坡村,这个村现在立有"拓跋珪出生地"的碑碣,曾有学者写诗称颂:

> 夕阳无语映郊墟,碑示沙丘是帝居。
>
> 史籍曾云人梦日,野田犹见地生榆。
>
> 英雄有志风流远,岁月无情霸业虚。
>
> 唯剩湖山形胜地,春光满眼说丰腴。

公元376年苻坚派他的儿子攻灭代国的时候,拓跋珪才6岁。国家败亡,皇室大乱,贺氏带着年幼的拓跋珪开始了流亡生活。他们先是随着皇室成员越过阴山逃向漠北,但由于高车人四面抄掠,无法放牧畜群,且大队人马被冲散,贺皇后抱着拓跋珪紧随昭成帝什翼犍的车队向南逃难。等到盛乐方面平静下来,拓跋珪才随着昭成帝回到云中宫。但此时国内大乱,贺皇后又带着年幼的拓跋珪及拓跋仪、拓跋觚等东出盛乐,穿过定襄道(今和林格尔县至杀虎口),来到善无(今山西省右玉境内),投奔贺兰部以,寻其兄弟贺讷的庇护,贺讷对他们倍加爱护。此后,贺皇后又带着拓跋珪,到拓跋珪的姑父刘库仁所处的独孤部寻求保护。刘库仁对英俊少年拓跋珪赞美不绝。

《魏书》记载:"帝虽冲幼,而卓然不群。库仁常谓其子曰:'帝有高天下之志,兴复洪业,光扬祖宗者,必此主也。'"多难的拓跋珪得到了姑父刘库仁和姑姑的庇护,同时得到代国众多旧臣的支持。他以此为基础,积蓄力量,以期东山再起。在此期间,少年拓跋珪多次差一点遭到谋杀,尝遍人间疾苦。刘库仁死后,他的弟弟刘眷继位。此时,刘库仁的儿子刘显在牛川(今呼和浩特市东南)积蓄着力量,并于公元385年杀害刘眷,紧接着又想谋杀拓跋珪。得到消息的拓跋珪暗地里联络旧臣长孙犍、元他等,一齐出逃,奔向贺兰部避难。此时,贺讷率贺兰部居于大宁(今河北省张家口),拓跋珪立即去拜见他。见到拓跋珪和一批旧臣,贺讷自然又惊又喜,对拓跋珪说:"将来代国复兴,你登上王位,可要记着老臣啊!"拓跋珪再拜说:"诚如舅言,我怎么能忘记您的救命之恩!"贺讷还安排一处豪宅让拓跋珪母子住下,名为皇室行宫。贺讷的弟弟贺染干一直忌妒拓跋珪,想要除掉他,只是由于姐姐贺氏的保护,始终未能得手。这次拓跋珪带着代国那些旧臣又来到贺兰部,他悄悄举兵围住行宫,想要杀害拓跋珪。贺皇后站出来斥责道:"我们母子回到娘家,你应当好好对待才是,你做舅舅的却要杀掉外甥,骨肉相残,成何体统!"贺染干被说得羞愧难当,于是撤兵而去。

在10年的流亡生涯中,拓跋珪尝遍了人间的苦辣酸甜,同时也在苦难中磨炼了意志。

此前,前秦与东晋展开了一场生死大战,苻坚率举国之兵进攻东晋。在淝水之战中,东晋以少胜多,大败前秦军队。此后,北方大乱,群雄并起。在各国混战、此消彼长的过程中,拓跋鲜卑在战乱的夹缝中顽强地发展着。

《魏书·太祖纪》载:"登国元年春正月戊申,帝即代王位,郊天,建元,大会于牛川。复以长孙嵩为南部大人,叔孙普洛为北部大人。班赐叙勋,各有差。二月,幸定襄之盛乐。息众课农。夏四月,改称魏王。"

登国元年(386年)春正月,在舅父贺讷及拓跋诸部大人的拥戴下,拓跋珪在牛川(今呼和浩特东南)纠合旧部,召开部落大会,恢复代国,即代王位。拓跋珪虽然年纪轻轻,但历经多年磨难,胸中自有建国良策。登国元年正月复国的代王拓跋珪以长孙嵩为南部大人,以叔孙普洛为北部大人,同时班爵叙勋,迅速稳定代国的南北两面。二月,拓跋珪迁居盛乐,息众课农,在盛乐附近大力发展农业生产;四月,改国号为魏,其政权史称北魏,也叫拓跋魏、元魏,拓跋珪改称魏王,建元登国,表示不再受晋的封号。这一年,拓跋珪才16岁。一代雄主拓跋珪继承了父辈的遗志,于盛乐发家,重建了代国,开创了北魏,他也从此登上政治舞台。

在短短三个多月时间里,他先后完成了复国建元,分置南、北二部大人,班爵叙勋,回归盛乐,息众课农,改国号、帝号等大事。所有这些举措都符合时代的要求,符合鲜卑民族繁荣与进步的要求,大大加快了拓跋鲜卑的封建化进程。与此同时,拓跋珪广泛收罗旧臣及中原来的人才,并加以重用,不断壮大自己的势力。

建国之后的北魏面临着极其严重的内忧外患:从内部来讲,一些拓跋部落由于北魏弱小,不服北魏的统治,经常发生叛乱;从外部来看,周边有窟咄部、世仇刘卫辰,以及高车、后秦等强敌。在这种情况之下,魏王拓跋珪以他的聪明智慧,不断调整政策。对内,他以开放的思想,笼络了一批旧臣和新人,如长孙嵩、张衮、燕凤、许谦、王建、和跋、穆崇、长孙肥、尉古真、元仪、元觚等等,并且为他们班爵叙勋,委以高官厚禄,使其参与军国大事,从而取得了这批人的信任,稳定了内部局势。在外部,什翼犍之子窟咄作为前秦的新兴郡(今山西省忻州市)太守,带兵北上马邑,与刘显阵兵在北魏南境会合,寻机攻取盛乐。面对大兵压境的险恶形势,魏王不得已北越阴山,到贺兰部暂避一时,同时派遣使者向他的舅父慕容垂求救。此时,窟咄已率军到达高柳(今山西省阳高县)。魏王拓跋珪得到慕容垂派兵支援的确切消息后,立即整顿兵马,再越阴山,屯军于牛川延水,也就是今天呼和浩特市东南的大黑河支流一带,然后率部东出参合陉(今内蒙古和林格尔县至凉城县石匣子沟),再出代谷(今山西省大同市西山),与慕容垂派来的大军会攻高柳,结果窟咄部大败,西逃朔方刘卫辰部,被刘卫辰杀死。魏王尽收窟咄部众,胜利返回盛乐。这样,外部局势也基本稳定。

在国力发展到一定程度的时候,拓跋珪开始了东攻西伐,以扩充地盘,壮大势力。

南征独孤部。拓跋鲜卑部与铁弗匈奴独孤部两代联姻,此前关系一直不错,特别是独孤部刘库仁忠心不二,得到了什翼犍的重用,对拓跋珪也十分忠诚。但是,刘库仁之子刘显却反其道而行之。刘库仁死后,刘显杀掉叔父刘眷自立,以后又试图谋杀在其部避难的拓跋珪,魏王初立时又伙同窟咄部进攻北魏。刘显不除,国无宁日。于是,登国二年(387年)六月,魏王拓跋珪于盛乐起兵,率领大军越过南山(今内蒙古和林格尔县与清水河县南),与慕容垂部合力进击,大败刘显,悉收其部众,获马匹、牛、羊数以万计。八月,拓跋珪再次讨伐刘显。

东伐库莫奚。库莫奚是鲜卑宇文部的后裔,生活在今赤峰一带。登国三年(388年),拓跋珪率军从盛乐和牛川东进,于六月大破库莫奚,获其四部杂畜10余万。秋七月,库莫奚部集合人马侵犯魏王行宫,魏王率领人马大举讨伐,尽杀其众。通过讨伐库莫奚,北魏的东部疆域进一步拓展,势力进一步增强。

三讨高车部。登国四年(389年)正月,魏军北越阴山,一路突袭高车,一直追到女水(在今武川县境内),大破之;次年春三月,魏军从牛川向西北,入白道西行逆中溪水(今蒙古国鄂尔浑河)进击,大破高车,获其部众、马牛羊20余万;接着,魏军从云中出发,与驻守在九原的卫王元仪合力,击败盘踞在阴山西端的高车部,稳定了北魏的北部边境。

此外,魏王集中兵力,先后进行了几次大规模的战争,以获取生存和发展空间,如北破解如部、北征蠕蠕部、追歼直力鞮、消灭刘卫辰等等,几乎是战无不胜,攻无不克,威震四方诸部。稍强者被攻灭,尽收其财产及人马;稍弱者则纷纷主动归附北魏,每年还得朝贡。其中,歼灭刘卫辰是所有部落战争中最为重要的战争。

铁弗匈奴部的刘卫辰与拓跋部世代为仇,早在代国时期他就多次攻代,到北魏时期仍然与拓跋部为敌。北魏经过六年的东征西讨,军事实力大大增强。登国六年(公元391年),魏王拓跋珪北征蠕蠕获胜,在返回盛乐途中的纽垤川(今内蒙古达尔罕茂明安联合旗艾不盖河流域)下营。此时,刘卫辰派儿子直力鞮出阴山昆都仑沟突袭魏王,并将其营地包围。魏军与刘卫辰儿子直力鞮率领的八九万人马展开了一场大战。携北征蠕蠕获胜的余威,北魏大军在混战中逼退敌军,并在铁岐山(今包头市固阳县北色乐腾山)大战中大败直力鞮。直力鞮单骑脱逃,魏军缴获了大量辎重,还缴获牛羊20余万。接着,魏军乘胜追击,迅速驰过五原金津南渡口(今包头市南昭君坟渡口),与敌军激战于河南地(今鄂尔多斯市),并直趋刘卫辰的牙帐悦跋城(今鄂尔多斯市东胜区附近)。在拓跋珪的步步紧逼之下,刘氏父子自知不敌,弃城而逃。魏军穷追猛打,在木根山(今鄂托克旗布拉格苏木和三段地乡接壤处的大山)擒获直力鞮。穷途末路、众叛亲离的刘卫辰最终被部下杀害。经过一系列征战,北魏占据了河南地。至此,整个漠南地区都成为北魏的领土,其势力更加强大。在此基础上,北魏准备进一步攻占中原地区,而在参合陂(今凉城县永兴乡一带)消灭后燕主力军一战,更是为这一举动奠定了基础。

慕容氏与拓跋氏同属鲜卑族,三代和亲,睦邻友好。慕容垂在中山(今河北正定)建立后燕,统治今河北、山西、山东、河南以及辽宁等地。拓跋珪复国,后燕曾经派兵给予援助,双方还一同发兵大破贺兰、纥突邻、纥奚等部。应该说,两国关系一直很好。但是,随着后燕国力的强盛,慕容垂逐渐开始以势压人。拓跋珪数次派遣大臣出使后燕,均遭到慕容垂的轻视与威胁。登国六年,当北魏派出拓跋元觚出使后燕时,被要求进贡大量军马给后燕。遭到拒绝后,后燕居然扣留了拓跋元觚,从此燕、魏关系彻底破裂。战事随后爆发,且愈演愈烈。

登国十年(395年),慕容垂命儿子慕容宝率兵8万进攻北魏,七月进驻五原(今包头市),占据了北魏原有的地盘,造船收谷,准备南渡黄河进攻北魏。拓跋珪采纳了张衮的建议,大军退守黄河南岸,避其锋芒,同时派遣元虔率领5万骑兵扼守黄河以东,元仪率领10万骑兵驻守后套,元遵率领7万骑兵阻截其南路。慕容宝收取北魏在五原屯田收获的谷物5万斛(一斛30公斤),用船装运回燕国。船至黄河中流,大风骤起,数十艘船漂到了南岸,随船的300余人全部成为俘虏。拓跋珪一个也未杀,赐给衣服后,将他们遣还后燕。慕容宝的父亲慕容垂在中山患病,魏军阻断了交通的道路,诈称慕容垂已死,该消息在燕军中广泛传播,燕军内部一时惊恐骚动起来。

十月末，慕容宝烧船退兵。那时，黄河的水刚刚结冰，他以为魏军一时过不了河，便放心东行，后面也没有派兵监视魏军的动向。十一月，寒冬来临，黄河结冰，拓跋珪带了两万轻骑过河急追，大军顺利渡过黄河，并通过参合陉(今内蒙古和林格尔县至凉城县的石匣沟)。

一天晚上，大军终于追到参合陂，侦察人员报告说燕军正在陂东的蟠阳山南设营，解鞍寝卧。拓跋珪大喜，把大军分为东、西两部分，士兵束马口，众军齐进。日出登山，下临燕营，东西两面成犄角之势，飞驰直下。燕军被围后，乱了阵脚，胡乱奔逃，纷纷摔倒在冰面上，自相压踏，死伤无数。五六万燕军在魏军的攻击下束手就擒。慕容宝和几个兄弟轻骑逃脱，其余王公及文武将吏数千、所有随军人员及军用物资全被俘获，燕军数万人不是被活埋就是被屠杀，全军覆灭。

对这一仗，《魏书》卷九十五有一段精彩的记载：

> (登国十年)冬十月，宝烧船夜遁……十一月……太祖进军济河，留辎重，简精锐二万余骑急追之，晨夜兼行，暮至参合陂西。宝在陂东，营于蟠阳山南水上……昧爽，众军齐进，日出登山，下临其营。宝众晨将东引，顾见军至，遂惊扰奔走。太祖纵骑腾蹑，大破之，有马者皆蹶倒冰上，自相镇压，死伤者万数……

慕容垂听到儿子惨败的消息后，带病率军前来报仇。走到参合陂，尸骨堆积如山，惨不忍睹，全军嚎啕大哭，声震山谷。慕容垂又惭愧又悲愤，发病呕血而还，不久死于上谷。

皇始元年，即公元396年，拓跋珪正式称帝改元，行天子事。也就是说，在国都盛乐，拓跋珪已确定了帝号、国号，从此便以封建国家皇帝的名义名正言顺地发号施令。因此，盛乐是北魏的发祥地和北魏帝国的诞生地这一说法，是毫无疑问的史实。

第六节　盛乐古城：草原千载第一都

在呼和浩特和林格尔县的土城子有一座古城遗址,这就是驰名中外的盛乐古城遗址。北魏时期,鲜卑人曾在这里三建都城,史称其为草原第一都。这处古城遗址昭示了呼和浩特地区 1600 多年的文明史。

一、6 座古城,数度显赫

在当年盛乐古城的废墟里发现了 6 座古城。据史志载:早在赵武灵王雍元年至惠文王何二十八年(公元前 325—298 年),赵国武灵王改革军事,实行"胡服骑射",向北开拓疆土,打败林胡(驻牧地在今呼和浩特市大青山南北两麓)、楼烦(驻牧地在今河套地区),始筑长城,自代(今河北省蔚县)傍阴山下,至高阙为塞而置云中(今呼和浩特市托克托县古城村,辖今呼和浩特市大青山以南平原地区)、雁门(今乌兰察布市凉城县)、代郡,将高阙作为屯戍重兵的军事要塞。高阙塞是战国时期赵国西部的重要关隘,位于今内蒙古巴彦淖尔市杭锦后旗东北阴山山脉西段。狼山在此中断,形成双峰对举的天然山口。此处山势险峻,北连蒙古高原,南接黄河沿岸富饶的河套平原,其军事和交通地位极为重要,既是古代贯通阴山南北的咽喉要地,又是汉代保卫河南地区的军事前沿。

西汉时期,在今内蒙古西部地区实行郡县制。从西至东,置有张掖、朔方、五原、云中、汉中、定襄、上郡、西河、雁门、代郡、上谷、右北平和辽西等郡。除郡县外,西汉还设置了 5 个属国,安置归附的匈奴人。其中,定襄郡的治所就设在盛乐城。从汉置定襄郡始,我国历史上先后有 9 个朝代在这里设置郡、州、县、府、镇和国都等行政建制。这里曾经是这些朝代管理北方事务的政治、经济、军事和文化中心之一,因而在历史上,这座古城曾数度显赫,名留史册。

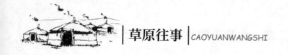

在古遗址的南部,有尚存半圈缺角的古城废墟。经有关专家考证,此遗址便是西汉所辖12郡之定襄郡治所成乐城,又名石卢城。成乐是和林格尔地区最早出现在史籍之地名。据史书记载,该城始建于汉高祖六年(公元前201年)。

汉初置云中、定襄两郡,形成犄角之势,据阴山通道白道口(今呼和浩特市北坝口子),从而控制了阴山南北的广大地区。由此可见,定襄郡地理位置的重要性。汉朝经过六七十年的休养生息,到汉武帝时国势强盛起来,开始借助定襄郡对匈奴大举用兵。据史志载:西汉天汉四年(公元前97年)一月,汉武帝遣将军李广率6万骑兵、10万步兵出朔方,路博德率万余兵马为后应,韩说率步骑3万出五原,与匈奴决战。征和三年(公元前90年)一月,匈奴狐鹿姑单于入五原,杀都尉。三月,汉武帝派贰师将军李广利领兵10万众,出击匈奴。在两汉统治的400多年间,定襄郡始终是汉王朝与匈奴争夺阴山南北广大地区的军事前沿。

东汉末年,匈奴南下。光熹元年(189年),匈奴扰边,定襄以西之云中、雁门遂空,平城毁。定襄郡内迁,郡县并废,所属定襄、成乐、武进等县归云中郡管辖。从此,这座兴盛了380年的古城成为匈奴郎氏骨都候的屯兵之地。

二、改名盛乐,三建都城

在成乐城沉默了69年后,鲜卑拓跋力微于魏文帝黄初元年(221年)遭西部大人袭击,部众离散,被迫依附五原鹿回部大队窦宾,于山北长川(今乌拉特前旗明安川)栖身。魏高贵乡公甘露二年至元帝景元二年(257—261年),鲜卑拓跋力微从五原迁至定襄成乐定居,并将成乐改为盛乐城,诸部皆来归服。此后,以拓跋部为首组成部落联盟。鲜卑拓跋部首领拓跋猗卢于鲜卑拓跋禄官元年,统领参合陂(今凉城县境永兴乡一带)以北地区(包括今凉城、丰镇、兴和部分地区),岱海是其活动中心。到了晋怀帝永嘉四年(310年)十月,拓跋猗卢被晋封为代公,愍帝建兴三年(315年)晋封为代王,以盛乐为北都(辖今内蒙古中西部大部地区)。313 年,拓跋猗卢以秦汉旧平城为南都。但不久,代国发生内讧。316 年(鲜卑拓跋普根元年),拓跋猗卢被其子六修所杀。猗卢史之子拓跋普根杀死六修之后继位。

东晋元帝建武元年至成帝咸康三年(317—337 年),拓跋郁律为代王。321 年,拓跋郁律被杀,拓跋贺傉继位。325 年,拓跋贺傉卒,其子拓跋纥那继位。329 年,贺兰部等拥立拓跋郁律之子拓跋翳槐为代王。335 年,拓跋翳槐奔邺。337 年,拓跋翳槐复受族人拥戴,居盛乐,338 年卒。东晋成帝咸康四年(338 年)十一月,拓跋翳槐弟拓跋什翼犍即代王位于繁峙之北(今山西省浑源县西北),改元建国。建国三年(340 年),代王拓跋什翼犍移都云中盛乐。

建国三十九年(376 年)十一月,代王什翼犍使白部、独孤部南御秦兵,皆败;又遣南部大人刘库仁(拓跋什翼犍之外甥)率骑 10 万与秦军战于石子岭(今乌审旗北),战败,什翼犍率部避于阴山之北。因高车部四面围攻,什翼犍复往漠南而去。十二月,什翼犍闻秦兵稍退,还至云中,被其子寔君弑杀,部众逃散。前秦灭代,分代为两部,让刘库仁统辖黄河以东云中、雁门一带;黄河以西朔方一带,由铁弗匈奴刘卫辰统辖。

在秦灭代 20 年后,拓跋鲜卑出现了一位强人,他就是拓跋鲜卑首领什翼犍之嫡孙拓跋珪。拓跋珪(371—409 年)是北魏王朝的建立者,庙号道武帝。376 年前,前秦灭代,6 岁的拓跋珪随母投奔刘库仁,后流寓于贺兰部。10 年后,前秦在淝水之战后瓦解,少年拓跋珪决心复兴代国。东晋孝武帝太元十一年(380 年)一月,拓跋珪即代王位于牛川(今呼和浩特市西南),祭天并举行建国大会。拓跋珪二月赴盛乐,四月改称魏王,是为北魏建国之始,建元登国。拓跋珪于五月到离山(今山西省境内),七月返回盛乐。道武帝拓跋珪在其游牧地区推行"离散诸部,分土定居"政策。离散诸部就是解散原有参加部落联盟的各个部落组织,分土定居就是各部落一般成员到指定地方定居,借以巩固新生政权,发展经济。据《魏书》载:北魏时期,鲜卑人曾在盛乐三建都城。晋怀帝永嘉四年(310 年)十月,拓跋猗卢被晋封为代公;西晋愍帝建兴三年(315 年)晋封为代王,以盛乐作为北都(辖今内蒙古中、西部地区）。329 年，贺兰部等拥立拓跋翳槐为代王。东晋成帝咸康元年（335 年），拓跋翳槐奔邺。337 年，拓跋翳槐复受族人拥戴，居盛乐，在故城东南 10 里建盛乐城。东晋成帝咸康七年（341 年），代王拓跋什翼犍从繁峙北移都盛乐，并于当年在故城 4000 米处再筑都城。据史籍载：从始祖神元帝拓跋力微入居盛乐创立基业，到道武帝拓跋珪改代为魏，建立北魏政权，盛乐城历经 14 位皇帝或代王。因而，盛乐城始终是鲜卑拓跋氏政权的政治中枢和军事基地。

第七节　北魏行宫广德宫

北魏是我国北朝时期一个强大的封建帝国，建国于丙戌（386 年）正月，初称代国，至同年四月始改国号为魏，北魏太武帝太延五年（439 年）灭北凉，统一北方。

北魏王朝立之初面临着严重的外患。当时，北方地区兴起一支少数民族叫柔然（也称蠕蠕、茹茹）。北魏道武帝天兴五年（402 年），柔然首领社仑在征服漠北各部之后，建立了游牧的军事政权。社仑自称丘豆伐可汗，庭帐设于弱水（今西拉木伦河）畔，控制着阴山以北地区。柔然经常兴兵进犯北魏，给北魏政权造成威胁。为抵御柔然的进犯，北魏王朝在白道这一重要的军事要塞修筑了白道城，并派大将段进镇守，同时兴兵讨伐柔然。登国三年（388 年），拓跋珪车驾西征女水（今武川境内），讨伐柔然，大破之，俘获数十万兵。然而，在征讨柔然的过程中，北魏也付出了很大的代价。据史志载：北魏太武帝始光元年（424 年）冬，段进为白道守将，柔然部大檀入塞围之，段进力竭被杀。

鉴于北方劲敌柔然的频繁入侵，北魏诸帝经常巡幸作为北境天然屏障的阴山，以此举来巩固和加强阴山防线。当时，北魏政权出于巡幸和驻跸之需，在阴山建有永久性的行宫。阴山行宫既是北魏诸帝运筹帷幄，指挥军事行动的前沿指挥部，又是北魏诸帝与其随军的后妃生活起居之地。从道武帝拓跋珪开始，明元帝拓跋嗣、太武帝拓跋焘、文成帝拓跋濬、献文帝拓跋弘、孝文帝元宏等均在阴山行宫广德宫巡幸驻跸过。其中，献文帝拓跋弘于文成帝兴光元年(454 年)生于阴山北，即生在广德宫中，为出生在武川的第一位帝王。

那么，这阴山行宫广德宫是建于何年何月呢？这个问题只能从史志上找答案。据《魏书》载：太武帝于太平真君“三年五月，行幸阴山北。六月丙戌，杨难当朝行于宫。起初是起殿于阴山北，殿成而难当至，因日广德焉”。这段文字说明：魏帝阴山行宫位于阴山北，名曰广德宫，建造时间在太平真君三年(442 年)。至于阴山行宫的命名，是缘于杨难当这个特殊人物的来临。杨难当何许人也？此人和阴山行宫命名有何关系呢？

事情的来龙去脉是这样的：这个杨难当乃是五胡十六国时期氐族首领，当时占有秦、凉等州(今甘肃省南部)，北魏封其为南秦王。“难当后自立为大秦王，号年曰建义，置百官具拟天朝。”(《北史・氐传》)这是一个以仇池为中心，割据一方的独立王国。439 年，北魏攻灭北方最后一个割据一方之王国——北凉，统一了中国北方。此时，杨难当之大秦国正倾国南寇，攻伐南朝刘宋之益州(今四川省)。宋文帝刘义隆遣大将裴方明北伐，杨难当为裴方明所败，弃仇池，逃奔北魏，辗转远赴北魏阴山行宫，朝见太武帝，而短命的大秦国只存在了七年。为此，郦道元在《水经注》中记载：“南秦王仇池杨难当舍藩委诚，重译拜阙，陛见之所也，故殿以广德为名。”太武帝拓跋焘见杨难当远道而来，并叩首称臣，顿时龙心欢喜，认为这是大魏皇帝恩威并施，德布广远的结果，于是将新落成的阴山行宫命名为广德宫，以为纪念。此外，太武帝还命人“刻石树碑，勒宣时事”，该碑树在广德宫前。广德碑碑阴题宣城公李孝伯、尚书卢遐等从臣姓名。正面碑颂由侍中、司徒、东郡公崔浩撰写。碑颂其实是一首优美的四言古诗，诗曰：

肃清帝道，振慑四荒。
有蛮有戎，自彼氐羌。
无思不服，重译稽颡。
恂恂南秦，敛敛推亡。

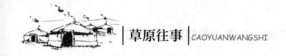

峨峨广德，奕奕焜煌。

这首为帝王歌功颂德的北朝纪事诗由郦道元录入《水经注》，得以传世。

碑颂中提到的广德殿和焜煌堂，郦道元在《水经注》中有所描述："其殿四注两厦，堂宇绮井，图画奇禽异兽之象。"广德殿四面披檐，两边有廊，厅堂和藻井上画着奇禽异兽等图案。"殿之西北，便是焜煌堂，雕楹镂桷，取状古之温室也。"广德殿的西北方，建有焜煌堂，堂之楹柱方椽，都精雕细琢，像古时的温室。大抵广德殿为议事之朝堂，焜煌堂为生活之居室。广德宫建筑之精美、宏大、壮丽于此可见一斑。

北魏太和十八年（494 年），孝文帝元宏决定将国都从平城迁往洛阳。迁都正逢七八月间，孝文帝临行前对北疆作最后一次巡幸，车驾从平城出发，谒金陵、幸朔州、登阴山、驻广德、抚四镇。其间，孝文帝在阴山、广德逗留了 9 天。

郦道元作为随行人员，亲眼目睹了巍峨的广德殿和壮丽的焜煌堂，以及"若新镂焉"的广德碑，援笔记下了广德碑碑颂。要知道，此时的殿、堂、碑已在阴山上经风侵雨蚀，屹立半个多世纪了。孝文帝是最后一位巡幸驻跸阴山广德宫的帝王，而郦道元是最后一位对阴山广德宫进行记载的文人。自此之后，阴山广德宫及其殿堂碑台再未出现在史籍中。

光阴荏苒，岁月悠悠，阴山广德宫何时湮没在历史长河的波涛之中，已不可考证了。幸好史籍中记载了阴山广德宫的大致方位：阴山北、塞水东。塞水，古芒干水（今大黑河）支流，发源于武川境内，今名榆树店河，出阴山后流经土默特左旗境内。因此，可断定，阴山广德宫遗址应在大青山北麓、榆树店河东部，即今武川县哈拉合少乡或得胜沟乡境内。阴山广德碑有幸能够重现人间，让人们一睹名重千秋的魏碑书法的丰采，那将是何等激动人心的历史盛事，这盛事昭示了阴山地区千年的文明史。

第八节　北魏六镇

北魏道武帝天兴元年(398年),拓跋鲜卑建立的北魏帝国将其政治中心东迁至平城,并于北魏孝文帝太和十七年(493年)又将都城南迁洛阳。嘎仙洞的后裔们整体向南扩张,把他们的龙兴之所扔在后面,内蒙古高原便成为其北部边疆。为了防御北方柔然等族的南下,北魏统治者还修筑了长城。北魏长城东起今河北省赤城县,经今内蒙古乌兰察布市南部、鄂尔多斯市东部,西至包头西,绵延2000多里。同时,北魏沿阴山一线设立了6个军镇:沃野、怀朔、武川、抚冥、柔玄和怀荒。

沃野镇故址初在今巴彦淖尔市磴口县河拐子古城,北魏孝文帝太和十年(486年)迁至汉代朔方故城,约在今鄂尔多斯市杭锦旗东北什拉召一带。北魏末年,活野镇又迁至今巴彦淖尔市乌拉特前旗苏独仑乡根子场古城,统辖阴山以南乌加河河套地区。

怀朔镇故址在今包头市固阳县百灵淖城库伦古城,后来建立北齐政权的高氏集团便出自此镇。

武川镇故址在今呼和浩特市武川县西乌兰不浪土城梁古城,北周政权的建立者宇文氏统治集团曾是武川镇豪强。怀朔和武川二镇统辖乌兰察布高原大部地区。

抚冥镇故址在今乌兰察布市四子王旗乌兰花土城子古城。

柔玄镇故址待定。抚冥和柔玄二镇统辖今乌兰察布高原东部和锡林郭勒高原西部。

怀荒镇故址在今河北省张北县境内,统辖今锡林郭勒高原东部及张家口地区。

阴山北的高原上,蔓草萋萋,有一座五里见方的巍峨城楼,四周的角楼上不时可见巡哨的鲜卑武士。城边有河,自南向北蜿蜒流去。夕阳西下,或耕或牧的乡人陆续返回城里……城里有官衙,有陋室;有豪贵,有校官,有武

士,有僧侣,有商贩,有乡人;有无所事事的浪人,有六神无主的流民;有罪徒,有俘囚;有中原的汉人,有边塞的胡客,有匈奴的遗民……各色人众,闹语喧天。他们生活在边塞的这座城堡里,履行守土的职责。而在北方,则不时有一个叫作柔然的民族长啸而来,飞腾而去。

第九节 柔然的兴衰

柔然也是东胡系统的一个民族,与拓跋鲜卑同源。嘎仙洞的后裔们在建立北魏政权后把柔然用汉语写作"蠕蠕",含轻视之意。

柔然的统治者是郁久闾氏,其第一位发迹者叫木骨闾。当拓跋鲜卑完成第二次迁徙到达阴山后不久,时为少年的木骨闾还是拓跋鲜卑人的奴隶。成年后,他因作战勇猛而脱去为籍,成为骑卒。拓跋猗卢统治鲜卑时,木骨闾因为延误军期,无法面见主人,逃匿于沙漠、山谷,纠集百余号同族,投靠在大漠中影响并不显著的纥突邻部,以图发展。到了他的儿子辖会时,才有一些独立的部众,并自号为"柔然",驻牧于今乌兰察布高原北部一带,冬则徙渡漠南,夏则还居漠北。但此时,所谓柔然部众仍然臣服于拓跋鲜卑,每年要向拓跋鲜卑贵族献上马匹、貂裘、貂皮、狮子皮等贡品。辖会又传四世,柔然部族有了一定的发展,却将所控地域分为东、西两部分,东部领主叫匹候跋,西部领主叫纥提。就在398年拓跋珪向南扩张、建都平城、自称皇帝前后,柔然内部发生了一系列变故:柔然西部领主纥提的一个儿子社仑弃父而逃,遭到拓跋鲜卑兵的杀掠,转投东部领主匹候跋,不久便杀害匹候跋,兼并了东部柔然,狂掠阴山诸镇后,北渡大漠。402年,社仑进入高车(敕勒)腹地,兼并诸部,势力大振;后于今蒙古国的鄂尔浑河大破来攻的匈奴余部,尽收其众。之后,社仑在弱落水畔(今蒙古国土拉河)立庭帐,建汗国,自号为丘豆伐可汗。几年之内,柔然汗国的疆域不断拓展,北到贝加尔湖,南抵阴山北麓,东达大兴安岭,西至准噶尔盆地和伊犁河流域,并曾进入塔里木盆地。内蒙古高原上的北方各族,如契丹、库莫奚、室韦,甚至于其后崛起的突厥等,都曾役属于柔然汗国。

柔然汗国兴起之时正是拓跋鲜卑强盛之时。当时十六国在中北部还保存着几个政权,东有汉族冯氏建立的北燕,南有羌族姚氏建立的后秦和铁弗匈奴赫连氏建立的夏等。柔然汗国和这几个政权都保持着良好的外交关系。北魏道武帝天赐四年(407年),社仑与后秦君主姚兴和亲,送马8000匹,但途中却被夏王赫连勃勃劫去。北魏明元帝永兴三年(411年),社仑的弟弟(此时已即汗位)斛律与北燕主冯跋和亲,献马3000匹,聘冯跋之女乐浪公主为妻。414年,冯跋聘斛律女为昭仪。这些交往表明柔然汗国想通过各种势力牵制拓跋鲜卑。

410年,柔然可汗社仑扰边,死于败退途中,柔然部众拥立社仑之弟斛律为可汗。不久,柔然汗国发生内讧,统领别部、镇守西界的贵族豪强大檀夺取了可汗之位。大檀即位后,不断发起对拓跋魏的侵扰战争。424年,大檀率6万骑深入云中(今土默特平原南部),攻陷盛乐宫,并将北魏世祖拓跋焘围困。北魏太武帝始光二年(425年),北魏大军出击柔然汗庭,重创柔然,大檀可汗西逃,不知去向。此次战役后,柔然归降北魏的部众达30余万,势力大为削弱。大檀失踪后,吴提即位,对北魏采取和亲政策。434年,吴提可汗娶北魏的西海公主,同时拓跋焘聘其妹为左昭仪。然而这种和亲局面仅维持10年左右,柔然处罗可汗即位后,又向北魏发动战争。北魏献文帝皇兴四年(470年),柔然侵犯北魏边塞。北魏献文帝拓跋弘亲征,出奇兵捕杀柔然5万人,俘虏万余人,使柔然大军北退3000余里。北魏因为这次战役的胜利,改女水为武川,这就是今呼和浩特市武川县名称的由来。此后,柔然向北魏请和,岁贡不绝,直到520年柔然可汗阿那瓌南投北魏,受封朔方郡公、蠕蠕王。北魏孝明帝孝冒元年(528年),由于阿那瓌可汗为北魏立有功勋,还获得了“赞拜不言名,上书不称臣”的特权。

北魏孝武帝永熙三年(534年),北魏分裂。东魏和西魏竞相与柔然交好,以削弱对方。柔然的阿那瓌可汗也骄傲起来了,他无视新崛起的突厥,引起突厥攻击,战败自杀。此后,柔然在突厥和北齐夹攻下,于西魏恭帝三年(556年)灭亡。漠北柔然余众也辗转西辽,进入欧洲,被称为阿瓦尔人。

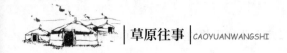
第十节 六镇起义

北魏初年,为防御柔然侵袭,沿北部边境设置六镇,即沃野(今五原县东北)、怀朔(今固阳县西南)、怀荒(今集宁区北)、抚冥(今四子王旗东南)、柔玄(今兴和县西北)、武川,后又增设御夷(今河北丰宁西北)、高平(今宁夏固原)和薄骨律(今宁夏灵武市)三镇。习惯上仍称六镇。北魏正光四年(523年),怀荒兵民杀死克扣仓粮的镇将于景,起义暴发。不久,沃野镇匈奴人破六韩拔陵、高平镇赫连思等相继起义。诸镇人民纷纷响应。拔陵挥军攻下武川和怀朔两个要镇,并大败魏将于五原,破魏都督李崇等于阴山白道,占有六镇全部地区。北魏乞援于柔然。北魏孝昌元年(525年),柔然可汗那瑰率众10万与魏军南北夹击拔陵,拔陵渡河南走,英勇牺牲,起义失败。不久,被迫迁到河北的六镇余众与当地民众再度发动起义。柔玄镇杜洛周首先率众反于上谷(今河北怀来县),怀朔镇鲜于修礼接着起兵于左城(今河北唐县)。鲜于修礼旋被内奸杀害,部将葛荣锄内奸代其率众。博野(今河北博野一带)一役,葛荣率军击破魏军主力,击杀魏章世上王元融,后又俘斩魏广阳王元深,控制了河北五州广大地区。北魏武泰元年(528年),杜洛周被葛荣兼并。葛荣南下攻邺(今河北临漳县),众号百万。魏将尔朱荣以轻骑7000东出滏口(今河北邯郸市西南)木久邺,葛荣轻敌,列阵数十里,呈扇面形箕张而进。尔朱荣隐蔽部队于山谷之中,发起奇袭,起义军数十万众一时皆溃,葛荣被俘牺牲。

第十一节　北周五帝出武川

武川,人称帝王之乡。在我国南北朝时期,作为北疆重镇,在长期战斗的历史环境中,武川涌现出一批战将与帝王。1400多年前,这块战乱频仍的土地曾孕育出北周王朝的几代帝王。

公元386年,崛起于阴山地区的鲜卑拓跋部首领拓跋珪在盛乐(今和林格尔县土城子乡)定都立国,建立北魏王朝。北魏太延五年(439年),太武帝拓跋焘相继攻灭夏、北燕、北凉诸国,结束长达130多年的十六国大乱的局面,统一了中国北方地区。534年,北魏分裂为东魏和西魏两个政权。之后不久,东魏被鲜卑化的汉人高氏建立的北齐取代,西魏为鲜卑族宇文氏建立的周朝取代,史称北周。北周王朝的奠基者为西魏柱国大将军、太师、宰相宇文泰。

宇文泰,"字黑獭,代武川人也"(《周书》)。其四世祖宇文陵于北魏道武帝天兴元年(398年)"徙豪杰于代都,陵随例迁武川焉",以后陵生系,系生韬,韬生肱,肱生泰,代代相传,皆以武川为家也。北魏孝明帝正光五年(524年),沃野人破六韩拔陵率众起义,迅速波及北方六镇,史称"六镇起义"。起义军首领卫可瑰率部攻陷武川镇。宇文肱与武川镇军主贺度拔合谋,袭杀卫可瑰,宇文肱长子宇文颢在这次战斗中丧生。宇文肱带着时年18岁的少子宇文泰离开武川,加入另一支起义军鲜于修礼部,"后为定州军所破,殁于阵"。北周建国后,周明帝于武成元年(559年)追尊其父宇文肱为德皇帝。

宇文泰先后在起义军鲜于修礼部、葛荣部任将军,后投奔北魏尔朱荣部、贺拔岳部。贺拔岳死后,宇文泰占有关中地区。北魏分裂后,宇文泰任关西大行台、丞相,掌控西魏政权。宇文泰广募关陇豪右,改革官制,颁行均田制,创立府兵制,位至柱国大将军、太师、大冢宰,成为西魏王朝的实际主宰者。西魏恭帝三年(556年)十月,宇文泰因病死于云阳宫中,时年50岁。

翌年正月,其三子宇文觉受魏禅即天王位,改国号为周,追尊其父宇文泰为文王,庙号太祖。后来,宇文泰长子周明帝宇文毓于武成元年(559年)追尊其为文皇帝。史书在评价宇文泰时云:"太祖知人善任使,从谏如流,崇尚儒术,明达政事,恩信被物,能贺驭英豪,一见之者,咸思用命。""性好朴素,不尚虚饰。"

孝闵帝宇文觉,字陀罗尼,宇文泰第三子,为北周开国皇帝,西魏文帝大统八年(542年)生于同州(今陕西大荔县)官舍。宇文泰死后,宇文觉继承其父官爵,任太师、大冢宰,受封周公。西魏恭帝四年(557年)正月,在中山公宇文护胁迫下,魏恭帝元廓自愿逊位,革魏于周,宇文觉即天王位,改国号为周。宇文护自恃功高,不免专恣,一切刑赏皆独断专行,未尝奏白。"帝性刚果,见晋公护执政,深忌之。"当时宫中几位久参国政的先朝佐命老臣恨宇文护威权日甚,包藏祸心,欲清君侧,结果消息泄露。当年九月,宇文护派兵入宫,逼主逊位。一月之后,宇文护又杀死宇文觉,宇文觉时年16岁,在位8个多月。15年后,其弟武帝宇文邕诛杀宇文护,为宇文觉上谥号孝闵皇帝。宇文觉在位时间短,史籍中记载其除税、省员、免租、赈灾、减刑、举贤,由此可窥见这位年轻的开国帝王为政、为人的一点信息。

明帝宇文毓,字统万突,宇文泰长子,永熙三年(534年)生于夏州统万城(今陕西靖北县北),因以为名焉。宇文觉被废后,宇文护迎立宇文毓为天王。武成元年(559年)八月,天王改称皇帝。武成二年(560年)四月,宇文毓因食物中毒而死,时年27岁,在位不满三年。后查明系宇文护惮于宇文毓明见有识,指使膳部下大夫李安投毒所致。史载宇文毓"宽明仁厚,敦睦九族,有君人之量。幼而好学,博览群书,善属文,词彩温丽","率由恭俭,崇尚文儒"。宇文毓中毒后,口授遗诏五百余言,情文并茂,感人至深。其中云:"人生天地间,禀五常之气,天地有穷已,五常有推移,人安得常在。是以生而有死者,物理之必然。处必然之理,修短之间,何足多恨。"关于后事,他说:"丧事所须,务从俭约,敛以时服,勿使有金玉之饰。""葬日,选择不毛之地,因地势为坟,勿封勿树。"一位封建帝王能有此种开明思想,实属难能可贵。

　　武帝宇文邕,字祢罗突,宇文泰第四子,西魏文帝大统九年(543年)生于同州。宇文毓遗诏传位于宇文邕。宇文邕于保定元年(561年)继位后,吸取二位兄长之教训,面对其堂兄晋公宇文护的专权,隐忍不发,"常自晦迹,人莫测其深浅"。直至11年后的572年的三月,宇文邕与卫王宇文直等人密谋,设计击杀宇文护,并杀其诸子及党羽多人,始亲自理政。周武帝宇文邕在位18年间,"克己励精,所览不息""劳谦接下,自强不息",志在"包举六合,混同文轨","必使天下一统"。建德六年(577年)正月,北周攻灭北齐,重新统一了北方。宇文邕释放官私奴婢和杂户,彻底摆脱鲜卑旧俗,真正接受汉文化优良部分,被著名史学家范文澜先生誉为北朝唯一英明皇帝。宣政元年(578年)四月,"突厥入寇幽州,杀掠吏民","五月己丑,帝总戎北伐","六月丁酉,帝疾甚,还京。其夜崩于乘舆。时年三十六"。史学家评论周武帝宇文邕"虑远谋深","克己励精,劳役为士卒之先,居处同匹夫之俭。修富民之政,务强兵之术","盛矣哉,其有成功者也",实非溢美之辞。

　　宣帝宇文赟,字乾伯,宇文邕长子,北齐武帝元年(559年)生于同州。北周宣政元年(578年)六月,武帝宇文邕死后,宇文赟即位,立杨坚长女杨丽华为皇后,并加封随国公杨坚为上柱国、大司马。宇文赟为皇太子时,武帝便觉得他不成器,"虑其不堪承嗣,遇之甚严",每有过错,"辄加捶扑",并派东宫官属记录其言行,每月奏闻。宇文赟慑于父皇威严,矫情修饰,假装听话,"嗣位之初,方逞其欲",丢掉一切伪装,彻底暴露其昏君的面目。史官摘其主要罪过有:"好自矜夸,饰非拒谏""弥复骄奢,躭酗淫逸""唯自尊崇,无所顾惮,国朝典仪,率情变改""唯欲兴造,不言治政""游戏无恒,出入不节""摈斥近臣,多所猜忌""诛戮黜免,不可胜言""穷南山之简,未足书其过;尽东观之笔,不能记其罪"。宇文赟即位半年多,因贪恋酒色,不愿早朝,传位于7岁幼儿宇文衍,自称天元皇帝。北周宣帝大象二年(580年)五月,宇文赟病逝,时年22岁。

　　静帝宇文衍,后改名为宇文阐,宣帝宇文赟长子,建德二年(573年)六月生于东宫,北周静帝大象元年(579年)二月即帝位,时年7岁。皇上幼冲,朝政全决于大丞相、随王杨坚。大定元年(581年)二月,杨坚登基,易周为隋,史称隋文帝,成为隋朝开国皇帝。宇文阐被奉为介国公,当年五月被害于宫中,年仅9岁,谥曰静帝。

北周在中国历史的长河中,立国时间虽短,但为隋朝重新统一全国、完成各民族大融合奠定了基础。在这个意义上讲,北周为中国历史做出了应有的贡献。北周从公元557年建立至公元581年被隋取代,共历5帝25年,先后继位者有孝闵帝宇文觉、明帝宇文毓、武帝宇文邕、宣帝宇文赟、静帝宇文阐,加上后来追尊为帝的先人德帝宇文肱、文帝宇文泰,共7位皇帝。尽管距今年代久远,已无遗迹可寻,但依其籍贯而论,北周计有七帝籍隶武川。

第十二节　北魏时期的著名战争

一、南征独孤部刘显

刘显本名丑伐,是铁弗匈奴部首领刘库仁之子。据史书载,拓跋鲜卑与铁弗匈奴独孤部曾两代联姻。昭成帝以宗女嫁于刘库仁,并封其为南部大人。刘库仁知恩图报,不忘成帝的恩典。当献明皇后携太祖及卫秦二王自贺兰部来居时,库仁尽忠奉事,不以其废易节,抚纳离散,恩信甚彰。

然尔,刘库仁之子刘显却反其道而行之。此人狼子野心,手段毒辣。他不仅漠视其父刘库仁被慕容文逆杀之仇,而且在其叔父刘眷继摄国事时将他杀死,取代他的位置,还妄图谋杀拓跋珪,其母(拓跋珪之姑)闻之,密告拓跋珪。献明皇后设计骗过刘显,才使拓跋珪脱身,投奔贺兰部,躲过杀身大祸。拓跋珪逃归贺兰部后,刘显大发雷霆,将泄密之人杀害。

拓跋珪在牛川复国不久,刘显又派其弟亢泥率军前往新兴,迎接窟咄出兵击魏,企图将新生的魏国扼杀于摇篮之中。这桩桩件件足以说明刘显是北魏初期的首敌,刘显不除,国无宁日。于是,魏王拓跋珪于登国二年班赐功臣将士后,紧接着部署了征讨刘显之战。

魏王征讨刘显,满朝上下齐赞同。其时,刘显地广兵强,占据着汉朔州地面,其民众也不少。只是刘显兄弟离心,其弟亢泥已暗中归附慕容垂,并受封为乌桓王。其时,左长史张衮对魏王说道:"刘显志大意高,希冀非凡,有参天地、罩宇宙之规,从前吴国没有及早吞并越国,造成后患,现在我国应及早动手,攻打刘显,以消弭内乱之源。但如果轻师独进,恐怕难以取胜,可遣使请慕容垂出兵,共相声援,东西举兵,势必擒之,然后总揽天下英雄,抚怀四方百姓。这是千载难逢之机,不可失去啊!"魏王点头称是,于是举兵讨伐刘显。

其时,朔方刘卫辰迫于魏国压力,正谋求出路,经秘密通道,献马3000匹于后燕。慕容垂派慕容良出谷迎接,不料马匹在半路被刘显尽数掠夺。慕容垂听后大怒,立即命儿子贺麟率军西击刘显,又命太原王慕容楷率军助阵。两军合击,刘显大败,逃往马邑西山。

登国二年(387年)八月,魏王于盛乐起兵,大军越过南山(今和林格尔县和清水河县南部),三军合击,大败刘显。刘显逃奔西燕,投降了慕容永。燕魏联手大败刘显,悉收其部众,获牛马羊数以万计。

二、东伐库莫奚

话说魏王拓跋珪建元登国后,为巩固其统治,增强国力,便出兵讨伐其他部落。而拓跋珪第一次出击的便是独孤部刘显,并胜利而归。这次胜利不仅恢复了其对阴山南北的控制权,而且稳定了国内局势。但北魏仍面临着外患:平城以东、以南地区尚在后燕和西燕的争夺之中,而西方则有鲜卑乞伏部建立的西秦和氐族吕光建立的后凉割据政权,西南方前秦将亡未亡,后秦姚氏争霸。对于这些割据势力,魏国是"可望而不可击"。而魏国要发展,就必须开拓疆土。于是,拓跋珪频繁出巡,努力在北方诸多割据势力的激烈斗争中,寻找下一个打击目标。《魏书·太祖纪》载:"(登国年)冬十月癸卯,幸濡源(今河北省沽源县境),遣外朝大人王建使于慕容垂。十一月,遂幸赤城(今河北省赤城县南二里)。十有二月,巡松漠(今赤峰市北部为中心的广大松林草原地区),还幸牛川。三年春二月,帝东巡。夏四月,幸东赤城(同上)。五月癸亥,北征库莫奚。六月,大破之,获其四部杂畜 10 余万,渡弱洛水(今赤峰市西拉木伦河),班赐将士各有差。"

"秋七月庚申,库莫部帅鸠集遗散,夜犯行宫,尽杀之。其月,帝还赤城,八月使九原公元仪使于慕容垂。"

由此可见,拓跋珪在大破独孤部刘显之后,用了半年多时间巡视,且前后两次遣使慕容垂后,才确定了打击目标,其原因是什么呢?且说这库莫奚的来历,乃是鲜卑宇文部之后裔。而宇文鲜卑和慕容鲜卑虽同出于东胡,但为争夺东北辽河流域的控制权,双方曾于公元 3 世纪末 4 世纪初展开过大规模的厮杀,后宇文鲜卑被慕容鲜卑击败,窜匿于松漠之间,并与原本生活在其间的小股鲜卑一起,生息繁衍下来,这就是契丹库莫奚的前身。东晋十六国中前期,慕容鲜卑建立了前燕、后燕政权,忙于在幽、冀及中原地区角逐,拓跋鲜卑什翼犍建立代国,他们都无暇顾及塞外。这样一来,松漠地区便成为没有其他部族染指的绿洲。宇文鲜卑残部正是利用这一契机,仅用了半个世纪的时间,就形成以库莫奚为主体的部落共同体,拥有大小部落几十个,牛马羊豕数百万。

松漠北抵兴安岭,东至今开鲁县,南迄今老哈河流域燕山东麓河北围场满族蒙古族自治县境,西至今正蓝旗、多伦县境,即今以赤峰北部为中心的广大松林草原地区。这里水草丰美,物产丰富。拓跋珪在反复巡视和估量后,决定将盘踞在松漠地区的库莫奚作为出击对象。其目的有四。其一,库莫奚尚末参加过中原混战,势力较弱,且松漠地区资源丰富,易于掠夺。其二,借征讨取胜可班赐将士,以疑聚军心。其三,讨伐库莫奚可稳定后燕幽州(今河北省北部)、和龙(今辽宁省朝阳市)一带形势,对慕容垂来讲,这是最好的军事配合行动。因此,在松漠战役前后,拓跋珪遣使于慕容垂。其四,可以向四方部落展示魏国之威力。

魏王东伐库莫奚的路线是从盛乐和牛川出发,驰过乌兰察布草原,再经今河北省赤城县附近北上至濡源,再由濡源北上至元上都(今正蓝旗上都镇)一带,然后再沿元上都与鲁王城(今克什克腾旗达里诺尔西南)之间的通道,自坝上草原进入今赤峰境内,于弱洛水南击库莫奚。

松漠战役历时两个多月,即从登国三年(388年)五月癸卯开始,于七月庚申结束。魏军于六月大破库莫奚,共获取四部杂畜10余万,渡弱洛水,班赐将士各有差。不料在秋七月庚申,库莫奚部帅鸠集遗散,于夜间偷袭魏王行宫,拓跋纵骑扑讨,尽杀之,才结束这一战役。实际上,拓跋珪讨伐库莫奚之战是一次开疆拓土的扩张行动。

三、北征蠕蠕

北魏时期,在北方有一个民族叫蠕蠕,郁久闾氏,是东胡的后裔。传说鲜卑始祖元帝居盛乐时,在北地掠得一奴名叫木骨闾。木骨闾长大后,被免去奴隶身份,成为骑卒。穆帝时,木骨闾犯法当斩,逃往广漠溪谷间,纠结逃卒百余人,投奔纥突邻部。木骨闾死后,其子车鹿会称雄,另立部落,自号柔然。北魏太武帝以其无知,而且认为其状如虫,改其号为蠕蠕。车鹿会投靠拓跋部,为其部属,每年进贡牲畜和貂皮。蠕蠕冬徙漠南游牧,夏则还居漠北。柔然第五任首领地粟袁死后,其长子匹候跋继父业,居东边,次子缊纥提居西边。登国初年,魏王征讨高车等部落,诸部皆归顺,唯独蠕蠕不服魏。于是,魏王在征服高车后,发兵北征蠕蠕。《魏书·太祖纪》载:"九年(394年)冬十月,蠕蠕部落西逃。"

魏王从漠南北征蠕蠕,其道有两条:一条是从牛川经意辛山进入大漠,至弱洛水(今蒙古国土拉河)地区;另一条是从盛乐西北过白道经意辛山,过大漠至鹿浑海(今蒙古国鄂尔浑河一带)地区。魏王引兵向北,蠕蠕举部奔逃,魏军追击600里。诸部帅张衮献计于魏王说:"今贼远粮尽,不宜深入,请速还军。"魏王命张衮去问诸部帅:"如杀掉副马,还够三天的军粮吗?"北人打仗时,每位骑兵要配备两匹马,一为乘马,一为副马。如杀掉副马,不仅可以节省给养,而且其肉可做军粮。诸部帅一致回答足够。于是,魏王命军队加速追击蠕蠕,直追到大漠赤地南床山下,大破敌军,虏其半数。

魏军乘胜追击蠕蠕,蠕蠕匹侯跋及其部帅屋击各收余部逃走。魏军派大将长孙嵩与长孙肥渡大碛追击。长孙嵩追至平望川,大破屋击余部,并将

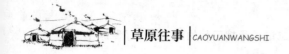

屋击斩首;长孙肥追敌至涿邪山,匹侯跋举部投降,长孙肥收缊纥提子曷多汗及其兄诘归之、社仑、斛律等余党数百人,分配于部下各部落。缊纥提西逃,魏军追击。其后,缊纥提降,魏王抚慰如旧。

登国九年(394年),魏王遣大将长孙肥以轻骑追击蠕蠕,曷多汗与社仑率部众西逃。魏军追至上郡(今陕西鱼河堡)跋那山,斩曷多汗,灭其众。社仑远遁漠北,侵高车,征服诸部,建庭于弱洛水。北魏天兴五年(402年),社仑自称丘豆伐可汗。可汗原为官家之意,社仑用此作称号,其意为皇帝,其政权就是以后的柔然汗国。

柔然汗国国政疏简,立军法,规定了军事行动的赏罚制度。柔然以千人为军,置将1人;以百人为幢,置帅1人。柔然将其部众按军事编制建立了军事生产与游牧相统一的军队。起初无文记录,将帅以羊粪粗略记录兵数,后刻木为记。后柔然与匈奴拔也稽战于鄂根河(今蒙古国鄂尔浑河流域),社仑吞并匈奴,国势日盛,疆域西至焉耆,东达朝鲜,北穷瀚海(今蒙古国布尔根省一带),南临大碛。会庭于敦煌、张掖之北。天兴五年(402年),社仑听闻魏王征讨姚兴,于是发兵犯塞,入参合陂向南直到善元。

从5世纪初后的八九十年代,柔然称雄于漠北,不断南犯北魏,成为北魏南下中原的主要牵制力量。从此,北魏和柔然连年相争。拓跋珪死后,明元帝拓跋嗣(409—423年)和太武帝拓跋焘(424—465年)下令在东起赤城、西至五原阴山之北修筑了长城,这就是历史上著名的魏长城,并在沿线设置了6个军事重镇,即沃野镇、怀朔镇、武川镇、抚冥镇、柔玄镇和怀荒镇,以此抵御柔然侵袭。北魏与柔然战事不断,几乎持续到北魏灭亡。

四、歼灭刘卫辰

话说铁弗部刘卫辰,此人出尔反尔,变化无常。铁弗部与拓跋部世代为仇。为求和好,昭成帝什翼犍以女嫁之。但刘卫辰勾结苻坚,继续与拓跋部为敌。为此,昭成帝三讨刘卫辰。刘卫辰借前秦势力,导引苻洛率军灭代国。其后,苻坚将代地一分为二,河东归刘库仁,河西属刘卫辰。苻坚封刘卫辰为西单于,督摄河西杂类屯代来城(在今东胜地区)。后刘卫辰忌恨刘库仁,杀五原太守,叛苻坚而攻刘库仁,被刘库仁击溃,败逃阴山西北千余里。刘库仁获其妻,尽收其众。淝水之战后,中原大乱。刘卫辰趁混乱之际,收拢残部返回河南,在悦跋城建牙帐,又割据一方。拓跋珪复代建魏,遣元仪居九原,据今河套地区。刘卫辰处境艰难,四处活动,先与慕容垂勾结,并赠马3000匹,没想到渡河时马被刘显掠去。慕容永居长子(今山西省长子县),刘卫辰去投靠,被封为使持节,都督河西诸军事。一人投数主,其目的只有一个,那就是死心踏地与魏国为敌。

话说北魏,经过拓跋珪六年的经略,今非昔比:南征刘显,东伐库莫奚,北破高车、蠕蠕,拓地数千里,收众10万口,获牛马羊几百万头(只);息众课农,在五原屯田,农业生产已有一定规模,基本上可满足国内粮食需求;尤其是实行班赐功臣将士各有差以来,兵士打仗奋勇当先。这一切充分说明魏国已摆脱内忧外患之局面,国力和军事力量大大增强,征讨刘卫辰的时机成熟。

登国六年(391年)十一月,魏王拓跋珪北征蠕蠕取胜,在返盛乐途中于纽垤川(今达尔罕茂明安联合旗艾不盖河流域)扎营。刘卫辰遣子直力鞮率军出阴山昆都仑沟,突袭魏军并将其营地包围。当时直力鞮军统八九万人,而魏军只有五六千人。魏军以车环绕为方营,军士们奋勇反击,以一当十,逼退敌军,且大破敌军于铁岐山(今固阳县北色尔腾山)。直力鞮单骑而逃,魏军收其大量器材辎重,获牛羊20余万头(只),又乘胜追击,驰过五原金津南渡口(今包头市南昭君坟渡口)。此时,黄河已结冰,人马如履平地,双方激战于河南地(今鄂尔多斯境内)。

直力鞮于登国五年(390年)七月围攻贺兰部,魏王引兵来救,直力鞮不战而退。这次战斗,直力鞮兵败于铁岐山,单骑逃命,如惊弓之鸟。魏骑兵穿阴山,越黄河,入河南地,如离弦之箭,直驱刘卫辰牙帐悦跋城。一路杀来,河南居民惊恐,望风而逃。直力鞮逃回牙帐,立即与其父刘卫辰弃城而逃,家属也纷纷逃命。魏王派陈留公元虔追杀到白盐池(今鄂托克旗二道川乡北大地),俘虏了刘卫辰家属;派将军伊谓追至木根山(今鄂托克旗布拉格苏木和三段地乡接壤处的大山),生擒直力鞮,其部众归降;平元公元仪从别道追击刘卫辰,刘卫辰被部将所杀,元仪获其尸,并将其首级传回魏行宫。魏王非常高兴,于十二月亲自到白盐池巡查,命令将刘卫辰子弟及其余党5000余人全部杀死,扔到黄河里,当时黄河水都变红了。此役,魏军共获马30余匹,牛羊40余万头(只),物资和珍宝不计其数。

悦跋城之战,魏王歼灭铁弗刘卫辰部后,尽占河南地。至此,整个漠南地区一统于拓跋珪。魏国尽占河南地,不仅解除了来自西部的威胁,而且壮大了国威和军威。接着,魏国又修筑了一座行宫,叫河南宫,地址在今准格尔旗纳林乡一带。次年春正月至三月,拓跋珪于木根山和黑盐池巡幸,还到美水之滨游幸,在这些地方飨宴群臣,接见诸国贡使,班赐诸官员马牛羊各有差。

五、部落战争

话说北魏登国年间(386—396年),魏王拓跋珪连续不断地发动战争,以拓展疆土,壮大国威。据史书载,这期间除13场较大规模的征讨战争外,还进行过几次较小规模的征战,列举如下:

三年(388年)九月辛卯,车驾西征,至女水(武川),征讨解如部,大破之,获男女杂畜数10万;

五年(390年)九月壬申,征讨叱奴部于襄曲河,大破之;

六年(391年)三月,九原公元仪、陈留公元虔等西讨黜弗部,大破之;

六年(391年)七月,刘卫辰遣子直力鞮出固阳塞,侵犯黑城,九月,帝袭五原,屠之,收其积谷;

七年(392年)三月,西部泣黎大人茂鲜叛走,帝遣南部大人长孙嵩追讨,大破之;

八年(393年)三月,帝西征侯吕邻部,至苦水,大破之;

八年(393年)五月,慕容垂讨慕容永于长子。六月,永来告急,帝遣陈留公元虔、将军庾岳率骑5万东渡河救之,破类拔部帅刘曜等,徙其部落,又破山胡部高车门等,徙其部落。

魏王歼灭刘卫辰时,刘卫辰少子屈丐逃往薛干部。魏王向薛干部要人,薛干部则不送。八年八月,魏王南征薛干部帅太悉佛于三城,会其先出击曹覆,帝乘虚屠其城,获太悉佛子珍宝,徙其民而还。在短短几年间,魏王拓跋珪马不停蹄地发动了大小共 22 次战争,征服大小部落近 30 个。其原因是什么呢?

其一,内忧外患接连不断。其时,那些代国的旧部落,有的回归,有的叛变。旧皇室成员窟咄则举民杀来,妄图除掉拓跋珪,以取而代之。其南面的刘显、西面的刘卫辰、北面的高车等不满北魏政权,新仇旧恨集聚起来,妄图将魏国扼杀在摇篮之中。面对这错综复杂的形势,拓跋珪审时度势,采用先反击后征讨的战略方针,或降伏,或歼灭,纵横数千里,不仅稳定了政局,而且开拓了疆土,基本上完成鲜卑各部的统一,同时完成了漠南地区的一统,并为进军中原打下坚实的基础。

其二,魏王率其铁骑南征北战、东征西讨,几乎攻无不克,战无不胜,四方部落中稍强者被打败,稍弱者归降,其部众被迁徙,牛马羊被掠夺。东至赤城,南至陉北,西及今新疆,北到今贝加尔湖,莫非王土,只有漠北的蠕蠕尚有实力。当时的盛乐地区是北方最兴盛的地区之一。每次征讨取胜,魏王都要论功行赏,班赐群臣将士各有差。前举中部大人王建从魏王征讨诸国,破 20 余部,以功赐奴婢数 10 人,杂畜数千;从征刘卫辰,赐僮隶 5000 户。李先小有战功,得奴婢 3 人、羊 50 只。这些大小官吏和部落首领顷刻间暴富。他们十分好战,好战的原因在于大肆掳掠,班赐只是承认掳掠合法的一种形式。当然,最大的掳掠者还是魏王拓跋珪。

六、五原用兵

话说魏王拓跋珪于盛乐四出征讨,降服了众多部落,可谓进入全盛时期。其时,后燕慕容垂占据中山,后秦姚苌在长安用兵。慕容垂遣其子贺麟会同魏军先破刘显,又破贺纳,占据并州之北地区,接着又集中兵力攻打西燕,并于公元 394 年攻下长子,克滑台,杀掉慕容永,使两燕合并。占据并州之地之后,后燕进入全盛时期。在关中,后秦与前秦经过多年的拉锯战,经过几代帝王的拼杀,最终姚苌之子姚兴杀掉苻坚之后苻登及其子苻嵩,于两燕合并之年,将两秦合并。于是,黄河中下游与长城内外的形势渐趋明朗,形成了北魏、后燕、后秦三强鼎立的局面。燕王意满气骄,开始发动伐魏之战。

登国十年(395 年)五月,燕王慕容垂遣太子慕容宝、辽西王慕容农、赵王慕容麟率兵 8 万为第一线攻打魏国。范阳王慕容德、陈留王慕容绍另率骑兵 18 万为后继。燕散骑常侍高湖劝谏燕王说:"魏国与燕国世代为姻亲,当初魏有内难,我们燕国也出兵相助,双方结下深厚的友谊。其间,我燕国曾向魏国索求马匹,魏一时没答应,太子和范阳王就将其弟元觚扣留,至今不放。理亏的是我们燕国,怎能兴兵攻打人家呢?且拓跋珪智勇双全,励精图治,如今兵强马壮,不可轻视啊!皇太子熟读春秋,眼前志满气锐,用兵时必小看魏国,万一不如所料,燕军失利,有损本国之威望。请陛下重新定夺!"高湖言语恳切,而慕容垂固执已见,不听劝谏,一怒之下将高湖免职。却说魏王闻听燕国大军来犯的消息后,急忙召集群臣商议应对措施。左长史张衮献计说:"后燕灭西燕,接连取得滑台、长子大捷,气势正盛,今又倾全国之力来攻我国,自有轻我之心。为此,我军不宜与之争锋,应先示以弱,以骄其心,后可打败燕军。"

魏王采纳张衮之计,将其部落畜产全数西渡黄河,分散在千余里的地区上,以避燕军锋芒。当 8 万燕军来到魏国时,魏都盛乐变成一座空城,非但寻不到魏军踪迹,而且旷野上也望不到畜群。隔河而望,河西的山丘和草地上,零星散落着一些营帐和人马。慕容宝想渡河,但没船只,只好沿河而行,到达五原(今包头地区),将魏国在此地屯田的部落 3 万余户收降,收割杂粮一百多万斛,并设置了黑城。8 万燕军在黄河北岸驻扎下来,打造船只,准备渡河与魏军作战。

其时魏军迁于河南,燕军驻扎于河北,双方隔河对峙,彼此寻机作战。魏王一面调度,一面遣使长安,向后秦姚兴搬兵求援。姚兴遣将杨佛嵩率军援魏,但杨佛嵩行动迟缓。魏王不见援军,立即修书一封,飞递秦将。

杨佛嵩接信后,日夜兼行,快速赶往魏营。魏王非常高兴,封许谦为关内侯,并遣许谦与杨佛嵩歃血为盟,割牲而誓:"今既盟之后,言归其好,分灾恤患,休戚是同。"援军做好与魏军抵御燕军之准备。

八月,魏王拓跋珪于河南调拨军队;九月,进军至河南岸,控制了所有渡口,并修筑工事,严密防守。其时,慕容宝造船于河北,拓跋珪治军于河南;燕太子列兵将济,魏王筑台告津。沿河东西千里,旌旗辉映,鼓角相闻。

九月,慕容宝将收取五原的穄子5万斛装船运回,船至中流,大风骤起,数10艘船只漂至南岸,300多人全当了俘虏。魏王对这些俘虏,一个也不杀,并赠衣放还。其时,燕王重病在身,燕军至五原,拓跋珪在通往两地的路上布置耳目,留心燕使,见一个捉一个,使慕容宝数月不得其父重病的消息。拓跋珪让被擒的燕使高呼:"宝父已亡,何不早归!"燕军士兵听后惊恐,军心大乱。

魏王进一步调兵遣将:遣陈留公元虔将5万骑兵屯河东,东平公元仪率10万骑兵屯河北,略阳公元遵率7万骑兵堵燕军南归之路。拓跋珪将战略包围圈定在阴山之南,盛乐和云中之北,五原之东,即今土默川一带,而精锐之师还在河南布防。

燕随军术士靳安言于慕容宝:"天时不利,燕军将大败,速回可免。"慕容宝不听劝告,靳安告退之后对众将说:"我们将弃尸于草野,回不了中山了!"两军相持不久,燕军内部出现矛盾。先是赵王慕容麟属下的一个叫慕容嵩的以为燕王真的死了,便阴谋作乱,奉慕容麟为主。事情败露,慕容嵩被斩,慕容宝与慕容麟也因此产生矛盾。

七、追歼慕容宝

且说后燕太子慕容宝于五月出兵伐魏,军队到达五原,然而到十月份,仍寻不见魏军主力,其部锐气尽失。其时,拓跋珪又切断五原燕军和后燕都城中山的联络之路,并大肆散布后燕王的死讯,致使燕军军心大乱。加之塞外寒冬已至等诸多原因,慕容宝只好撤军,烧船夜遁。其时,黄河尚未结冰,主帅以为魏军一时难以渡河,且又不见敌军踪影,便放下心来,军后也不派斥侯。

却说慕容宝班师还朝,率8万燕军傍阴山南麓敕勒川东行,于盛乐与牛川间折向东南,进入参合口(今和林格尔县东北西沟门口),穿过参合陉(今西口门东南石匣子沟),前面便是参合陂(今凉城县永新乡一带)。这里是一处盆地,四面环山,其南境有盐池(今岱海),北面为今岱海滩。这里山川形胜,林草茂密,既是军事要地,也是天然牧场。魏王的东行宫就在参合陂北面,而此时却人去楼空。时值十一月初,燕退兵已历时半个月,行程500余里,连日劳顿,人困马乏,加之暴风骤起,黑气如堤,8万燕军只好在参合陂扎营。其时有个和尚叫昙猛的上前对慕容宝说:"现在风暴如此迅猛,正是魏国兵将将至之征兆,请遣兵防御。"慕容宝却笑而不应。和尚再三请求,慕容宝大怒,当场痛斥和尚。慕容宝遣慕容麟率骑兵3万居后防魏军,慕容麟却不听将命,根本不去防范,而是纵骑游猎去了。慕容宝只好派出少数兵勇,骑行10余里,在军后观察魏军行动。不料这些骑士一则因劳累,二则麻痹大意,竟然解鞍而寝。

再说河西方面,魏王采用示弱骄兵之计,暗中却加强备战,各路大军兵强马壮,而后秦援军也摩拳擦掌,准备与敌军搏杀一场。眼看着燕军夜间撤退,急欲纵兵追杀,无奈黄河尚未结冰,只好望河兴叹。

真可谓天有不测风云,慕容宝班师不久,天气突变,黄河结冰。拓跋珪挑选精兵2万,一律轻装,过黄河,驰平原,昼夜兼行,直奔燕军而来,并于初九日暮时赶到参合口。拓跋珪派出探马侦察,回报说燕军已于参合陂安营扎寨。魏军束马衔枚,潜行于参合陂西,3万人马于西山待命。

登国十年(395年)十一月,魏军登山,居高临下,万骑奔驰,直冲燕营。燕军大惊,乱作一团,来不及上马就被冲散,东突西逃,人仰马翻。有的急于逃命,跑到盐池冰上,又压塌冰块,掉入水中淹死。如此溺水而亡者数以万计。魏略阳公元遵一马当先,势不可挡,燕军四五万人放下武器,束手就擒,逃亡者不过数千,主帅慕容宝等单骑逃奔,才幸免于难。右仆射陈留王慕容绍被杀,鲁阳王慕容倭奴被生擒。器甲辎重军资杂财十余万计,尽为魏有。参合陂追歼战中,魏军以少胜多,魏王班赐大臣将校各有差,于十二月凯旋。参合陂战役结束后,燕王贼心不死,加紧备战,准备再次伐魏。

皇始元年(396年)三月,燕王秘密起兵,越过广昌县(今河北省涞源县)青岭,经天门等险路,又凿开山路进军,为的是保密。其时,镇守平城的是魏陈留公元虔,他尚不知燕军偷袭。燕军至平城北的猪岭,以辽西王慕容农、高阳王慕容隆为先锋,南袭平城。魏军没有防备,元虔仓促率军3万出城迎敌,战死,其部众为燕军所收。魏王闻讯大惊,其部下也动荡不安。

且说燕王慕容垂乘胜率大军直奔盛乐,走到参合陂,只见尸骨如山,即为之设祭,以慰亡灵,军士皆哭,声震山谷。慕容垂忧愤呕血,因而发病,被送至平城西北将息。太子慕容宝闻讯,只好收兵。魏王闻讯,又欲追击。有人劝说,死诸葛吓走生仲达。魏王因此不再追击。慕容垂在平城住了几天,病情加重,左右簇拥急返中山,4月癸未至上谷沮阳(今河北省怀来县境)病故,年71岁,后于中山发丧,太子慕容宝即燕王位。

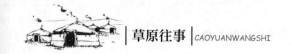
第三章　隋唐时期的草原风云

第一节　北魏武川镇是隋唐开国者的发祥地

北魏"六镇"之一的武川镇,在北朝至初唐史上占有一席之地。武川军人及其子孙成为风云人物者甚众,这些人在历史上颇有影响。因此,研究隋唐历史,不可忽略武川镇。

历史学家陈寅恪先生在 40 多年前发表的《唐代政治史述论稿》中提出:"宇文泰所鸠合之六镇关陇胡汉混合集团","创霸业,而隋唐继其遗产又扩充之。其皇室及佐命功臣大都西魏以来关陇集团中人物。"唐史专家胡戟先生在 1988 年纪念陈寅恪教授国际学术讨论会上发表论文指出,"关陇集团"问题提出的学术价值在于:"为人们提示了一个宏观地把握西魏、北周、隋代至初唐历史发展基本线索的关键,是引导后学治唐史入门之蹊径。"胡戟指出,"关陇集团"的基干成员 28 人,有明确记载的出自武川的有 14 人,占50%,由此可见,北魏武川镇是隋唐开国者的发祥地。

一、武川镇是关陇集团的根基

武川是六镇由西向东的第三镇,基本处于六镇中心,东西与抚冥、怀朔相通,南辖阴山隘口白道。白道自汉以来即为军事要冲,争战双方往往由白道逾阴山,而后向南或向北图进。因此,武川镇实为军事要塞。从魏王朝派兵遣将,柔然族争夺白道,以及六镇农民起义时由沃野东进,路过怀朔围而不攻,先破武川镇,控制白道岭,凭险以拒官兵等事,亦可看出武川具有举足轻重的战略地位。现将见诸史籍的武川镇将及出自武川的战将做如下介绍:

武川镇将 23 人,其中 10 人在武川"留家焉";另有白道守将 3 人,即北魏时来大千、段进,北齐时斛律金,皆有军功(斛律金又因唱《敕勒歌》而名垂青史)。出自武川的战将 43 人,大多数于六镇起义后,辗转至关中追随了贺拔岳。岳死后,诩戴宇文泰为帅的十大将领中,7 个是武川人;参加决定性的沙苑大战的 12 将中,又有 7 个武川人。可以说,宇文泰周围始终有一批可靠、得力的乡亲。这些人武艺超群,能征惯战,如贺拔胜"少有志操,善左右驰射,北边莫不推其胆略";若干惠年轻时"平水洛,定陇右,每力战有功",后随宇文泰"擒窦泰,复弘农,破沙苑",多有战绩,且爱士卒善用兵;侯莫陈崇"骁勇善驰射";独孤信"善骑射,正光末与贺度拔等同斩卫可瑰,由是知名"。在战事频繁的社会变动中,个人的军事才能、实战经验和功绩,几经临阵便可识其优劣。宇文泰正是通过实践的筛选,团结起这批人来的。

众所周知,北魏孝明帝正光五年(524 年),沃野匈奴人破六韩拔陵率众起义。《周书》记"其伪署王卫可孤(《北史》写作瑰)党徒最盛"。卫可孤带领起义军东进,在白道击退官军两次进攻。其时,武川军主贺度拔及其三个儿子曾被怀朔镇将杨钧"召补统军"以敌卫可孤,结果城破后父子"并为贼所虏"。贺度拔父子原为北魏朝廷边将,其站在维护统治者利益的立场上反对起义军,这是可以理解的。而起义军方面,或因政策失误,或因放松警惕,戒备不严,竟然允许他们安然返回故乡。岂不知放虎归山,必有后患。他们回到已在起义军控制下的武川后,"乃与德皇帝(宇文肱)合谋,率州里豪杰舆珍、念贤、乙弗库根、尉迟檀等,招义勇,袭杀可瑰"(《北史》卷 40)。就是说,他们经过密谋策划,有组织地发起了一次突然袭击。其战况是:"德皇帝与卫可孤战于武川南河,临阵坠马,颢(宇文肱之子)与数骑奔救,击杀数十人,贼众披靡,德皇帝乃得上马引去,俄而贼追骑大至,颢遂战殁。"(《周书》卷 10)卫可孤亦死于此战。独孤信等人正是经此一战而名震朝野。参战者及其亲属亦因此战而成为生死之交,相互信任、倚重。宇文泰虽未参战,但他对参战者怀有终生不忘的感念之情，后来念贤、独孤信等人因功升官受封，尽在情理之中。他们之所以成为"关陇集团"的中坚，实乃一赖共军功，二因系乡亲，此外还有联姻一层。以独孤信为例，其长女配宇文毓（周明帝），为明敬后；四女配李昞（李渊之父），为元贞皇后；七女配杨坚（隋文帝），为文献后。独孤信与宇文泰、杨忠、李虎既同为八柱国，又是儿女亲家，其各家旁枝亲属又盘根错节，这种姻亲纽带关系无疑亦起着维系集团的作用。然而"关陇集团"绝非封闭的地方主义宗派团体，宇文泰要在关中扎稳脚跟，单靠从武川带去的"外来户"是不行的，强龙不压地头蛇，于是在大统九年（543年），他"广募关陇豪右，以增军旅"，有效地加强并扩大了"关陇集团"的社会基础。

再说武川镇，自始光年间建镇起，至北周武帝保定三年（563年）杨忠率兵伐北齐时"出武川，过故宅，祭先人，飨将士，席卷二十余镇"（《周书》卷19）的记载为止，历时130多年。置镇初多有战事，魏帝亲征或专门巡幸至镇数次。北魏献文帝皇兴四年（470年），献文帝拓跋弘"车驾北伐"，"大捷而还，至武川镇"，太常高允上《北伐（征）颂》，献文览而善之，遂命刊石纪功。北魏孝文帝太和十八年（494年）秋，孝文帝元宏北巡，八月己未"幸武川镇"。值得一提的是，此行向西向东，随员中有郦道元，他十分注意河流水系的考察与记载（郦氏另一次到武川是由南而北越白道岭以达），故《水经注》所记芒干水（今大黑河）及其支流白道中溪水翔实具体。六镇起义后，朝廷两次派兵镇压，但终未能越白道岭一步，特别是第二次交战时，起义军在白道岭打得官军"只轮不返"，都督崔暹"单骑潜还"。朝廷技穷，最后竟然不惜重金向对抗多年的柔然求援，"诏遣牒云具仁赍杂物劳赐阿那瑰（柔然军主），阿那瑰拜受诏命，勒众10万，从武川镇西向沃野"（《魏书》卷103）。当年为防御柔然所置之"六镇"，曾几何时，却借柔然之力来扑杀起义军；曾经是魏王朝起家立国支柱的"六镇"，如今成了王朝灭亡的催化剂。小小武川镇在不到一年的时间里，经历了起义军围攻破城、宇文肱暴动以及10万柔然兵再度攻城的杀伐，其刀光剑影的场面，虽未见细述，但混战中双方的死伤、破坏或可想象，尤其是曾经敌对多年而今特请的援兵带给武川的必然是摧毁性的灾难。朝廷虽然从起义军手中夺回了武川，但经几番铁蹄践踏，镇民逃散，城垣被毁，已成为一座不堪回首的残城破镇。北魏政权在农民起义浪潮的冲击下分崩离析，不久演化为东魏、西魏，后被北齐和北周取而代之。在这一历史进程中，武川镇由兴盛走向荒芜，但是一大批将领却在战火中成长起来，他们不仅有拼搏致胜的胆识，而且有治平兴国的智慧。武川不仅是他们的故乡，而且是锤炼他们的历史铁砧。在四方豪强并起争雄的形势下，宇文泰不仅集中了这样一批能人志士，而且团结了当地贵族士人和豪杰，形成"关陇集团"。这个集团顺应人心，谋求统一和稳定，在政治、经济、军事、文化诸方面进行了一系列改革，从而为北周统一北方奠定了基础，其影响力及于隋朝乃至初唐时期的安邦治国。

二、"关陇集团"是承前启后的历史桥梁

"关陇集团"以宇文泰代表，宇文泰以"关陇集团"为后盾，二者难以分论。各项改革的政令只有在大局稳定的前提下才能施行，"关陇集团"及其外延（远非28人之数）正是稳定大局、拥护改革的政治基础。

北魏孝武帝永熙三年（534年），关中大行台贺拔岳被部属侯莫陈悦杀害后，关中地区一时群龙无首。当时宇文泰任行台左丞、领府司马，掌管行台军政事宜。都督寇洛、侯莫陈崇及将军赵贵等共同诩戴宇文泰主事。宇文泰统领贺拔岳之军，首先一举破敌，杀了侯莫陈悦；继而迎接孝武帝到长安；翌年立元宝炬为帝，开西魏国。此时宇文泰已位进丞相，都督中外诸军事。对内，因"以戎屡兴，民吏劳弊"，"乃命所司斟酌今古，参考变通可以益国利民便时适治者，为二十四条新制，奏魏帝行之"（《周书》卷1）；对外，他亲率12将誓师东进，沙苑一战，大破东魏军，献俘长安城，他还令军士在战地每人种树一株"以旌武功"。

宇文泰位进柱国大将军后，"关陇集团"于军功阶层之中加入地方强宗望族，结成强大而稳固的统治阵容。他雄心勃勃地张本图治，在先前所制24条政令的基础上，又提出12条新制，由尚书苏绰综合为5卷，颁布天下，其内

容主要是以经济改革为中心的均田制。"方欲革易时政,务弘强国富民之道,故绰得尽其智能,赞成其事。"苏绰依照宇文泰的思路又提出《六条诏书》奏请施行。六条是:一先治心,二敦教化,三尽地利,四擢贤良,五恤狱讼,六均赋役。宇文泰规定:"牧守令长非通六条及计帐者,不得居官。"这六条成为均田法令的辅助政策,对劝农养生、发展生产起了极大的推动作用。还值得一提的是第四条,诏书明言:"今之选举者当不限资荫,唯在得人。苟得其人。自可起厮养而为卿相,伊尹傅悦是也,而况州郡之职乎!苟非其人,则丹朱商均,虽帝王之胤,不能守百里之封,而况于公卿之胄乎!"(《通典》卷14《选举典》)罢去门资之制,这是选拔与举荐人才制度的一大变革,发展到隋朝,即废除了秦汉以来的九品中正制,代之以科举制。均田制,北魏提出在先,但因有制而无治,终成肥皂泡;破门阀,则是吸取北魏灭亡的教训而结合自身需要的产物。北魏末年的边防将士,"一生推迁,不过军主","政以贿立,莫能自改"(《魏书》卷18《太武五王列传》),朝廷鞭长不及马腹,边镇之反早已隐伏。"关陇集团"的成员多数出身行武,无门阀之见,他们靠军功、实绩以自立,所以能破旧立新,提出并执行选贤任能之制。

建立府兵制是"关陇集团"继往开来的一项创举。北魏拓跋氏实行的是部落兵制——部落之民平时务牧务农,战时招聚为兵。建国初,置军府,"凡有八军,军各配兵五千"。宇文泰继贺拔岳统军后,"置十二军,简诸将以将之"。沙苑之战涌现出12位名将,建府兵时,即由12将统领。然而八军的概念在军旅一生的宇文泰头脑中根深蒂固,所以后来另立府兵的最高指挥官八柱国。八柱国及十二将皆宇文泰心腹。这种军事建制上的改革,有利于鲜卑骑兵与汉人乡兵的结合,有利于强化中央领导。后来隋朝的十二部、唐朝的十二军皆沿袭府兵遗制。

在经济与军事制度改革的过程中,宇文泰在组织人事制度上亦有重大变革,即废除门阀之制,建六官制,定内外官爵品秩,从而从"人"的因素上保证其集团意向的实现。历史上任何一项改革都历尽艰难,而结果多以失败告终。像"关陇集团"这样各项改革律令依次出台,形成配套的兴国方略、施政纲领,且都比较平稳地得以实施,在历史上是少见的。集团的成功在很大程度上应归功于首脑人物宇文泰。他自继任关西大行台后,军事上力挽狂澜,政治上谋求统一,经济上注重发展,因此,《周书》史官赞之曰:"太祖田无一成,众无一旅,驱驰戎马之际,蹀足行伍之间。属与能之时,应启圣之运,鸠集义勇,组合同盟,一举而殄仇雠,再驾而匡帝室。于是内询帷幄,外仗材雄,推至诚以待人,弘大顺以训物……修六官之废典,成一代之鸿规。德刑并用,勋贤兼叙,远安迩悦,俗阜民和。亿兆之望有归,揖让之期允集。功业若此,人臣以终。盛矣哉!"又说他"知人善任使,从谏如流,崇尚儒术,明达政事,恩信被物,能驾驭英豪,一见之者,咸思用命……诸将出征,授以方略,无不制胜。性好朴素,不尚虚饰"。史官虽有溢美之辞,但亦可见其本性之一斑。"关陇集团"的组建与功绩,都不能抹煞宇文泰个人的作用。

自 220 年曹魏建国始,至 581 年杨隋开国止,中国社会经历了 360 多年的分裂期,其间,群雄相争,战乱频仍,人民群众渴望和平和安定。"关陇集团"顺应民心,谋求统一,其改革措施的颁行是历史发展的必然。在中国早期封建社会由分裂走向统一的过程中,"关陇集团"起到了历史桥梁的作用,成为民族大融合和华夏振兴的前驱,在中国历史上写下了颇为光彩的一页。宇文泰死后,集团其他成员为了继续推行全面改革的方略,废西魏帝,立宇文周政权。北周初,因宇文护弄权,宫廷不靖;宇文邕继位后,一举铲护,继续改革,于是国势日盛,终于灭北齐而统一北方,为隋文帝统一全国铺平了道路。

三、隋唐英雄出武川

(一)出生在武川的皇帝

1. 隋文帝杨坚

文帝,名杨坚(541—604 年),北周隋王,后废北周静帝而称帝,建隋朝,为隋朝开国皇帝。在位 24 年,被子杨广谋杀,终年 64 岁,葬于泰陵(今陕西省杨陵区)。

隋文帝杨坚,弘农华阴(今陕西省华阴县)人,其父杨忠是西魏和北周的军事贵族,北周时官至柱国大将军,封隋国公,杨坚承袭父爵。其女为北周宣帝(天元帝)宇文赟皇后。北周大象二年(580年),北周宣帝死,杨坚在关西士族支持下,以外戚身份入宫辅助政,任宰相,总揽大权,进封为隋王。割除宣帝时的酷吏苛刻之弊,深得人心。开皇元年(581年)二月甲子日,他废黜九岁的北周静帝宇文阐,代周称帝,改国号为隋,定都大兴,后改为长安,改年号为开皇。

杨坚称帝后,于开皇七年(587年)灭亡后梁,一年后下诏伐陈。开皇九年(589年)灭亡陈,统一了中国,结束了西晋末年以来近三百年的分裂局面。

文帝代周建隋,总觉得自己得到国家太容易,担心众人不服,所以一直保持着高度的戒备,他轻徭薄赋,勤于政事,每日晨起听朝,有时太阳偏西尚不知倦。为了隋王朝的长治久安,他从前人那里得出两条主要经验。第一条是节俭。他教训太子杨勇时说:"自古以来的帝王,如果奢侈就一定不能长久,你一定要厉行节俭。"他自己从辅政时就提倡节俭生活,后又使之成为风气,以致当时士人的便服多用布帛制作,不用绸缎绫罗,饰带也只用铜铁骨角,不用金玉。文帝称帝后,有一次患痢疾,须配制止痢药,药方中有胡粉一两,宫中找不到;又一次,他要一条织成的衣领,宫中也没有;平时进膳,所食不过一肉。如此躬行,成了他改革成功的一个根本条件。

第二条经验是大杀贪官污吏。文帝年幼时,相面人赵昭曾经秘告他说:"你将来命该称帝,但是必须大加诛杀才能新朝。"以此为据,他整顿吏治,派左右亲信严密征查百官的行为,建立起对官吏的考核制度,对廉官良吏赐官增田,晋级加官,布告天下,实行奖励;对贪官污吏严加惩处。有时甚至暗暗派人向一些官吏行贿,这些官吏一受贿就立即处死。文帝执法严明,有一次,他发觉儿子杨浚生活奢侈,多造宫室,大怒,于是下令将杨浚抓起来。大臣杨素劝其说处罚太重了,文帝说:"皇子与百姓只有一个法律,如果不这样,岂不是要再立一个皇子律了吗?"文帝的这一措施,使豪强官吏不敢过分作恶,贪污行为大为减少,有利于人民休养生息。

文帝留意民间疾苦的所为,在历代帝王中也是少见的。开皇十四年(594年),关中饥荒,他派人去了解百姓所吃的食物。知道他们吃的竟是豆粉拌糠后,文帝将这些食物出示给群臣,流着眼泪责备自己无能,命令撤掉自己日常的膳食,不饮酒,不吃肉;他率领饥民到较为富庶的洛阳就食,命令侍卫不准驱赶、威吓百姓。遇见扶老携幼的人群,他引马让路,善言抚慰。路难走的地方,他还命令左右帮助挑担的灾民通过。开皇二十年(600年),齐州有个小官,名叫王伽,他押送李参等70余个犯人去京城,走到荥阳,王伽对李参等人说:"你们犯了国法,受罪是应当,看看护送你们的民夫,一路上多么辛苦,你们于心能安吗?"李参等人谢罪,王伽遣散民夫,释放李参等犯人,并与其约定日期到京城主动会齐,他说:"如果你们失约,我只有代你们去受死了。"到了期限,70余人竟一人不少全来了。文帝听了很赞赏,召李参等人携妻子入宫赐宴,并宣布赦免了他们,同时下了一道诏书,大意是只要官吏有慈爱之心,至诚待民,百姓并非难教;他还要官吏学习王伽。

文帝能知过即改。有一次,臣子辛亶做了一条绯(红色)裤穿,说穿了此裤能官运亨通。文帝认为他是以妖法惑众,十分生气,下令将他处死。司法大臣赵绰据理顶撞说:"依据法律,辛亶不足以定死罪,臣不敢奉旨。"文帝大怒说:"我看你是只顾怜惜他而不怜惜自己了!"于是下令将赵绰和辛亶一并处死。临行前,文帝问赵绰还有何话要说。赵绰答道:"臣一心执法,不敢惜死,只是陛下宁可杀我,决不可枉杀辛亶。"文帝气得拂袖而去。但他转而一想,终于明白了赵绰以死护法的苦心,所以立刻下令释放赵绰,辛亶免死,次日还嘉奖了赵绰。

文帝在位期间,继续推行均田制,搜查隐漏的农户,重编户籍,增加了税民,保证了国家财政收入,削弱了豪强势力,使隋初的社会经济呈现繁荣景象。文帝改革官制,在中央建立三省六部制,在地方简化行政机构。他废除曹魏以来的九品中正制,开创科举制,以考试取士。这一系列措施,加强了中央集权,使隋王朝得以巩固、强盛,因此,在历代帝王中,隋文帝是一位有作为的政治家。

然而文帝猜疑苛察,容易受谗言所惑,时长命令左右窥视臣下,如有过失,则加重罪责。这是文帝的短处,并且因此贻害子孙。文帝有五个儿子,同为独孤皇后所生,文帝对此非常满足,公然说道:"前代皇帝内宠太多,往往由于嬖爱而废嫡立幼。我没有姬妾,五个儿子都是皇后所生,他们必然会和睦相处,不会像前朝那样发生争夺。"隋文帝这样得意地宣布时,宫中争夺皇位的斗争早在进行,五个儿子互相猜忌,都不得善终。

长子杨勇在文帝称帝前后,内领禁卫,外统封地,后来被立为太子,参决军政大事,曾获文帝的宠信。但他奢侈好色,文帝与独孤皇后逐渐对他失去了信任。次子杨广同样奢侈好色,但却善于文过饰非。杨广与越国公杨素勾结,揭发杨勇的过失,竟使文帝怀疑太子有夺皇位的意图。开皇二十年(600年),文帝废杨勇为庶人,改立杨广为太子。

2. 隋炀帝杨广

炀帝,名杨广(569—618年),隋文帝次子,他杀死文帝及兄杨勇后即位,在位14年。他被农民大起义的浪潮困于江都(今江苏省扬州市),为部下宇文化及等发动兵变缢杀,终年50岁,葬于今江苏省扬州市西北15里的雷塘北侧。

隋炀帝杨广,又名杨英,小字阿摩,开皇元年(581年)被封为晋王,在南下灭陈和抵御北方突厥的过程中,他立有大功,并笼络了一批人才,一心要取代兄长杨勇的太子地位。杨勇由于生活奢侈,渐渐失去了隋文帝的宠信。杨广迎合文帝的心意,伪装出生活俭朴,不好声色的样子。每当文帝到他府中,他就把浓妆艳抹的姬妾锁进屋里,王府中只安排几个又老又丑的妇人,穿着粗布衣服,在左右伺候;他又故意将乐器的弦弄断,使乐器上布满了灰尘,放置在引人注目的位置上。文帝见了以为杨广像自己,十分称心。又一次,杨广外出狩猎,正逢大雨,侍卫给他送上油衣(雨衣),他拒绝道:"士兵们都在大雨中淋着,我一人岂能穿上独自避雨呢?"文帝听了以为杨广还具备仁爱之心,日后能成大事,于是更加喜爱杨广。与此同时,杨广又勾结和杨勇不和的越国公杨素,在文帝和独孤皇后面前极力中伤杨勇,诬陷杨勇在文帝生病期间盼望父皇快死。文帝听后逮捕了杨勇,于开皇二十年(600年)将其废为庶人,改立杨广为太子。杨广篡位的第一步成功。仁寿四年(604年)七月,文帝病重卧床,他废黜杨广,重立杨勇为太子。杨广得到安插在文帝周围的爪牙的密报,忙与大臣杨素商量,然后带兵包围了皇宫,赶散宫人,谋杀了文帝。杨广又派人假传文帝遗嘱,要杨勇自尽,杨勇还没有做出回答,派去的人就将杨勇拖出去杀死了,就这样,杨广以弑父杀兄的手段夺取了皇位,史称炀帝。第二年改年号为"大业"。

杨广一夺到帝位,就显露出荒淫奢侈、残虐人民的本性,成为中国历史上著名的浪子、暴君。

杨广即位的第一年,就决定迁都洛阳。他命杨素营建东京宫室,又命宇文恺与封得彝等造显仁宫。每月役使200万人营建洛阳,又征集各地的奇材异石,送往洛阳。农民被迫运输,车马络绎不绝,许多人活活累死在路上。他下令在洛阳西郊建一座西苑,占地200亩,苑内有海,海中修建3个仙岛,高100多尺,岛上建筑亭台楼阁,十分壮观。海的北面有龙鳞渠,渠水曲折流入海中。沿渠修建了16个别院,建筑非常华丽,每院由一个妃子主管,整个西苑被点缀得四季如春。秋天,用彩绫剪成花叶,挂满树枝。冬天,杨广所到的宫院,池沼中的冰得赶快凿掉,用彩绸剪成莲叶荷花的样子置于池中。苑内还饲养着各种珍禽异兽,供杨广游猎、观赏。晚上,杨广经常带着几千名骑马的宫女,吹奏着乐曲,到西苑游览、夜宴。

同一年起,杨广为了游玩和加强对南方的统治,征调100多万民工,历时6年,修建了一条东北起至涿郡(今河北省涿县),东南到苏杭,全长4000多里的大运河。河的两旁开辟大道,道旁种上榆树和柳树,岸边每隔两个驿站设置一座供杨广休息的行宫。自洛阳到江都(今江苏省扬州市),共设置了40多座行宫。开凿大运河,共用了约1亿5千万人,平均每户百姓要出近20个人,还有许多开挖运河的民工累死在河中。有一段河道挖得浅了些,杨广竟下令将挖掘这一段的官吏和民工5万多人全部捆住手脚,活埋在岸边。在客观上,这条用无数劳动人民血汗修建成的大运河,对便利南北交通、国家统一有重要作用。

从大业元年(605年)八月起,杨广三次通过大运河到江都巡游,每次都乘着长200尺、高45尺,上下4层的大龙舟。随行的嫔妃、王公大臣、僧尼道士分别乘华丽的大船,共几千艘首尾相望,绵延200多里,拉船的纤夫就有8万多人,两岸还有骑兵护送,旌旗蔽日,热闹非凡。一到晚上,灯火通明,鼓乐喧天。杨广在船上饮酒作乐,观赏两岸风景。沿途 500 里以内的百姓,被迫奉献食品。珍贵美味的食品吃不完,开船时就挖一个坑埋掉了事。许多百姓因此倾家荡产。

有一年,杨广从陆路去北方巡游,带了 50 万大军,他特地征调了十几个郡的民工。开凿太行山,修起一条大道。又征调了 100 多万人,限期 20 天,修筑长城,以保护他的安全。到了北方,没有行宫,他命令巧匠宇文恺建造了一座活动宫殿,称观风行殿,上面可容纳几百人,可随时装拆,下有轮子转动。杨广先后发动三次对高丽的战争。朝鲜半岛在隋朝时分高丽、百济、新罗三国,高丽最强大。炀帝继位后,征召高丽人入朝不至,炀帝遂率大军征讨。

大业八年(612 年),杨广进行了第一次征讨。出兵以前,他征调大批工匠在山东东莱(今山东省掖县)海口大规模造船。工匠被迫在水中不分昼夜地劳作,腰部以下都生了蛆,死亡的有十分之三四。他还征调江淮以南的民工和船只,把黎阳仓、洛口仓的粮食运到涿郡,船只前后相继,长达 1000 多里。奔走在路上的民工和士兵,经常有几十万人。很多人倒毙在路旁,尸臭不绝。准备就绪后,隋军 100 多万人分海、陆两路进攻高丽,大败,只有 2000 余人逃回。大业九年(613 年)正月,杨广第二次征讨高丽;四月,再渡辽水;六月,国内杨玄感起兵攻洛阳,炀帝因后顾之忧,只好退兵。大业十年(614年),农民起义席卷大江南北。炀帝妄想以对外胜利来扭转危亡的命运,于是对高丽进行了第三次征讨。但当时农民起义军遍地皆是,征集的士兵或因道路阻隔不能到达,或沿途逃散,以致兵员不足。炀帝只好与高丽和议,乘势收兵。

同时,杨广为了显示隋朝的富足强盛,西域使者和商人入朝时,沿途郡县必须耗费巨资迎送。大业六年(610 年),西域各国使者和商人齐集洛阳。从正月十五夜间开始,杨广命令在皇城端门外大街上置设盛大的百戏场,为西域人演奏百戏。戏场约周围 5000 步,奏乐人多至 18000 人,几十里外都能听到乐声,灯光通明如同白昼,一直演奏到正月底结束。西域人到洛阳东市做交易,杨广命令本市商人盛饰市容,广集珍货——商人都服装华美,连地摊上的卖菜人也得用龙须席铺地。西域人经过酒食店门前时,店主都得邀请他们入座吃饱喝足,且不收分文,还说隋朝富饶,酒食照例不用花钱。市内树木也都用帛缠饰,以示富足。西域人问道:"你们隋朝人也有赤身裸体的穷人,为什么不用这些帛给他们做衣服穿,却白白用来缠树?"市人无言以对。就这样,隋文帝时期积累起来的巨大财富和民力被杨广无限制地挥霍和消耗着。而无止境的徭役和兵役,又迫使千千万万的农民离开家园,于是大量田地荒芜,广大农民无法生活,只得吃树皮、树叶,甚至发生了人吃人的惨剧。

大业十一年(615年),他再次去北部边境巡游,结果,突厥几十万骑兵突然来袭,把他围困在雁门(今山西小代县),他抱着幼子杨杲日夜啼哭,束手无策。最后,他接受大臣苏威等人建议,下诏书保证不再出兵攻打高丽,并悬赏募兵,各地县令纷纷应募,领兵前来救援,他才得救解围。但是,他回到洛阳后就推翻诺言,不给赏赐,并下令再次攻打高丽。

杨广如此暴虐的统治,终于在大业十年(611年)激起了农民大起义。但杨广仍不加收敛,依然奢侈残暴,而且拒绝臣下的劝谏。他自以为才学杰出,对侍臣说:"别人说我只不过是继承先帝的遗业,其实,即使和士大夫比才学,我也应该做皇帝。"又说:"我生性不喜欢别人劝谏。如果是达官,想以进谏来求取声名,我更不能饶他们。如果是一般百姓,我还可以饶他些,但绝不让他有出头之日。"开国功臣高颖、贺若弼、宇文弼等重臣因不满炀帝的奢侈,被炀帝以诽谤朝政的罪名处死。大业十二年(616年),他不顾隋朝的安危,再次巡游江都。临出发时,小官崔民象上表谏阻,他把崔民象杀了。走到泗水(今河南荥阳县),小官王爱仁上表劝谏,他又杀死王爱仁,继续前行。到了梁都(今河南省开封市),有些人拦路上书,说他如果定要去江都,天下就不是他的了。于是,他又杀死了上书之人,最后来到江都。

农民大起义的烽火越燃越烈,杨广预感末日临头,一直胆战心惊,以致晚上难以安睡,睡梦中常呼喊有贼,得几个宫女像哄孩子那样哄着、摇抚着才能入睡。一天夜里,大业殿起火,他以为是农民军杀进来了,慌忙逃入西苑,藏在草丛中,直到大火熄灭后才敢出来。逃到江都后,他更加荒淫无度,在宫中建造了 100 多座殿房,各居美女多人。每天轮流由一房做东,由他带着后妃侍女 1000 多人前去饮酒,日夜昏醉。他不愿听到不好的消息,但屏蔽这类消息仍不能消除忧虑,他常常对萧皇后说:"外面有不少人想算计我,且别管他,还是快快活活地饮酒吧。"有一次,他拿起一面镜子呆呆地照了良久,对萧皇后说:"我这颗头颅不知由谁来砍呢?"萧皇后惊恐地问他为什么说这话,他强颜欢笑说:"贵贱苦乐没有一定,砍头也不算什么。"当然,他是不肯束手待毙的。眼见隋朝的大部分土地已被起义军控制,隋军只是困守着洛阳、江都等几座孤城,他怕江都不安全,准备迁都到长江南面的丹阳(今江苏省南京市),并命令民众给他修建宫室。杨广的禁卫军将士都是关中人,他们早已怨恨他久居江都,现在见他还要南迁,都愈加思念家乡亲属,纷纷谋划逃归故里,一时间,军心浮动,众叛亲离。

大业十四年(618 年)三月,将作少监宇文智与郎将司马德勘、直阁裴虔通等人,乘机推右屯卫将军宇文化及为主,煽动士兵,于傍晚时杀入宫中。杨广闻变,仓皇改换服装,逃入西阁。叛将裴虔通、元礼、马文举等从宫女口中得知炀帝所在,引兵赶到西阁,只见炀帝和萧皇后并坐在一起哭泣。杨广还责问叛将道:"我犯了什么罪,你们要如此待我?"叛将们说:"你穷兵黩武,游玩不息,穷奢极侈,荒淫无度,相信奸邪,拒绝忠言,使男子枉死战场,妇女儿童死于野外,百姓失去生计,天下大乱,你还说没有罪吗?"杨广说:"我确实对不起百姓,至于你们,跟着我享尽了荣华富贵,我没有对不起你们。今天的事,是何人为首?"叛将说:"天下对你这个昏暴之君都恨之入骨,岂止是一个人带的头。"说完上前拉杨广下阁。这时,叛官封得彝赶来传宇文化及的命令说:"这种昏君,用不着带来见我,赶快结果他。"萧皇后哀求说:"皇上实在不贤,但看在以往对你们的恩情上,叫他让位,降为三公,留他一条命吧。"叛将们不允,以裴虔通为首,提刀要杀杨广,杨广叫喊道:"你们别动手,让我喝毒酒自尽吧。"裴虔通不准,说毒酒不如刀锋省事。杨广哭着说:"我怎么也是一位天子,就让我留个全尸吧。"说完解下自己的巾带。马文举接过巾带,和士兵们一起将他拥入室内勒死。

事后,萧皇后叫宫女将床拆了做成棺材,暂时装殓杨广的尸体。不久,宇文化及将他葬于江都宫西面的吴公台下。唐朝建立后,迁葬于雷塘旁边。

3. 高祖李渊

高祖,名李渊,一说是陇西狄道人,又说是巨鹿郡人。祖父李虎在西魏时官至太尉,为西魏八柱国之一。父亲李炳为北周安州总官,封唐国公。李渊7岁袭爵位唐国公。大业十三年(617年),李渊任隋朝太原留守。李渊原配妻子是隋朝贵族窦毅子女,二人共生四子,分别为建成、世民、元霸、元吉。元霸16岁夭折。

此时,隋政权在农民起义的猛烈打击下已经土崩瓦解。李渊在次子李世民和部下刘文静等人的怂恿下,于大业十三年(617年)在晋阳举兵反隋。同年十一月攻占长安,立代王杨宥为帝,遥尊炀帝为太上皇,以号召天下。大业十四年(618年)三月,隋炀帝在扬州被宇文化及所杀。李渊于同年五月废杨宥,自立为帝,建国号为唐,建年号为"武德",定都长安。

武德元年至贞观二年(618—628年)这十年间,李渊父子消灭了各派割据势力,完成了统一全国的宏伟事业。武德元年(618年)六月,李世民攻打据有今甘肃兰州等地的薛举、薛仁果父子;九月,薛举死;十一月,俘杀薛仁果,平定了西北广大地区。武德二年(619年),唐以反间计使李轨集团内部矛盾激化,从而俘杀了李轨,平定了河西走廊。同年,刘武周、宋金刚勾结突厥,不久为突厥所杀。当时,黄河流域的夏政权窦建德、郑政权王世充与唐朝呈鼎足之势。李渊派李世民东征王世充,郑夏联盟进行抵抗。武德四年(621年),李世民俘杀窦建德,促使王世充投降。武德六年(623年),太子李建成俘斩刘黑闼,平定了河北。武德七年(624年),高开道为其部下张金树所杀,张金树降唐。

李渊爱好酒色,昏庸无能,既无创业的志向,也无创业的才干。从太原起兵至建立唐朝,平定全国,主要依靠次子李世民的谋略和征战。他称帝后,重用佞臣,猜忌功臣。原隋朝晋阳宫副监裴寂,在晋阳时就与李渊是酒肉朋友。他私送宫女给李渊,又常与李渊昼夜赌博饮酒,荒淫无度。晋阳起兵时,裴寂又送500个宫女给李渊让他带着行军。李渊称帝后,认为裴寂功劳最大,授其高官厚禄,引为亲信。原晋阳令刘文静和李世民一起策动起兵,南征北战,是唐朝的开国功臣,却受了李渊的猜忌,被加上谋反的罪名而杀。

李渊长子李建成和他一样爱好酒色,他亲近赌徒、恶霸,李渊却因他是长子立他为太子。对于次子秦王李世民,李渊见他的威望日益高涨,反而更为疑忌。加上太子李建成和齐王李元吉二人假意奉承李渊的妃嫔,妃嫔在李渊面前总是多说建成和元吉的好话而贬低李世民,使李渊渐渐疏远李世民,亲近李建成、李元吉。他甚至还默许李建成等人打击谋害李世民,只因战争未止,必须倚重李世民,才没有除去他。又一次,李渊的宠妃张婕妤和尹德妃诬告李世民有夺位之心,他马上召李世民并训斥说:"天子是上天指定的,并非你要点手段所能当上的,我还没有死,你何必如此心急啊!"李世民再三辩白,李渊就是不相信,还拍着桌子大骂。这时,使者来报突厥侵入,李渊又马上转怒为笑说:"算了,还是商量一下怎么对付突厥吧!"

又一次,太子李建成约李世民夜宴,李世民饮酒未尽而倒地。淮安王李神通正好在场,将李世民扶回秦王府。李世民咯血数升,连忙请医抓药,才慢慢恢复过来。李渊听说后,去看望李世民。李渊说:"你们兄弟不和,同在京师,积怨且深,你还是前往洛阳,为父划陕西以东归你管,你可以建天子旌旗。"李建成和李元吉知道后合谋道:"秦王若去洛阳,将会摆脱控制,不如将其留在长安,那样他只不过是一个匹夫罢了,取之易矣!"二人于是令人上奏高祖,说秦王府的人听说去洛阳,无不欢喜雀跃,恐怕以后不会回长安了。李渊听后终止了此事。

武德九年(625年)六月,李世民先发制人,发动了"玄武门之变",杀死李建成和李元吉,并派尉迟敬德带兵进宫。这时,李渊正和妃子、大臣在宫苑湖里泛舟游玩,尉迟敬德禀告说:"太子、齐王叛乱,秦王恐惊动陛下,特派臣来护驾。"李渊大吃一惊,忙问:"太子和齐王现在何处?"尉迟敬德回答说:"已被秦王处死。"李渊十分难受,登岸后问左右该怎么办。一旁的宰相顺水推舟说:"秦王功劳盖世,深得人心。现在既然没有建成、元吉,就应该立秦王为太子。"李渊只好依言降旨。三天后,李渊正式立李世民为太子,让其执掌国政。

有的学者对玄武门之变持不同的看法,认为李渊并非昏庸之辈,李建成也并非怙恶不悛之徒。李世民和李建成之争,属于封建皇子间为夺取嗣位而进行的相互残杀。

同年八月甲子日,李世民逼李渊禅位,自己即位称帝,尊李渊为太上皇。第二年改年号为"贞观"。贞观九年(635年)十月,李渊病死,死后的庙号为高祖。

4. 太宗李世民

太宗,名李世民(599—649年),唐高祖李渊次子。杀太子李建成后,逼高祖禅位于他。在位23年,患痢疾而死,终年51岁,葬于昭陵(今陕西醴泉县东北50里的九宗山)。

李世民生于隋文帝开皇十八年(599年),李渊希望他将来成为一个济世安民的人物,于是便给他取名为世民。隋炀帝在位期间横征暴敛,荒淫无度,各地反隋斗争此起彼伏。大业十三年(617年),李世民见时机成熟,便和刘文静等人策动李渊起兵反隋,攻入长安。唐朝建立后,李世民被封为秦王,任尚书令。面对群雄割据的局面,李世民领兵南征北战,先后消灭了薛仁果、刘武周、王世充、窦建德等割据势力,逐步统一了全国,是唐朝的实际开创者。

李世民非但功冠天下,而且网罗了一批人才,武有尉迟敬德、秦叔宝、徐世绩、李靖等名将,文有:房玄龄、杜如晦等十八学士。这给他以很足的底气,让他能和太子李建成争夺皇位。李建成作为太子,得到一大批皇亲国戚的支持。他长期留守关中,在京城长安有着坚实的基础,连宫廷的禁卫军也在他的控制之下。而且,不但高祖中意他,高祖宠妃张婕妤和尹德妃也与他关系密切。他利用这些优势,屡次想除掉李世民,以便顺利继承帝位。有一天晚上,他请李世民到府中饮酒,在酒中下了毒药。李世民不防,端杯饮下,忽觉肚腹绞痛。他的叔父淮安王李神通正好在场,将他背回西宫。他一阵呕吐,吐出许多血,这才知是李建成下的毒。

此后,李建成联合四弟李元吉,抓紧了除去李世民的活动。他以重金暗中收买秦王府的尉迟敬德等将领,但遭到了拒绝。他又怂恿高祖将李世民的心腹谋事调离秦王府。武德九年(626年)五月,突厥进犯中原,李建成乘机上奏高祖,让李元吉任主帅前去抵敌,高祖应允。李元吉提出要尉迟敬德、秦叔宝、程咬金三员猛将归他指挥,并调秦王府的精兵充实自己的部队,企图借此削夺李世民的兵权,然后将李世民杀掉。李世民面临危局,和妻舅长孙无忌、尉迟敬德商量对策。两人劝李世民先发制人,李世民犹豫说:"兄弟互相残杀,总不太好,不如等他们先动手,我们再回击。"两人急了,说他们不愿意留着白白送死。李世民这才定了先下手的决心。

武德九年(626年)六月初三,李世民上朝向高祖揭露了李建成和李元吉的罪行,说他们在后宫胡作非为,与张婕妤、尹德妃关系暧昧。这触到了高祖的痛处,他大惊说:"他们竟敢做这样的事?"李世民边哭边说:"他们几次企图加害于我,如果不是为儿处处防备,早就见不到父皇了!"。高祖感到事关重大,要他们兄弟三人明天一早上朝,当面对质,以便弄清事实后处理。

第二天一早,李世民亲自率领长孙无忌等人埋伏在玄武门周围。玄武门的守将常何原是李建成的心腹,这时已被李世民派人用重金收买。张婕妤听到风声,急忙差人告诉李建成。李建成和李元吉商量,李元吉说:"我们赶紧布置兵马,称病不去上朝,观察一下再说。"李建成说:"不怕,宫内有张、尹两妃做内应,宫外有我的军队守御玄武门,他李世民能把我怎么样?"要李元吉和他一起上朝。部下也劝李建成带着卫队上朝,以防不测,但他拒绝了,仍和李元吉骑马进入玄武门。

他们二人骑马来到临河殿时,忽觉气氛异常,就急忙拨转马头往回跑,忽听有人喊道:"太子殿下、齐王为何不去上朝?"李元吉回头一看是李世民,连忙取弓连射三箭不中。李世民一箭将李建成射下马来,李建成当即死去。李元吉仓皇朝西奔跑,迎面撞见了杀来的尉迟敬德率领的70多名骑兵,他又调转马头往回跑,一阵乱箭射来,他滚下马鞍,钻进了树林,却正巧遇见了李世民。两人搏斗起来。李元吉骑在李世民身上,夺下弓,扼住了李世民的喉头,在这危急关头,李元吉忽见尉迟敬德驰马赶到,于是拔腿就逃,却被尉迟敬德一箭射死。

东宫和齐王府的将士得知玄武门出事,立即出动2万多人猛攻秦王府。

李世民一面指挥部下抵挡，一面派尉迟敬德带兵进宫。这时，高祖正和妃子、大臣在宫苑湖里泛舟游玩，见尉迟敬德带兵而来大吃一惊。尉迟敬德禀告说："太子、齐王叛乱。"高祖忙问："太子和齐王现在何处？"尉迟敬德回答说："已被秦王处死。"高祖十分难受，一旁的宰相建言立李世民为太子，他只好依言降旨。三天后，高祖正式立李世民为太子，让其执掌国事。这件事史称"玄武门之变"。

武德九年（626年）八月甲子日，李世民逼迫高祖让位，由他即位称帝，时为唐太宗，第二年改国号为"贞观"。

太宗即位后，成为历代帝王中杰出的政治家之一，为后世帝王的楷模，其主要表现有以下几个方面。

一、善于纳谏，明辨是非。唐太宗曾经对大臣萧禹说："我年少时喜爱弓箭，得到好弓几十张，自以为不会再有更好的弓了。近来拿给工匠看，工匠说都不是好弓。我问是什么原因，工匠说：'木心不直，自然脉理都斜，弓虽然硬，发箭却不能直。'我才知道以往的鉴别不够精确。我以弓箭定天下，尚且不能真正识别弓箭的优劣，天下的事我又怎么能都懂得？"有一次，他问魏征："君王怎样才算明智，怎样才算昏庸？"魏征回答说："兼听则明，偏听则暗。"他十分赞同，于是鼓励大小官员都积极进谏。

贞观四年（630年），李世民下令修复洛阳宫，以备他去游玩。给事中张玄素劝说："如今战争刚结束，社会还未恢复元气，陛下却先下令修缮洛阳宫，如果不停止，一定会遭致隋炀帝、夏桀、商纣王一样的下场。"李世民采纳了这一意见，下令禁止修复洛阳宫，并且赏赐了张玄素。

谏臣中最突出的是魏征，他经常进谏，提出过许多很好的建议，常常与李世民当面争执，即使李世民大怒，他也还是神色不变，坚持己见。武德九年（626年），李世民下诏征兵，规定不满18岁而个头高大的男子也可以应征。魏征却强拦住这道诏书不让发，太宗连催几次，他都不理。李世民大怒，召来魏征训斥他大胆抗旨。魏征镇静地说："臣听说竭泽而渔，就无鱼可捕了。陛下将不满18岁但身强力壮的男子征来当兵，以后再哪那里去征兵呢？再说，国家的赋税让谁来负担呢？并且陛下以前宣布对18岁以上的男子才征兵,现在诏书一下,不是失信于天下吗?"李世民听了哑口无言,良久才撤了这道诏书,还提升魏征为太子太师。

一天,李世民正在逗弄一只小鹞(即雀鹰,比鹰小,可帮助打猎),见魏征进来,忙将他藏于怀中。魏征装作没看见,向太宗奏事,又故意拖延时间。等他离开,小鹞已经闷死了。有一次,太宗退朝回到宫中,怒气冲冲地说:"总有一天,我要杀死这个乡下佬。"长孙皇后忙问杀谁,太宗说:"魏征常常当面顶撞我,使我难堪。"长孙皇后就退出去穿上礼服再进来,向李世民贺道:"君主圣明,臣下才敢直言进谏,魏征敢当面顶撞陛下,说明陛下是贤明之君,臣妾怎能不向陛下祝贺呢?"李世民听了皇后委婉的批评和规劝,怒气顿消,清醒地认识到虚心纳谏对于天下兴亡的重要性。

贞观中期以后出现了盛世,大臣都极力歌颂李世民,只有魏征保持着清醒的头脑,给李世民指出 10 个缺点,要他警惕。李世民郑重地将其抄在屏风上,以便早晚阅读,引以为鉴。贞观十七年(643 年),魏征病死,李世民十分悲痛,说:"以铜为镜,可以正衣冠;以史为镜,可以知兴替;以人为镜,可以明得失。魏征一死,我失去了一面镜子。"

二、知人善用,唯才是举。太宗在一个分崩离析的社会基础上,尽使"天下英雄,入吾彀中",形成一个团结的统治集团。他要大臣封得彝推荐人才,封得彝回答说:"不是臣不留意,实在是当今没有奇才。"李世民很不以为然地说:"用人如用器物,要各取所长。古时候有过太平盛世,难道那时候的贤才都是从别的时期借来的吗?是你自己不能识人,怎能判定今世没有奇才呢?"他反对任人唯亲和论资排辈。他常对臣下说:"君主一定要大公无私,才能使天下人心服。官员不论大小,都应当选用贤才,不应该以关系的远近、辈分的高低来决定官职的大小。"贞观元年(627 年),李世民论功行赏,把房玄龄、长孙无忌、杜如晦等 5 人评为一等功臣。李世民的叔父淮安王李神通不服,争辩说:"太原起兵时,臣第一个响应,且多年来赴汤蹈火,不辞辛劳。房、杜二人不过舞文弄墨,从没有打过仗,现在却功大于我,实不公平。"李世民回答说:"叔父是国家的至亲,我怎么能不信任呢?但是,治理国家不能以私废公。"李神通无言可答。

李世民甚至从敌营中获取许多人才。他最倚重的猛将尉迟敬德，原来是他的敌人刘武周手下的偏将。刘五周被李世民战败，尉迟敬德与隋将一起降唐。不久，隋相叛唐，李世民的部将就将尉迟敬德也抓起来准备杀掉，以免留下后患。李世民却将他释放，更将他请到自己府上，和他推心置腹地长谈，说："大丈夫意气相投，就竭尽忠心，这些小事就不必计较了。我绝不会听信谗言，随便怀疑好人的。"说完，还送给他许多金银财帛。尉迟敬德十分感动，从此忠心耿耿，无论李建成用重金收买他，还是派刺客行刺他，他都毫不动摇，始终追随李世民，成为李世民的得力助手，并在玄武门之变中立下大功，被封为吴国公。

魏征原是李建成的谋士，曾劝说李建成杀掉李世民。玄武门之变后，有人揭发了这件事，李世民派人把魏征找来，恨恨地责问说："你为何在我们兄弟间挑拨离间？"魏征坦率地说："那时候我是太子的谋士，当然要为他出谋划策，可惜太子没有听我的话，否则，也不会落到今天的下场。"旁人都以为李世民会处死魏征，但出乎众人意料，李世民却认为他说话坦率，为人正直，很有胆识，是个人才，非但不治罪，还任他为谏议大夫，专门负责向朝廷提意见。

贞观年间，李世民下诏要百官议论国事，提出建议。中郎将常何提了20条建议，写得头头是道。李世民知道常何是个没读过书的武将，诧异他怎么能写出这样有水平的奏章。一问，原来是常何的朋友马周写的。马周是一个落魄文人，出身低微。李世民不计较，马上派人去请，并派人多次去催。马周到后，二人一交谈，李世民发觉他的确是个治国的人才，于是马上任命他为监察御史，后又升为中书令，主持朝政。

贞观十七年（643年），为了奖赏功臣，李世民命人将长孙无忌、杜如晦、魏征、房玄龄等24位功臣的像画在凌烟阁上，史称"凌烟阁二十四功臣"。他还常去观赏，以示对功臣的赞赏。

三、重视百姓。李世民亲自参加了反隋战争，目睹了强大的王朝被农民起义所摧毁的惨状。所以，他称帝后，就以隋朝的灭亡为借鉴，小心谨慎地治理国家，力求缓和阶级矛盾，避免人民起义。他对臣下说："人君依靠国家,国家依靠百姓,刻薄百姓来奉养人君,就像割身上的肉来食用,肚子固然饱了,但身子也完了;人君固然富了,但国家也就亡了。所以人君的灾祸,不是来自外面,而是由自己造成的。如果人君嗜欲太盛,就需多费财物,就得加重赋税,百姓就会忧苦,国家就会危险,人君也就非败亡不可。我常常想这个道理,所以不敢纵欲。"又说:"我在朝廷上每说一句话,总得思考再三,怕讲错了害民,因此我不敢多说话。"他时常教育太子李志。比如在吃饭时,告诉他知道了耕种的艰难,就会常常有饭吃;骑马时,告诉他知道了马的劳逸,不去耗尽它的体力,就能经常骑它;泛舟时,教导他水可以载舟,亦可以覆舟,百姓好比水,人君好比舟。一个人君,按正道办事,百姓就会拥护他,不按正道办事,百姓就会起来推翻他。依据这种民本思想,李世民宽刑减法,轻徭薄役,推行均田制,租拥调法和府兵制度,减轻了对农民的剥削压迫。

"玄武门之变"发生后,东突厥颉利可汗趁火打劫,率兵长驱直入,一直打到与长安只有一水之隔的便桥。李世民在兵力远不及突厥的情况下,亲率6名亲兵,在渭水桥边与颉利可汗会谈,以进奉财物和称臣的条件使突厥退兵。这使李世民感到十分羞耻,他亲自训练将士,很快训练出一支精锐部队。贞观三年(629年),他派名将李靖率师北征,一举俘虏10万余人,活捉颉利可汗,攻灭了东突厥。从贞观十三年(639年)开始,李世民将唐的势力不断拓展到西域,并命大将苏定方率军总攻西突厥,西突厥遭到沉重打击后败亡被灭。

在处理民族问题上,李世民胸怀也是很博大的。突厥灭亡后,他没有采取把突厥人赶出漠北的做法,而是把他们妥善地安置在河套地区,任命突厥的首领做都督,保存他们的风俗习惯。他还大量提拔突厥贵族到朝中做官。当时朝中五品以上的突厥武官多达100余人,几乎占朝中武官的一半。李世民对突厥的政策产生了极大的影响,加强了周边各族对大唐的向心力。东北、西北的许多部族,纷纷要求内属和归附,各族君长一起尊奉他为"天可汗",使唐帝国的声威远播域外。贞观十五年(641年),李世民又将文成公主嫁给吐蕃赞普松赞干布,使汉族和藏族人民的关系空前密切。

但是,李世民在晚年,生活也趋于奢侈,他大兴土木,加重赋役,连年对外用兵,曾三次亲征高丽失败,向东发展势力的愿望没有实现。

贞观二十三年(649年)三月,李世民得了痢疾,他命太子到金掖门代理国事。五月,李世民病危,召太子。妃嫔进卧室,又召长孙无忌、褚遂良入内接受顾命,并命令褚遂良起草了遗诏。不久,李世民病死于长安宫中的含风殿。

(二)出生在武川的皇后

1. 西魏废帝皇后宇文氏

北魏分裂为东、西两魏后,西魏共历三帝23年(535—557年)。第一位皇帝为文帝元宝炬,在位17年。元宝炬"及跻大位,权归周室",即内外大权全归臣相、略阳公宇文泰,魏文帝只可拱手受教,不能有所作为。好在文帝常存归隐之志,竟得以善终。太子元钦即位,史称废帝,诏命太子妃宇文氏为皇后。宇文氏即当朝臣相宇文泰之女也。当初,魏文帝册封宇文泰之女为太子妃,是为了巩固地位。元宝炬与宇文泰是双重儿女亲家关系,宇文氏被尊皇后,既是元钦之意,又是宇文泰之愿,可谓两大皆欢之事。

宇文皇后初产之日,有云气满室,芬蕴久之。孩子一出生便与常人有别;幼有风神,好陈列女图,有志于效法古代列女。宇文泰曾对人言:"每见此女,良慰人意。"史载:"宇文氏志操明秀,帝深重之。专宠后宫,不置嫔御。"废帝元钦与宇文氏情投意合,伉俪相得,以至于元钦在后宫再不置其他妃嫔。废帝元钦毕竟年轻气盛,不知天高地厚,不甘于大权旁落,一反其父之所作所为,急于除掉岳丈丞相宇文泰,于是相商于执掌禁军的三个连襟:清河公李基、义成公李晖、常山公于翼。与虎谋皮,结果不问可知,三人密告岳丈宇文泰,宇文泰大怒,立将元钦废徙雍州。三个月后,宇文泰不顾宇文皇后泣求,密遣心腹赍毒酒至雍州,将元钦鸩死。时,宇文皇后亦随元钦来到雍州,侍奉左右,以防不测。今见父命难违,自愿殉夫,亦饮鸩而亡。生同室,死同穴,魂魄相随,生死相依。史载:"帝既废崩,后亦以忠于魏室罹祸。"

2. 西魏恭帝皇后若干氏

西魏废帝元钦被废后,宇文泰立魏文帝元宝炬第四子拓跋廓为帝,史称恭帝。恭帝三年(556年)十月,太师、大冢宰宇文泰病逝云阳宫。十二月,魏恭帝拓跋廓逊位于周。次年正月,周建国,降魏主拓跋廓为宋公。不久,鸠死拓跋廓,托言遇疾暴亡。

恭帝皇后若干氏,是司空、长乐郡公若干惠之女。若干惠,武川镇人,秉性刚直,有勇力,深得宇文泰器重。若干惠常年在外征战,积劳成疾,病死军中。宇文泰为之泣下,亲临灵堂致哀。其子若干凤袭爵后官至柱国。宇文泰后将女儿嫁给若干凤,若干惠和宇文泰亦为儿女亲家。若干惠的女儿有容色,恭帝纳之为妃;及即位,立为皇后。恭帝遇鸠,若干皇后出家为尼,终身以青灯黄卷为伴,最后死于佛寺之中,也算是修得善终。

3. 北周明帝明敬皇后独孤氏

北周明帝皇后独孤氏,是独孤信的长女。《周书·独孤信传》云:"信与太祖(即宇文泰)乡里,少相友善。"独孤信与宇文泰同为武川老乡,年轻时即彼此交好。进入关中后,独孤信紧紧追随宇文泰东征西讨,二人同为西魏八柱国。二人相好结亲,宇文泰长子宇文毓纳独孤信长女独孤氏为夫人。北周建国后,独孤信任太保、大宗伯,进爵卫国公,邑万户。其时,宇文泰之侄、晋国公宇文护威权日盛,专横跋扈。太傅、大冢宰、楚国公赵贵与独孤信密谋除掉宇文护,但事情败露,赵贵当场被杀,独孤信以同谋坐免。居无几,晋公宇文护又欲杀之,因其名望素重,不欲显其罪,逼令自尽于家,时年55岁。557年九月,孝闵帝宇文觉也被晋公宇文护废死,宇文护迎立宇文毓继天王位。宇文毓继位初称天王,册立独孤氏为皇后。独孤氏哀伤其父死于非命,自己既无力救父,亦无力为父报仇,以致抑郁成疾,竟致不起;延至四月,已是香消玉殒;死后葬于昭陵。北周武成初年(559年)秋八月,宇文毓改天王为皇帝,年号武成。追崇已故的独孤氏为皇后,号明敬皇后。武成二年(560年)四月,晋公宇文护指使膳部中大夫李安置毒于糖饼中,毒死明帝宇文毓。宇文毓时年27岁,与明敬皇后独孤氏合葬于昭陵,帝、后之死相隔整两年。明帝宇文毓,既不能为其岳丈报仇,又不能为其爱后泄忿,甚至连自家性命也无法保障,一代帝王,岂不哀哉!

4. 北周宣帝皇后杨氏

北周宣帝宇文赟,是北周武帝宇文邕长子。周武帝被已故著名历史学家范文澜先生誉为北朝唯一的英明皇帝,而其子宣帝宇文赟却是历史上最荒淫昏庸的独夫民贼。宇文赟为太子时,武帝为其纳杨坚长女杨丽华为太子妃。宣政元年(578 年)六月,宇文赟即位,立杨丽华为皇后,加封随国公杨坚为柱国、大司马。宇文赟自称天元皇帝,号杨丽华为天元皇后。其后宇文赟又立朱满月、陈月仪、元乐尚、尉迟炽繁为皇后,号称"五皇后"。《周书》云:"后性柔婉,不妒忌。四皇后即嫔御咸爱而仰之。"皇帝宇文赟后来"昏暴滋甚,喜怒乖度。尝谴后,欲加之罪,后进止祥闲,辞色不挠。帝大怒,遂赐后死,逼令引决。后母独孤氏闻之,诣阁陈谢,叩头流血,然后得免。"这段文字大意是说,天元皇后杨丽华,性情柔婉,从不妒忌,和另外四位皇后及其他嫔妃都能和睦相处。宇文赟昏聩暴戾,喜怒无常。杨后婉言规劝,宇文赟怒,命人杖后。杨后从容面谏,辞色不变。宇文赟大怒,恨恨地说:"汝可先死,我且灭汝家!"逼令杨后自杀。后母独孤氏闻报大惊,急忙赶到阙下,向宣帝谢罪,为杨后求情,以致叩头流血,方得将杨后释出,仍还原宫。不久,宇文赟病入膏肓,一命归天,时年 22 岁。7 岁的太子宇文阐即位,是为静帝。当初宇文赟病危时,刘昉、郑译等假传遗诏令后父杨坚辅政。杨后虽未预谋参与此事,但鉴于太子年幼,恐权落他人之手,对己不利,闻父辅政,倒也满心欢喜。后来知道父有意图,意颇不平,形于颜色。开皇元年(581 年)二月,杨坚从 9 岁小外孙手中夺得政权,即位登基,易周为隋,史称隋文帝。北周太后杨丽华不满于其父窃国行径,心甚愤懑不平,屡次与父面争。杨坚心中有愧,不敢面对其女,唯遣独孤氏好言抚慰。开皇六年(586 年),杨坚遥封杨后为乐平公主。独孤氏怜女芳年独居,郁郁寡欢,力劝改志。杨丽华矢志不从,方得守志终身。隋炀帝大业五年(609 年)六月,随其弟杨广西征吐谷浑,病死于河西,年 49 岁。炀帝还京后下令将其姊归葬于周宣帝之定陵。

5. 隋朝皇后出武川

隋文帝文献皇后独孤氏,名伽罗,是北周大司马、卫国公独孤信第七女。独孤信与杨坚之父杨忠同朝为官,又是武川老乡,看到其子杨坚仪表不凡,就将小女儿伽罗嫁于杨坚,时年14岁。杨坚与独孤伽罗感情甚笃,杨坚甚至发誓只宠爱伽罗一人。独孤伽罗的大姐为明帝皇后,长女杨丽华为周宣帝皇后,贵戚之盛,莫与为此。而独孤伽罗每谦卑自守,世以为贤。周宣帝病危时,杨坚入宫总览朝政大权,独孤伽罗支持杨坚篡周为隋,派李圆通传话杨坚:"大事已然。骑兽之势,必不得下,勉之。"杨坚登基后,立独孤伽罗为皇后,史称文献皇后。

当时北方强邻突厥与中原通商贸易,有一箱价值800万的明珠出售,幽州总管阴寿劝独孤皇后购下。皇后说:"这东西非我所需。当今突厥常常入侵我边疆地区,将士勤于戍守征战,有此800万,莫若分赏有功者。"百官听了皇后此言,齐声称颂不已。独孤皇后好读书,晓古今,议事时看法往往与杨坚一致,杨坚对独孤氏宠爱畏惧兼而有之。杨坚上听朝政,独孤氏与之同辇而进,坐于偏殿。杨坚处理国事,如有不妥之处,独孤氏随时会提出匡正意见,杨坚因之受益匪浅。当时宫中称帝后为"二圣"。杨坚退朝后,二人又同车高高兴兴返回居住之处。

有大臣上奏说:"依照《周记》的规定,朝中百官之妻,应听命于皇后。请依古制执行。"独孤皇后回答说:"妇人参政,也许会逐步盛行,我可不能开这个头。"她还常常告诫公主们:"前朝宇文家的公主,缺少妇德,失礼于公婆,对骨肉亲人薄情寡义,这等不良现象,你们应引以为戒。"独孤皇后颇有仁爱之心,每当听到秋后大理寺处决囚犯就潸然泪下。文献皇后独孤氏虽贵为"二圣",但对于其父早年突遭横祸,耿耿在胸,难以释怀。《隋书》云:"后早失二亲,常怀感慕,见公卿有父母者,每为致礼焉。"由己及人,致有此举,此为人之常情、人之真情的真实表露。

独孤皇后也有不以私情徇法之处。她姑姑的儿子都督崔长仁犯法当斩,文帝考虑到崔长仁和皇后的关系想免其死罪,皇后知道后说:"这关系到国家之事,岂可因私而徇法。"崔长仁被执行死刑。皇后同父异母弟独孤陁以猫鬼巫蛊之术诅咒独孤皇后,被判为死刑。独孤皇后绝食三天为之求情说:"独孤陁如果因蠹政害民犯法的话,我不敢过问。今天只因我的缘故判其死罪,我愿为其求情,豁免死罪。"独孤陁于是被免除死刑。

独孤皇后性尤妒忌,后宫莫敢进御。文帝杨坚一直遵守当年的誓言:誓无异生之子。文帝杨坚共有五子:杨勇、杨广、杨俊、杨秀、杨谅,皆为皇后独孤氏所生。隋文帝杨坚仁寿二年(602年)八月,文献皇后独孤氏崩于永安宫,时年59岁,安葬于太陵。文献皇后死后,文帝杨坚宠信年轻、貌美的宣华夫人陈氏和容华夫人蔡氏,少了独孤氏的监管,于是放纵自己,并因此而得病。病危时,杨坚对身边的人说:"假使皇后活着,我不会成为这个样子的。"

6. 唐朝皇后出武川

唐世祖元贞皇后独孤氏

独孤信与李虎同为武川人,同在武川老乡宇文泰麾下为将,同为西魏柱国大将军。两家门当户对,又是武川老乡,于是独孤信就将四女儿嫁于李虎第三子李昞。李虎为西魏左仆射、陇西郡公。北周建国时,李虎已去世,北周追封其为唐国公,以后唐朝国名由此而来。李昞为北周安州总管、柱国大将军,袭封唐国公。唐高祖李渊武德初年(618年)登基后追尊已逝的父亲李昞为世祖元皇帝,同时追尊已逝的母亲独孤氏为元贞皇后。

元贞皇后独孤氏,史书中未见其略传,《旧唐书·后妃传》太穆皇后窦氏传中有所提及。太穆皇后窦氏为李渊之皇后,元贞皇后独孤氏为其婆母。传中写道:"后世元贞太后以孝闻。太后素有羸疾,时或危笃。诸姒以太后性严惧谴,皆称疾而退,唯后昼夜扶持,不脱衣履者动淹旬月焉。"《新唐书》也有相似的描述:"初,元贞太后羸老有疾,而性素严,诸姒娣皆畏,莫敢侍。后事之,独怡谨尽孝,或淹月不脱衣履。"这两段话从侧面反映出关元贞皇后独孤氏的点滴信息:体弱多病,时常病危;生活不能自理,昼夜需要专人护理;治家严谨,不怒而威;四个儿媳中,李澄、李湛、李洪之媳皆因惧怕侍奉不周遭婆母责备,借口自己有病不敢到场,只有大儿媳窦氏精心照顾,毫不懈怠。

唐朝人令狐德棻著《周书》,关于独孤信在书中这样写道:"信长女,周明敬后;第四女,元贞皇后;第七女,隋文献后。周隋及皇家,三代皆为外戚,自古以来,未之有也。"一家姊妹三人,为三个朝代皇后,这在中国历史上确为罕见。

唐高祖太穆皇后

唐高祖李渊之皇后太穆皇后窦氏，乃周太祖宇文泰第五女襄阳公主所生，其父为北周上柱国、神武公窦毅。窦氏幼年聪颖过人，明达事理。其四舅周武帝宇文邕特别喜爱她，特将其接于宫中抚养。其时，北周拟与突厥联合以对付北齐。天和三年(568年)三月，武帝迎娶突厥木杆可汗俟斤之女为后，史称阿史那皇后。武帝对其不加宠爱，阿史那皇后很有怨言。这时，小小年纪的窦氏私下对武帝说："四边未靖，突厥尚强。愿舅抑情抚慰，以苍生为念。但须突厥之助，则江南、关东不能为患矣！"武帝深为以然。窦毅听到此话，大为惊叹，对襄阳公主说："此女才貌如此，不可妄以许人，当为求贤夫。"于是窦毅乃于自家门屏画了两只孔雀，有求婚者，允许发两箭射之，暗中约定射中雀目者辄许婚。前后有数十人应约射雀，皆不中。弓马娴熟、射技精湛的李渊后至，连发两箭，各中一目，窦毅即将爱女许与李渊为妻。周武帝因病驾崩，窦氏哀痛不已。隋文帝杨坚篡周为隋，窦氏听到后流泪不止，自投于床下，慨然道："恨我不为男，以救舅父之难。"窦毅夫妇忙捂女口说："你可不要乱说，让人听到了，这可是要灭族的。"

窦氏颇有文才。《旧唐书》云："善学，学类高祖之书，人莫能辩。工篇章，而好存规诫。"善书法，工文章，正是窦氏这位才女之本色。

窦氏不仅文采出众，而且见识也异乎寻常。李渊为扶风太守时，得到数匹骏马，窦氏对李渊说："皇上特别喜鹰爱马，这是你所知道的。这几匹骏马可献于皇上，以博其欢心。你要从长远考虑，不要因小失大。"李渊舍不得敬献，终于因此而遭到隋炀帝的贬斥。不久，窦氏病逝于涿郡，时年45岁。李渊追思窦氏之言，追悔不已，为保自安，几次寻求鹰犬敬献皇上，很快便被提升为将军。李渊流着泪对儿子们说："我早听从你们母亲的话，这个官位早已经当上了。"窦氏死后，初葬于寿安陵，后祔葬于献陵。窦皇后生有四子一女：李建成、李世民、李元霸、李元吉和平阳公主。唐太宗李世民之祖父李昞、祖母独孤氏以及外祖母宇文氏皆为武川人，李世民的身体里也流淌着武川人的血液。

7. 突厥可贺敦出武川

6世纪,我国处于南北朝末期,突厥崛起于大漠南北,取代柔然成为我国北方的一个强大政权。在木杆可汗和他钵可汗统治时期(553—581年),突厥最为强盛,渐有占据中原之志。当时北朝的北周宇文氏政权和北齐高氏政权经常发生兼并战争,双方都想拉拢突厥,以壮大自己,打击对方。突厥统治者趁机纵横捭阖于周、齐之间,坐收渔翁之利。

北周静帝大象元年(579年),突厥他钵可汗复请和亲,周主宇文赟特令赵王宇文招之女为千金公主,许配突厥。赵王宇文招是出生在武川的北周王朝的奠基者,是后被追尊为文帝的宇文泰的第七子。千金公主乃宇文泰之孙女。大象二年(580年)五月,宇文赟病死,突厥他钵可汗遣使吊丧,并迎娶公主。千金公主担负起了维护两国友好关系的重任。当时北周国内、内外政权全归随王、相国杨坚,杨坚恐周氏诸王在藩生变,以赵王宇文招将嫁女于突厥为理由要征服他们。六月,五王并至长安。杨坚先是诬称赵王宇文招与越王宇文盛通谋图逆,将其满门抄斩;十月,又将陈王宇文纯诛杀;十一月,诬代王宇文达、滕王宇文逌通叛,逼令二人自杀。至此,宇文泰在世之子全部被杀害,杨坚由此扫清了篡位道路上的一切障碍。

第二年,即581年,中国历史上发生了两件大事:在中原,杨坚篡周为隋成功,即位后,遂令宿卫各军搜捕宇文氏宗族,周太祖宇文泰所有后代皆被拘于狱中勒令自杀,连已退位为介公的北周末代皇帝静帝九岁的宇文阐也被害死在宫中,其弟莱公衍、郢公术皆为几岁幼儿,但均未能幸免。只有千金公主,因远嫁他国,幸免于难。是年,史称隋文帝开皇元年。突厥的他钵可汗忽染暴疾而亡,继位者为其兄子摄图,号沙伯略可汗。千金公主出塞和亲,甫及一年,便成釐妇,沙伯略可汗继承突厥俗例,纳千金公主为可贺敦。

是时,国内隋已篡周,千金公主闻国破家亡,伤痛欲绝,请求沙伯略为周报仇。沙伯略本有南下之心,于是召集部下,愤然道:"我,周家亲也,今隋公自立而不能制,何面目见可贺敦!"于是,约诸面部落,共谋南侵。其后几年,隋与突厥战火连绵,互有胜负。为了笼络千金公主,消除北方威胁,隋文帝于开皇四年(584年)遣开府徐平和出使突厥,赐姓沙伯略妻可贺敦杨氏,编之属籍,改封大义公主,寓意公主要以大义为重,不要再反隋;并同意沙伯略将部落迁于漠南,寄居白道川内。开皇七年(587年),沙伯略死,其弟处罗侯立,是为莫何可汗。开皇八年(588年),处罗侯在西征中流失而卒,沙伯略子雍虞闾立,是为都蓝可汗。而北周公主,又继承俗例,做了都蓝可汗的可贺敦。开皇九年(589年),隋出兵江南,平定陈朝,统一了全国。隋文帝得陈后主陈叔宝屏风,将其颁赐给大义公主。公主此前虽改姓,但终非所愿,及屏风赐至,触动旧感,借陈亡作诗。此诗传入隋朝,隋文帝得知诗中寓意,心怀怨恨,由此礼赐渐渐减少。开皇十三年(593年),"时有流人杨钦,亡入突厥中,谬云彭国公刘昶与宇文氏谋反,令大义公主发兵扰边"。隋文帝"恐其为变,将图之",想要把公主处死。随后,下诏废之,取消公主封号,并采取离间策略使都蓝可汗中计,借他人之手将公主杀死。至此,宇文皇族反对杨坚篡周为隋的斗争宣告结束。公主在突厥为可贺敦14年之久,最后殒命于其祖先发祥地——阴山地区。

公主大伯父明帝宇文毓和父亲宇文招分别为周太祖宇文泰长子和第七子。二人皆喜好文学,各著文集十卷,并有诗篇传世,是最早出现在史籍中的武川籍帝王诗人。公主受家学渊源熏陶,亦有诗才。其《书屏风诗》为其传世之作,全文如下:

> 盛衰等朝暮,世道若浮萍。
>
> 荣华实难守,池台终自平。
>
> 富贵今安在?空事写丹青。
>
> 杯酒恒无乐,弦歌讵有声?
>
> 余本皇家子,漂流入虏廷。
>
> 一朝睹成败,怀抱忽纵横。
>
> 古来共如此,非我独申中。
>
> 唯有昭君曲,偏伤远嫁情。

该诗起笔开阔,哲理深邃。前八句睹物伤情,抒发盛衰无常、荣华难守的感慨,字面上感慨陈朝之兴亡,实则哀悼北周之覆灭。作为亡国公主、异国的可贺敦,她的不幸是双重的。清代康乾时期著名诗人沈德潜将公主的

《书屏风诗》收入其历代诗歌选集《古诗源》中,对公主人格及诗品给予极高评价:"英气勃勃。事虽不成,精卫之志,不可泯灭。"可谓异代知音也。虽时隔千年,公主有知,当含笑九泉。

后人评论千金公主,褒贬不一,贬多于褒。贬者之论据有三:一曰公主三嫁,不顾节义。殊不知历史上匈奴、突厥、蒙古等北方民族之遗俗即为父兄死后,子弟得其后母及嫂。西汉时昭君出塞,曾先后当了呼韩邪及其长子复株累若鞮两代单于的阏氏;明蒙时,中顺夫人三娘子曾先后嫁给蒙古阿拉坦汗、阿拉坦汗长子黄台吉、黄台吉长子拉力克。入乡随俗,历史未曾责难王昭君和三娘子,也不应该苛求千金公主。二曰靦颜事仇,甘为杨女。公主前虽改姓为杨,终非所愿,不过迫于形势,委曲求全,断非靦颜事仇,甘心认贼作父。三曰挑动边衅,入侵国家。突厥入寇,尚需客观看待。度马阴山,问鼎中原,乃自古以来北方游牧民族发展规律。突厥之南侵,岂能完全归罪于公主。公主遽遭国家倾覆、宗祠绝灭之灾,身负不共戴天之仇,烈女赴仇,死而后已。观其一生,哀其不幸;读其题诗,闵其悲情。阴山野老有诗吊千金公主,抄录于后,以供鉴赏:

> 周家公主号千金,身与名分俱久沉。
>
> 紫塞风寒天地远,红颜命薄恨仇深。
>
> 倘无复国亡宗事,信有和亲弭战心。
>
> 读罢屏风题咏句,伤怀似见泪盈襟。

(三) 帝王之乡成因浅析

自清代著名史学家赵翼的周、隋、唐皆出自武川论一出,武川作为帝王之乡而名声鹊起,声誉日隆。人们不禁要问:一个地方出一个或一代帝王已属不易,武川何以连出周、隋、唐三代帝王?最早提出武川是帝王之乡观点的赵翼认为这是缘于王气聚集而致,他在《廿二史札记·周隋唐皆出武川》中写道:"两间王气,流转不常,有时候集其力于一处,则帝王出焉。如南北朝分裂,其气亦各有所聚。"武川"区区一弹丸之地,出三代帝王,周幅员尚小,隋唐大一统者共三百余年。岂非王气所聚,硕大繁滋也哉?"这位老先生认为:天地之间存在着人们无法看见的"帝王之气",这"帝王之气"在天地之间流转不息,有时候凝聚在某个地方停了下来,这个地方就会出现帝王。他认定武川正是因为有"硕大繁滋"的"王气所聚",才会连出三代帝王,成为帝王之乡。天地间是否有"王气"存在?唐代诗人刘禹锡的《西塞山怀古》诗中有"王濬楼船下益州,金陵王气黯然收",可见他也承认有"王气"存在。下面,笔者将从天时(时代背景)、地利(地理环境)、人和(人文因素)几方面做如下浅析。

1. 时代背景

众所周知,任何大的事件发生和发展都有其特定的时代背景。武川这一"帝王之乡"为什么会在五六世纪的北朝时期出现?读者只要回顾一下《追本溯源话武川》中"北朝时期的武川"一节,便可略知一二。西晋灭亡,中国分裂为南北朝。北朝始于北魏。北魏王朝是由鲜卑族拓跋部建立的封建王朝,这个王朝不同于扎根中原或关中的以农耕为主的汉族政权——汉族王朝起家在中原,经营在中原,建都在中原,从中原向周边发展。而北魏王朝恰恰相反,拓跋鲜卑民族是马背民族,祖居大兴安岭的深山老林中,历经千难万险才走出大兴安岭,来到今呼伦贝尔草原。后又从草原深处频繁迁徙,最终于曹魏甘露三年(258年)南下来到匈奴故地——水草丰美的阴山地区,定都在盛乐(今和林格尔县),建代国。又经过140年,北魏道武帝拓跋珪于北魏皇始三年(398年)又将都城从盛乐迁到平城(今山西大同市),由此北魏进入平城时期,直到北魏太和十八年(494年)再迁都到洛阳。北魏平城时期约有百年之久。从以上拓跋鲜卑迁徙路线图可以看出:拓跋鲜卑亦是遵循草原游牧民族向南发展规律,由草原地带逐渐发展到农耕地带,由边疆地区推进到长城内,再推进到中原地区的。随着不断的迁徙发展,拓跋鲜卑社会由野蛮到文明,也经历了原始社会、奴隶社会,然后逐渐进入封建社会。这一过程是艰难曲折的,是逐渐推进的,是不可能一蹴而就的。

拓跋鲜卑部在盛乐故都改革、巩固、调整、适应、发展140年才推进到长城以南,在平城建都。拓跋鲜卑部之所以在平城建都,是因为看准了平城的地理位置:前瞻华北平原、晋中平原,鞭马南下可逐鹿中原;背倚阴山草原,进可攻,退可守。应当承认,拓跋鲜卑部在平城建都是有两手准备的。拓跋鲜卑部不能倾其余力向南发展,还因漠北又一势力掣肘其间。北魏迁都平城不久,地处漠北的草原游牧民族柔然便崛起于北方。北魏天兴五年(402年),柔然贵族社仑自号丘豆伐可汗,其称汗当年,即发兵南下突破北魏阴山防线,侵入参合陂,南至豺山及善无北泽,直抵平城及周边地区。北魏始光元年(424年)八月,蠕蠕率领6万骑入云中,杀掠吏民,攻陷盛乐宫。北魏新都平城和旧都盛乐距北部边疆不算远,极易遭受北疆强敌柔然的侵扰和攻击,两都的安全受到了严重威胁,故加强北部边疆的防御、保障新旧都的安全一直是北魏平城时期的第一要务和头等大事。在这种时代背景下,北方六镇于北魏延和二年(433年)应运而生,这是形势发展的必然结果。北魏太延五年(439年),北魏攻灭最后一个割据势力——北凉,统一了中国北方。出于经营北方的需要,或是避开北方强邻的直接威胁,此时北魏再向南迁也应是情理之中的。但北魏没有立即迁都,一直到半个多世纪后的北魏太和十八年(494年)才南迁洛阳,那也是经过激烈的斗争才得以实现的。究其原因,拓跋鲜卑部上层害怕进入汉人的汪洋大海中被汉化,失掉鲜卑特性和特权。这个调整、适应、改革的过程是一个极其漫长的过程。迁都不成,别无选择,只有强化北疆国防建设一途了。

我们也可以这样讲:没有北魏平城时期,就没有北方六镇。武川镇的建立是武川成为帝王之乡的先决条件,没有武川镇就不会有帝王之乡的出现。武川等六镇之辉煌只应出现在北魏平城时代。北魏从平城迁都到洛阳后,远离了北方强敌的直接威胁,六镇地位一落千丈,直至彻底毁弃,即是证明。

2. 地理环境

也许还会有人问这样的问题:同样是北方六镇,三代帝王为什么只出现在武川镇,而不出现在沃野、怀朔、抚冥、柔玄、怀荒其他五镇? 这就要从地理环境方面找原因了。

当初,拓跋鲜卑走出大兴安岭,来到草原,一路走走停停、寻寻觅觅,选择最佳落脚点。最后,他们定居在今呼和浩特一带,以盛乐为都,逐渐向外扩张和发展。是什么景致吸引了拓跋鲜卑的目光? 是阴山南北辽阔富饶的大草原使得拓跋鲜卑这一游牧民族陶醉其间,不忍离去;再加上雄伟壮阔的阴山横亘其间,好似天然屏障屏蔽着盛乐及其周边地区,守卫住阴山,拓跋鲜卑的安全就有了保障。而从山后直达呼和浩特平原直至盛乐的捷径,唯有古之白道、今之呼武公路。白道是沟通阴山南北的咽喉通道,自古就是兵家必争之地。遥想当年匈奴单于入侵汉之边郡,汉将卫青、李广北伐匈奴,大抵都是从白道经行的。北魏在北方置军镇以御柔然,在阴山天险白道北口建武川镇以控扼白道尤为重要。武川是北方六镇自西数第三镇,处在六镇之中心地带,是北疆防线的重中之重。武川镇为北魏国防前哨,是开启阴山大门、进入京畿地区之锁钥,其优越独特的地理位置是其他五镇所不具备的,其战略上的重要性也是其他五镇所不能比拟的。北魏末年,六镇起义爆发后,起义军卫可瑰部攻取武川,北魏孝明帝接到败报,曾对臣下说:“武川乖防,复陷凶手。恐贼势侵淫,寇连恒朔。金陵在彼,夙夜忧惶。”话虽不多,但孝明帝已将武川失守后的严重后果讲清了:起义军夺得武川,若乘胜南下,下一步就会威胁到恒、朔二州及金陵。朔州,即旧都平城;孝文帝迁都洛阳后,平城改置恒州;金陵,拓跋鲜卑代国时及北魏南迁洛阳前诸帝之陵寝所在,地在旧都盛乐附近。五镇已失,魏帝无动于衷;武川一失,孝明帝则日夜忧虑惶恐,亦可反证武川在六镇中所处地位的重要。

3. 人文因素

前面讲到,武川和北魏平城时期密切相关。北魏皇始三年(398年),道武帝拓跋珪将都城由盛乐迁往平城,就在当年十二月,道武帝下令徙六州二十二郡守宰、豪杰、吏人两千家于代都,宇文泰之四世祖宇文陵随例徙居武川,即为其郡县人焉。道武帝出于充实代都及京畿地区的需要,进行了大规模的国家移民,武川属京畿之远郊及边防地区,当然也属移民落户之地,宇文家族正是移民初期首批落户武川之人。其后,武川建镇,战略地位更显重要。朝廷出台优厚的政治政策鼓励军民戍守边防,保卫国家。在此期间,有多少热血男儿从不同地域、不同方向奔向同一目的地——武川,他们慷慨从戎,驰骋疆场,用万丈豪情来实现心中憧憬的英雄梦,武川也由此成为英雄豪杰荟萃之地,成为孕育周、隋、唐三朝帝王及将相的摇篮。隋之先祖杨元寿于北魏初年来到武川任武川镇司马,唐之先祖李熙亦于北魏后期来到武川任武川镇镇将。此外，关陇集团创始人贺拔岳之祖父从今山西、赵贵之祖父从今甘肃、独孤信之祖父从今托克托县、王盟之父从今辽宁、念贤之父从今甘肃、寇洛之父从今北京、梁御之先从今甘肃、耿豪之先从今河北、侯莫陈崇之祖父和贺兰祥之祖先均由外地迁来武川落籍，只有王勇、王德、雷绍、韩果、若干惠诸人算是地道的武川人。有学者称，武川镇是一个移民城市，这话没有错，事实确实如此。地灵更兼人杰，才能造就出更大的辉煌。

武川的英雄具有什么样的特点呢？

其一是胡汉杂糅。胡人，是历史上汉人对少数民族的通称。北朝时有鲜卑、高车、柔然、突厥、吐谷浑等民族。胡汉杂居，相互通婚，产生优生效应，提高了人口的综合素质。宇文家族是胡人，宇文泰母亲王氏是汉人，宇文泰和元氏皆为胡人；杨氏家族是汉人，杨忠和吕氏皆是汉人，杨坚和独孤氏胡汉各半；李氏家族是汉人，李昞和独孤氏、李渊和窦氏、李世民和长孙氏均胡汉各半；宇文泰诸女多嫁于汉人。关陇集团特别是武川军团人员构成中，胡汉杂糅现象更为明显。西魏八柱国中胡汉各半，五个武川籍柱国中，宇文泰、独孤信、侯莫陈崇三人为胡人，李虎、赵贵二人为汉人。北周建国初，设三太（太师、太傅、太保）三大（大司寇、大司空、大司马），六人中亦是胡汉各半，四个武川籍人士中，赵贵为汉人，独孤信、侯莫陈崇、宇文护为胡人。就是在整个军队系统里，西魏的胡汉关系也较为融洽。当初贺拔岳率武川子弟来到关中，只有2000多胡人及胡化的汉人要对付高欢20万东卫大军显得力不从心。西魏大统九年（543年）三月，宇文泰宣布征募关陇地区的豪强地主武装，于是开始从汉人中吸收兵员，后来又把征兵对象扩大到所有的均田户，西魏军队中汉族士兵比重因此进一步增加；同时采用鲜卑旧日的八部制来管理组织府兵，使官兵之间蒙上一层统一宗族的亲密色彩，便于融洽官兵关系，有利于提高军队的战斗力。关陇集团本身就是一个胡汉杂糅的军政集团，其十分重视民族关系的改善。到唐太宗李世民执政时期，更是把胡汉杂糅、民族和睦政策发挥到了极致，以至于他本人被西北各民族各部奉为"天可汗"。

其二是内部团结。关陇集团武川军团十分团结，具体表现为生死与共，肝胆相照，团结一致，共同对敌。其原因之一是集团成员乡土观念浓厚，二是集团成员有婚姻关系。六镇起义后，武川镇废，镇兵镇民大多逃避到中山，来到河北中南部，集结在原武川镇君主贺拔度拔之子贺拔岳麾下，后随贺拔岳进入关中，这支武川军有2000多人。是日后，威震天下的关陇集团的骨干和核心说关陇集团起源于武川，当是不争事实。贺拔岳被侯莫陈悦杀害后，贺拔岳所部一时群龙无首，乱作一团，还是武川老乡赵贵率部收岳尸还营，共图拒悦。在平凉会议上，赵贵首先提出迎立另一位武川老乡夏州刺史宇文泰总统诸军，他说："窃观宇文夏州，英姿不世，雄谟冠时，远迩归心，士卒用命。加以法令齐肃，赏罚分明，真足恃也。今若告丧，必来赴之，因而奉之，则大事集矣。"赵贵这一提议获得寇洛、侯莫陈崇、雷绍、梁御、王德、若干惠等武川将领的一致赞同，宇文泰由此成为武川军团的新领袖。当初，侯莫陈悦杀害贺拔岳后，思忖再三，他不敢贸然前去收编兼并这支武川子弟兵。他深知自己是河西人，是外籍人，久经战争的武川军人集团是不会接受其指挥的。当时独孤信正在荆州贺拔岳之兄贺拔胜帐下为将，贺拔胜派独孤信入关招抚贺拔岳部众。独孤信与宇文泰同为武川乡里，少相友善，相见甚欢，于是独孤信和部将杨忠就留在了关中，全力辅佐宇文泰。后来北魏南道大行台贺拔胜被东魏侯景战败逃亡江南，居梁三载仍不忘回归武川军团，最终投在宇文泰麾下。上述几例亦可见武川人乡土观念之深厚。集团成员之婚姻关系错综复杂，形成一张巨大的亲戚关系网。其中独孤信最具代表性，他是联络周、隋、唐三朝的纽带：独孤信长女为宇文泰长子周明帝宇文毓之明敬皇后，四女为李虎之三子唐世祖李昞之元贞皇后（追尊），七女为杨忠之长子杨坚之文献皇后，独孤信与宇文泰、李虎、杨忠三位周、唐、隋奠基人为武川老乡兼儿女亲家，这是历史上绝无仅有的个案。杨忠之三子杨瓒娶宇文泰之女顺阳公主为妻，杨忠与宇文泰为武川老乡兼儿女亲家。西魏八柱国中，李弼虽为武川人，但其子李辉娶宇文泰之女义安公主，与宇文泰成儿女亲家。贺拔岳之子贺拔玮、若干惠之子若干凤分别娶宇文泰之女为妻，贺拔岳、若干惠与宇文泰为武川老乡兼儿女亲家。宇文泰之族侄宇文庆，其子宇文静礼娶杨坚之女广平公主为妻，宇文庆与杨坚为儿女亲家。宇文泰与李唐虽无直接姻亲联系,但间接联系还是有的:神武公窦毅娶宇文泰第五女襄阳公主为妻,生唐高祖李渊皇后太穆皇后,宇文泰为太穆皇后之外公。宇文泰娶北魏末代帝王孝武帝元修之妹冯翔公主为妻,生北周孝闵帝宇文觉,宇文觉娶西魏文帝元宝炬第五女晋安公主为皇后,元宝炬太子西魏废帝元钦娶宇文泰之女为皇后,元宝炬四子西魏恭帝拓跋廓娶若干惠之女为皇后。由此可见,西魏、北周、隋、唐最高统治者都由裙带关系连接在一起,关陇贵族集团内部成员之联姻关系的重要性和凝聚力不容小觑。

其三是个人素质。北魏末年,由六镇起义引发的各族起义遍及全国各地,一时间烽火连天,战乱频繁。乱世出英雄,武川英雄及其英雄团体开始崭露头角。武川英雄最大的特点莫过于其尚武精神。武川地处边防要地,直面虎视眈眈的北境外强敌,出于保家卫国、建功立业的需要,留在武川的人,必须具备健壮的体魄和精湛的武艺。已故著名史学家陈寅恪先生云:"六镇鲜卑及胡化汉族既保持胡部特性,而不渐染汉化,则为一善战之民族。"因此此集团中人,人人身怀绝技,个个武艺超群,敢打仗,爱打仗,会打仗。史书中提及武川战将,往往用"骁勇绝伦""骁果绝人""善骑射""少骁勇,善射驰""少豪雄""好马弓""有勇力""少善射骑""骁悍有胆略""雄健有胆决""能左右驰射"等字样形容,于此可略窥武川英雄尚武精神之一斑。那位关陇贵族集团的领袖人物宇文泰,自四祖宇文陵定居武川,陵生系,系生韬,韬生肱,肱生泰,并以武略称,宇文泰家族同样属尚武世家。作为西魏王朝的主宰者和北周王朝的奠基者,宇文泰不仅是一位优秀的军事家,能够在战场上以弱胜强,克敌制胜,而且还是一位高明的政治家,在治国理政方面有不同凡响的建树。《周书》云:"太祖知人善任使,从谏如流,崇尚儒术,明达政事,恩信被物。能驾辕英豪,一见之者,咸思用命。""诸将出征,授以方略,无不制胜。"在治国理政方面,宇文泰重用关陇大族武功人苏绰,将其由行台郎中提拔为行台左丞。苏绰代宇文泰起草《六条诏书》以及三十六条新制,推行全国,西魏政治焕然一新,惠及后世。宇文泰将苏绰视为奇士,闲暇之际,常与苏绰终夜长谈,探讨不倦。苏绰积劳成疾而亡后,宇文泰悲痛不已,酹酒为奠道:"尔知我心,我知尔意。方欲共平天下,奈何舍我遽去!"

宇文泰堪称历史上文武兼备的武川英雄。三国时曹操为魏之奠基人,死后谥为"魏武帝";北齐时高欢为齐奠基人,死后谥为"齐神武帝";宇文泰为周之奠基人,武功可为大矣,死后未以武帝谥之,却谥为"周文帝",个中缘由耐人寻味,无非是宇文泰在文治方面有卓越的贡献。同样作为隋唐基业的奠基人,杨忠与李虎个人素质在关陇集团中也属于佼佼者。《北史》载,杨忠"美须髯,身长七尺八寸,状貌瑰伟,武艺绝伦,识量深重,有将帅之略"——如同一个活生生的再世关羽出现在人们面前。杨忠曾跟随宇文泰在龙门狩猎。一次杨忠独挡一猛兽,左挟其腰,右拔其舌,周文壮之。《册府元龟》载,李虎"少倜傥有大志,好读书而不存章句,尤善射,轻财重义,雅尚名节,深为太保贺拔岳所重"。李虎不但为关陇集团的创建者贺拔岳所重,更为关陇集团继任领袖宇文泰所重,与宇文泰同为西魏八柱国之一。无独有偶,李虎也有和杨忠似的搏杀猛兽的故事,其武功可见一斑。李虎随宇文泰阅五北山时,时有人为豹所噬,无敢救者,太祖(李虎)不暇持杖趋往,捉豹杀之。宇文泰高兴地说:"公之名虎,信不虚也。"

关陇贵族集团起源于武川,创建于关中,影响及隋唐。是武川英雄成就了关陇贵族集团。这个集团共孕育出西魏、北周、隋、唐四个封建王朝。关陇贵族在我国古代政治舞台上活跃了200多年,成为我国古代贵族政治的嘹亮绝响。陈寅恪先生指出,隋唐两朝继承宇文氏之遗业,仍旧施行关中本位政策。自高祖、太宗创业至高宗统御之前期,其将相、文武大臣大抵承西魏、北周及隋以来之世业,即宇文泰关陇本位政策下所结集团体之后裔也。宇文泰所鸠合之六镇关陇胡汉混合集团至武曌时已开始崩溃。也就是说,关陇集团在唐代只影响高祖、太宗两朝30多年,到高宗统御前期,曾经风光无比的关陇贵族集团就已不复存在了,与关陇集团息息相关、在历史上曾叱咤风云的武川英雄也到了谢幕的时候了。

(四)出生在武川的战将

宇文泰字黑獭,鲜卑族,代郡武川人。年轻时随父入北魏末年的起义军于修礼部,18岁时归葛荣领导的起义军,被任为将。葛荣败后,投入北魏军尔朱荣部下,后随贺拔岳进入关中,镇压起义军万俟丑奴,因功升为正西将军、金紫光禄大夫。关中地区因战乱而凋残,宇文泰"抚以恩信,民皆悦服"。

北魏永熙三年(534年),宇文泰任夏州刺史时,贺拔岳被部属侯莫陈悦杀害。关中地区一时群龙无首。都督寇洛、侯莫陈悦及将军赵贵等人共同推举宇文泰主事。宇文泰一面部署军事,一面向皇帝上书请战,然后出兵陇上。"军令严肃,秋毫无犯","信道兼行,出其不意",宇文泰一举破敌,杀了侯莫陈悦,接收其府库时,财物山积,皆以赏士,毫厘无所取。

宇文泰团结李弼、梁御、李虎、杨忠等众多将领,与高欢对峙。孝武帝倚重宇文泰,任其为侍中、关西大行台。他传檄各地,历数高欢背叛朝廷的罪行以收州郡军民之心。七月,高欢率兵逼近北魏都城洛阳,孝武帝西走入关。宇文泰隆重迎接孝武帝于长安,为其谋划军政大事。不久,宇文泰拜为驸马,位进臣相。高欢拥元善为帝,建都邺城,史称东魏。十二月,孝武帝死后,宇文泰"与群公定策",立元宝炬为帝,史称西魏。

宇文泰"以成役屡兴,民吏劳弊,除所可斟酌今古,参考变通,可以以国利民便是适治者,为二十四条新制,奏魏帝兴之"。

西魏大统三年(537年),东魏兵袭龙门、潼关。宇文泰驻军坝上,先以轻骑巧计克敌,后率李弼、独孤信、赵贵、梁御、若干惠、侯莫陈悦等12将誓师东伐,大破东魏军,献俘长安城;同时命令将士在战地每人种一株树,"以旌武功"。回师后,宇文泰进位柱国大将军。西魏大统九年(543年),宇文泰"广募关陇豪右,以增军旅",进而组成强大的"关陇集团"。

西魏大统十年(544年),魏文帝将宇文泰以前所制定的24条政令与后来提出的12条新制度合在一起,命令尚书苏绰综合为5卷,颁布天下。这就是宇文泰创立的均田制和府兵制。魏文帝死后,宇文泰都督中外诸军事,立八柱国、十二大将军。西魏废帝元年(552年),制定内外官爵品秩,改制州郡及县,又"与公卿定议",废黜了年仅7岁的废帝元钦,立元廓为恭帝。恭帝三年(556年)春,西魏建立六官制,宇文泰为太师、大冢宰。是年冬十月病逝,享年50岁。十二月,恭帝被迫让位于宇文泰的儿子宇文觉。次年,宇文觉建北周,追尊宇文泰为太祖文皇帝。

贺拔岳,字阿斗泥,神武尖山人。祖父贺拔尔头,骁勇绝伦,以良家子镇守武川,因家焉。父度拔,性果毅,能左右驰射,骁勇绝伦有祖父之风;不读兵书,但用兵谋略却与兵法暗合。六镇起义时,贺拔岳与其父兄参与在武川南河袭杀起义军首领卫可瑰之战,辗转投入尔朱荣部,后任武卫将军。北魏景明四年(503年),贺拔岳奉命随骠骑大将军尔朱天光进入关中地区,镇压万俟丑奴起义军,贺拔岳和侯莫陈悦分任左、右大都督。军至潼关,尔朱天光见敌方势大,面有难色,于是将军事全权委托贺拔岳处置。贺拔岳分析形势,采取不同策略,先后破万俟丑奴大行台尉迟菩萨于渭水北,擒万俟丑奴于平凉。贺拔岳因功授泾州刺史,进爵为公,后屡升开府仪同三司,兼尚书左仆射、陇右行台。孝武帝即位后,任命贺拔岳为关中大行台。北魏永熙二年(533年),孝武帝诏令贺拔岳都督雍、华等十二州诸军事,并刺心血持以寄岳,密令贺拔岳为朝廷除掉权臣高欢。其时,关陇地区唯有灵州刺史曹泥通使高欢,不受贺拔岳节制。于是贺拔岳邀秦州侯莫陈悦共同讨伐曹泥,哪知此时的侯莫陈悦早已被高欢收买,而岳毫不知情。侯莫陈悦诱使贺拔岳入帐议事,乘其不备,悦婿元红景将其杀害在帐中。贺拔岳遇害,朝野莫不痛惜。

赵贵,字元贵,天水南安人。赵贵少年时即聪颖有节操。六镇起义时,赵贵率同乡南下避难于中山,后辗转投入尔朱荣军中,跟随贺拔岳进入关中,因功累迁镇北将军、都督。贺拔岳被害后,人心惶惶,将吏奔散。赵贵对部下说:"我听说仁义没有固定形式,能够践行者,则为君子;违背者,则为小人。我等受贺拔岳知遇之恩,岂能等同众人!"于是召集50余人到侯莫陈悦处诈降,收取贺拔岳遗体后返回本部,并与寇洛等武川老乡收集众军,撤军平凉。赵贵迎立宇文泰主持军务,宇文泰以赵贵为大都督,领府司马。侯莫陈悦平后,赵贵行泰州事,当州大都督。赵贵为政清廉,民吏怀之。其后,赵贵参与复弘农、战沙苑、战河桥、援玉璧等战且多有功劳,为西魏三公、八柱国之一。北魏建国后,赵贵任太傅、大冢宰;进封楚国公,邑万户。当初,赵贵、独孤信与宇文泰同为西魏三公,现在北周朝廷由晋公宇文护弄权,赵贵自以为佐命元勋,对宇文护的专横做法愤愤不平,于是与独孤信密谋铲掉宇文护,结果被开府宇文盛告发,赵贵因此在宇文护上朝时被杀害。

　　独孤信,云中人也,本名如愿。独孤信容貌俊美,善于骑马射箭。六镇起义时,在贺拔岳和宇文肱的策划下,20多岁的独孤信参与了武川南河袭杀起义军首领卫可瑰的战斗,并由此崭露头角,知于众。后来在战乱中离开武川,避地中山,投入起义军葛荣部。尔朱荣攻灭葛荣,独孤信归于尔朱荣,为别将。贺拔胜出任荆州,表独孤信为大都督。贺拔岳遇害,贺拔胜遣独孤信入关安抚贺拔岳余众。独孤信与宇文泰年轻时便相交甚好,故见到彼此很高兴。此时正值孝武帝西迁,事起仓促。武卫将军独孤信闻讯,单骑追击魏主,奉驾西进。孝武帝曰:"将军能别父母,抛妻子,远来从我,乱世识忠贞,始之非虚言也。"其时,荆州已被东魏攻取,西魏以独孤信为东南道行台、大都督、荆州刺史经略荆州事物。独孤信与都督杨忠斩东魏荆州刺史辛篡,攻取了荆州。后来在东魏大军的反击下,因寡不敌众,荆州失守,独孤信率军南下奔梁。居三载,于西魏大统三年(537年)秋回到长安。后来随宇文泰复弘农、破沙苑,封河内郡公。后又任陇右十州大都督、秦州刺史。陇右向称形胜之地,故宇文泰委任独孤信出镇其地。

　　独孤信文武兼备,有奇谋大略。在秦州及陇右任职期间,政令畅通,民生安康,示以礼教,劝以耕桑,数年间,公私富实,远近流民愿归附者数万家。境内国泰民安,既安定了后方,又以人力物力有力地支援了东征。宇文泰因其有信义而赐名为信。独孤信在秦州时,一次外出打猎日暮归来,驰马入城不觉帽子被风吹歪。天亮后凡秦州吏民戴帽的人都效仿独孤信歪戴帽,由此可见独孤信在民众中的影响。赵贵被杀后,独孤信以同谋罪被免除一切职务。但宇文护仍不放心,欲置之死地而后快。一月之后,宇文护因独孤信名望素重,未公开给他定罪,逼他在家中自尽,时年55岁。

　　贺兰祥,字盛乐,宇文泰之甥。祖先以良家子身份镇守武川,于是在那里安家。贺兰祥11岁时父母双亡。他懂礼节,守规矩,为三舅宇文泰所爱。六镇起义后,跟随宇文护母亲经历战乱,辗转到晋阳,与宇文护同窗就学,又同时被宇文泰接到关中。虽然年少,但其"有月纥,志在立功",17岁任威烈将军,随军征讨侯莫陈悦,打潼关,战河桥,擒东魏将,并参加了郎山战役,位进骠骑大将军加侍中。

西魏大统十四年(548年),贺兰祥都督荆州等12州军事。他上任后推行仁政,因此民生安定。他所管辖之地及临近邦国出产珍宝。当时,西魏与南朝梁国友好往来,双方公私间互有赠送,贺兰祥一概收为公有。梁国雍州刺史对他的节约风尚表示钦佩,特意送他竹制屏风、绢丝及经史书籍,他接受后转交给官府。宇文泰听到此事后,将梁国所赠之物都赐予他。

西魏大统十六年(550年),贺兰祥奉命修筑泾水、渭水一带毁坏的渠堰。他建成富平渠,开渠引水,使不少农民得到灌溉之利。西魏建六宫时,贺兰祥任大将军、尚书左仆射等职。北周建国后,位进柱国、大司马。

贺兰祥与宇文护是表亲兄弟,从小在一起,宇文护总揽北周政权时,军国大事如诛杀赵贵和孝闵帝等,都与贺兰祥共谋。北周武成元年(559年),吐谷浑入侵凉州,贺兰祥与宇文贵率兵出征,获胜而归,被封为梁国公。北周保定二年(562年)去世。

贺兰祥与杨坚有交情,隋开皇元年(581年),杨坚称帝(隋文帝)后追赠贺兰祥为上柱国。

雷绍,字道宗,武川镇人,善于骑马射箭。18岁时在武川镇府做事。一次出差去洛阳,他看到京都人的礼节文明而深有感触,回来后对镇府的人说:"过去只知道守卫边疆,靠武艺战功求取富贵,没想到文化学识才是人生之宝。人来世上不学知识,就如住在洞穴里一样,什么也不懂得。"于是脱离镇职,辞别母亲,外出拜师求学,一年内学完《孝经》《论语》。当他读到"人行莫大于孝"这句话时,放下书本慨叹道:"我离开了家乡,不能奉养老人,这不是晚辈应有的做法。"于是立即返回故乡,耕种土地,奉养老人。母亲去世后,他守孝哀伤,以致容貌消瘦不堪,并因此出了名,武川镇将于是请他,任为镇佐。

后来,雷绍到贺拔岳部下任长吏、京兆太守。雷绍到任后公平理事,境内人和安定。贺拔岳被侯莫陈悦杀害后,雷绍和寇洛等人迎接宇文泰主持军务。后因征讨侯莫陈悦有功,任为大都督、凉州刺史。

北魏永熙三年(534年),雷绍进爵位为昌国伯、渭州刺史。宇文泰对其一直以老朋友相待。雷绍平时乐于施舍,所得俸禄和奖赏都分送了亲友。

结果死在渭州时竟没钱送终,在长安安葬时,宇文泰"素服临吊",追赠雷绍为太尉。

　　侯莫陈崇,字尚乐,少年时即骁勇善骑射。六镇起义时,15岁的侯莫陈崇即追随贺拔岳征讨葛荣、邢果,破元灏。后随贺拔岳进入关中,进剿万俟丑奴。万俟丑奴战败后率众奔向高平,侯莫陈崇率轻骑追击至泾州长坑,当时万俟丑奴尚未列成阵势,侯莫陈崇一马当先,单骑冲入敌阵,生擒了万俟丑奴。战后,贺拔岳以万俟丑奴所乘骏马、宝剑、金带奖赏侯莫陈崇,并任安北将军、都督。贺拔岳被侯莫陈悦杀害后,侯莫陈崇与诸将同谋奉迎宇文泰。时原州刺史归依于侯莫陈悦,宇文泰遣侯莫陈崇袭取原州。侯莫陈崇率军夜袭,只带七骑直到城下,其他众人埋伏在附近。史归见对方只有几骑,不加防备。侯莫陈崇即入据城门,城内有李远兄弟接应,城外有伏兵冲入。史归被擒杀,原州被占领。西魏大统年间,侯莫陈崇历任骠骑大将军、开府仪同三司,封彭城郡公。他参与过擒窦泰、复弘农、破沙苑、战河桥、平稽胡等战,战功卓著。西魏大统十五年(549年)进位柱国大将军、六官建,拜大司空。周建国后,为太保进封梁国公,邑万户。后历任大宗伯、大司徒。

　　北周保定三年(563年),侯莫陈崇随武帝到原州,武帝突然连夜返回京城,众人对其回京缘由议论纷纷。侯莫陈崇对其亲信常昇讲:"我曾听卦者言,晋公宇文护今年时运不利,皇上今夜突然回京,也不过是晋公死了。"侯莫陈崇这段话很快传开了,有人将其告到武帝处。武帝在大殿召集群臣,当面斥责侯莫陈崇造谣惑众,侯莫陈崇惶恐谢罪。当夜,宇文护派兵到侯家中,逼令侯莫陈崇自杀。

　　宇文护,字萨宝,宇文颢之子。15岁时到平凉为宇文泰管理家务,治家有方,"内外不严而肃"。后跟随宇文泰征讨侯莫陈悦等,多次荣立战功,先任大都督,后进封中山公、大将军。西魏恭帝三年(556年),初行六官时,拜为小司空。

　　宇文泰临终时,特召见宇文护,嘱咐他曰:"天下之事,属之于汝,宜勉励以成吾志。"宇文泰死后,宇文护主持丧事,抚慰文武官员,逼迫西魏皇帝让位,扶持宇文泰15岁的儿子宇文觉登上皇位,即北周开国皇帝孝闵帝。宇文护为大司马、晋国公、大冢宰,独揽国政,并于当年杀死孝闵帝,又立宇文泰长子宇文毓为帝。北周武成二年(560年),宇文护密令膳部给皇帝食物中下毒,害死宇文毓,立宇文泰的四字宇文邕为帝,即高祖武皇帝。

北魏末年破六韩拔陵起义时,宇文护的母亲阎姬与四皇姑辗转逃奔,后来被北齐幽禁。宇文护曾多次派人寻找,终无消息。北齐河清二年(563年),北周与突厥联合攻打北齐获胜后,北齐惧怕其再次兴兵,主动请和,先放四皇姑返回北周,并带了阎姬给宇文护的信。信中说:"昔在武川镇生汝兄弟,大者属鼠,次者属兔,汝身属蛇……"后经几次交涉,北齐才送回阎姬。北周"举朝庆悦,大赦天下"。宇文护与母亲离别35年,"一旦团聚,凡所资奉,安极华盛","荣贵之极,振国未闻"。

宇文护自恃有功,用人不当,"兼诸子贪残。僚属纵逸,恃护威势,莫不蠹政害民"。北周天和十年(572年)三月,武帝宇文邕与卫王文直、右宫伯宇文神举等密谋,击杀宇文护,并其诸子、党羽等多人。

若干惠,子惠保,代郡武川人,年轻时跟随尔朱荣征战,"以功拜中坚将军"。后随贺拔岳西征,"平水洛,定陇右,每力战有功"。贺拔岳被侯莫陈悦杀害后,若干惠与赵贵、寇洛等将领拥戴宇文泰主事,任大都督。

西魏大统元年(535年),若干惠随宇文泰征战,"擒窦泰、复弘农、破沙苑",每次都冲锋陷阵。

若干惠早年丧父,因对母亲尽孝而出名。宇文泰曾经建造射堂,建成时宴请众将领。若干惠在宴会上慷慨道:"我的母亲上了年纪,什么时候能为她老人家办一次盛会啊!"宇文泰听后,当天将射堂宴会搬至若干惠家中。

若干惠质朴、勇敢、魁伟有力,爱护士兵,善于用兵,"将士莫不怀恩,人思效节"。封官爵为侍中、司空、长乐郡公。西魏大统十二年(546年),率兵战胜东魏将领侯景;第二年,侯景投降。若干惠奉命去镇守鲁阳时,病逝于军中。宇文泰听到他去世的消息时,痛哭不已,并亲自去灵堂表示悼念,追赠若干惠为秦州刺史,封号武烈。

韩果,字阿六拔,代郡武川人。少年时骁勇雄健,善骑射。随贺拔岳西征时,为帐内亲兵,参与了镇压起义军万俟丑奴的战事。

韩果体格健壮,臂力过人,披甲戴盔全部武装起来,再拿上兵器登山越岭,如走平地。他跟随宇文泰征讨侯莫陈悦后,被任为都督。韩果记忆力强,又有谋略,善于观察敌方虚实,推测军情。因此,宇文泰任他为虞候都督。每次出征,韩果都带领候骑昼夜侦查,每战有功。

后随大军到北山征战稽胡族。稽胡地方人迹罕至,地形险阻。韩果率兵穷追,胡稽人称他为"著翅人"。北周保定三年(563年),升为少师,位进柱国。次年与尉迟迥围攻洛阳,但没成功。撤军时,只有韩果所率的部队完整无缺。后任华州刺史,政令宽和简要。北周建德元年(572年)病死。

宇文述,字伯通,代郡武川人。祖先姓破野头,后随鲜卑族主人改姓宇文。父宇文盛为北周上柱国。

宇文述少年时善于骑射,性情恭顺谨慎,深为北周大冢宰宇文护所赏识,让他统领亲任卫队。征战中,宇文述冲锋陷阵,每立战功,拜为上柱国,进爵褒国公。

隋开皇初年,任右卫大将军,以行军总管率众3万攻打南朝陈国,兵至石头城、太湖、关州、会籍,大胜。当时,晋王杨广镇守扬州,"因有夺宗之志,请计于述"。宇文述为杨广出谋划策,并带了大量金银财宝送给朝中大臣杨约等人。于是杨广当上了皇太子。杨广将长女南阳公主嫁给宇文述的儿子宇文士及。

杨广当了皇帝后,任命宇文述为左位大将军,改封为许国公;两年后,加开府仪同三司。隋炀帝巡游天下时,宇文述曾跟随到榆林、金山、燕支等地,经常亲自当斥候(侦查人员)。宇文述也善于供奉皇帝,数次给皇室后宫进献奇装异服,博得隋炀帝欢心。隋炀帝对宇文述"言无不从"。宇文述"势倾朝庭"。

后来,宇文述任扶余道将军,出征高丽,过鸭绿江,"一日之中七战皆捷"。但在平壤城决战时大败,30多万兵将回到辽东时只剩2700人。为此,隋炀帝大怒,将其革职为民。第二年,隋炀帝东征时,恢复了宇文述的官职。宇文述二次领兵到鸭绿江,与卫辛、来护儿等共同打败了杨玄感。后来隋炀帝巡游到江都时,宇文述病死。追赠司徒、尚书令、十郡太守,谥号恭。

宇文化及,宇文述的长子,喜好乘船兜风,长安人称"轻薄公子"。年轻时为皇太子的随从仆人,与杨广亲昵至好。杨广称帝后,任他为太仆少卿。他依恃与隋炀帝往日之交情,加之弟宇文士及是当朝驸马,对大臣们态度骄横,出言不逊。隋炀帝听后大怒,将其监禁数月,原拟斩首,因其弟媳南阳公主的关系而释放。宇文述死后,隋炀帝念其旧情,任宇文化及为右屯卫将军。

隋炀帝在淮左巡游时,李密领导的农民起义爆发。隋炀帝惧怕起义军,不敢返回长安,而随从将官多数是关中人,见炀帝无西归之意,不少人想归顺李密。武贲郎将司马德勘等人与宇文智及共谋造反,相约宇文化及主事。义宁二年(618年)三月,司马德勘等人将隋炀帝劫持,天明后迎接宇文化及,称他为丞相。宇文化及令人把隋炀帝带到都城门上示众,然后派遣令狐行达在宫中将隋炀帝杀死,同时杀了朝中异己及隋炀帝的老少外戚,只留杨浩立为皇帝。宇文化及"入据六宫,自奉养一如炀帝故事"。后来,与农民起义军李密、窦建德多次交战,宇文化及自知必败,哀叹道:"人生故当死,岂不一日为帝乎?"于是毒死杨浩,自立为帝,国号许。不久,起义军将领王薄与窦建德设计擒宇文化及,连同他的两个儿子一同斩首。

寇洛,上谷昌平人。寇洛不拘小节,能明辨是非。六镇起义时,寇洛率众乡亲离开战乱的武川,避地于肆州、并州,加入尔朱荣部。贺拔岳西征入关,寇洛与贺拔岳是武川老乡,应召来到贺拔岳军中。平定万俟丑奴后,寇洛因功任征北将军、卫将军、右都督。贺拔岳被侯莫陈悦杀害后,寇洛欲并其众。其时,军心惶忧,不知所措。寇洛在诸将中年龄最大,素为众将所信任,于是召集将士,表示要为贺拔岳复仇,并率领全军将士迅速脱离侯莫陈悦的控制,撤到原州驻扎。在原州的军事会议上,众将同意推举寇洛为盟主,统率贺拔岳部队。寇洛认为自己只是将才,绝非帅才,不肯就任,并与赵贵协商迎请夏州刺史宇文泰为盟主,获得与会者一致通过。魏帝以寇洛有全师之功,任其为武卫将军、右大都督、泾州刺史。孝武帝西迁,寇洛进位骠骑大将军、仪同三司,进爵为公。西魏大统初年(535年),魏文帝特下诏曰:"往昔侯莫陈悦远通逆贼,潜害故清水公岳,志在兼并,当时造次,物情惊骇。

使持节、骠骑大将军、仪同三司、前泾州刺史、大都督、临邑县开国公寇洛，忠款自心，勋诚早立，遂能纠合义军，以待大臣相。见危授命，推贤而奉，此而不赏，何以劝励将来。可加开府，进爵京兆郡公。并封寇洛之母宋氏为襄城郡主。"西魏大统三年（537年），出为华州刺史，加侍中。与独孤信收复洛阳，移镇弘农。西魏大统四年（538年），随同宇文泰与东魏军战于河桥，还军后帝所部镇守东雍。西魏大统五年（539年），寇洛病逝于东雍镇所，时年53岁。

第二节　突厥的兴起

北朝后期，木杆可汗灭柔然后，突厥成为北方游牧地区的强大民族。根据记载的突厥传说，突厥统治者阿史那氏的驻牧地发生过变迁。其祖先初驻甘肃平凉一带。北魏太延五年（439年），北魏灭亡北凉沮渠氏时，突厥因受影响而迁至高昌北山（今新疆博格多山）。5世纪中叶，柔然占据高昌，征服突厥，突厥只好再移至金山南麓，为柔然贵族效劳，成为柔然的"锻奴"。到6世纪初，柔然国渐衰，而突厥却乘机发展壮大。

突厥第一次见于汉文献是在《周书·宇文测传》中，该书记载西魏文帝大统八年（542年），西魏派酒泉昭武九姓胡安诺槃陀出使突厥。又过了一年，突厥也派使者到西魏，开始了与内地王朝的来往。当时，柔然虽然有些衰颓，但仍然是漠北的强大民族。几年后，突厥阿史那土门协助柔然荡平铁勒诸部叛乱，降服铁勒5万余众，实力大增。这一回，阿史那土门自以为有功于柔然，便大胆地向柔然可汗求婚，不料却遭到柔然可汗阿那瓌的拒绝，阿那瓌认为突厥人不过是柔然的"锻奴"，没有资格求婚。阿史那土门只好转向西魏求婚。西魏大统十七年（551年），阿史那土门婚配西魏长禾公主，与内地王朝的关系进一步密切。西魏大统十八年（552年），阿史那土门出兵进攻柔然，柔然不备，部众四散，柔然可汗阿那瓌兵败自杀。

柔然汗国衰亡了，阿史那土门创立了突厥汗国，设汗庭于乌德鞬山（今蒙古国西南杭爱山），自号伊利可汗。阿史那土门立国后派他的弟弟室点密西征，进行扩张。

突厥汗国建国第二年，伊利可汗卒，他的儿子科罗继位，号乙息记可汗。不久，乙息记可汗也死了，只好让位于阿史那土门可汗的二子燕都，号木杆可汗。木杆可汗英勇善战，且足智多谋，在位 20 年，彻底消灭了奄奄一息的柔然汗国，并且西破厌达，东征契丹，联合中原王朝征服了吐谷浑，北并结骨，控制了东起辽河、西达西海（今里海地区）、北至北海（今贝加尔湖地区）、南抵阴山的广大区域。北齐武平三年（572 年），木杆可汗死，他的弟弟佗钵可汗立。佗钵可汗在位 10 年，继续保持了木杆可汗时期的强大国势。当时，中原北方有北齐和北周两个政权相对峙，双方争相联合突厥以限制对方，甚至不惜厚输财物，以博突厥欢心。

隋开皇元年（581 年）佗钵可汗卒，突厥内讧，东西分裂。阿史那土门的弟弟室点密的后裔控制了西域，从大一统的突厥汗国中分裂出去。留在本营的便是东突厥汗国，其汗帐仍设在乌德鞬山，统辖区域向东缩退。

第三节　隋与突厥的对抗与议和

隋文帝即位后，不再给突厥送礼。因此突厥贵族经常带领骑兵，在东起幽州、西达河西的漫长战线上对隋进行骚扰。隋文帝开皇二年（582 年），沙钵略可汗率本部 10 余万兵及所属四可汗兵共 40 万众大举南侵，深入武威、天水、延安等地，掠夺人畜，百无一留。第二年，隋文帝便命杨爽为行军大元帅，率大军分八路反击突厥。杨爽出朔州，大破沙钵略的军队。窦荣定出兵凉州，击败阿波军。突厥遂败走。沙钵略可汗借口阿波先退，袭击阿波。阿波投奔东达。达头协助他收集旧部近 10 万众，和沙钵略相互攻击。至此，突厥形成了以达头、阿波为首的西突厥汗国和以沙钵略、突利为首的东突厥两个对立势力。

沙钵略被隋军打败后，于隋文帝开皇四年（584 年）遣使求和。翌年，沙钵略可汗归附隋朝,隋朝同意其率部迁白道川(今呼和浩特市西北)。

隋文帝开皇七年(587 年),沙钵略卒。沙钵略认为儿子雍虞间懦弱,不能对抗西突厥的进攻,遗令立弟处罗侯为可汗,号莫何可汗,亦号叶护可汗。隋文帝派遣孙晟赐莫何旗鼓,西击阿波。阿波部众以为隋出兵助莫何,多不战而降,莫何生擒阿波。开皇八年(588 年),莫何死,雍虞间立,号都蓝可汗。莫何之子染于为突利可汗。二可汗皆请婚于隋。隋用长孙晟离间计,先后把宗女安义公主、义成公主嫁给突利,又令其南徙,赏赐特厚。都蓝可汗被激怒,从此断绝朝贡,与隋为敌,不断侵扰边境。此时,都蓝与达头结盟,于隋文帝开皇九年(589 年)合兵袭击突利,突利大败,只剩下部众百余人。长孙晟设计挟突利到长安,隋厚待突利,立之为启民可汗,在逆州筑大利城(今内蒙古清水河县境)为突厥汗庭,又迁其游牧部众于黄河南岸(今巴彦淖尔地区河套南)夏、胜二州之间。随后,隋大将高颎、杨素率兵出军,大破达头、都蓝军。都蓝败后,被部下所杀;而达头占据漠北,自立为步迦可汗。隋文帝仁寿元年(601 年),隋遣杨素率启民北征,所得人畜尽归启民。启发返回北方。隋文帝仁寿三年(603 年),步迦所部大乱,铁勒、思结等十余部叛步迦,归附启民。阿波被俘后,泥利可汗立。泥利卒,其子泥撅徒罗可汗立,于隋炀帝大业七年(611 年)降隋。

隋炀帝大业三年(607 年),启民朝见隋炀帝于榆林(今内蒙古托克托县西南)行宫。隋炀帝在千人大帐设宴款待启民以及诸部酋长等 3500 余人,其中,突厥的启民可汗是最显贵的客人。城梁高台之上,百戏齐乐,启民可汗位列诸王之上。面对弯弯曲曲的大河,高官贵妇们白日观鱼,夜间赏灯。隋朝的百官后宫与北方各部族的可汗、酋长及其后妃们同欢共乐。欢声笑语回响在河湾。宴毕,隋炀帝对北方诸部来宾一一封赏,并签订了一个和平盟约。

隋炀帝大业五年(609 年),启民可汗卒,他的儿子继承汗位,称始毕可汗。这时,东突厥国力最为强大,北方诸族如契丹、室韦、吐谷浑、高昌等纷纷臣服于东突厥。始毕可汗即位初,与隋朝关系融洽,但很快双方关系出了问题,东突厥与隋朝反目为仇,又发生了战争。始毕可汗发重兵围攻雁门,

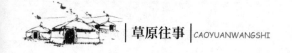

险些活捉隋炀帝。

第四节 突厥归附

7 世纪中叶,中国历史上的空前盛世在各民族的共同努力下出现了,那便是大唐时代,始于 618 年,亡于 907 年,计立国 289 年。唐初出现了一位著名的皇帝就是太宗李世民。李世民登基后,着力解决北方民族问题,并取得了重大成就,稳定了边疆。唐太宗李世民采取的是征服和怀柔两套策略。贞观二年(628 年),唐太宗消灭了盘踞在夏州(今内蒙古鄂尔多斯南部)的割据势力梁师都,并于同年收降了北方的契丹、奚等部族,使其脱离了东突厥政权。接下来,便开始征伐东突厥。

唐太宗贞观四年(630 年)春,李世民为抵御东突厥的大规模进犯,派出六路大军实行反击,击溃了突厥军;二月,又于阴山击溃突厥部众,东突厥颉利可汗逃至铁山(阴山北),其余众尚有数万。至此,南起阴山、北至大漠尽归大唐版图。此后大约半个世纪,漠北无狼烟。颉利可汗被押至京都长安,被唐太宗斥五大罪,并被安置在太仆寺,供养丰厚。当时,东突厥部众有近 20 万人归附大唐,如何处置这 20 万降众,是一件大事。为此,李世民召集群臣商议,当时有人主张突厥人"非我族类",反抗便杀掉,不反抗也不接受其降附,以免造成今后的内乱。李世民却说:"自古皆贵中华,贱夷狄,朕独爱之如一。"他采纳了中书令温彦博的建议,将突厥各部安置在河南朔方之地,并完整保留其部落。根据这个方针,唐朝在贞观年间把突厥内附各部安置在东起幽州(今河北省承德地区)、西至灵州(今宁夏灵武)的沿长城一线广大地区,而归附唐的突厥贵族多被封为都督、将军、中都将等高官。由于唐朝对突厥人的优待,当时有近万家突厥人迁入京都长安居住。至此,唐朝统一了漠南地区,北方各部族尊称李世民为"天可汗"。唐朝将原颉利地分为六州,左置定襄都督府,右置云中都督府。当年,唐营州(今辽宁朝阳市)都督薛万淑遣契丹部首领说服奚、室韦等十余部降唐。

为了安置好突厥众降部,唐朝于唐太宗贞观二十三年(647年)在今鄂尔多斯境内设定襄都督府,下辖四个州,阿德州、执失州、苏农州、拔延州,归夏州都督府管辖;设置云中都督府,置舍利州、阿史那州、绰州;设置桑乾都督府,置郁射州、艺失州、卑失州;设置呼延都督府,置贺鲁州、葛罗州;设置达浑都督府,辖姑延州、步讫若州、山奚弹州和侨治朔方郡的安代州都督府、宁朔州都督府、仆固州都督府;设置乐容州都督府,辖东夏州。

第五节　唐与突厥、铁勒之战

唐朝前期以统一大漠南北为目标而战。唐建国之初,突厥对北方各割据势力分别加以扶植,以对付唐朝;在唐基本统一北方后,又转为大规模的武装入侵。唐武德七年(624年)和九年(626年),突厥颉利可汗、突利可汗曾两次举兵南犯,其主力分别抵幽州(今陕西彬县)和渭水便桥(唐京师长安城北),唐都戒严。为解除北方威胁,唐于贞观三年(629年)乘突厥内部矛盾尖锐及灾害频发之机,大举进兵。当年冬,命李靖、李勣等六合总管兵10余万分道出击突厥,全军皆受李靖调度。唐贞观四年(630年)春,在唐军事压力下,突利可汗来降。唐军与颉利可汗战于白道,大破突厥,颉利北逃。李靖、李勣扼守碛口使其无法越过。颉利在夜里从荒谷偷偷逃走,后为唐将苏定方所擒。于是,漠南之地悉统一于唐,唐分设府、州以管理突厥部众,后设单于大都护府(治所在今内蒙古和林格尔县土城)以统之。贞观十九年(645年),进据大漠以北的铁勒族薛延陀部的多弥可汗率军渡漠南侵河南(今内蒙古鄂尔多斯市一带),唐将李勣奉命率军反击。多弥在内乱中被杀。李勣军至乌德鞬山(今蒙古国杭爱山)招降薛延陀新可汗绌摩支,唐将李道宗等分别招谕铁勒诸部,从此,漠北地区亦统一于唐。唐于其地设六府七州,后又置燕然都护府进行统一管理。不久,唐太宗至灵州(今宁夏灵武市),铁勒诸部数千人相继来朝,共奉太宗为"天可汗"。

此时西突厥仍强盛,辖地东至金山(阿尔泰山),西接西海(里海),役使中亚各国和天山南北各族。唐与其主力交战多年,直至唐高宗显庆二年(657年),俘擒西突厥可汗贺鲁。唐分设昆陵和蒙池两个都护府进行统治,后又置北庭都护府进行统管。北庭都护府和在此前设立的安西都护府,是唐王朝驻西北的最高军事机关。定居漠南由单于大都护府管理的东突厥部众,由于不满唐王朝强行迁徙牧地、兵役调拨之沉重,于唐调露元年(679年)起兵反唐。唐永淳二年(683年),突厥贵族骨笃禄及其继任者默啜不断袭击北疆和中原。武后圣历元年(698年),曾攻陷定(今河北定县)、赵(今河北赵县)等州,其兵锋直抵相州,洛阳震动。唐中宗时,除调重兵驻防外,还采纳朔方道大总管张仁愿建议,在今托克托县至乌拉特中旗、乌拉特后旗一线筑东、中、西三受降城,并置烽燧1800所进行防御。唐开元四年(716年),后突厥新立毗伽可汗和掌管军队大权的阙特勤鉴于部众大批内附和内部矛盾的尖锐,向唐请和,使后突厥与中原王朝的关系有所改善。阙特勤和毗伽死后,唐王朝均为之树碑立庙,阙特勤碑的碑文为唐玄宗亲撰。毗伽死后,突厥再次内乱,隶属于突厥的拔悉密、回纥、葛逻禄三部趁势独立。唐天宝四年(745年),回纥首脑骨力裴罗攻杀白眉可汗,唐册封骨力裴罗为怀仁可汗,从此突厥为回纥所取代,后突厥亡。

第六节　羁縻府州

历史上称唐朝设置的这些府州为羁縻府州。羁縻政策的实行,使唐朝国内的民族关系得到了一次大调整。唐朝在沿边内附的民族地区,先后设置羁縻府州800多个。唐朝对羁縻府州采取了不同于普通州的统治方式。羁縻府州内任用少数民族贵族为官员,并可世袭,也可以保留少数民族传统的风俗习惯,其生产方式也不强迫改变;羁縻府州内可以使用各族传统的法律,允许保留自己的兵马,但唐朝中央政府也有权调遣;中央一般不直接征收羁縻府州治下百姓的赋税,而由各族统治者按原有方式自行征收,象征性地向中央政府"纳贡"。羁縻府州的统治形式,是唐朝统治者在一定的历史条件下实行的比较开明而有效的民族政策,它有助于加强封建国家的统一,对于民族间经济文化的交流和民族地区的生产发展起到了一定的积极作用。当时,北方各族都尊称唐太宗为"天可汗",并于大漠南北开辟了一条大道,名为"参天可汗道"。

唐太宗李世民按照既定的怀柔政策,对前来降附的突厥人众做了妥善安置,并遣派已主动降唐的突厥可汗回到大漠,召集余部;封阿史那思摩为怀化郡王;其余凡是降附到长安的突厥酋长都拜将军、中郎将等。

过了两年,当李世民听说颉利可汗郁郁寡欢,常与家人相对悲泣时,便产生了怜悯之情,于是任命颉利为虢州刺史。因为此地多麋鹿,可游猎,但颉利不去。唐贞观八年(634年),颉利去世,去世后被允许按照突厥人的风俗焚尸于灞水东,并被追封为归义王。

正是因为唐太宗李世民的这种气度,才有了整个大唐的宽阔胸怀。唐代在北部长城设置的几万都护府,所辖的羁縻府州,基本上都是按照朝庭的怀柔政策对边疆进行治理的。

唐朝在北方地区设立的羁縻府州基本情况如下所述:

安东都护府。唐高宗总章元年(668年),唐灭高丽,在平壤置安东都护府以统辖;唐高宗仪凤元年(676年)后移治于今辽宁省境内;唐中宗神龙元年(705年)又迁于平州(今河北卢龙县)。其间,唐朝在靺鞨族、室韦族居住区设置了渤海都督府、黑水都督府和室韦都督府,均属于安东都护府管辖。当时,室韦人主要活动在今内蒙古东部的呼伦贝尔市和兴安盟境内。

东夷都护府。唐太宗贞观二十二年(648年),唐朝以内属的契丹和奚两部置林公漠都督府和饶乐都督府,又在二都督府下分置数个羁縻府州,辖境包括今内蒙古西拉木伦河及老哈河流域,隶属东夷都护府。东夷都护府治营州(今辽宁朝阳市)。

燕然都护府。唐太宗贞观二十年(646年),唐朝剿灭薛延陀,漠北铁勒诸部降服于唐,请置官府。唐太宗贞观二十一年(647年),唐太宗同意在漠北地区设置瀚海府、金微府、燕然府、幽陵府(今呼伦湖附近)、龟林府、卢山府、臬兰府、高厥州(阴山西段迤北)、鸡鹿州(阴山西段迤北)、榆溪州、寘颜州(今内蒙古呼伦贝尔大兴安岭西)等府州,隶属于燕然都护府,治所在故单于台(今内蒙古乌拉特中旗境乌加河北)。唐高宗龙朔三年(663年),迁燕然都护府于漠北回纥牙帐,改称瀚海都护府。

瀚海都护府。唐高宗永徽元年(650年)置,统辖突厥诸部居住的狼山都督府、云中都督府、桑乾都督府及苏农等14个州。唐高宗龙朔三年(663年),迁治于今内蒙古和林格尔县土城子,更名为云中都护府;次年又改,以大漠为界,统辖漠南诸羁縻府州。

单于都护府。唐高宗麟德元年(664年),改云中都护府为单于都护府,统大漠以南所有的羁縻府州。唐中期以后,节度使成为最高地方长官。因此,从唐德宗贞元元年(785年)后,单于都护府隶属于振武节度使。

安北都护府。唐高宗总章二年(669年),改瀚海都护府为安北都护府。垂拱元年(685年)后,突厥占领漠北,安北都护府迁于漠南回城(今内蒙古额济纳旗东南),后又南移。

唐高宗麟德元年(664年),白道上车马喧闹,仪仗林立。从西边的云中城到东边的盛乐城之间,不断有大唐的官员和北方各类勋族骑马通过。主管漠南上百个羁縻府州和数十万北方部族降众的云中都护府改署为单于都护府,府治从汉代的云中故地迁到北魏旧都盛乐。这一年是唐高宗麟德元年,是一个祥瑞之年。长安的特使奉着皇帝和皇后(武则天)的诏令,陪同皇子殷王来任单于大都护府的都护。单于大都护府官秩同五大都督,位于其他几个都护府之上,由皇子督任,地位十分显赫。20世纪90年代,在盛乐古城西南2500米处发现一座唐代古墓,古墓中有十分珍贵的唐代文物——贴朔陶器8件,这样珍贵的物品仅在西安和洛阳等地有过发现。这充分说明当年单于大都护府里曾经居住过唐朝廷的贵威显要。

第七节　三座受降城

唐高宗永淳元年(682 年),云中都督府突厥贵族阿史那·骨笃禄纠众反唐,占领黑沙城(今呼和浩特市北),自立为颉跌利施可汗,建立后突厥政权,牙帐设在漠北的乌德鞬山(今蒙古国杭爱山)。云州民众为避战祸,多迁于朔州。至武则天天授二年(691 年),默啜可汗继位,拥兵 40 万,控地上万里,控制着大漠南及邻近各族。至武则天神功元年(697 年),又迫使唐王朝归还先前迁居丰、胜、夏等六州的突厥数千帐,并把统治区划为左、右厢两部分,各置官吏统治,左厢包括契丹、奚等族居住的今内蒙古东部地区,右厢包括今黄河以北的内蒙古中、西部地区。这样一来,就使唐在北方的统治受到严重威胁。

当时,武则天专注于加强中央统治,对后突厥的侵扰行为给予充分忍让,曾将居于今鄂尔多斯地区的丰、胜、夏、灵及山西北部朔、代六州的突厥降户数千帐(户)退给后突厥,并且赠予大量的谷种、农具、铁器等。但突厥人欲壑难填,寇扰不断。

唐中宗景龙二年(708 年),唐中宗李显命大将张仁愿出兵进击默啜可汗,夺取了阴山以南的土地,并于阴山南、黄河北的边防地带险要处修筑了三座军事城堡,分别称为东受降城、中受降城和西受降城。三城间各相距400 里,从而阻绝了突厥骑兵的南下侵扰之路。唐玄宗天宝三年(744 年),后突厥被回纥所灭。当时,唐帝国海内晏安富庶,行者万里,不恃兵器。内蒙古地区的各民族又一次享受到盛世的详和与平静。

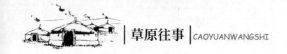
第四章 辽、金、西夏时期的草原风云

　　北中国自安史之乱后,就陷于割据状态,自契丹占据燕云十六州后,白沟河变成了契丹、北宋两国不可逾越的鸿沟。十二世纪初女真南下,更把中国从淮海中流拦腰切断,分成两个天下,此外,西夏据河西,西辽也建国于新疆及其以西地区。成吉思汗及其后人摧毁了几个处在衰朽阶段的王朝,扫除了各族的疆界,使汉唐以来我们多民族的大国又恢复了原状。

　　　　　　　　　　　　　　　　　　　　　——韩儒林

第一节　契丹建辽

一、唐末动乱

　　契丹是一个历史悠久的民族,在北魏和盛唐时代曾经有过契丹的影子。契丹源于东胡,是东部鲜卑宇文部的后裔。契丹人长期活动在西拉木伦河和老哈河流域,其活动范围西至阴山南北,东至洮儿河、额尔古纳流域。这是一片富庶且美丽的草原,契丹人在这片土地上繁衍生息,积累了丰富的游牧生产经验,为其以后建立封建国家奠定了物质基础。

　　唐高宗永淳元年(682年),唐云中都督府突厥首领阿史那·骨笃禄聚众反唐,建立了后突厥汗国,仅在漠北活动。唐中宗景龙二年(708年),唐朔方道总督张仁愿在阴山以南建立三座受降城,以此抵御突厥。唐玄宗天宝四年(745年),回纥首领骨力裴罗攻败后杀后突厥白眉可汗,建立回纥政权。唐文宗开成五年(840年),回纥政权被黠戛斯人所灭,但黠戛斯并没有建立统一的游牧汗国政权。漠北游牧区出现了暂时的权力真空状态。

后突厥汗国时,契丹依附于突厥;回纥汗国时,契丹依附于回纥。9世纪末,当中原割据愈演愈烈时,北方也出现了混乱。

回纥政权一覆灭就从阴山北面迁徙来一个人口众多但互不统属的游牧部落集团——阻卜。阻卜是一个多民族混居的散落部落,由东部迁来的室韦軏靼部落和当地突厥、回纥遗族组成。阻卜以东有室韦系敌烈部,或称八部敌烈。八部敌烈以东就是额尔古纳河流域及呼伦贝尔草原,室韦系乌古部在那里生活,从事游牧和狩猎。阻卜东南,靠近大兴安岭及蒙古高原东南缘一带,生活着黄皮室韦和臭泊室韦,他们也主要以游牧捕猎为生;黑车子室韦生活在燕山一带,与幽州藩镇刘仁恭集团建立了密切联系。

阴山以南也没有结构完整的游牧部落集团,晚唐在北方仍有许多带有羁縻性质的军和州。在几个重要的军、州及其附属村寨,聚居着大量汉族和随沙陀李氏集团内迁的沙陀人,以及分散的游牧民族,他们主要从事农业生产,也兼营畜牧业。阴山西段分布有银、夏(今鄂尔多斯南部)诸州的党项政权。漠南以南就是军阀混战的割据政权。

二、契丹崛起

契丹崛起的路径为:从西拉木伦河、老哈河流域向阴山东段、燕山以西、太行山北端、恒山以北推进。

契丹民族于7世纪初形成了游牧部落联盟组织,这种带有血缘集团性质的部落组织到10世纪初受到了冲击,新生的部落贵族耶律氏逐渐掌握了契丹部落的领导权。唐昭宗天复元年(901年),耶律氏家中的杰出人物耶律阿保机以契丹部落集团迭剌部酋长的身份被选为契丹部落联盟的夷离堇。这个职务在部落联盟中专门负责管理军队和指挥战争。耶律阿保机即任当年,便带兵向北征战,击败了人数众多但互不统属的室韦(阻卜)集团。然后,契丹军队回到了乌尔吉木伦河畔的部落营地稍加休整,又出兵打败了东南部的奚部落,俘获了大量人畜。

唐昭宗天复二年(902年),耶律阿保机组织了契丹部落联盟的40万兵力,准备向南进攻。当时,在契丹正南方是幽州藩龙镇卢龙节度使刘仁恭防区,西南方是沙陀李氏集团河东节度使李克用防区。耶律阿保机避开守备森严的正南方,而直驱河东沙陀李氏集团防区,连克九城。这次出征大大加强了耶律阿保机的装备基础,也提升了他在契丹部落联盟中的威信。唐昭宗天复三年(903年),耶律阿保机东征女真,秋天再次攻打河东。

唐昭宗天祐元年(904年)秋,耶律阿保机带兵向西南进攻,直逼早已内附的黑车子室韦。黑车子室韦向刘仁恭求救,刘仁恭派养子赵霸领精兵援助。耶律阿保机依计全歼刘仁恭援兵,并生擒赵霸。这一战使中原藩镇大为震惊。

三、契丹建国

唐哀帝天祐四年(907年)正月,契丹首领耶律阿保机统一邻近各盟,建国,国号契丹(按:916年始建年号"神册",938年改国号为辽,983年复称契丹,1066年仍称辽)。同年,唐朝灭亡,宣武节度使梁王朱全忠称帝,中国历史进入五代十国时期。

耶律阿保机担任契丹可汗后,致力于对部落联盟体制的改革,推行新的政治制度。他设官职以管理族属和部众;建立属于可汗的翰鲁朵(营帐,即私属性质的部落人口等),扩充隶属于个人的侍卫亲军组织。契丹太祖耶律阿保机五年(911年)至契丹太祖耶律阿保机九年(915年),耶律阿保机又用了近五年的时间,粉碎了部落内部反对势力的叛乱,从而进一步推行了以私有化为核心的封建集权政治。契丹神册元年(916年),耶律阿保机在龙化州(遗址在今内蒙古敖汉旗教来河东)城东设坛即皇帝位,正式称帝(庙号太祖),建元神册。尊号"大圣大明神烈天皇帝",其妻述律平称"应天大明地皇后",建都临潢(今赤峰市巴林左旗林东镇南),国号契丹。耶律阿保机登基后,仿唐朝的政治模式,健全国家机构。当年三月,耶律阿保机立长子耶律倍为皇太子,从而宣告契丹奴隶制国家的诞生和世袭皇权确立。以亲信将领曷鲁为于越(总管家);以皇后家族萧氏(审密部)世代为北府宰相,统领以契丹迭剌部为核心的北府五部;以皇弟耶律苏为南府宰相,统领契丹乙室部等三部。明确了契丹各部落的基本"镇驻区域",将各部落统领军队的夷离堇改称为详稳,为直属于北南府宰相统治下的二级官员。

契丹神册三年(918年),耶律阿保机在契丹迭剌部故地西楼建皇都(今赤峰市巴林左旗林东镇南郊辽上京遗址),并上诏建孔子庙、佛寺、道观,创制契丹文字。除西楼皇都外,又于龙化州建东楼,木叶山建南楼,大部落北建北楼,四时游猎,往来于四楼之间。四楼之地应为耶律阿保机的私斡鲁朵(营帐),他仿照唐朝行政建制对内附的农业民族实行管理,到辽太宗时,基本上奠定了以五京为五道的行政区划。道下设府、州、军、城和县,府置留守或知府事,州有节度使观察州、防御州、团练州或刺史州,县有令、丞、尉、主簿,沿袭了唐代的地方建制。

四、统一草原

契丹神册四年(919年)九月,耶律阿保机派皇太子耶律倍率迭剌部夷离堇污里轸等攻打云内(今内蒙古托克托县古城乡白塔村)、天德。当年,契丹大军进军大兴安岭西部,征讨乌古部、敌烈部诸部,使其归服,岁岁纳贡,并在呼伦贝尔设乌古敌烈统军司,管辖两个部族。把乌古迁到根河以北,设三河国王府辖之。八部敌烈、北部敌烈等迁往额尔古纳河以西乌鲁留圭河一带。契丹天赞二年(923年),耶律阿保机亲率大军兵分两路征服阻卜,平定了漠南;会师于古回纥城后,向西进至阿尔泰山,征服了回纥等西部各游牧部落,基本上完成了对北方草原的统一。同年,契丹与河东沙陀李氏建立的后唐开战,史称"望都之战",在这场战斗中,契丹取胜,从而奠定了契丹在漠南地区的统治。契丹天显元年(926年),契丹灭渤海国,收复女真诸部,完成了对东北地区的统一。

契丹于辽太宗耶律德光大同元年(947年),改国号为辽,又于辽景帝耶律贤乾亨四年(982年),改为契丹,于辽圣宗统和二十四年(1006年)复改为辽。辽天祚帝保大五年(1125年),辽皇室西奔祖地水(今西拉木伦河)。

五、宋辽之战

宋辽之战是南北两个对峙的王朝争夺黄河以北、以东地区的战争。契丹神册元年(916年),游牧于潢水(今西拉木伦河)和土河(今老哈河)一带的契丹王朝东灭渤海,北服室韦、女真,西占突厥故地,南取燕云十六州(今河北省、山西省北部),并一度攻陷后晋都城汴京(今河南省开封市),成为中国北方的一个强大王朝。辽的五座京城有两京在今内蒙古境内,即上京(临潢府)和中京(大定府)。北宋前期,曾将恢复燕云十六州作为战略目标之一。

太平兴国四年(979年),宋太宗赵广义在平定北汉(今山西省境内)后集中兵力数十万突然向东进攻辽,迅速抵进幽州(今北京市)城下。辽景宗派大将耶律休哥等率军增援,两军交战于高梁河(今北京市西直门外),结果宋军大败溃退。雍熙三年(986年),宋太宗再度兵分三路北伐。东路军以曹彬为帅,进军幽州。抵达涿州时,遭遇契丹主力,乃冒雨退军。辽军追至岐沟关(今河北省涿州市西南),被契丹留守南京的耶律休哥率领的骑兵大败。另两路宋军闻听东路败军消息,亦先后撤退。自此,宋军无力再大规模作战。从辽景帝耶律贤乾亨元年(979年)至辽圣宗统和二十二年(1004年),辽军也曾多次南下攻宋,双方各有胜负。宋景德元年(1004年),辽军又起兵大举南侵,其先锋进通澶州(今河南省濮阳市)。在宋宰相寇准的力请之下,宋真宗被迫进驻澶州督战。辽军屡攻不克,其主将萧挞凛又被射死,乃与宋军签订"澶渊之盟"后退军。从此,结束了宋辽间20多年的战争状态。宋重和元年(1118年)和宣和二年(1120年),宋徽宗先后派马政、赵良嗣自山东渡海壬东北约金攻辽。结果宋军在攻辽中失败,所分担的攻取燕京的战斗任务仍由金完成。后经多次交涉,方以大批银钱、绢丝赎回燕京和附近十六州。

六、澶渊之盟

宋太宗咸平二年(999年)十月,契丹主率军队入侵。宋镇定高阳关都部署傅潜步骑八万,畏惧不敢战,闭营自守。将领范廷召要求出战,傅潜被迫令范廷召率八千骑出战,寡不敌众。契丹乘胜攻遂城。杨延昭固守,契丹不能登城。十二月,宋真宗亲征契丹。次年正月,契丹主听说宋真宗亲征,宋将范廷召追至莫州,大败契丹兵,斩首万余级,契丹退出宋境。宋太宗咸平四年(1001年),契丹再次入侵,宋将王显等大败契丹于遂城。宋真宗咸平六年(1003年),契丹侵扰定州,高阳关副都部署王继忠战败被俘。宋真宗景德元年(1004年)九月,契丹圣宗耶律隆绪及萧太后率20万大军,以收复瓦桥关南十县为名,大举南下。契丹采取避实就虚战术,绕过宋军固守城池,经保、定二州南下,破宋军守备薄弱的德清军、通利军等,抵达黄河重镇澶州城北,威胁宋朝都城开封,宋朝野上下震惊。

面对契丹威胁,宋主战派和主和派展开斗争。主和派参知政事王钦若建议迁都金陵,枢密直学士陈尧叟建议迁都成都。宋真宗征求宰相寇准的意见。寇准建议宋真宗亲征,反对迁都,认为一迁都,就会人心崩溃,敌人深入,则天下难保。宋真宗采纳寇准的建议,并做了抗击契丹的准备。

由于宋军"练师命将,简骁锐,据要害,以备之",契丹南下,处处遇到抵抗,攻瀛州时,契丹主与萧太后亲自击鼓,"矢集城上如雨,死者三万人,伤者倍之",但被宋将李延渥击败。契丹多次受挫后,采纳宋降将王继忠建议,派遣使节到宋朝求和。宋真宗本来就不想战,只是担心江山难保,才勉强采纳主战派的建议。当他得知契丹真想议和时,于是遣曹利用出使契丹议和。萧太后要求宋归还周世宗收复的关南地,曹利用拒绝,和议不成。

十一月,宋真宗至韦城,大臣们又商议迁都金陵。宋真宗犹豫,就迁都事询问寇准的意见。寇准答说:"陛下只能前进,不可后退。河北诸军日夜望您到来,若是撤兵,则军心涣散,敌人趁机进攻,恐怕金陵也保不住了。"寇准保护宋真宗行至澶州南城,与契丹主对垒。然后,寇准又以不过河"则人心危惧,敌气未摄",促使宋真宗过河,宋真宗遂登北城门楼,张黄龙旗,诸军皆呼万岁,宋军士气大振。契丹由于大将萧挞凛视察地形时被宋军射杀,锐气大挫。契丹怕腹背受敌,十二月,派韩杞随曹利用来议和,仍要求宋归还关南地。宋真宗对曹利用说:"契丹要求归地一事毫无道理,他们一定要邀求,朕当决战!如果想得到货财,还可以考虑。"寇准则主张不仅不给契丹货财,而且还想让契丹称臣,归还幽、蓟旧地。但有人诬蔑寇准借兵权取重,寇准不得已,同意议和。宋真宗再派曹利用与契丹议和,并告诉他:"必不得已,虽百万亦可。"寇准得知,私下对曹利用说:"虽有敕旨,但是你答应的数字如超过30万,我斩你的头!"曹利用至契丹军,萧太后坚持要关南地。曹利用拒绝,但暗示岁求金帛可以考虑。契丹又遣监门卫大将军姚柬之至宋,要求归还关南地,被宋真宗拒绝。

契丹要求割地的愿望虽未达到,但几经反复后,签订了对其有利的和议。和议规定:宋与契丹为兄弟之国,宋真宗称契丹萧太后为叔母;宋每年给契丹银10万两、绢20万匹;两国各守旧疆,城池依旧修缮,不得新增城堡,不得改移河道等。和议签于澶州,澶州古称澶渊郡,故史称"澶渊之盟"。

澶渊盟约签订后,宋辽之间没有发生大的战争,促进了南北经济文化交流。

七、强大军队

(一)盘马弯弓,傲立北国

契丹是骑马打天下的民族,拥有一支强大的骑兵队伍。契丹骑兵英勇善战,弓马娴熟,在与宋和西夏的战斗中,经常取胜。

契丹取得统治地位后,仍不丢骑射传统。历代皇帝每年都用一半时间亲率百官举行围猎。耶律阿保机又建立宿卫亲军"算"斡鲁朵("算"为契丹语,意为心腹;"斡鲁朵",突厥语,意为军团帐),从各部族及汉人居住的州县选拔勇士2000人担任护卫,并随其出征和围猎,借此培养精锐部队。依契丹旧制,皇帝死后,其斡鲁朵守护皇帝陵墓及后妃,而新皇则又建起自己的斡鲁朵,再去各处选拔勇士。男子皆以能护卫皇帝为荣,于是便争相竞选,故其弓马武艺代代相传,后来蒙古皇帝的斡鲁朵制及护卫亲军制都源于此。

辽国军队还设有御队亲军、部族军、五亲乡丁和属国军等骑步兵,统归天下兵马大帅统领。骑兵每人给战马三匹、随丁二人,但不给装备和粮草,骑兵四处抢掠解决给养,称之为"打谷草"。

为确保马匹供应,朝廷选择最好的草原建立国家牧场,任命其贵族为群牧官,下设群牧司等各部门专责管理。除此之外,民间也有不少马匹,辽国以拥有马匹多少作为划分贫富的标志之一。

(二)转徙随时,车马为家

"捺钵",意为行营、营盘。辽先后以上京和中都作为政治中心,但每年又"四时巡守""而四时有行在之所",谓之"捺钵",是皇帝在游猎地区的行帐,区别于皇都的宫帐。辽太宗时,取燕云十六州后,其国土包括长城以南的广大地区,为延续其骑射善战的传统,仍过着"转徙随时,车马为家"的生活。在契丹的管理体制上,也逐渐形成了一套具有鲜明的游牧特点的四时捺钵制度。契丹皇帝四时巡行的宫帐(也称牙帐),即春捺钵、夏捺钵、秋捺钵、冬捺钵。

(三)南北交流

辽与宋形成了南北对峙的局面。辽不仅控制着东起东海、西至阿尔泰山的广大地区,还占据了长城以南至白沟河一带(今河北省霸州市与天津市一带)。在辽的辖境内,北方草原与中原地区之间的经济、文化联系密切,交流频繁,形成了近两个世纪南北经济大交流的局面。

在辽境内,北部生活着各个游牧部落,南部生活着从事农耕的汉人、斡海人等。到了10世纪中叶,辽海地区成为"编户数十万,耕垦千余里"的富庶地方,其繁荣程度不低于燕云十六州。为加强统治和管理,从辽太宗耶律德觉起,辽开始把行政管理机构分为"北面官"和"南面官"两个系统,分别管理契丹等游牧民族和汉人等农耕人民。

稳定的社会、繁荣的经济推动了经济文化的发展和交流。辽政权地跨

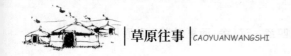
长城南北,犹如一道彩虹,把这个广阔范围里的草原文化与农耕经济联系在一起,促使其交融发展。正是在这种历史条件下,契丹族、汉族等人民又一次共同创造了灿烂文化。

第二节　契丹文化

一、契丹字

契丹字包括契丹大字和契丹小字两种不同类型的文字。契丹民族在建立了契丹王朝后,曾参照汉字先后创造了两种文字,用来记录契丹语。契丹神册五年(920年),耶律鲁不古、耶律突吕不创造了一种契丹大字,共3000余字。后来,耶律迭剌创制了已发展到拼音文字初级阶段的一种文字,称契丹小字。两种契丹文字在辽代与汉字并行。辽灭金兴,契丹字又与女真字和汉字并行于金境内。金章宗明昌二年(1191年),金章宗完颜璟明令废除契丹文字,金境内的人们逐渐不使用契丹字,但在中亚河中地区的西辽则继续通行契丹字,至明代已无人认识。

由于辽代书禁甚严和战乱等原因,除了宋人王易《燕北录》中摹写了5个契丹字的牌子外,没有任何契丹字的书籍留传下来。现在传世的契丹字资料都是20世纪陆续出土、发现的,主要是碑刻、铜镜、印章、货币和墨书题字等。

研究契丹文字对于研究中国北方民族史和北方民族语言有重要意义,因而契丹文字资料出土后,中外学者竞相研究契丹文字。当前契丹大字的研究工作尚处于草创阶段,只有阎万章、刘凤翥和日本的丰田五郎及长田夏树发表过专门研究契丹大字的零星论文。两种契丹文字彻底被解读还有很长的路要走。

二、辽(契丹)文化

契丹在 200 余年的国运长河中,政治、经济、科技、文化方面都有建树。辽(契丹)文化即以植根本土的原生文化为主体,以中原文化为依托,并吸收西域、东北各民族先进文化的内容,形成了特有的文化体系。

辽的绘画艺术在中国绘画史上成就突出。它以描摹边塞草原风光、游牧骑射生活为主题,在中国绘画史上形成了"北方草原画派"。

辽代的音乐和舞蹈也得到了极大的发展,有祭祀祖先、神祇的傩舞和巫舞,还有庆祝民族节日的大型踏歌舞,及来源于中原的一般由 66 人表演的大型文舞和由 68 人同时表演的武舞。他们继承了唐十二和乐,并由此发展融合而转为本民族的十二安乐。还有散乐、大乐、鼓吹乐,向汉族学习的鱼龙漫衍戏、百戏、角抵等。有宫廷民间、君臣共享的射兔与射柳等大型祈祷娱乐活动。体育活动有射箭比赛、摔跤比赛和蹴鞠比赛等,皇室在各京城中还专门设有鞠院。

辽代也非常重视文化教育,在立国之初创造契丹大字 3000 余字,并于契丹太祖神册五年(920 年)开始正式使用。此后创制契丹小字,这两种文字与汉文并行于辽及辽所辖的地区,通行了近 300 年。契丹人中有很多书艺高超的书法家,契丹文、汉文均书写高妙。如《韩匡嗣墓铭》,字体古朴、典雅大气。辽也极重视儒学,尊孔、建孔庙,各府、州、县均设府学、州学、县学,并有博士、助教来进行教授与管理,开科取士,录取进士授以官衔,为国效力。佛教文化与道教文化也广为推崇和兴盛,佛寺、道观遍及各府州县,佛塔是辽境内遗存最多的建筑。上京还有雕版印刷经卷机构。

辽的雕塑艺术也有极大的发展,上京真寂寺的石刻雕像,上京南塔、中京感圣寺舍利塔上的雕像,辽奉国寺的 7 尊大佛等,成为辽代雕塑艺术的代表作。其中大同府的华严寺,佛坛上完整地保存了 31 尊菩萨,体态丰盈、衣饰自然,飘带流畅飘逸。当时辽的木雕技术、金银雕技术都颇精湛,庆州白塔所出的柏木涂金彩绘塔,雕刻精巧玲珑。辽的金银雕祖先像也十分精致。

契丹的马具、革带雕塑装饰华丽。其玉石雕塑饰件精美,其中表现游牧生活题材的玉饰件对后世产生深远影响,直到金、元以后。

辽的制瓷艺术也有较大的发展,其中辽三彩继承唐三彩并吸收转化,烧制而成的三彩佛像,有的同真人一样大小,有的比真人大2至3倍,佛造像根据其身份地位、面部表情乃至心灵神态而各异,形象逼真生动。辽瓷器上所绘的花纹多以草原上常见的花草蜂蝶鸟兔鹿为图案,极具装饰性,自然而朴实。

第三节　西夏王朝的建立

在内蒙古自治区最西边有一个神奇的地方叫额济纳。额济纳河流域历史悠久,距今已有3500年左右的历史。这里是东西新石器文化的连接点。国家文物考古工作者在瑙琨素木一带发现远古居民的遗址和遗物,为细石器文化,与中国东北地区、内蒙古自治区、青海省、宁夏回族自治区、甘肃省等地远古居民使用的细石器具有共同特点,在地域上起着连接的作用,成为中国细石器文化的一个组成部分。

宋景德年间(1004—1007年),西夏在额济纳地区设置黑山威福军司和黑水镇燕军司。黑水镇就是历史上著名的黑水城,有着十分厚重的文化底蕴。清宣统一年(1909年)5月,俄国考古学家组织的"蒙古四川探险队"在这千年古城外盗掘了一座被称为"辉煌舍利塔"的古塔,在塔内发现了大量西夏文献。在这些文献中,既有写本,也有刻本;既有多种多样的世俗文献,又有浩繁的佛经。此外,还有许多汉文、蒙古文、回纥文、突厥文和叙利亚文等多种文字的珍贵文献。他们把这批文献运回圣彼得堡后,整理出约2000册书卷,等于在黑水城边找到了一座完整的书库。民国三年(1914年),英国人斯坦因率领的第三次中亚探险队也在这座神奇的黑水城盗窃了许多西夏文、汉文、藏文、回纥文以及突厥文文献,其中尤以西夏文占大多数。这些稀世文献为解读早已沉寂的西夏语言提供了极为珍贵的资料,同时也为西夏社会、历史、文化、宗教等方面的研究提供了重要资料。

一、党项崛起

唐哀帝天祐四年(907年),唐朝灭亡,耶律阿保机成为契丹部落联盟可汗,建国,国号为辽。在唐朝都城长安的正北方、鄂尔多斯高原南部的夏州有一个割据政权,即党项拓跋氏集团。因为党项拓跋氏在晚唐的平乱战争中获功,唐朝皇帝赐封国姓给党项拓跋氏的一位首领,所以居住在夏州一带的党项拓跋氏俱称为李氏。

党项李氏集团避开了辽大军的征讨风暴,在经历了五代的风风雨雨后,站稳了脚跟,并逐步在包括今鄂尔多斯大部分地区在内的夏州一带发展成割据势力。鄂尔多斯地区水草丰美的自然环境为党项李氏集团的发展提供了物质条件。起初,他们在鄂尔多斯腹地地斤泽(今乌审旗乌审召一带)有广阔的牧场,从事畜牧业生产。后来,他们又在鄂尔多斯南部无定河、窟野河流域肥沃的土地上兴修水利,发展农业生产。鄂尔多斯南部的乌池、白池盛产的青盐是党项李氏集团与中原进行贸易的重要资源。他们用驼、马、牛、羊、毡毯、毛褐(毛织品)、草药、盐等物资与中原换取缯、帛、罗、绮、瓷器、漆器、茶、谷。中原还在不同的历史时期,将大批史籍、医典、佛经及儒学著作输入党项。这些频繁的民族交流使党项的经济文化迅速发展起来。

宋太祖建隆元年(960年),宋朝建立,中原割据势力纷纷被消灭,唯有党项李氏割据势力仍然。宋太祖建隆二年(961年),党项李氏集团向宋朝贡献马300匹,宋朝赐封党项首领"太尉"称号,双方保持着名义上的臣属和实际上互不相涉的融合关系。宋太宗太平兴国七年(982年),因为掳掠奴隶及争夺定难军节度使世袭权问题,党项李氏集团发生了内讧。党项首领李继捧率部落氏族长投宋,留驻宋朝京师;而他的族弟李继迁则率众夺回了夏州故地。宋朝方面经过近两年的围剿,却没能剿杀李继迁。宋太宗雍熙二年(985年),李继迁攻陷银州(今陕西省横山县党岔),党项溃众又纷纷归附李继迁,使其力量迅速壮大。此时,东北的辽国也开始插手党项夏地。宋太宗雍熙三年(986年),辽授李继迁为定难军节度使,都督夏州诸军事,又将宗室女义成公主嫁给李继迁。宋太宗端拱元年(988年),宋朝又授李继捧为夏州刺史,定难军节度使,以此来牵制李继迁。宋太宗淳化元年(990年),辽封李继迁为夏国王,接着李继捧也以夏州降辽,被辽国封为西平王。宋太宗淳化五年(994年),宋军西进,占领夏州,抓住了李继捧,毁掉了有5000年历史的夏州城(原铁弗匈奴建大夏国都统万城)。为了迫使李继迁就范,宋朝对党项所占据的夏州进行了严密的经济封锁,禁止夏州出产的池盐外运,也不准中原的粮食运入夏州,激起各族人民的反抗。宋太宗咸平元年(998年),宋朝改变了对夏的策略,授李继迁为定难军节度使。

二、西夏国兴

宋真宗景德元年(1004年),辽宋之间爆发了澶州之战,宋朝无力顾及西北,这就从客观上为党项李氏集团的发展提供了一个机会。宋仁宗天圣九年(1031年),李继迁之孙李元昊继位。李元昊继位后,不断开拓疆土,其统治疆域扩大到东尽黄河、西至玉门、南接萧关、北控大漠的中国西北地区。

宋仁宗宝元元年(1038年)十月,李元昊称帝,建都兴庆府(今宁夏回族自治区银川市),国号大厦,史称西夏。西夏既立,宋、辽、夏三足鼎立之势形成。大宋占据中原自视为正统;辽地域广阔,奠基日久;唯有大夏国国基初创,偏居西北一隅,其羽翼尚未丰满。因此,西夏立国伊始就采取了"联辽伐宋,北和东征"的国策。而辽方面也采取了"以夏治宋"之战略,利用西夏牵制宋朝。辽夏和平时间并不长,从宋仁宗康定四年(1044年)至宋仁宗皇祐元年(1049年),爆发了两次辽夏战争,都是由辽方面发动的,战争发生地都在阴山南的黄河河曲(今鄂尔多斯市)之地。

西夏建国后,疆域继续拓展。今内蒙古自治区阿拉善盟、鄂尔多斯市西部、巴彦淖尔市西段都归西夏管辖。其中在阿拉善盟西有黑水福军司,东有白马强镇军司,都是重要的军镇城塞。鄂尔多斯市南部的夏州是党项李氏贵族的隆兴之所,也是一处重要城垣。

李元昊是西夏开国皇帝(1038—1048 年在位),党项族,原为拓跋氏,其李姓为唐所赐。少年时勤奋好学,通汉、藩语言,多才多艺。其父李继迁在位时,不断率兵对外出战,扩张势力。西夏景宗显道元年(1032 年),他以太子的身份继位,西夏景宗天授礼法延祚元年(1038 年)自立为帝,国号"大夏"。建国后,他努力推动教育,创立藩学,开启西夏文教之风。开凿"李王渠",以便西夏国民耕种。于三川上(今陕西省延安市西北)、好水川(今宁夏回族自治区隆德县北)及定川寨(今宁夏回族自治区固原市西北)等战役大败宋军,并于辽夏第一次贺兰山之战中大胜辽国。西夏景宗天授礼法延祚七年(1044 年),李元昊与宋朝签订"庆历和议",向宋称臣,被封为西夏王。

太祖成吉思汗二十一年(1226 年)春,成吉思汗大军与西夏军在贺兰山激战,西夏大将阿沙敢不战而败。太祖成吉思汗二十二年(1227 年),蒙古军攻破西夏国都中兴府。六月,西夏王李睍献城投降,被杀,西夏国灭亡。从西夏地割据算起,党项族在这一带活动了 400 余年,创造了灿烂的文化。

第四节 金朝的建立与灭亡

一、女真建金

女真民族历史悠久。早在商周时期,活动在北方的肃慎人就是女真人的远祖,到秦汉时被称为"挹娄",南北朝时称为"勿吉",隋唐时期称为"靺鞨"。7 世纪末,靺鞨粟末部建立了渤海政权,并征服了除黑水部的靺鞨其他五部,而靺鞨黑水部仍然僻居于黑龙江下游一带苦寒之地。10 世纪初,契丹灭渤海,居民南迁;黑水部南下至长白山的渤海故地,开始称作女真。

女真被契丹征服以后,辽朝曾将女真族的一部分迁居到辽阳以南,编入契丹属国户籍,称为熟女真。数目众多的女真人则居住在松花江、牡丹江流域以东地区,被称作生女真。生女真的社会发展水平相对落后,10 世纪初,生女真还处在原始社会阶段,散居于山谷林间的洞穴内,到 11 世纪初才开始向阶级社会过渡。12世纪前后,生女真中的完颜部逐渐壮大,为统一女真各部奠定了基础。

宋徽宗政和三年(1113年),完颜部的阿骨打继任了辽国的女真部节度使,开始与辽抗衡。完颜阿骨打就是后来的金太祖(1068—1123年在位),他是金王朝的创立者,女真完颜部首领。宋徽宗政和四年(1114年),完颜阿骨打率兵袭辽,先击渤海军,又败辽兵于出河店(黑龙江省肇源县),以俘获的人口充实女真兵力;宋徽宗政和五年(1115年),完颜阿骨打率兵攻陷黄龙府,并追击辽军,辽军崩溃,女真各部统一,纳入完颜部贵族的统治之下;同年,完颜阿骨打建立了女真政权,建都会宁府(今黑龙江省阿城县南),年号天辅。宋徽宗宣和四年(1122年),改国号为大金。宋徽宗宣和七年(1125年)二月,金兵俘虏了辽天祚帝耶律延禧,辽亡。辽所辖的内蒙古高原的大片土地被金所占领,辽的上京成了金自成一路的临潢府。

二、辽金之战

宋徽宗政和四年(1114年),游牧于东北长白山以北、松花江和黑龙江流域的女真族完颜部首领阿骨打举兵抗辽,在宁江州(今吉林省扶余市),出河店两役中大败辽军,占据宾、祥、咸等州。次年,阿骨打称帝,国号大金。之后,又在达鲁古城(今吉林省扶余市附近)和护步达冈(今黑龙江省五常市西)大破进犯的辽军,遂乘机攻克浓州(今沈阳市)、春州(今长春市),收降东北大部分州县。宋徽宗宣和二年(1120年),阿骨打亲统三军攻辽,夜行军急行65公里,凌晨突袭上京,攻下其外城,辽上京留守托卜嘉投降。宋徽宗宣和三年(1121年),金以完颜杲为都统,率军渡河攻中京(今内蒙古宁城县),次年中京辽军不战而溃。金军旋即长驱西进,辽西南招讨使耶律佛顶及所属云内、宁边、东胜等州投降。金军遂乘胜会攻西京(今山西省大同市),夺取城内佛寺,居高临下射击守御辽军,辽军尽溃。辽天祚帝退往塞北夹山(今呼和浩特市北),以谋卷土重来。金军北上控索,在石辇驿与辽军相遇。金军前锋千人击败辽军2万余人,天祚帝弃辎重而逃。金军追击不及,还军攻降燕京(今北京市)。宋徽宗宣和五年(1123年)春,金军再度北上,于青冢(今呼和浩特市南)附近尽俘辽诸妃、公主、从官。天祚帝西逃云内,转依西夏。宋徽宗宣和六年(1124年)春,西夏与金统好。天祚帝又渡河依突吕不部。天祚帝收集残部一度收复今巴彦淖尔市和乌兰察布市部分地区,但在南下武州(山西省神池县)时被击败。宋徽宗宣和七年(1125年)春,天祚帝在应州新城(今山西省怀仁县西)被金将所擒,辽遂亡。

三、蒙古灭金

金建国70多年后,金长城修筑完毕,金修筑长城的目的是为防蒙古入侵。南宋宁宗开禧二年(1206年),蒙古首领铁木真在斡难河(今鄂嫩河)源头召开忽里勒台,竖九尾白旗,建大蒙古国,铁木真获得了"成吉思汗"称号。

太祖成吉思汗六年(1211年),成吉思汗亲率蒙古大军越过金长城外线,由达里诺尔湖(今赤峰市克什克腾旗达里诺尔湖)攻入金境,直达金国边防重镇乌沙堡(今锡林郭勒盟镶黄旗境内)。金兵统帅独吉思忠领兵抵御,战败而退兵,蒙古军乘胜向南推进。金朝方面因独吉思忠失守而又委任胡沙主持军事。胡沙不敢正面抗击蒙古军,一路撤退。退至宣平(今河北省张家口市西南),以大军10万守野狐岭(今河北省张家口市万全区)。蒙古军一路挺进,再过金长城内线,克抚州(今河北省张北县)、昌州(今锡林郭勒盟太仆寺旗西南)、桓州(今锡林郭勒盟正蓝旗四郎古城),直逼野狐岭。双方大战,结果金兵大败。蒙古大军追击溃败的金兵于浍河堡(今河北省怀安县东),再歼金兵无数。

太祖成吉思汗七年(1212年),蒙古大军再过金长城,攻陷宣德(今河北省宣化县)、德兴(今河北省涿鹿县),直逼金朝西京。

太祖成吉思汗八年(1213年),成吉思汗会集诸军越野狐岭,再下宣德,取德兴。在居庸关大败守关金军,然后兵分三路进军中原。太祖成吉思汗九年(1214年),三路大军合围中原,金宣宗献卫绍王之女歧国公主给成吉思汗请和。成吉思汗退兵,在达里诺尔湖休养。同年五月,金宣宗南迁。太祖成吉思汗十年(1215年)五月,蒙古大军占领中都。蒙古军势力控制了内蒙古中部地区。

太祖成吉思汗二十二年(1227年)秋,成吉思汗在临终前留下攻金的方案。他说:"金精兵在潼关,南据连山,北限大河,难以攻破。若假道于宋,宋、金世仇,必能许我,则下兵唐、邓,直捣大梁(今河南省开封市),金急,必征兵潼关,然以数万之众,千里赴援,人马疲弊,虽至弗能战,破之必矣。"他的子孙遵照遗嘱,确定了假道于宋、联宋灭金的战略方针。

太宗窝阔台元年(1229年),窝阔台即大汗位,决定全力伐金。第二年,窝阔台率拖雷、蒙哥南下,渡黄河与陕西的蒙古军会合攻凤翔。太宗窝阔台三年(1231年)四月,蒙古军攻破凤翔。金政府放弃京北,把百姓迁到河南,扼守潼关,潼关以西皆被蒙古军占领。五月,窝阔台在官山九十九泉(今内蒙古自治区卓资县北)避暑,召集诸王大臣商议攻金之策。决定分兵三路攻金。于第二年春天在汴京会师。窝阔台统率中路,经山西取黄河以北要地河中府(今山西省永济县),从白坡(今河南省州市西南)渡河,向洛阳进兵;斡赤斤统左路军向济南进兵;拖雷统右路军,采取迂回战术,自凤翔经宝鸡入大散关(今陕西省宝鸡市西南),假道宋境汉中,沿汉水东下唐州、邓州,从背后包抄汴京。十月,窝阔台围攻河中府,十二月破城。蒙古军由白坡渡河,进军郑州,与拖雷南北呼应。金潼关守将受命援汴,其黄河沿线的防线崩溃。拖雷率右路军取宝鸡后,遣使赴宋,要求借道宋境,蒙古使臣被宋边将所扣。拖雷遂于当年八月率兵3万攻破大散关,进入宋境。同年冬,蒙古军假道宋,顺汉水东下,经兴化(今陕西省汉中市)、洋州(今陕西省洋县)、金州(今陕西省安康市),攻占房州(今湖北省房县)、均州(今湖北省均县北),后渡汉水北上进入金邓州境内。金将领完颜合达、移剌蒲阿率20万军守邓州。太宗窝阔台四年(1232年)正月,金军进军钧州(今河南省禹县)附近的三峰山时,遭拖雷军阻击,双方激战。金主将完颜合达战死,移剌蒲阿被擒,金军主力15万全被歼灭。随之,河南十余州均被蒙古军占领,拖雷同窝阔台在钧州会合。不久,窝阔台与拖雷北返,留速不台攻汴京,要求金投降,金哀宗也想向蒙古求和,但汴京军民奋力抗蒙,金军用"震天雷""飞火枪"杀伤大量攻城的蒙古军,速不台久攻不下,只得带领军队暂时撤退。

　　同年十二月,蒙古军与南宋达成协议,约定联兵灭金,事成后,黄河以南之地归还宋朝。这时速不台再次率兵围攻汴京,汴京粮尽援绝,形势危急。金哀宗离开汴京后,逃奔归德(今河南省商丘市)。太宗窝阔台五年(1233年)年初,金汴京西面元帅崔立杀汴京留守,献城降蒙。

　　蒙古军攻克汴京后,追击逃到归德的金哀宗。这时南宋按照约定出兵伐金。四月,宋将孟珙率兵进攻唐、邓州,打败金将武仙。六月,蒙古军占领洛阳,金哀宗又从归德逃到蔡州(今河南省汝南县),蒙都元帅塔察儿率军围蔡州。此时,蒙和金都很缺乏军粮。金首先向南宋求和借粮,遭到拒绝。八月,蒙古再派使臣到南宋,约请联合围攻蔡州,宋方积极响应。派孟珙从襄阳提兵北上,攻下唐、邓二州后,率2万人马,带30万石粮食,帮助蒙古军围攻蔡州。太宗窝阔台六年(1234年)正月,宋、蒙联军攻破蔡州,金哀宗自杀,金朝灭亡。

第五章　蒙元一统

第一节　一代天骄成吉思汗

成吉思汗是蒙古汗国的开国君主,他姓孛儿只斤,乞颜氏,名铁木真。

一、英雄出生

南宋高宗绍兴三十二年(1162年),成吉思汗出生在漠北鄂嫩河畔一个蒙古贵族世家。他的五世祖和四世祖曾被契丹国封为属部官令稳和详稳;他的曾祖父合不勒汗、伯祖父忽都剌汗都做过蒙古部主;他的父亲也速该有巴特尔的称号,是一个有实力的贵族。当时,蒙古高原部落林立,蒙古人、塔塔儿人、克烈人、乃蛮人、蔑儿乞人、斡亦剌人争战不休。这些部落都曾对辽金两朝有臣属、纳贡关系,但又时服时叛。战争日益频繁,规模日益扩大,部落结构常被打破,往往会形成跨部落的军事联盟,从而出现走向大规模联合的客观趋势。成吉思汗出生时,受金朝支持的塔塔儿人正与蒙古人发生激战,他的父亲也速该俘获了塔塔儿首领铁木真,便用俘虏的名字为婴儿命名,以纪念胜利。

二、艰难岁月

南宋孝宗乾道六年(1170年),铁木真9岁,他的父亲也速该被塔塔儿人毒死,所领部众纷纷离去,母亲诃额伦夫人领着铁木真和他的几个弟弟艰难地生活。少年铁木真曾被泰赤乌贵族掳去,被囚禁了起来,逃回后投靠了蒙古高原上最强大的克烈部部主脱里汗。不久,铁木真的妻子孛儿台又被蔑儿乞人掳去,他求脱里汗约其附庸扎答阑部主扎木合共同出兵打败蔑儿乞人,夺回了妻子。当时,蒙古部众大都在扎木合控制之下,于是铁木真便投靠了扎木合,随其游牧。在这一过程中,铁木真笼络人心,招徕人马,最后脱离扎木合,建立了自己的斡耳朵。约在12世纪80年代,铁木真称汗。扎木合率领扎答阑、泰赤乌等十三部来攻,铁木真兵分十三翼迎战,不敌而败,这次战斗史称十三翼之战。

三、雄鹰展翅

南宋宁宗庆元二年(1196年),金兵征讨塔塔儿部,铁木真和克烈部脱里汗出兵帮助金朝,打败了塔塔儿人。金朝封授脱里汗为王,从此称王汗;授铁木真部长之位。不久,克烈部发生内乱,王汗的弟弟引乃蛮人来攻王汗。王汗只身逃奔西辽,又经畏兀儿、西夏返回蒙古高原。因为得到了铁木真的援助,王汗很快恢复了统治。后来,铁木真与王汗联兵攻打乃蛮部,回师途中又与乃蛮本部相遇。王汗见敌军势力很强盛,不告而退,把铁木真留在乃蛮兵锋之下。铁木真发觉后,也迅速撤兵,回到自己的牧地撒里川(在今蒙古国克鲁伦河上游之西),把王汗暴露在敌人面前,王汗因此大败。铁木真又担心跟随王汗的蒙古部众被乃蛮吞并,便派手下被称为"四杰"的博尔术、木华黎、博尔忽、赤老温领兵救援王汗,击退了乃蛮。

针对铁木真和王汗的合作,蒙古高原上形成了塔塔儿、乃蛮、斡亦剌、泰赤乌、扎答阑、合答斤、散只兀等大小十余部的联盟,在犍河(今内蒙古额尔古纳河支流根河)共推扎木合为汗。南宋宁宗嘉泰元年至南宋宁宗嘉泰二年(1201—1202年),铁木真和王汗联兵与扎木合联盟先后大战于海拉尔河(今内蒙古呼伦贝尔市海拉尔河)流域和金界壕沿边的阙奕坛等地,获胜。扎木合投降王汗。南宋宁宗嘉泰二年(1202年),铁木真消灭了四部塔塔儿,占领了呼伦贝尔高原,实力大增。

王汗看到铁木真在不断壮大,便在南宋宁宗嘉泰三年(1203 年)对铁木真发起突然袭击,铁木真败退到哈勒哈河以北。不久,铁木真乘王汗不备,进行奇袭,直捣王汗牙帐,克烈部亡。同年,为金朝看守金界壕的汪古部也归附了铁木真。南宋宁宗嘉泰四年(1204 年),铁木真与乃蛮人决战,消灭了乃蛮太阳汗的宫帐,成为蒙古高原最大的统治者。

第二节　建立汗国

南宋宁宗开禧二年(1206 年),斡难河(鄂嫩河)源召开了盛大的忽里台大会,树九旒白旗。铁木真建立蒙古汗国,即大汗位,号成吉思汗。蒙古汗国初期,成吉思汗把全部蒙古牧民划分和固定在 95 个千户中。千户下设百户、十户。千户那颜都是成吉思汗的封臣,成吉思汗把一部分千户作为领民分给诸弟诸子,形成左右手诸王。又以木华黎、博尔术为左右万户那颜,即两个最大的军事长官。把原来只有 150 人的怯薛(宿卫军)扩充到 1 万人,征调千户那颜、百户长、十户长的子弟充当怯薛,以此控制汗国。设扎鲁忽赤掌管户籍、词讼等行政、司法事务。蒙古汗国建立后,原来的许多部众被分编到不同的千户中。

南宋宁宗开禧三年(1207 年),吉利吉思部归附。南宋宁宗嘉定二年(1209 年),畏兀儿部归附。南宋宁宗嘉定四年(1211 年),哈鲁剌部归附成吉思汗。南宋宁宗开禧元年(1205 年)和南宋宁宗开禧三年(1207 年),成吉思汗攻入西夏,掠走了大批骆驼和财物。南宋宁宗嘉定二年(1209 年)又大举进攻,引黄河水淹灌西夏都城中兴府(今宁夏回族自治区银川市),西夏不得已,纳女请和。

第三节 南下攻金

太祖成吉思汗六年(1211年),成吉思汗率领大军南下攻金。当时金朝正处于重重社会危机之中,政治腐朽,经济凋蔽,财政拮据,阶级矛盾和民族矛盾不断激化,无力抵御蒙古入侵。据守野狐岭的金军号称40万,但一触即溃。在浍河堡决战中,成吉思汗实行中央突破,全歼金军主力。太祖成吉思汗八年(1213年),成吉思汗南出紫荆关,兵分三路横扫华北平原,掠获财物,俘虏工匠。金朝无力抵抗,于太祖成吉思汗九年(1214年)向成吉思汗献上歧国公主及大批金银珠宝。金宣宗随后从中都迁都至南京(今河南省开封市)。太祖成吉思汗十年(1215年),蒙古军占领中都,华北、东北的地主武装纷纷投降蒙古,倒戈攻金。太祖成吉思汗十二年(1217年),成吉思汗封木华黎为太师国王,专事攻金,自己准备西征。太祖成吉思汗十三年(1218年),成吉思汗派大将哲别攻打西辽,西辽亡。

第四节 西征中亚

太祖成吉思汗十四年(1219年),成吉思汗率20万大军西征,向中亚的花剌子模发动了战争。摩诃末算端(算端即国王)统治的花剌子模是暂时的军事行政联合,由不同民族、部落组成,内部矛盾重重,政局不稳。战争开始,摩诃末算端便失去了抵抗信心,一味远逃,幻想蒙古军抢夺一些财物后可自行退去。花剌子模失去统一指挥,兵力分散,只有各个孤城的防御,没有大兵团的野战反击,使蒙古军队一开始就居于优势。成吉思汗几路进兵,分割包围了各战略重镇,各个击破。太祖成吉思汗十四年(1219年),蒙古军围攻讹答剌城,次年攻克。太祖成吉思汗十五年(1220年),成吉思汗的儿子术赤、窝阔台、察合台率兵攻克花剌子模都城玉龙杰赤(今土库曼斯坦乌尔根奇），成吉思汗幼子拖雷则率军进入呼罗珊地区。哲别、速不台奉成吉思汗之命穷追摩诃末算端，摩诃末算端逃至里海孤岛病死。太祖成吉思汗十六年（1221年），成吉思汗追击花剌子模新算端扎阑丁至印度河，不获而还。太祖成吉思汗十七年（1222年），成吉思汗在中亚占领区设置达鲁花赤（行政官）监治。太祖成吉思汗十八年（1223年），返回撒麻尔干驻冬，次年启程回国。

第五节　汪古部与赵王城

一、发现赵王城

民国十六年（1927年）6月，初夏的阴山后草原迎来了一支由中国和瑞典科学家共同组成的"西北科学考察团"。他们在距离百灵庙东北约30公里的艾不盖河上游发现了一座古城遗址。城垣已经颓败不堪，只有西墙和东墙尚残存一些，仍可见4米多高的城墙夯层。这座古城坐北朝南，平面呈长方形，周长3000米有余。城墙的四面都设有城门，墙的四隅可以看到当年角楼的土墩。古城内原有的那些殿堂楼宇和寺庙民宅都已荡然无存，只留下那些突兀在瓦砾堆中的一座座平台、土墩和满地的砖石。古城中的街道不难辨认，正对四个城门都贯通一条大街。在中央大街交会处的北侧，有一组建筑废墟格外引人注目：这是一处大型的四合院式殿堂，庭院正中有一座高约3米的大型台基，上面原有的柱础犹存，瓦砾中夹杂着许多黄色和绿色的琉璃瓦。考察团中的一位考古学家黄文弼在这处遗址废墟中找到一块刻有"王傅德风堂碑记"的石碑。这块石碑告诉人们：这里是元代汪古部的赵王城。

二、汪古部旧事

汪古部是一个老部落。它的族源可以追溯到突厥，也可以追溯到东胡系统的室韦。室韦中有一支叫黑车子室韦,从遥远的东北来到阴山后突厥故地,有一部分人与突厥沙陀等族杂居,形成了一个兼有突厥和室韦血统的新部族,就是汪古部。

汪古部在辽金时期曾归附辽金,特别在金朝时,专门守护金长城,但是于成吉思汗攻金前的南宋宁宗嘉泰四年(1204年)归降了成吉思汗,并为成吉思汗攻打乃蛮部做先导。成吉思汗便与汪古部首领结为"安答"(意为兄弟),并将自己的女儿阿剌海别吉嫁给了汪古部首领的长子不彦昔班,不彦昔班被害后,阿剌海别吉又改嫁镇国。太祖成吉思汗元年(1206年),成吉思汗建蒙古国,封汪古部首领为北平王。太祖成吉思汗十二年(1217年),成吉思汗留大将木华黎专事攻伐金朝,曾将汪古部的1万人编入木华黎的亲军,同时令阿剌海别吉留守阴山,兼任蒙古国的监国公主。因为成吉思汗亲征西域,所以汗国内诸事都须由太师国王木华黎具体负责,凡遇大事则须向监国公主咨禀而后行。

三、元朝驸马城

成吉思汗西征归来,身边带着汪古部的一位战将孛要合,他是汪古部首领的幼子。孛要合归来时,镇国已亡,成吉思汗令监国公主改嫁孛要合,授孛要合为北平王。孛要合随成吉思汗西征期间,成吉思汗四子拖雷之女独木干公主嫁给汪古部的年轻首领聂古台。

定宗贵由元年(1246年),成吉思汗三子窝阔台之子贵由继汗位,将女儿叶里迷失公主嫁给汪古部首领孛要合的长子君不花;元世祖中统元年(1260年),忽必烈继汗位,把女儿嫁给孛要合的二子爱不花。随后,又有爱不花之子阔里吉思娶忽必烈的孙女忽答迭迷失公主。

阔里吉思是一位忠勇刚烈的元朝驸马,并且喜读汉儒经史。元成宗大德二年(1298年),阔里吉思率军与西北叛王笃哇交战,穷追笃哇于险地,终因孤军深入而被俘。笃哇是成吉思汗二子察合台的后代,也是黄金家族后裔,既俘阔里吉思,便提出将自己女儿嫁给他,遭到阔里吉思的严词拒绝:

"我是皇帝的女婿,没有皇帝和皇后的命令,我怎么能再娶呢!"笃哇诱降不成,便将阔里吉思杀害在西北荒远之地。

阔里吉思死后,因为其子术安年幼,便由阔里吉思的弟弟术忽难继任汪古部首领。元武宗至大二年(1309 年),术忽难受封为赵王,以后历任汪古部首领都袭封为赵王。术忽难在侄子术安成人后,让位给术安袭任汪古部首领。元英宗至治二年(1322 年),术安娶元世祖忽必烈的曾孙女为妻,元朝赐钞50 万币帛给术安。术安继位后首先奏请皇帝要将先父阔里吉思的遗骨运回汪古部。元武宗海山闻奏后叹赏说:"术安真是一个孝子啊!"遂派将卒600 多人将阔里吉思的遗骨运送回汪古部埋葬。

终元一代,汪古部首领代代为皇朝驸马,赵王城便成了驸马城。

四、多元文化汇聚地

民国二十年(1931 年),当西北科学考察团的部分考察报告在《燕京学报》上发表后,赵王城古城遗址立刻引起了国内外学者的关注。民国二十一年(1932 年)春,美国旅行家欧文·拉铁摩尔来到古城考察,他在赵王府遗址的附近发现了几块刻有十字架图徽的景教墓石。民国二十八年(1939 年)和民国三十一年(1942 年),日本学者江上波夫在古城及附近一带也发现了一些景教墓石。这些墓石的标志和内容证明汪古部在将聂斯脱里派景教作为正宗信奉宗教的的同时,还曾一度信奉过罗马教,并证明汪古部直到 12 至13 世纪,依然使用的是突厥文和古叙利亚文。在上述调查材料中,有汪古部首领阔里吉思的一块墓石,墓石的铭文为叙利亚文,其意为"神的仆人天主公教会教徒阔里吉思阿门"。从铭文中可以看出,阔里吉思是一位罗马教徒。有资料记载,阔里吉思率众在皈依罗马教后,还在赵王城建造了一座壮观无比的教堂。但是这座罗马建筑在哪一个位置呢?人们把搜寻的目光投向了城内西北角的一处高大建筑物遗址上。这组建筑物的遗址保存较好,主体建筑的大殿面积近 100 平方米,考古工作者还在瓦砾中发现了白色的硫璃瓦和雕有古罗马装饰风格的贴面花砖,这无疑是阔里吉思建造的罗马天主教堂了。

汪古部的赵王城同时也是蒙古汗国的德宁路治所。由于其地处要冲，曾经是蒙元时期由中国通往中亚的草原丝绸之路的必经之地，是中西方文化交流的桥梁，也是宗教文化荟萃的一座古老名城。除了景教教堂、罗马教堂，还有佛教寺宇、儒学文化遗存等，文化风貌之丰富令人叹为观止。

元顺帝至正二十八年(1368年)八月，明军攻克大都，元朝溃亡漠北。汪古部的最后一个首领汪古图降附了明军。明政府为防止汪古部反叛，便将汪古部部众迁离赵王城，分散安置。赵王城便再也没有人居住了。

今天，内蒙古自治区达尔罕明安联合旗的蒙古族牧民把这座城垣遗址称为"敖伦斯木"，意为"有众多寺庙的地方"。

第六节　金莲川上的元上都

一、金莲川的幕府

南宋理宗淳祐十一年(1251年)六月，在斡难河畔的曲雕阿兰召开了一次忽里台大会，确认了两年前宗王拔都的提议，议立成吉思汗四子拖雷的长子蒙哥为蒙古汗国的新大汗。于是蒙哥正式登上了大汗宝座。至此，蒙古汗国从成吉思汗三子窝阔台系转到了四子拖雷系。

蒙哥一即汗位，就命自己的弟弟忽必烈负责"漠南汉地军国庶事"，使忽必烈由蒙古汗室的普通亲王一跃而成为执掌汉地大权的首领。秋高马肥之时，忽必烈就把自己的藩府南迁到了金黄色的草原——金莲川。随他一起南下的还有一些汉儒名士，如金朝状元王鹗，名士元好问、张德辉，以及早已投奔忽必烈的大学者刘秉忠等。忽必烈的金莲川幕府一建立，天下名士会集在这里，都愿意为忽必烈效劳。

南宋理宗宝祐四年(1256年)，忽必烈命谋臣刘秉忠在金莲川勘察地形，选址建城。刘秉忠选择了"龙岗蟠其阴，滦江经其阳，四山拱卫，佳所葱郁"

的佳地,建起了开平府城。从城西北的龙岗山上向南眺望,可见金莲川平坦辽阔,闪电河(滦河)由西向东,环绕着城垣缓缓流去。平川南部便是燕山山麓,有一道东西横亘的坝状高冈,登冈南望,可见燕山群峰如万顷波涛……

二、开平府即位

南宋理宗宝祐七年(1259年),开平府建成。九月,传来大汗蒙哥阵亡的凶讯。当时忽必烈正指挥大军向南宋兵所据的鄂州进发。他的夫人察必派人驰报信息,要他速返蒙古汗廷哈剌和林。忽必烈召集将臣议事,谋臣郝经和廉希宪都劝他当机立断,速还京师,以正大位。

南宋理宗景定元年(1260年)三月,忽必烈至开平府,邀请东西道部分宗王,召开忽里台大会。到会诸王拥戴忽必烈即位蒙古大汗。根据刘秉忠的建议,是年五月建元中统,蒙古汗国至此有了年号。在忽必烈的建元宣言里,他强调蒙古汗国既要保留蒙古民族的某些"洪规",又要按照中国历朝封建制度确定国家仪制。同时,他也明确宣告了统一中国的决心。

而在漠北的蒙古汗廷则另有忽必烈的幼弟阿里不哥略早于忽必烈登上了大汗之位,于是一场汗位之争便不可避免。南宋理宗景定元年(1260年)冬,忽必烈率大军抵哈剌和林。南宋理宗景定二年(1261年)十一月大胜阿里不哥军。但到了南宋理宗景定五年(1264年)才迫使阿里不哥降服。这四年间,忽必烈一直在开平府坐镇指挥。

三、兴建上都

元世祖忽必烈中统四年(1263年),忽必烈在刘秉忠已经规划好的地方大兴土木。元世祖忽必烈至元三年(1266年),先建成内宫城的核心建筑——大安阁。元世祖忽必烈至元四年(1267年)建孔子庙。元世祖忽必烈至元十一年(1274年),邀请尼泊尔籍建筑师阿尼哥建乾元寺,同时依次建成宫城、皇城及外城。元世祖忽必烈至元元年(1264年),忽必烈诏令将金朝时的燕京移建为大都(今北京市)，由谋臣刘秉忠全权筹划。开平府便成了上都。大都和上都两都并行，一个在燕山南麓的农业区，一个在燕山北麓的牧业区。元世祖忽必烈确立了两都制。两都制既适应于元代管理多民族条件下经济文化形态的需要，也适应蒙古民族保持与蒙古各部宗王频繁联系的需要，还适应游牧民族设置冬营盘与夏营盘的习惯。

上都宫城位于皇城中部略偏北。城墙东西570米，南北620米，黄土夯筑，外包青砖。南有阳德门，东有东华门，西有西华门。城墙四周筑高大角楼。城内有通向三门的厂型大街，分布着许多自成一组的建筑群，宫殿均建在高大的台基上，泉池穿涌其间。除大安阁外，宫城内还有大明殿、鸿禧殿、鹿顶殿、楠木殿及奎章阁等。

上都皇城外套宫城，方形，边长1400米，城墙以黄土夯筑，用石块包砌。东西两墙各设两门，等距离排列。南北墙的中间各设一门，宫城的阳德门正好在皇城的中轴线上，城门对称分布，主次分明。皇城南部有许多大型建筑台基，是重要官署、府第遗址。皇城东北隅有龙光华严寺，西北隅有乾元寺，东南和西南角也各有一座寺庙。

上都外城包皇城，方形，边长2200米，东墙和南墙部分段与皇城的东墙、南墙重合。城墙系黄土板筑，外以石块包砌。南面、西面各开一门，北面开两门。城西北角有宽25米的护城河。城的北部是苑囿，又称御马园，苑囿里松柏葱郁，花草芳香。还有东西长350米，南北宽200米，用石块垒成的大围墙。这里是培植奇花异草和驯养珍禽异兽的场所。

外城向外的东、西、南三面都有面积颇大的关厢区。南关外延600米，过滦河，以石桥连接；东关外延800米，并向东北方向扩展；西关很大，约1000余米，直到西山前古渠旁；外城外部为苑囿，设有关厢区。城厢除房屋外，还有密布排列的毡帐，供蒙古牧民居住。

上都城的建筑布局表现了当时中国的建筑水平，兼有民族特色。作为元朝的夏都，上都城内官衙林立。作为漠南漠北的要冲之地，上都同时也是重要的商品生产基地和商品集散地。上都是中原汉族农业、手工业与北方蒙古族畜牧产品贸易的集散地，也是东西方商品贸易的集散地。从上都出发,向南有四条驿道通往大都,向北有两条驿道与哈剌和林相连。东接辽阳行省,西经草原丝绸之路到达新疆,抵中亚和欧洲。

四、上都的政治活动

南宋理宗宝祐六年(1258 年)夏天,尚未称帝的忽必烈以宗王身份在开平府主持佛道大辩论。到会僧人 300 余人,道士 200 余人,儒生、官员 200 余人。最后,以藏传佛教萨迦派僧人八思巴为首的佛教获胜,此后元朝便尊崇释佛。

元世祖忽必烈中统三年(1262 年),忽必烈在上都召见了著名的天文和水利学家郭守敬,听取了关于水利建设的有关建议。元世祖忽必烈至元十七年(1280 年),忽必烈又在上都为郭守敬、许衡、王恂等人编写的新历法赐名为《授时历》。

元世祖忽必烈至元四年(1267 年),元世祖忽必烈接受了阿拉伯天文学家扎马鲁丁献给他的阿拉伯系历法《万年历》及七件天文仪器,并于元世祖忽必烈至元八年(1271 年)诏令扎马鲁丁在上都兴建司天台(天文台)一座。元世祖忽必烈至元二十二年(1285 年),忽必烈又命扎马鲁丁负责监修全国地理志《大元一统志》。

元世祖忽必烈中统元年(1260 年),忽必烈在上都下诏发行"中统元宝交钞"等纸币,对世界产生了广泛的影响。同时元朝政府规定,外国人来华所带来的金、银、珠宝、皮革、药材、香料等,必须从元朝官府处兑换成纸币,然后再购买其他货物,这样大大促进了世界货币的变革。

元世祖忽必烈至元十一年(1274 年),忽必烈将 20 万蒙古军交付征伐南宋的元帅伯颜,并携伯颜到上都驻夏。六月,发布讨宋诏书,开始了为期五年的征伐南宋的战争。

元世祖忽必烈至元十二年(1275 年),忽必烈在上都接见了第二次到访的意大利商人尼柯罗兄弟,并第一次见到了随尼柯罗兄弟前来的马可·波罗。马可·波罗在上都用很短的时间就学会了蒙古人的礼仪,并且熟通了四种文字。忽必烈惊其才能,就把马可·波罗留下来。后来,马可·波罗在中国生活了17年,回国后口述了不朽的《马可·波罗游记》。

第七节　达里湖畔的应昌府

一、达里诺尔湖古城

大兴安岭西南部尾端与辽阔的内蒙古高原会接的地方,团抱着一颗明珠,那就是美丽的达里诺尔湖,或称达里湖。民国诗人王枢在他的《访古诗》中写道:"中函岛屿水平铺,绝妙禽鱼飞跃图。自古英雄勤远略,至今留得大儿湖。"所谓"大儿湖"就是"达里诺尔",蒙古语。它位于内蒙古赤峰市克什克腾旗西部,湖水水面200余平方公里。达里湖是珍禽栖息之所,有天鹅、鸥、鹭、雁和罕见的丹顶鹤。

达里诺尔湖东面是一望无际的贡格尔草原,有贡格尔河、沙里河蜿蜒流入湖中,仿佛两条发亮的银带,飘在绿茵茵的草地上。达里诺尔湖北面有一座平顶山,蒙古语称"独石乌拉",平缓而俏丽,微微地向西北倾斜。在湖水伸向低山的平台上,一座古城的遗址散落在荒草和石林之间……

二、弘吉剌部旧事

南宋乾道六年(1170年),9岁的铁木真(成吉思汗)跟随父亲也速该到斡勒忽讷兀惕氏去求亲,那是铁木真的母舅氏族,在半道上遇到弘吉剌氏的德薛禅。知礼通达的德薛禅看中了铁木真的气质,就将也速该父子请到了自己家,把自己10岁的女儿孛儿台许给了铁木真。后来,铁木真的家破落了,德薛禅一家仍践行婚约,把女儿嫁给了铁木真。德薛禅所属的弘吉剌部在铁木真的统一大业中,一直是坚定的支持者。

弘吉剌部牧地北起海拉尔河、额尔古纳河上游,南至喀尔喀河、乌拉盖河一带,大致位于今呼伦贝尔市西端。根据蒙古人的传说,弘吉剌部的祖先与蒙古人的祖先一同迁出额尔古纳河,且与蒙古部世代通婚。成吉思汗与孛儿台结婚以后,加深了两部之间的亲密关系。元世祖忽必烈的两位夫人也出自弘吉剌部。

成吉思汗六年(1211年),成吉思汗率大军南征金朝,就是从达里诺尔湖岸旁进入的。也许当时战马嘶鸣、征伐在即,成吉思汗没有过多地留意达里湖的旖旎。但当成吉思汗九年(1214年)他从金国返回时,注意到了怡人的草原湖色。成吉思汗驻夏于达里诺尔湖,他想到了弘吉剌部,他妻子的家族。于是他把附近这片草原分封给了弘吉剌部德薛禅诸子。成吉思汗的继位者窝阔台汗下旨令:"弘吉剌部生女世为后,生男世尚公主……世世不绝。"这样,弘吉剌部在元朝时出过21位后妃和19位驸马。

三、应昌鲁王府

元世祖忽必烈至元七年(1270年),忽必烈的女儿囊加真公主携夫君弘吉剌部万户长斡罗陈一起到上都拜见忽必烈,请求在达里诺尔湖畔建城居住,忽必烈允准,并赐名"应昌府"。后来弘吉剌部子孙受封为"鲁王",应昌府(路)同时也称为鲁王城。

应昌府由内城、外城和关厢三部分组成。外城呈长方形,南北长800米,东西宽650米,城墙为黄土板筑,辟东、西、南三门。外城南部街道交叉,形成八块近方形的街区,多为店铺民宅。其东部为儒学所在地。外城北半部西北隅有寺观建筑群。应昌府的内城近似正方形,鲁王宫坐落于外城中间稍靠北处,南北长240米,东西宽220米,四面围墙中部均辟有城门。鲁王宫内曾经殿宇林立、亭榭拱卫,前面的湖河和草原也尽收眼底。

应昌王府同样处于漠南通往漠北的要冲。鲁王宫东西两侧分别有都总管府、钱粮总管府、怯怜口总管府、兵马司、转运司等衙署,足以见证当年这里的繁华。

四、大元末都

元顺帝至正二十八年（1368年）夏天,明军主帅徐达率兵进逼大都。兵临城下,元朝皇帝妥懽帖睦尔夜开建德门,与后妃、太子及臣僚百余人北走上都。上都虽然几度遭到红巾军的攻毁,但妥懽帖睦尔到达上都后,控制了局势,并组织力量,准备进行收复大都的军事行动。皇帝命令扩廓帖木儿率兵出雁门关,从太原方向进攻大都。徐达则率兵袭击太原。扩廓帖木儿还兵救援,与徐达军决战。徐达使计夜袭扩廓帖木儿军营,大败元军。元顺帝至正二十九年（1369年）五月,妥懽帖睦尔再令丞相也速出兵大都,同样没有结果。妥懽帖睦尔只好于8月撤离上都,抵达应昌府。

达里诺尔湖清澈的湖水和湖岸美丽的草原风光,此时都不能给这位刚失去两都的皇帝以更多慰藉。好在明军还要巩固那些攻占不久的城池,没有向草原纵深追来。妥懽帖睦尔松了一口气,仍然坚持不懈地组织收复大都的军事行动。数十万元军再一次应诏前来,以应昌为核心,在数百里内布起防线,并遥控陕西元军与明军周旋。

应昌府成了皇帝的离宫,达里诺尔湖畔出现了只有在皇宫才能感受到的笙歌燕舞。然而前方的消息越来越糟糕,收复大都的反攻元军一次次被击溃,拱卫应昌的战略要地也相继失守。元顺帝至正三十年（1370年）初夏,妥懽帖睦尔一病不起。接着,由皇太子爱猷识理达腊继承了皇位。

而当此时,明军将领李文忠又一次进逼上都,从投降的上都守军那里得到妥懽帖睦尔已亡的消息,还从报丧信使处侦知应昌府的兵力情况,于是亲率精骑5万昼夜兼程奔袭应昌。爱猷识理达腊率领不足2万的老弱残兵仓促应战,无济于事。元军一触即溃,爱猷识理达腊北遁而去。应昌府挂起了大明的旗号。

此后,应昌成为明朝反击北元军的前哨阵地,惨烈的拉锯战持续了数十年。明代宗景泰元年（1450年）,数度易主的应昌城最终还是被明军焚毁,这座美丽草原上的湖岸城池就此湮灭于萋萋荒草之中……

第六章　明蒙通贡与盟旗分封

"中华民族作为一个自觉的民族实体,是百年来中国和西方列强对抗中出现的,但作为一个自在的民族实体则是几千年的历史过程所形成的,它的主流是由许许多多的分散孤立存在的民族单位,经过接触、混杂、联结和配合,同时也有分裂和消亡,形成一个你来我去、我来你去、我中有你、你中有我的,而又各具个性的多元统一体。

——费孝通

第一节　明达延汗重整漠南

一、明初北征

明太祖洪武三年(1370 年)一月,时妥懽帖睦尔在长城附近。朱元璋以徐达为大将,以李文忠等为副将军,分道出兵。徐达自潼关出西道,李文忠自居庸关出东道追元主。二月,北平守御华云攻克云州(今河北赤城);大同指挥金朝兴攻克东胜州(治所在今内蒙古托克托县城关镇大皇城),并捕获元平章政事刘麟等 18 人,随后攻取云内州(治所在今内蒙古托克托县古城乡古城)、丰州(治所在今内蒙古呼和浩特东白塔村西南);都督同知汪兴祖攻克武、朔等州。关外悉平息。明以元旧制,设东胜州、云内州、丰州、属大同府。当年四月,妥懽帖睦尔病逝于应昌。子爱猷识理达腊继位,改元年号

"宣光"。五月,明军攻克应昌城。接着继续实施对北元汗廷的进攻。明太祖洪武二十一年(1388 年),明军以蓝玉为元帅,率兵 15 万人远征,在捕鱼儿海(今内蒙古呼伦贝尔市贝尔湖)重创北元军队。北元大汗直接指挥的军队和直接拥有的财产丧失殆尽。最后,北元大汗脱古思帖木儿也被权臣缢杀。自此,蒙古草原大乱。

明惠帝朱允炆建文四年(1402 年),明朝结束了数年的"靖难之战",由燕王朱棣夺得皇位,是为明成祖。明成祖即位初年,北方蒙古方面已经明显分裂为两部分,即东部的蒙古本部(明朝称为鞑靼)和西部的瓦剌蒙古。对此,明朝方面采取威胁利诱的手段,分化瓦解东、西部蒙古。明成祖永乐二十年至永乐二十二年(1422—1424 年)连续出征蒙古。1424 年四月,明成祖御驾亲征,兵发北京。六月,大军到达大兴安岭西南的纳墨尔根河,四望荒无人烟,未见一人。分兵搜索远近山谷,在周围 300 余里范围内,也没有找到一人一骑。六月二十日,明成祖宣谕班师回朝。七月十六,明成祖在回军途中突然发病,次日到达榆木川(今内蒙古东乌珠穆沁旗东南)暂驻,七月十八病逝。

二、东西蒙古混战

明成祖之后,明军再没有发动大规模的进攻打蒙古的战争。然而在蒙古高原上却不断有东、西蒙古的混战以及蒙古汗的内讧。明宣宗基宣德九年(1434 年)二月,西部蒙古瓦剌部领主脱欢和他所拥立的脱脱不花汗袭击东部蒙古权臣阿鲁台和阿岱汗,阿岱汗、阿鲁台率部徙居母纳山(今内蒙古乌拉特前旗乌拉山一带)。七月,脱欢出兵再击阿鲁台,刺杀阿鲁台于母纳山察罕脑剌,使其部属溃散,阿鲁台所拥立的阿台可汗等残部百余人逃往远处,这样,曾经主持蒙古本部(东部蒙古)政局近 30 年的阿鲁台政权灭亡了,西部瓦剌蒙古控制了局势。

明英宗正统四年(1439 年),西部蒙古瓦剌部强臣脱欢逝世,他的儿子继承了他的位置,统领瓦剌部众,成为蒙古的实际统治者。此前 80 年间,蒙古经济处于迅速衰退时期。由于连年战争,致使草原城市遭到破坏,城市手工业也随之消失;货币绝迹,畜产品的交换以易物形式进行。人口锐减,牲畜头数也在大幅度减少,广大的蒙古牧民处于最艰难的境地。在这样的背景下,草原上的人渴望统一。瓦剌部统一蒙古后,草原经济开始得到一定程度的恢复。

明英宗正统十四年(1449年),鞑靼也先部发起了对明廷的进攻。七月十一,也先派出由他控制的脱脱不花汗入辽东,为东路;中路由阿剌知府率领入侵宣府(今河北张家口市宣化区);也先本人则亲率大军进军大同;另遣一将入攻甘州(今甘肃张掖市)。七月十七,明朝方面,英宗皇帝御驾亲征,数十万军队仓促组成。八月十四,经过几个回合交战后,明军撤至土木堡(今河北省怀来县西),被瓦剌军包围。第二天,明军开拔,被瓦剌军全线攻破,死伤数十万,明英宗本人被俘。瓦剌军获得了意外胜利,史称"土木堡之变"。明代宗景泰四年(1453年)夏,瓦剌部领主也先在清除了傀儡可汗脱脱不花和其他部落首领之后,自立为汗,成吉思汗以来,也先是第一位也是唯一一位非黄金家族子孙出任蒙古大汗的人。然而,也先任蒙古大可汗的时间只有一年多。明代宗景泰五年(1454年)八月,也先在突然爆发的内讧中被杀。

也先一死,蒙古又陷入混战之中。虽然断断续续有过几位黄金家族后裔出任可汗,但并没有有效控制局面。直到20多年后,出现了中兴之主达延汗,蒙古才走上了一条统一之路。

三、明与北元鞑靼之战

元至正二十八年(1368年),朱元璋称帝,建立明朝,改元洪武。同年秋,明军攻陷大都(今北京)。元顺帝(惠宗)妥欢贴睦尔率妃子、太子和宗室退往上都(今内蒙古正蓝旗东),史称北元。明朝打算消灭北元,统一全国,而以妥欢睦尔为首的蒙古封建主则希望重新入主中原,因而双方进行了长期的战争。明洪武二年(1369年),北元丞相也速两度进军通州,明太祖朱元璋急调在陕西凤翔作战的常遇春等部回援,常遇春等连败也速之军,乘胜进攻上都开平。洪武三年(1370 年),明廷命徐达和李文忠率军分东西两路进行北伐。李文忠率东路军出野狐岭(今河北张家口市万泉区),途中谍知妥欢贴睦尔死讯,便率军直奔妥欢贴睦尔驻地应昌(今内蒙古克什克腾旗境内),并一举攻克。新继位的北元昭宗爱猷识理达腊仅率数十骑趋走和林(今蒙古国哈尔和林)。洪武五年至二十年(1372—1387 年),明与北元多次交战于大漠南北,明派将军蓝玉等率军 15 万北征。次年夏,蓝玉大军进抵庆州(今内蒙古克什克腾旗境内),闻听北元后主脱古思帖木尔逃去捕鱼儿海(今贝尔湖),于是兼程进袭。北元军原以为明军缺水草,不知敌情,因而不敢深入重地。结果在明军突然袭击下全部败溃,北元后主随数十骑北逃。明永乐元年(1403 年)北元去国号,称鞑靼。永乐七年(1409 年),明成祖命给事中郭骥持国书通好,遭杀害。于是明成祖又多次亲征,史称永乐北征。永乐八年(1410 年),明成祖统军 50 万出塞亲征,明军越过大漠,在斡难河(今鄂嫩河)大败鞑靼军。鞑靼首领本雅失理·阿鲁仓皇北逃。永乐十二年(1414 年),成祖又统 50 万大军北征,与瓦剌部马哈木等交战于忽兰忽失温(今蒙古国温都尔汗西北),马哈木等败阵而逃。此后,鞑靼部又逐渐强盛起来,并不断南犯边塞。于是明成祖又于永乐二十年至二十二年(1422—1424 年),连续三次亲征漠北,但寻战不成,战果不佳。总之,明朝始终未能战胜北元鞑靼,统一全国。

四、满都海夫人辅政

明宪宗成化十五年(1479 年),达延汗(本名巴图孟克)在亦思马因等权臣的簇拥下,继位为蒙古大汗,这一年他才 7 岁。另有一位贵族遗孀满都海彻辰夫人,嫁给了年幼的达延汗,共同承担起了重振蒙古的重任。

当时,对蒙古大汗的最严重威胁,仍然是盘踞在北方的瓦剌。也先被刺,瓦剌一时群龙无首,但瓦剌仍然有强大的势力,况且瓦剌与黄金家族后裔还有血仇。因此,出征瓦剌是统一蒙古的第一步。明宪宗成化十七年

（1481 年），满都海夫人厉兵秣马，出征瓦剌。当时，仅有 8 岁的达延汗年幼体弱，经不起远征跋涉，满都海夫人就下令做了一只大皮箱，将皮箱缚在马背上，达延汗坐在里面，既不怕旅途颠簸，又不误行军速度。这样他们赶到漠北，逼近了瓦剌的营地。满都海夫人列兵成阵，发出进攻命令，群情激愤的蒙古骑士们呐喊着，向瓦剌冲杀过去，双方绞杀在一起，草原上扬起了无边的烟尘。最后，瓦剌的防线崩溃了……

重创了瓦剌人的锐气后，满都海夫人决定消灭强横而狡猾的亦思马因太师。从明宪宗成化十八年（1482 年）到明宪宗成化二十二年（1486 年）间，满都海夫人调动各种力量，削弱、追剿亦思马因势力，最后终于射杀了这位曾经控制过蒙古汗庭的权臣。

亦思马因之死，消除了达延汗和满都海夫人的最直接威胁，使他们能腾出时间和精力清剿瓦剌残余势力。后来多次对瓦剌出兵，主要由达延汗指挥。在激烈的战斗中，达延汗已成长为一位英勇而富有谋略的可汗。

五、统一漠南蒙古高原

明太祖洪武元年（1368 年），明朝军队占领元大都（今北京）。蒙古族退回北方草原，并继续保持政权达 260 多年，这个政权史称"北元"。北元前期，蒙古分为东蒙古（蒙古东部）和西蒙古（即卫拉特或瓦剌、元朝的斡亦剌）。约明太祖洪武二十二年至明宪宗成化十五年（1389—1479 年）期间，北元陷入了蒙古东西部封建主为争夺北元统治，各自拥立大汗，篡杀频繁的动乱中。

达延汗完成右翼三部的征服，打击了异姓势力，然后着手统一东蒙古。明武宗正德五年（1510 年），达延汗来到了已经由他控制的鄂尔多斯营地，在成吉思汗八白室前，向圣主叩拜，重新宣布大汗的称号。这样一来，东部蒙古六万户已经全部置于他的统治之下。达延汗宣布，以后不再设置由异姓封建主担任的太师、宰相之类官职；各万户的统治者，全部由成吉思汗后裔的黄金家族担任，重建了黄金家族在蒙古的绝对统治。因此，达延汗受到蒙古族人的尊敬与史家的推崇。

明武宗正德十二年(1517年),达延汗在位37年后去世,时年44岁。

六、蒙古左右翼六万户

左翼三万户包括:

察哈尔万户。在今锡林郭勒盟境内,是大汗的直属万户,达延汗就驻牧在这个万户的领地内。

喀尔喀万户。位于察哈尔万户领地的北方,以喀尔喀河(今中蒙边境的哈拉哈河)为中心的地区。

兀良哈万户。在今锡林郭勒盟、乌兰察布市北部以及蒙古国境内。因为早期兀良哈人主要以狩猎为主,所以被称为"林木中的百姓"。

右翼三万户包括:

鄂尔多斯万户。位于今内蒙古河套平原、阿拉善盟及甘肃东南部一带。鄂尔多斯是"斡耳朵"(意为宫帐)复数形式,因成吉思汗灵寝八白室设在该部落而得名。达延汗时期,鄂尔多斯万户是右翼三万户济农的直属领地,达延汗派其三子巴尔斯博罗特驻牧于鄂尔多斯。

土默特万户。在今呼和浩特市、包头市、巴彦淖尔市和乌兰察布市地区。

永谢布万户。在今河北省张家口市宣化区以北地区。

通过分封诸子,达延汗让成吉思汗黄金家族的后裔牢牢控制了各个万户和鄂托克。成吉思汗在其建立蒙古国后,就把帝国视为家族的共有财产分配给自己的子孙,但在元朝退离中原之后的100余年间,随着大汗权力的衰微,草原上的异姓封建主控制了各个领地。达延汗夺回了这些领地的统治权,重新分配给其家族成员,并由黄金家族成员重建六万户,使割据混乱的蒙古高原复归统一,给渴望安定统一的草原人民创造了较为有利的生活和生产环境,有效地改善了畜牧业生产条件,也有利于扩大产品的交换,促进了社会进步。

第二节　明蒙互市

一、蒙古渴望互市

达延汗分封诸子,重新控制了蒙古本部。六万户蒙古分成左右两翼:左翼由达延汗及其长子图鲁博罗特一系统领,蒙古汗庭也设在左翼察哈尔万户;右翼由三子巴尔斯博罗特统领,济农(副汗)帐设在右翼鄂尔多斯万户。巴尔斯博罗特济农的次子阿勒坦为右翼土默特万户领主。到 16 世纪 40 年代时,蒙古右翼的实际领导者成了阿勒坦。

阿勒坦汗(1507—1582 年),又名俺答,生于明正德二年(1507 年)二月,成吉思汗 17 世孙,达延汗之孙,巴尔斯博罗特济农之次子。幼年时驻牧于土默川的蒙古勒津部落(土默特部落的前身)。正德十三年(1518 年),统领土默特万户。

阿勒坦汗骁勇善战,富有韬略,守土拓疆,军功卓著。明嘉靖三年(1524 年),兀良哈部东攻,阿勒坦汗派遣图古凯延率兵击溃来犯之敌。成年之后,他又亲率部众六次出征讨伐兀良哈部;四次进军青海,征服卫拉特部撒拉卫郭尔;多次深入新疆,征伐瓦剌四部……终于称雄诸部。在与明王朝的军事斗争中,采取声东击西、诱敌深入、绕道奇袭等战术,屡屡获胜。多次进入山西、河北,一度围困北京,取得赫赫战功。为此,蒙古汗庭赐他"勃多汗"称号,蒙古人尊称他为"圣狮"。

明嘉靖三十三年(1554 年),白莲教吕鹤、赵全、王廷辅、李自馨、丘富等投奔土默特。阿勒坦汗妥善安置他们,并听取其意见,出榜招纳边内汉人,在板升周围从事农业生产,数年之间,板升汉人达 5 万余人,开田万顷,村连数百。"明嘉靖三十年(1551 年)明蒙互市时,土默特部提出用牛羊换粮食的要求,到明隆庆五年(1571 年)再度互市,就再没有提出这种要求,说明土默特部不再需要明朝的粮食。手工业方面也呈现出繁荣昌盛景象。产品有弓箭、戈、矛、盔甲、摇车、银碗、金杯、金鞍、金印、酒、高烛等，并出现烧砖、造纸等手工业中心。

　　阿勒坦汗在增强军事实力的同时，还注重发展土默特畜牧业、农业、手工业和建筑业。阿勒坦汗主政后，畜牧业得到很大发展，畜产品自给有余，具备同内地农区贸易的经济条件。明隆庆五年(1571年)，土默特上市成交的马匹为6037匹;隆庆六年(1572年)为6943匹，明万历元年(1573年)为11493匹;万历二年(1574年)为12670匹。阿勒坦汗发展农业主要依靠出边汉人。

　　阿勒坦汗戎马一生，早年主要是征讨蒙古兀良哈和卫拉特部，以及对抗明朝，意在巩固由他祖父达延汗创造的统一局面。到了中年之后，阿勒坦汗则主要是发动对明战争，意在通过武力迫使明朝开关互市。

　　蒙古汗庭退出中原之后，由于长期与明朝对峙而失去了农业支援，战事频繁，商路中断，单一的原始畜牧业经济使蒙古族人的生活陷于极其困难的境地。为摆脱困境，各时期的蒙古封建主都曾与明朝进行通贡。所谓通贡便是由蒙古商团赶着马到明朝地界，向守边将军交验明廷所赐敕书，或加盖明廷所赐官印的一份贡表，由边官送往京师，在明朝方面这叫"进贡"。明朝皇帝收到贡表御览，然后做出两个层次的回复;第一是"给赐"，显然是给赏的意思;第二是"回赐"，就是将贡物计算价值，给予相益的货物或货币。"给赐"和"回赐"的货物一般都很珍贵，如彩缎、苎麻、折纱、绢等物，常常针对蒙古贵族和特权者。与朝贡并行的是马市，是一种广泛的贸易形式，如果朝贡还在进行，那么马市就开放着;如果蒙古与明朝关系恶化了，那么马市也就关闭了。马市关闭，战争发生。贸易和战争这两种情况交替进行，构成了明蒙关系的最主要内容。

二、屡求通贡

　　明嘉靖二十年(1541年)，阿勒坦汗第一次出面向明朝求贡。当时他派出了两位使者，一位是汉族人石天爵，另一位是蒙古人族肯切。两人到了大同,持书求贡,言词恳切,请求恢复通贡互市。大同巡抚拿着阿勒坦汗的书信到北京面见皇帝。这一年正是嘉靖二十年(1541年),明朝的皇帝是明世宗朱厚熜。接到阿勒坦汗的求贡书后,皇帝召集大臣商议此事。当时在大同等地执行公务的巡按御史谭学发表意见,认为阿勒坦汗确有诚意通贡。兵部开会讨论时也同意谭学的判断。皇帝起初也有通贡之意,但后来却变卦了。不但拒绝通贡,而且还要悬赏阿勒坦汗首级。于是引发了一场战争,阿勒坦率兵破关,长驱直入晋中平原,杀掠万计。

明嘉靖二十一年(1542年)盛夏,阿勒坦汗再次派遣石天爵、满受秃为特使,到大同镇边堡求贡。这一回大同巡抚龙大有索性诱捕了特使,皇帝为此提拔龙大有为兵部右侍郎兼右副都御史,并将石天爵和头一年扣留的蒙古使臣肯切杀掉,传首九边。阿勒坦汗震怒,于是一场更大规模、更持久的杀掠战争爆发了。

明嘉靖二十五年(1546年)五月,阿勒坦汗再次派信使到大同左卫求贡,却不料又遭到诱杀。阿勒坦汗这一回没发怒,七月又递书求贡,表现出极大的耐心。当时,明朝的宣大总督翁万达也反复上书,一方面批评朝廷滥杀信使,失去道义;另一方面强烈请求批准通贡。到明嘉靖二十七年(1548年)三月,翁万达四次上书,却遭到嘉靖皇帝的严厉斥责。从此,贡市之门被彻底封闭了。

三、庚戌之变

明嘉靖二十九年(1550年)六月,阿勒坦汗发动了一场战争。阿勒坦汗率兵进攻大同,总兵官张达、副总兵林椿兵败战死,全军覆灭。八月十四,阿勒坦汗率右翼诸部入古北口,攻密云、怀柔、顺义,自通州渡白河兵临北京安定门外,明朝京师为之震动,阿勒坦汗待答复。八月二十一,明廷派出密使应通事宜;八月二十三阿勒坦汗开始退兵,到八月二十八退出边境。这就是明朝历史上著名的"庚戌之变"。

明嘉靖三十年(1551年),明朝终于同意开放马市,先开大同镇羌堡,随后宣府、延宁也都开放了马市。但仅仅开放了一年。1552年九月，嘉靖皇帝下诏："罢各边马市！复言开马市者斩！"

这样一来，明蒙的通贡互市又被蒙上了一层阴影。

四、一位蒙古贵族的出逃

明嘉靖四十五年（1566年）十月，嘉靖皇帝病死。继位的皇帝朱载垕任用了两位具有远见卓识的宰相高拱和张居正。在明穆宗朱载垕的隆庆年间，明蒙关系有了明显改善。明隆庆四年（1570年），明朝选调了两位干练之才主持了大同防务，一位是宣大总督王崇古，另一位是大同巡抚方逢时。两位良吏刚一上任，便遇到一件很意外之事。

当年九月，塞外的风已有一些寒凉。大同卫所的哨兵们远远望见十几匹蒙古马正向大同"平虏城"西北的"败胡堡"而来，马上的人在很远的地方便呼喊着投降。经过哨官们的仔细盘问，才知晓这十几人是以一位蒙古族青年贵族为首的。

当时，王崇古和方逢时十分谨慎，他们反复译审，终于搞清了原委：那位青年贵族叫把汉那吉，是阿勒坦汗的孙子。把汉那吉3岁时，父母亲去世，把汉那吉就由祖母伊克哈屯（大夫人）抚养。阿勒坦汗的夫人十分疼爱这位孙子，视其为掌上明珠，阿勒坦汗也很宠爱这位孙子。既是这样，那把汉那吉为什么还要叛逃呢？原来是因为他的稚气和任性。

把汉那吉出逃到大同时只有18岁，已经结婚，并且又续娶了一位美妾，可不知是何原因，阿勒坦汗做主把这位美丽姑娘转嫁给了鄂尔多斯部的一位贵族。阿勒坦汗做完这个决定并没在意，便率兵西征瓦剌部去了。而把汉那吉却怎么也想不开，加上别人的怂恿，便跑出去投降明朝了。

王崇古与方逢时立即将这一情况报给朝中宰相高拱和张居正。两位内阁大学士也迅速给他们复信，中央与边关共同配合，很快就制定出一套科学而合理的外交方案。十月，隆庆皇帝任命把汉那吉为明朝的指挥使。

阿勒坦汗一得到消息便从西征途中返回，并迅速率军到达了大同。王崇古和方逢时都作了充分的准备工作,一方面准备应战,另一方面准备谈判。他们派出了一位既勇敢且有智慧的旗牌官鲍崇德,与阿勒坦汗进行沟通。阿勒坦汗自恃威勇,恫吓来使。而鲍崇德却大义凛然,从容不迫,巧妙地向阿勒坦汗阐述了利害关系,说得阿勒坦汗心悦诚服,不得不接受明朝方面的要求。明隆庆四年(1570年)十一月,阿勒坦汗如约把逃叛到草原上的白莲教成员赵全等八人解送到大同左卫。第二天,大同巡抚方逢时也命部将为把汉那吉送行。在长城边上的一条小河旁边,经过一度紧张的分离岁月后,阿勒坦汗和其爱孙禁不住相抱呜咽。

当年十一月,阿勒坦汗与明廷约定,蒙古右翼诸部今后不再攻明,岁贡马400匹;明廷承诺不"烧荒、捣巢、赶马"。十二月,阿勒坦汗遣使请封,要求互市。同月二十二,明廷车裂赵全等,告祭太庙。从此阿勒坦汗与明廷达成和议。

五、隆庆和议

明隆庆五年(1571年)三月,明廷封土默特首领阿勒坦汗为顺义王,接着又先后任命阿勒坦汗的的弟弟、长子、侄子为都督同知、指挥金事、千户、百户等军职。当年五月,阿勒坦汗在大同得胜堡外会集所属各部大小首领,举行隆重的典礼,以迎接朝廷的诏书,并用蒙古族的泼洒礼祷天发誓:"我蒙古地方新生孩子长大成人,成为大汗,马驹长成骏马,永不犯中原本部。"并与明廷订立了信守和平的规约十三条,这就是历史上著名的"隆庆议和",这次议和奠定了明蒙关系在以后70余年间的和平安定。

1571年,长城各镇东自宣大,西至延宁,共开辟了张家口、新平堡、得胜堡、水泉营、红山墩、清水营等六个互市场所(次年又增开守口堡)。这一年,张家口、新平堡、得胜堡、水泉营四处的官市和民市,蒙古族人出售马、骡、驴、牛、羊等牲畜共计28654头(只),同时,购买了大量的绸缎、布匹、米、豆、盐,重点是锅。200年来,失去了与中原联系的蒙古族人最大的难处在于缺铁锅,而这一回,明廷方面取消了铁出口的禁令。

六、设立九边重镇

明朝建立后,逃亡北方边塞以外的北元军事集团仍对边关不时骚扰,严重地威胁着明朝的统治。明太祖朱元璋为巩固北部边防,屡次派将北征。同时,他还分封儿子朱棣、朱权等率重兵驻守北部边塞。明成祖朱棣五次出漠北,又于沿边设镇,派兵驻守。初设辽东、宣府、大同、延绥四镇,继设宁夏、甘肃、蓟州三镇,又设山西、固原两镇,是为九边。

九边各镇设镇守总兵官、副总兵官、参将、游击将军、守备、千总等官,无品级、无定员。其总镇一方者为镇守,独镇一路者为分守,分守城一堡者为守备,与主将同守者为协守。此外,又有提督、提调、巡视、备御等官,各镇都驻有重兵。万历中期,各边仅主兵就有60万左右,还有为数甚多的客兵。

九边之设使明朝北部边塞形成一条东起鸭绿江,西抵嘉峪关,广袤万里、烽候相望、卫所互联的北方防线。这对加强北部边防起了一定作用,同时也耗费了大量人力、物力。为此,明朝政府加饷加税。尤其在明中期后,人民负担沉重,而各级军官的残酷盘剥,又使饷银短绌,军士往往因生活无着而发生兵变。

第三节　归化城——漠南的
政治经济和文化中心

一、土默川的板升

内蒙古大青山前的平原在魏晋南北朝时叫敕勒川;隋唐时期叫白道川;辽金元时期叫丰州滩;到了16世纪时,因为这里驻牧着蒙古右翼三万户之土默特万户,于是这里又开始叫土默川。

16世纪40年代,土默特部首领阿勒坦汗主政土默特,来到丰州滩驻牧。

明嘉靖十年(1531年)其父去世,右翼三万户分成若干领地。阿勒坦汗占据十二土默特,势力最强,率军10余万,称雄于右翼诸部。明嘉靖十一年至二十一年(1532—1542年),阿勒坦汗追随大汗济农东征西战,屡建功劳。明嘉靖十七年(1538年),蒙古大汗博迪阿拉克汗封其为索多汗,这是阿勒坦汗称汗之始。明嘉靖二十六年(1547年),阿勒坦汗成为蒙古右翼万户的盟主后,不断扩大领地。向西拓土青海、河西,封赏子孙。自嘉靖十三年(1534年)起,阿勒坦汗极力要求同明廷建立政治和经济上的联系,为此他先后向明廷提出数十次和平通贡互市要求。经过37年的不懈努力,至隆庆五年(1571年)终于促成了"隆庆通贡"的实现,结束了双方长期兵戈相争的紧张状态。阿勒坦汗宣布13条和平条款,以求蒙汉世代友好。明朝封阿勒坦汗为"顺义王"。在长城沿边郡县,首先开放了大同得胜堡和张家口等六个互市场所。阿勒坦汗入驻丰州滩后,将丰州滩改为土默川,并开始考虑开发土默川,使中原地区的农业、手工业进入土默川平原,以弥补蒙古草原上畜牧业的单一脆弱的现状。

16世纪初年,明朝国内社会矛盾空前激化,农民起义此起彼伏。当时的农民、城市手工业者和城市贫民往往以白莲教作为他们团结斗争的旗帜。在晋陕一带防守长城的戍卒中,同样有白莲教组织。他们为了反抗官僚地主的重重剥削和役使,不时发动兵变。而当兵变失败后,由于官府追捕紧急,他们往往越过长城投奔到草原地区。而他们的同教、同族、同乡又常常受到株连,不堪明朝政府的追迫,也度关出塞逃到草原。从1551年到1570年之间的20年左右的时间里,迁徙到土默川地区的汉族总人口已达5万左右,其中白莲教教徒有1万人左右。他们从蒙古族封建主那里领到土地,用他们的铁锹、锄头、耕牛和犁耙在黄河和黑河流域,开辟了万顷良田。于是,在星罗棋布的蒙古包之间,又出现了一些农业村落。这些有汉族农民聚居的村落,被蒙古人称其为"板升"(蒙古语,意为房子)。阿勒坦汗利用汉人工匠先后建立了"大板升"——美岱召(福化城)。明万历八年(1580年),在归化城建立了第一座黄教寺院——银佛寺(即大召)。

二、兴建归化城

明嘉靖四十五年(1566年),在土默川平原农业经济发展基础上,一些汉族地主发起要为阿勒坦汗修筑一座城市的倡议并付诸行动。当时,与建筑行业有关的各种工匠都被征来应付这项差役。在这座城市之内,阿勒坦汗的朝殿和寝殿共有七重。宫殿所用的柱、梁是从大青山上采伐的古木;宫殿顶上覆盖着涂以彩釉的琉璃瓦;坊额、藻井等处画着五彩的龙凤……远远望去,这个宫城一片丹青金碧,在阳光照耀下闪闪发光。草原上的蒙古人都称这座宫城为"伊克板升"(蒙古语,意为大村镇)。

1571年隆庆议和后,土默特平原的经济得到进一步发展。长城内外的和平贸易,使在土默特平原上营建一座更大规模的城市成为可能。

明万历三年(1575年),阿勒坦汗在土默川上开始兴建第一座土城,并于万历九年(1581年)落成,蒙古语为"库库和屯",意为青色的城。这个名称最早出现在蒙古文《俺答汗传》中。书中载有"大名扬天下的圣主俺答汗,在水公猴年(藏历,即明隆庆六年,1572年),召集举世无双的巧工名匠,模仿已失去的大都,在哈剌兀那之阳、哈屯河之滨,始建有八座楼和琉璃金银殿的雄壮美丽浩特"。据土城现有的遗址实测,城为正方形,长宽各为 ,仅有南北两门。城内明代建筑,在清军攻击中全部被毁,城内原有布局已无法推断。清康熙时期高其倬《青城怀古》的诗句"筑城绝塞跨冈陵,门启重关殿面层",也只不过是对当时城内景色的一种想象和夸张而已。

库库和屯建成后,阿勒坦汗派遣使官携良马、牛羊等,赴明廷请赐城名,并迎请佛像、经文、蟒缎等物,明廷赐名归化。从此,土默川一带便成为农业和手工业中心。

三、信奉藏传佛教

归化城落成不久,一个新的历史选择摆在蒙古土默特部面前,那就是选择信仰藏传佛教的格鲁派。

阿勒坦汗在对西部卫拉特部的频繁用兵中,接触到了已在青海等地广泛传播的藏传佛教。明隆庆五年(1571年),从西藏来了一位阿兴喇嘛,向阿勒坦汗传播关于藏传佛教的教义。65岁的阿勒坦汗对这位喇嘛颇感兴趣,当时因为与明朝进行"通贡互市"和营建归化城等事宜,使他无暇到青藏高原去礼佛。在西藏和蒙古各方面的努力运作下,明万历六年(1578年)五月,阿勒坦汗到海湖边会见了藏传教格鲁派高僧索南嘉措。这是一次盛大的聚会,有蒙古族、藏族、汉族近10万人参加了这次盛会,他们专门为这次盛会营建的仰华寺举行了佛教法会。才华横溢的鄂尔多斯贵族库图克台彻辰洪台吉发表了精彩的演说,赞赏了这次盛大的聚会:"……今蒙福田施主。如日月升空,开辟了正教之路,使血海变成乳海,此恩浩荡!"

盛会结束后,阿勒坦汗和索南嘉措会晤,他们都把这次会面与元朝时忽必烈皇帝与帝师八思巴的会面相联系。阿勒坦汗和索南嘉措都给对方赠送了名号。

阿勒坦汗奉给索南嘉措的名号是"圣识一切瓦齐尔达喇达赖喇嘛"。"圣识一切",汉语是指在显宗方面取得最高成就;"瓦齐尔达喇"是梵文音译,意为"执金刚",表示在密宗方面取得最高成就;"达赖"是蒙古语大海之意。

索南嘉措也给阿勒坦汗一个尊号:"咱克喇瓦第彻辰汗"。"咱克剌瓦第",梵语,意为"转轮王";"彻辰汗",蒙古语,意为聪明睿智的王。

这样,藏传佛教就出现了一个"达赖喇嘛"的转世系统。索南嘉措是第三世达赖喇嘛。

四、大召的兴建

归化城还在继续扩建。因为阿勒坦汗皈依了藏传佛教,所以要在归化城内修建一座藏传佛教寺庙以供佛。在阿勒坦汗到青海会见索南嘉措期间,阿勒坦汗的爱孙把汉那吉负责土默特部的农业开发,而阿勒坦汗的一位年轻夫人则负责建城事宜。这位年轻夫人叫钟金哈屯(钟金夫人),汉文典籍中则称其为三娘子。她本是瓦剌部的蒙古人,于 16 世纪 60 年代阿勒坦汗西征瓦剌时,嫁给了阿勒坦汗,受到阿勒坦汗的宠爱。明隆庆四年(1570年),阿勒坦汗接受三娘子的建议,与明朝和平互市,促成了"隆庆议和"。以后,在与明朝的交往中,三娘子一直是阿勒坦汗最得力的助手。

明万历八年(1580 年),藏传佛教格鲁派在蒙古地区的第一座庙落成,名叫"释迦牟尼寺",也名"伊克召"(蒙古语,意为大庙),其占地面积 29171 平方米,明朝皇帝赐名为"弘慈寺"。与此同时,阿勒坦汗和三娘子又主持扩建归化城,到明万历九年(1581 年)建成方圆 10 公里的宏大城市,称为"呼和浩特"。因为建此城工程浩大,阿勒坦汗曾通过当时的宣大督抚请求明朝在技术工人、运输车辆和建筑物料方面给予帮助。明朝向阁首辅张居正答应了阿勒坦汗的请求。

五、三娘子城——召城

明万历九年(1581 年),阿勒坦汗去世。后期主持建城的主要是三娘子。阿勒坦汗在这座城里只住了几个月,以后较长时间居住在城里的是三娘子,因此,这座城也有个别称:三娘子城。

明万历十三年(1585 年),第三世达赖喇嘛索南嘉措来到归化城,为城中的大召银佛像开光,同时诵经为阿勒坦汗超度。为了迎接索南嘉措的到来,土默特部的信众又在归化城内修建了一座较大规模的寺庙——席勒图召。明万历十六年(1588 年),三世达赖喇嘛索南嘉措圆寂在从归化城到北京的途中。根据他的遗愿,确定阿勒坦汗的曾孙云丹嘉措为第四世达剌喇嘛。他是达赖喇嘛系统中唯一的蒙古族人,1588 年出生于蒙古土默特,是阿勒坦汗的曾孙。幼年时,云丹嘉措在归化城学经。明万历三十年(1602 年),藏传佛教格鲁派甘丹、哲蚌、色拉三大寺正式派出使者迎请云丹嘉措进藏。蒙古土默特部专门用清一色的白骆驼队驮了许多财物,并派 5000 名骑兵护送。此后,由西藏派出的呼图克图来归化城主持佛教事务。在此期间,明朝政府也不断向归化城输送各种汉文佛教经典。大量的藏、汉佛教经典在归化城被译成蒙古文。蒙古各部都纷纷派人到归化城请僧学经,同时学习归化城召庙的建筑艺术。明万历十三年(1585年),在漠北鄂尔浑河中游右岸建立额尔德尼召时,僧俗各界都一致同意采用归化城的图纸。在汉族、藏族文化的影响下,蒙古民族建筑艺术水平得到了高度发展。归化城成为召庙林立、金碧辉煌的一座美丽城市。到16世纪末,归化城已成为漠南蒙古的政治、经济和文化中心。

六、塞外商埠归化城

归化城,即今呼和浩特市旧城,是一座具有430多年历史的文化名城。明万历三年(1575年),该城基本建成。当时,应阿勒坦汗之邀,明朝赐该城名为"归化"。清康熙初年到中叶,归化城逐渐成为塞外的军事重镇。

归化城经过清康熙帝在康熙三十年(1691年)的增筑后,逐渐形成了内外两城的形制。以城中心鼓楼为界,内城里多为衙署、议事厅等官府的所在地;外城则主要是蒙古官吏的居住区;一般平民百姓的住宅多散居在外城城墙的周围,尤以南门一带最为集中。汉族商贾们在南门外大道两侧竞相占据地盘,租赁或兴建房舍,开设买卖字号,逐渐形成了城外最繁华的街道,这就是今天大南街的雏形。

在归化城从事商业活动的主要是以山西商人为主,他们的商业活动主要在漠北蒙古、漠南蒙古和新疆地区,但赴这些地区从事商贸时,需在归化城有关衙署领办照票。归化城商人的经营方法很有特色,"行商坐贾相辅而行"。专门做新疆生意者称为"西庄业",专门做漠北和漠南蒙古生意者称之为"通译业"(或称通事行)。他们每年初从归化城携货起程,物资五花八门,应有尽有,民间俗称"上至绸缎,下至葱蒜"。

由于归化城商品种类繁多,商贸区域辽阔,货物又多销漠北和新疆地区,其银钱往来数目巨大,携带不便,因此除本地商品贸易外,还出现了许多相关的行业,如货栈、驼运、餐饮、钱庄、票号等。而商品交易又以代表农产品的粮食买卖和代表畜产品的牲畜与皮毛买卖为主。在归化城就设有牲畜交易市场,"马桥驼市"设在绥远城西门外,"驼桥牛市"设在归化城副都统衙署旁侧,"牛桥羊市"设在归化城北门外,"羊桥市"设在北茶坊外。

民国初年,特别是1921年京绥铁路的通行,使原来的城区和街道已不适应城市经济的发展。于是绥远都统马福祥于1922年下令拆除归化城东、南、西三面城墙和城门,只留下北门城楼作为归化城的象征(1959年被拆除)。从此,大南街与大北街在大十字街沟通,成为北门里的一条主干大街。由于城墙的拆除,已无内外城的界线。一些晋、京、津等地的商人看准了这一机遇,便纷纷涌入大北街,在路两旁兴建店面。自此,大北街、大南街成为归化城最繁华的商业大街。到抗日战争爆发前,这条商业街已空前繁华,路两旁商号林立,百业俱兴,成为归化城的商业闹市。

归化城的另一商业闹市在大召(无量寺)一带。明清以来,大召东西两则及前面的街道两旁,市井繁华,店铺林立,销售的货物琳琅满目,五花八门,商贩的叫卖声和艺人们的锣鼓声此起彼伏,不绝于耳。各商家还经常举办大型的庆贺活动,唱戏敬神,庙会连台。届时,广场上人山人海,热闹非凡。历数百年变化,如今大召一带的街市热闹犹存,这里是全市唯一保留旧城旧貌的传统商业区,被誉为"明清一条街"。

第四节　绥远城——将军驻防城

在清王朝对准噶尔的战争中,土默川平原成为了战争的前沿。为了增强国防力量,清廷于乾隆二年(1837年)二月,在归化城东北5里处建造新城。其木料就近于大青山砍伐。此工程于乾隆四年(1739年)竣工。因当时由山西右玉移驻这里的建威将军改称为"绥远将军",故称此城为绥远城,而新城一名,是相对旧城(归化城)而言。

绥远城建筑,呈正方形,原计划城周1960丈(合10里有余),结果在施工中因偷工减料,以城垣内线当成外线筑成,周围仅有9里13步。但该城的建筑规划、布局还是不错的。城中的官员瓦房 3000 余间,土房 1600 余间,兵丁土房 1200 间,外兼少数铺面房。房舍成棋格,左右对称,有东西南北四座城门。东门楼曰"迎旭",南门楼曰"承薰",西门楼曰"阜安",北门楼曰"镇宁"。四门之外又有瓮城、石桥、护城壕,导以流水,广植树木。城门上有望楼,四角有角楼,城的中央有一座鼓楼。从鼓楼到四门有四条大街。东街、北街临城门处都带拐弯。所以东、西门不对着,南北门也错开,大概是当初指挥建设者有意为之。这座小城当初布局合理,小巧玲珑。

城建成后,乾隆皇帝命名为"绥远",移右玉之建威将军驻此,他与驻"四宁"的抚远将军同为全国常设两大将军之一。将军府位于西街路北,在城南北、东西干道的中心建有钟鼓楼。此外还建有衙署、庙宇、仓库、铺面房、学堂、教武场等各种设施。

当初,从右玉移驻此城的八旗兵有满族、汉族、蒙古族,所以新城的居民一开始就是一个民族大家庭。最初还从山西带来工匠若干名,而山西商家客栈也纷纷移居此城,但大多商铺设在了旧城。新城因绥远将军的驻防逐步繁荣,而且促进了旧城的繁荣。清对西北战争结束后,新城的汉族官兵调往直隶、山西补充绿营,蒙古族官兵也减半,这样,就只有满洲官兵有增无减,清廷又从北京调来官兵补充。这样一来,绥远城就成为满洲八旗兵驻防的边城了。从乾隆二年右卫将军奉旨移驻到绥远城后,先后有 67 名将军驻防绥远城。

呼和浩特自从明代建立以来,一直作为绥远地区乃至整个内蒙古地区的政治、经济、文化中心,从清代、民国直至中华人民共和国,呼和浩特一直是省政府所在地,其沿革情况如下所述:

一、归绥道驻所

清雍正六年(1723 年),清廷在绥远设立管理汉民和蒙汉交涉事务的归化城理事同知厅,隶属山西大同府,后改隶属平朔府。

归绥道全称为分巡归绥等处地方兵备道,处理绥远各旗民、蒙古之间的交涉、刑讼事务,管辖归、绥、托、和、清、萨六厅,并监督负责征收牲畜交易税、贩运税,道员为正四品,属吏有典史、攒典等。辖区为旗县(厅)交叉的乌兰察布盟、伊克昭盟、归化城土默特、察哈尔右翼地区的蒙汉事务。清末实施新政,大规模放垦蒙地,归绥道又增设五原、陶林、武川、兴和、东胜五厅。各厅同知为正五品,通判为正六品。归绥道所属各厅长官,归化城、绥远城、丰镇、五原、武川、兴和、东胜等厅为同知;萨拉齐、宁远为通判,清末升为同知;托克托、和林格尔、清水河、陶林、东胜为通判。

二、绥远特别行政区驻所

民国元年(1921 年),山西省奉中华民国临时政府之命令,改归绥道为归绥观察使公署,仍由山西省管辖。民国 2 年(1922 年),中华民国政府拟定将绥远地区划设为特别行政区,辖区不变。将军府设民政厅、军政厅,分理军民事务。

三、绥远省政府驻所

民国 17 年(1928 年)9 月,国民党中央政治会议第 153 次会议决议将绥远特别行政区改建为绥远省。民国 18 年(1929 年)1 月,遵照行政院颁布的条约,正式成立绥远省政府,省会设在归绥县城。

绥远省历任主席名录如下:

省主席李培基　民国 17 年 9 月至同年 12 月在任

省主席徐永昌　民国 18 年 1 月至同年 10 月在任

省主席李培基　民国 18 年 10 月至 20 年 8 月在任

省主席傅作义　民国 20 年 8 月至 36 年 1 月在任

省主席董其武　民国 36 年 1 月至 38 年在任

四、中华人民共和国成立后绥远省政府驻所

1949年12月31日,原设在绥远东解放区的绥远省人民政府与国民党绥远省政府合并,组成新的绥远省人民政府。主席先后是董其武(1949年12月至1952年9月在任)和乌兰夫(1952年9月至1954年3月),省会设在归绥市。

五、撤销绥远省

1954年6月19日,中央人民政府第32次会议批准,撤销绥远省,其行政区域并入内蒙古自治区,并将归绥市改为呼和浩特市。从此,呼和浩特市就成为内蒙古自治区的首府,成为全区政治、经济、文化的中心。

第五节　漠南蒙古归清

一、林丹汗主政

明万历四十年(1612年),长期主政右翼土默特部的钟金夫人(三娘子)去世,明朝封他为"忠顺夫人"。这时的中国已进入明朝末期。

明万历三十二年(1604年),蒙古左翼察哈尔部由年少的林丹汗即位,他只是名义上的蒙古大汗。林丹汗(1604—1634年在位),是北元的末代大汗。当时,蒙古各部处于割据状态,蒙古大汗的实际统辖权仅限于其本部察哈尔。长期习惯于割据,不听蒙古大汗号令的右翼蒙古和漠北的喀尔喀贵族认为,林丹汗只是察哈尔汗。这样,摆在林丹汗面前的一个重要使命便是用武装力量重新统一蒙古各部。

然而,随着林丹汗力量的加强,另一股政治势力也在壮大。兴起于东北

一隅的女真逐渐成为蒙古的新政敌国。在建州女真努尔哈赤的经营下,女真实力迅速壮大。明万历四十四年(1616 年)正月,努尔哈赤称汗,改年号为"天命",建立了后金。明万历四十七年(1619 年),后金取得了抗击明朝的萨尔浒大捷。明万历四十九年(1621 年),后金攻陷辽阳、沈阳,连克明朝在辽东的 70 座城池。向西,后金千方百计地与林丹汗争夺割据于外的蒙古各部,利用各部与林丹汗的矛盾,积极与蒙古各部联姻、结盟,以图孤立林丹汗。而明朝方面则采取了扩大互市的办法,积极拉拢林丹汗,试图造成明蒙联合呼应的态势,制约后金。在这种形势下,林丹汗决定用武力征讨游离不定的右翼蒙古各部,以实现其先统一蒙古,然后再与明朝及后金争锋的策略。

到明天启六年(1626 年),科尔沁及喀尔喀等左翼蒙古部落纷纷投向后金。这样一来,林丹汗不得不设法向西扩张,以蒙古右翼为根据地,再与后金周旋。

二、林丹汗西迁

明天启七年(1627 年),林丹汗率领所属浩齐特、苏尼特、乌珠穆沁及克什克腾诸部向西迁徙。十月底,林丹汗攻入右翼喀喇沁境内。十一月进入右翼土默特境内,土默特部首领卜失兔汗为避其锋芒向西进入鄂尔多斯,归化城被林丹汗的军队占领。十二月底,林丹汗从归化城攻打大同以北的土默特左翼诸鄂托克,在此又一次和喀喇沁部主力交锋,喀喇沁汗和洪台吉西逃。此时,由土默特、鄂尔多斯、喀喇沁诸部共同形成了反林丹汗联盟,联盟军曾一度攻占了林丹汗所控制的归化城。但到了明天启八年(1628 年)初,林丹汗大军组织反扑,重新夺回了归化城。因为归化城又称"召浩特"(意为寺庙之城),所以这次战役又被称为"召城之战"。当年八月,林丹汗在艾不哈(今达尔罕茂明安联旗艾不盖河一带)大败右翼蒙古联军,从而完全控制了东起辽河,西到鄂尔多斯的广袤地区。

三、归附后金

后金天聪六年(1632年)四月,后金天聪汗皇太极开始发动对林丹汗的远征。在1628年,后金已消灭了林丹汗留守在大凌河流域的察哈尔属部。此后经过充分准备向西进军。后金军队和喀喇沁、土默特、扎鲁特、敖汗、奈曼、科尔沁及阿鲁科尔沁蒙古各部军队组成联军,从西拉木伦河向西挺进。林丹汗得报后,仓促撤退,渡黄河而西逃。后金及其联军一路尾追,攻克归化城,收取察哈尔部。

林丹汗在西逃的过程中,曾裹胁了鄂尔多斯部济农及其核心部分向西,活动在甘、凉边外约今阿拉善左旗、右旗境内。此时,林丹汗麾下的兵力主要是察哈尔和鄂尔多斯部众。后金天聪八年(1634年)初,林丹汗联合青海的绰克图洪台吉、西藏统治者藏巴汗及统治康区的白利土司栋月多尔济建立了反格鲁派联盟,其意图是想利用联盟力量建立青海根据地,以便东山再起。然而天不顺人愿,这年八月,林丹汗病故于甘肃大草滩,部众分崩离析。林丹汗死后,在后金的强大声势影响下,察哈尔部众开始东返。当年年底,林丹汗的长子额哲随其母苏泰太后一起回到了鄂尔多斯之地。后金天聪九年(1635年)四月,苏泰夫人与儿子额哲汗一起归降了后金。察哈尔部是达延汗统一漠南蒙古时期的宗主部落,是蒙古大汗的直属都落。察哈尔的归降是一个标志,标志着蒙古右翼的大部分归附了后金。

四、会盟编旗

清崇德元年(1636年)十月,清廷再派蒙古衙门官员分赴蒙古各地,组织蒙古诸部贵族会盟,清点壮丁数字,统一编制牛录,建立蒙古旗。这些蒙古旗包括:科尔沁部10旗,翁牛特部2旗,巴林部2旗,阿鲁科尔沁部1旗,四子部1旗,扎鲁特部2旗,乌拉特部3旗,敖汉部1旗,奈曼部1旗,共23个札萨克旗。另加额哲所领察哈尔1旗、喀喇沁1旗、土默旗(东)2旗,共计

27 旗。

清崇德三年(1638 年),清廷将归化土默特编为左右 2 旗。

清崇德六年(1641 年),将察哈尔所属苏尼特部编为 1 旗;次年,又增 1 旗。并将察哈部所属乌珠穆沁部编为 1 旗。清顺治三年(1646 年)又增 1 旗。将阿巴嘎部编为 1 旗,清顺治八年(1651 年)又增 1 旗。

清顺治三年(1646 年),将浩齐特部编为 1 旗,清顺治十年(1653 年)又增 1 旗。

清顺治六年至七年(1649—1650 年),将鄂尔多斯部编为 6 旗。

清顺治九年(1652 年),将察哈尔部所属克什克腾部编为 1 旗。

清康熙三年(1664 年),将茂明安部编为 1 旗。清康熙四年(1665 年),将阿罗哈纳尔部编为 1 旗,次年又增 1 旗。

到清康熙九年(1670 年)为止,清廷在漠南蒙古地区设立了 49 个旗,史称"南四十九旗"。这些蒙古旗名到现在大部分仍保留着。

在蒙古地区推行旗制的过程中,清廷于早期设立专门处理蒙古事务的中央机构——蒙古衙门,其地位与六部平行,位列其后。其主要官员分承政、参政两级,下设有启心郎等若干办事人员,多以满蒙籍官员充任。清崇德三年(1638 年)六月,将蒙古衙门更名为理藩院,同年铸造了理藩院印信,次年又增设了分管各旗的章京若干名。

清廷在编定蒙古札萨克旗的同时,还组织了直属清朝中央的蒙古八旗,分别为蒙古两黄旗、两红旗、两白旗和两蓝旗。其人员组成以原喀喇沁人为主体,编入早期归附后金的所谓"旧蒙古"。蒙古八旗为军队编制,与八旗满洲并列,内部机构也与八旗满洲相通。其政治地位低于满洲而高于汉军。清军入关后,八旗蒙古随同满、汉军一起驻防在京师和全国各地。

第六节 孝庄辅政

一、科尔沁姑娘远嫁

中国历史上最后一个王朝是由女真族建立的清朝。讲清朝的历史,不能离开两位女性,一位是孝庄文皇后,另一位是慈禧。出生于蒙古科尔沁的杰出女性孝庄皇后,曾和朝臣们一起把那个刚刚建立起来的清朝推向鼎盛,为康乾盛世奠定了坚实基础。

孝庄文皇后的闺名是布木布泰,她是蒙古科尔沁部贵族寨桑贝勒的次女。后金天命十年(1625 年),年仅 13 岁的布木布泰,远嫁到后金的营地,成为努尔哈赤的皇子皇太极的侧福晋。

科尔沁部是元太祖成吉思汗二弟哈撒尔后裔所属的部落。哈撒尔在成吉思汗时代就曾为蒙古汗国建立过卓著功勋,在蒙古汗国具有举足轻重的地位。哈撒尔的后裔也曾多次在蒙古正统大汗危难之际挺身而出,力挽狂澜。因此,成吉思汗的后裔大汗们一直对科尔沁部很重视。16 世纪初,当达延汗重新瓜分领地时,保留了科尔沁部,还将其与六万户蒙古相并立。当时科尔沁部也分左右两翼,左翼包括七个鄂托克,右翼包括六个鄂托克。16 世纪 30 年代,科尔沁部迁居到大兴安岭以东的嫩江流域。蒙古文文献中有时称科尔沁部为"20 万科尔沁",言其人数众多。

二、科尔沁与后金结盟

16 世纪末,后金努尔哈赤统一建州女真,开始向女真海东三部和海西四部用兵。女真诸部的南、西、北三面与蒙古诸部毗邻,与蒙古族有着久远的历史联系。其中海西女真的叶赫部、辉发部、哈达部及乌喇部,都与蒙古族有较近的血缘亲属关系。明万历二十一年(1593 年),当努尔哈赤向西征伐海西女真诸部时,蒙古诸部与努尔哈赤的武装冲突便不可避免。当年九月,以海西女真叶赫部首领布察为首,与蒙古科尔沁诸部结成九部联军,向努尔哈赤发起攻击。当时,联军3万人分三路进军,企图消灭努尔哈赤。努尔哈赤亲督大军,迎敌于浑河岸右埒山。结果,努尔哈赤打败了九部联军,确立了对女真诸部的霸权。在这场战役中,蒙古科尔沁部惨败。

努尔哈赤抓住机遇,利用与蒙古诸部地理毗邻、风俗习惯相近等优势,迅速以和亲手段拉拢科尔沁部诸台吉。明万历二十二年(1594年)正月,蒙古科尔沁部首领明安遣使与努尔哈赤通好。这是邻边蒙古各部逐渐认识到努尔哈赤实力的体现,也是蒙古各部与建州女真部友好交往的开端。为了借助成吉思汗黄金家族的血统提高女真各部的威望,也为充分建立女真族与蒙古族的亲善关系,努尔哈赤首先向科尔沁部提出结亲。明万历四十年(1612年),努尔哈赤娶科尔沁部首领明安之女为妻;明万历四十二年(1614年),努尔哈赤之子皇太极娶科尔沁部首领莽古思之女为妻。后金皇族迎娶蒙古诸部婚礼仪式也很隆重,每有婚娶,女真贵族必"以礼亲迎,大宴成婚",其婚礼仪式与女真同族间所行完全相同。与此同时,努尔哈赤也以女真贵族之女许配给蒙古各部贵族,并把嫁娶笼络的重点放在科尔沁等邻近的蒙古部落。

三、孝庄文皇后辅政

后天命十一年(1626年),努尔哈赤战死,四大贝勒争夺皇位,皇太极胜出。当时,只有14岁的科尔沁姑娘布木布泰晋升为皇庄妃,而她的姑姑则晋为皇后,便是孝端文皇后。孝端文皇后总理后宫,是一位平和端庄的皇后。努尔哈赤死后,诸贝勒以努尔哈赤的"遗命"逼迫努尔哈赤宠妃阿巴亥殉身,孝端文皇后便收养了阿巴亥所生的三个儿子:阿济格、多尔衮和多铎兄弟。孝端文皇后的端庄宽厚和庄妃的聪颖贤达互为衬托,在清初的政治统治中起了重要作用。

清崇德七年(1642年),清军围攻锦州,继而陷松山。明朝著名将领洪承畴被俘,押解至盛京。这位曾总督三秦的明廷重臣抱着"杀身成仁"之信念,面壁绝食,不肯北降。此时,庄妃出来劝说洪承畴,晓之以理,动之以情,终于使洪承畴降服。

清崇德八年(1643年)8月9日,皇太极驾崩,皇权再次出现了真空。在频繁的征战中立有赫赫战功的多尔衮很有可能胜出。崇政殿内刀光剑影,各方力量互不相让。此时,孝端文皇后和庄妃出场了。孝端文皇后曾对多尔衮兄弟有养育之恩,因此她和庄妃一起劝说多尔衮放弃对皇位的争夺,并拥立6岁的福临登上皇位,多尔衮则以摄政王身份辅佐幼帝。

清顺治元年(1644年),清军入关,多尔衮拥兵自重,再一次对皇权构成威胁,仍然是孝端和孝庄予以安抚。

清顺治六年(1649年),孝端文皇后去世,幼帝福临和摄政王对这位慈祥的太后尽孝尽哀,在册文中盛称孝端文太后"佐先王致治之功,启冲子赞承之业"。孝端文太后去世后,孝庄文太后安抚各方,承担起更多的国家责任。公元1650年(清顺治七年)腊月,摄政王多尔衮去世,孝庄文太后宽宏而果断,稳定了政局,为福临亲政奠定了基础。

清顺治九年(1652年)正月,14岁的福临亲政。之后,孝庄文太后辅助少帝顺治平息了阿济格动乱,任用苏克萨哈等忠臣,为多尔衮执政期间的冤案平反昭雪,孝庄文太后谢退诸大臣求请她垂帘听政的奏折,尽心尽力地辅佐顺治皇帝,并在顺治皇帝病重、危难时刻,再一次以慧达、镇定的大智大勇匡扶社稷。

清顺治十七年(1661年)腊月二十五,孝庄文皇后抱着8岁的孙儿玄烨登上了皇位,这个皇帝便是康熙大帝,她再一次负重于大清社稷。

清康熙二十六年(1687年)腊月二十五,太皇太后布木布泰逝世于慈宁宫,享年75岁。这位从科尔沁草原走出来的伟大女性,先后辅佐了清皇太极、世祖福临和圣主玄烨三位皇帝,培养了顺治帝福临和康熙帝玄烨两个皇帝。在她的影响和辅佐下,奠定了拥有康乾盛世的大清帝国。

第七节　乌兰布统之战

清康熙二十七年(1688年),在沙皇俄国的唆使下,噶尔丹亲率骑兵3万人自伊犁东进,越过杭爱山,发动了一场旨在分裂祖国的叛乱,旋即进攻并占领整个喀尔喀地区。喀尔喀三部首领向清廷告急。康熙权衡利弊,先行把喀尔喀部众安置在科尔沁放牧,接着手谕噶尔丹严令其归还喀尔喀牧地,罢兵西归。但噶尔丹气焰嚣张,对康熙帝的手谕置之不顾,反而率兵乘势南下,深入乌珠穆沁境内。康熙帝大怒,一面下令就地征集兵马堵截噶尔丹部队,一面调兵遣将,准备北上迎击。

康熙二十九年(1690年)六月,康熙兵分两路征讨噶尔丹。左翼军出古北口(今河北滦平南),右翼军出喜峰口(今河北宽城西南),从左右两翼迂回北进攻击噶尔丹。

七月初,清右翼军同噶尔丹军在乌珠穆沁遭遇,清军失利。根据噶尔丹的进军态势,康熙又命两路大军到克什克腾驻扎待命,于是派常宁率右翼军南下,欲同左翼军会合。福全率左翼军在吐力根河(滦河的源头)岸边扎营。

康熙随左翼军御驾亲征,于七月十四从北京出发,七月二十三到河北隆化,因患疟疾只好在博洛和屯(今内蒙古正蓝旗南)坐镇指挥作战。此时,清廷调集的蒙古助攻部队还没有到达,康熙就命福全对噶尔丹先行羁留。于是,福全以先礼后兵为由,通知噶尔丹派出使节,佯装与其和谈,以拖延时间,待助攻部队到达后,一举剿灭噶尔丹。

在清廷和谈的诱惑下,噶尔丹乘势渡过西拉木伦河,分兵两路尾随常宁右翼军进入乌兰布统地区。乌兰布统位于内蒙古克什克腾旗之西。该地北面靠山,南有高凉河(西拉木伦河上游的支流),山林茂密,地势险要。峰东南是大片沼泽,易守难攻。噶尔丹狂妄地宣称要夺取黄河为饮马槽,背山面水布下了由几万峰骆驼组成的骆驼阵。

清朝左路军也进至乌兰布统南,康熙急令右路军停止南撤,与左路军会合,合击噶尔丹于乌兰布统,并派兵一部进驻归化城(今呼和浩特旧城),伺机侧击噶尔丹归路。清军以火器部队在前,步骑兵在后,隔河布阵。

八月初一清晨,清军携带防止敌人骑兵冲阵的军械(鹿角),荷枪实弹,进击中,清军右翼军被乌兰公河河泥所阻,退回原驻军地。中午,清军左翼军在内大臣佟国纲大将军的率领下,攻到乌兰布统峰下。

相传当年佟国纲亲自点燃两吨多重的铁心火炮,将乌兰布统峰炸成两座山,一半飞到西南角,现称为小红山子,另一半是乌兰布统峰,现称为大红山子,两座山遥遥相对。大炮后坐力在乌兰布统峰下震出了一个方圆三四里的水池。清军骑兵、步兵一齐冲入噶军阵地。同时佟国纲之弟佟国维指挥的另一队清军在炮火的掩护下,从侧面横击,双方短兵相接。几番厮杀,双方军伤亡都很大。康熙皇帝的舅父、领侍卫内大臣佟国纲率左翼军循河猛攻时,被噶军鸟铳击中,血染战袍,殁于阵中。佟国纲的遗体被运回北京隆重安葬。在留守戍边将士的请求下,其战袍被埋在战场附近。后人为纪念他,在其衣冠冢旁塑一戎装跨马雕像,供人瞻仰、凭吊。

八月初二,福全再次整兵,集中炮火,遥轰山林并拼死攻山。噶军据险坚守,致使清军进攻毫无进展。

八月初四,西藏达赖喇嘛派往噶尔丹部的随军特使喇嘛济隆呼图克图率弟子70余人给福全送来了噶尔丹的降书。噶尔丹在递降书的同时就率部从西拉木沦河载水而下,横渡大碛山(现大黑山),退到今克什克腾旗达来诺日镇,随后撤回科布多(在今蒙古共和国境内)。为阻击清军追击,所过之地全部放火烧荒,千里松林由此被毁。

当福全将噶尔丹的降书转奏康熙,康熙急令福全决不能轻信狡诈且反复无常的噶尔丹之言,必须急速进军围剿时,噶军已远遁。噶尔丹在逃回科布多途中遇上了荒灾和瘟疫,部众及牲畜损失近三分之二,噶尔丹部遭到重创。因没有彻底剿灭噶尔丹军,回京后,福全等大臣均遭到贬罚。

为彻底剿灭噶尔丹部,康熙又于1696年和1697年亲征。直至18世纪70年代,清朝才彻底肃清了噶尔丹部主力,巩固了对天山北路的统治。

走进位于克什克腾旗境内西南浑善达克沙地南缘的乌兰布统古战场,

或许能想象出当年金戈铁马仰天啸和壮士悲歌卷西风的豪壮。昔日血肉沙场征战中所置的土墙、木栅和壕沟如今已变为留有遗存的旅游之地,站在十二座连营的遗址上,仿佛又看到了 10 万大军安营扎寨的壮观场面,又闻到了 300 多年前狼烟点燃后的刺鼻气息,又感受到了古战场迎面扑来的烽火热浪。

第八节　康熙平定三藩

康熙帝,姓爱新觉罗,名玄烨,是清朝入关后的第二位皇帝,生于 1654 年(清世祖爱新觉罗福临顺治十一年),1661 年,8 岁的玄烨即位,在位 62 年,是中国历史上在位时间最长的皇帝,因其年号为康熙,故人们习惯称为康熙大帝。

康熙初步奠定了中国的版图。探索康熙大帝开疆扩土,奠定中国版图的轨迹,大体可分为六步,而裁撤三藩是其中的一步。三藩之乱是指清朝初期由三个藩王发起的叛乱事件。三藩是指平西王吴三桂、平南王尚可喜、靖南王耿精忠。

清廷入关后,需要对付李自成起义的力量和南明政府的反抗,因而明朝的降将是可以利用的力量。但 20 年后,驻云南的吴三桂、驻广东的尚可喜、驻福建的耿精忠等藩王已形成很大的势力,与清廷分庭抗礼。其中吴三桂势力最大,不仅在经济上是中央政府的沉重负担,而且威胁到清政权的统治。清康熙十二年(1673 年)春,康熙皇帝决定撤藩。吴三桂首先于当年十一月杀死云南巡抚朱国治,自称"天下都招讨兵马大元帅",提出"兴明讨虏"口号,将矛头指向朝廷。吴三桂军由云贵开进湖南,几乎占据湖南全省。进而进犯四川,四川官员纷纷投降。当时,福建、广东、广西、陕西、湖北、河南等地都有前明藩王或将领响应。

吴三桂在湖南沿长江地带布置防御工事,不敢再向北发展,康熙帝抓住机会调整战略,安排兵力。他首先坚决打击吴三桂,对其他叛变者都实行招抚,通过分化反叛力量而孤立了吴三桂。军事上仅以湖南为进攻重点,同时充分信任汉将。这样一来,就鼓舞了清廷军队的士气,同时也争取了民心。在耿精忠、尚之信归顺清廷后,吴三桂于清康熙十七年(1678年)在衡州称帝,立国号周,建元昭武,大封诸将。其实此时的吴三桂已是穷途末路。他积郁而死后,将"皇位"传给孙子吴世璠。清康熙二十年(1681年)冬,清军进入云贵,吴世璠自杀,历时八年的"三藩之乱"被平定。平定三藩,对于清廷来讲,是完成统一、确立稳定的皇朝统治的标志,为"康乾盛世"创造了条件。

第九节　旅蒙商搞活大草原

一、军旅商人

当康熙皇帝所率的远征军到遥远的漠北去平定噶尔丹叛乱之时,长时间的长途行军跋涉,对军需供应提出了非常迫切的要求。根据当时的特殊情况,康熙皇帝允许并鼓励内地的商人备办粮草等军用物资,随军进行贸易。在随军贸易的过程中,商人们也与沿途的蒙古族人进行交易,用日常生活用品来换取牲畜和畜产品。

战争战束后,贸易还在持续不断地进行。由于贸易所带来的高额利润,使进入蒙古地区的商业贸易迅速发展起来。与此同时,清朝统治者从维护自己的政治利益出发,同时也为了满足蒙古上层对内地商品的需求,对于进入蒙古地方的贸易活动,基本上采取了鼓励和保护的政策。康熙中期后,清朝政府发给本朝商人专用龙票,上面有用满、蒙、汉三种文字写的保护商人生命财产的条文,为本朝商人入蒙地行商提供了方便。

在清代中叶以后,商人、商号和商帮源源不断涌现,活跃于中国北部蒙古高原地区从事贸易活动。当时,这些商人被通称为旅蒙商。

二、大盛魁

16 世纪兴建的草原召城——归化城，吸引了大批旅蒙商。随着旅蒙商号的日益增多，贸易范围的不断扩大，归化城很快就发展成草原上著名的商业城市。在归化城内，居民稠密，商户众多，一切外来货物都必须先汇集到城中囤积，然后陆续分拨各处售卖。当时，归化城内商号林立，其中最大的旅蒙商号是大盛魁。

大盛魁商号是由山西太谷人王相卿和祁县人史大学、张杰三人共同创办的。起初，这三个人都是清朝军队里的随军小贩。清军击溃噶尔丹后，其主力移驻阴山中段，其军需供应须经山西右玉的杀虎口，王、史、张三人便在杀虎口开了一个小商号，称吉盛魁。康熙末年，改名为大盛魁，并逐渐走向了鼎盛。大盛魁的总号最初设在蒙古的乌里雅苏台，大约在雍正初年，将总号迁回归化城。据归化城老者们口传：大盛魁把桃园刘、关、张三人的画像当作财神来供奉，既表示大盛魁崇拜"义气"，又标榜其三人创业的形象。在大盛魁的财神座前，陈列着一条扁担、两个木箱、一块石头、一个宝盒子。陈列扁担是为了纪念它的创始人是以肩挑贸易起家的；木箱子两个则表示创始人做肩挑小贩时所担的货箱；石头一块，当为创始人当年做肩挑小贩时，用作称银子的衡器，那宝盒子则是一种赌具，喻示其商业创业的投机性质。关于大盛魁的传说很多，如关于狗的传说：是说大盛魁的狗还有股份，因狗在其创业中立下汗马功劳。传说当年大盛魁的一支驼队在漠北做生意时，当地急需一种商品，但此信息无法传递出去，紧急之下将此信息写成一小书，拴在狗的脖子上，让狗回来传信息。狗通人性，捎上书信后，连续奔跑数天，终将此信息带回归化城总号。为此，狗立下大功。于是，大盛魁商号的领导者们经研究决定给狗一部分股份，并一直延续下来。大盛魁商号初创于康熙年间，到了 19 世纪中叶发展极盛，先后持续了 200 余年。大盛魁商号在鼎盛时期有员工 6000 余人，商队有 2 峰骆驼，其商业活动区域包括整个蒙古高原地区以及新疆、俄罗斯等地。

三、大盛魁经营的商品

大盛魁商号组织管理细微而严密,且效率极高。大盛魁主要经营涉及蒙古地区地的商品,代表了大部分旅蒙商的经营特色。主要商品有:

砖茶:大盛魁每年运往蒙古高原的砖茶约 4000 箱;

生烟:每年运销蒙古地区的生烟达 18 万包;

绸缎:每年运销蒙古地区的绸缎达 4000 余匹;

糖类:包括冰糖、红糖和白糖,每年运销蒙古地区糖类达 5000 多千克;

靴子:每年运销蒙古靴子 1 万余双;

木碗:每年运销蒙古地区值银万余两的木碗;

药材:包括专供给寺庙喇嘛治病用的药材和兽用药材;

铁器:包括铁锅、铁锹、铁条等铁器;

牲畜:大盛魁商号从蒙古地区贩出的牲畜主要是羊和马。每年贩运羊达 10 万余只,马近万匹;

羊肉:一般在冬季贩运到内地;

皮毛:包括珍贵兽皮、羊皮、牛皮和羊毛,从蒙古地区贩出,其利润极高。

大盛魁除了经营以上货物外,还从事畜牧养殖、皮毛加工、票号(银行)业务,并设有若干个分支机构。在众多的旅蒙商号中,大盛魁具有绝对权威性。

四、其他旅蒙商

同样受到康熙平定噶尔丹之影响,包头等地区开始有了商业活动。由于包头地区移民垦荒,对农用手工业要求很高。康熙中期,山西定襄铁匠梁如同来到包头打造农牧铁器,并兼制铁马掌,修理箭头,以换取邻近地区蒙古族牧民的皮张、鹿茸、雕翎,再运回山西出售。雍正年间,开设"如月号"店庄。18 世纪中叶,另有山西定襄智姓和梁姓合伙开设"永合成号",经营米面、粮食、布匹、砖茶,以货物换取蒙古族牧民的皮毛和牲畜。永合成号兼营农业开发,是一个规模适中的旅蒙商号。而同期进入包头城的另一家商号"复盛公"则是在后期创造了商业辉煌。"复盛公"商号的创始人是山西祁县乔家堡的乔贵发,当年他和一个秦姓的亲戚出走西口,开始在萨拉齐合成当铺当店佣,稍有积蓄,便来到包头西脑包开小铺,经营豆芽、豆腐之类零星杂货;后又兼营首饰,做银活。最后以经营粮食起家,创号为"复盛公"。复盛公除经营皮毛外,同时兼办钱庄和典当行业,通过为其他蒙旅商提供金融服务而迅速发展起来,成为山西祁县"乔家大院"的财源。

据《旅蒙商通览》载:清乾隆至道光年间,包头地区的旅蒙商已形成九行十六社等蒙古行。最早有蒙古行复兴社、忻定社。统管这些行社的大总领,最早由蒙古复义兴社的经理梁大汉担任。包头的旅蒙商,其早期的商业活动主要是收购附近农民的粮食,与牧民约期交换牲畜与皮毛。有的商家还经营缸房、油房和碾磨作坊,后又经营砖茶、棉布、烟酒等日用品。清同治年间,旅蒙商的活动已扩大到新疆的古城、伊犁和漠北蒙古地区。清朝末年,包头的旅蒙商已发展到 30 多家,从业人员达 2100 多人,其资本总额为11500 两白银。著名的旅蒙商号有天瑞德、广生西、天又生、福又生、崇又和、德春西、德茂永。清末民初,旅蒙商的活动中心在中公旗(今内蒙古乌拉特中旗)、西公旗(今内蒙古乌拉特前旗)、达尔罕茂明安联合旗和阿拉善部分地区。民国 19 年(1930 年)左右,包头旅蒙商的年成交额达 50 万银元。皮毛动,百业兴。旅蒙商的发展,促进了包头各业的繁荣。民国 23 至 25 年(1934 至 1936 年)间,包头的商业户达 2000 多家,成为西北的商业重镇。

五、漠南草原上的古商道

(一) 丝绸之路

丝绸之路是古代东西方之间的贸易之路,主要是为贩运中国丝绸而形成的贸易通道,它是古代中华文明作用于世界历史的重要渠道,也是中国走向世界,接受世界其他地区文明的主要通道。草原丝绸之路是指汉唐时期形成的由我国北方游牧民族开拓的漠北通往西域、欧洲的古道,是所有丝绸之路中年代最为久远的。

汉代,草原丝绸之路就已被北方草原民族开拓出来。草原丝绸之路的繁荣,则与突厥汗国和回纥汗国的兴起及唐朝的建立有密切关系。如果说突厥对草原丝绸之路西段的发展起了重要推动作用的话,唐朝的统一则是草原丝绸之路东端大发展的决定因素。随着唐朝对漠北草原诸部的统一和其在西方的发展,使草原上的交通得到进一步的发展。唐代晚期,吐蕃兴起,占据了河西走廊,阻断了绿洲丝绸之路,但草原丝绸之路依然畅通无阻。当时控制草原丝绸路的是善于经商的回纥人,所以草原丝绸路又被称为回纥路。

草原丝绸之路分为南北两线,北线开拓于北匈奴西迁之时,东起西伯利亚高原,经内蒙古高原向西,经过咸海、里海、黑海,直达东欧;南线起于辽海,沿燕山北麓、阴山北麓、天山北麓,西去中亚、西亚和东欧。随着蒙古族的崛起和蒙元帝国的建立,草原丝绸之路再次进入繁荣期。元代的草原丝绸之路也分为两道,南道从大都(今北京)开始,经上都(内蒙古正蓝旗)、丰州(今呼和浩特市)、居延(今内蒙古额济纳旗)、哈密,西接波斯道,进而通往地中海沿岸各国。据传说,当年马可·波罗正是沿着此道来到元朝的。北道从大都开始经上都、哈剌和林(今蒙古国乌兰巴托西)、阿勒泰,西接钦察道之后通往欧洲各国。

草原丝绸之路已有 2000 多年的历史。它所经之都留下了以石人、岩画、鹿石、古墓等为代表的草原文化遗迹!

(二) 茶叶之路

与"丝绸之路"相比,"茶叶之路"几乎是一条鲜为人知之路。丝绸之路具有 2000 多年的历史,世人皆知。而茶叶之路,则是从清康熙二十八年(1689 年)才正式成为一条商路,距今 300 多年。当年,大盛魁等旅蒙商从南方采购茶叶汇集到归化城,然后以骆驼为运输工具,途经乌兰巴托、恰克图、科布多,或走多伦、经棚、赤峰等地,终点站是俄国贝加尔湖一带乃至圣彼得堡。这条活跃了两个半世纪的国际商道,横跨欧亚大陆,绵延万里,在中国的北部镌刻了一条深深的文脉。

茶叶是中华农耕文化的精品。茶叶代表着绿色,代表着阳光,代表着文明,代表着生命。欧洲人的祖先与蒙古族人一样,都是"游牧民族",都是以肉食为主,都有饮茶的传统。食肉为主的人群通过大量饮茶才能得到维持生命的绿色能量。所以,茶叶对于草原民族来讲是不可缺少的饮品。

与茶叶一起输出的还有用蚕丝织成的绸缎,用棉花织成的布匹,它们都是纯天然的绿色产品。通过"茶叶之路",中国人把绿色文明输往蒙古、俄罗斯,然后扩展到整个欧洲。

总之,"茶叶之路"是一条通向世界的绿色文明之路。因此,我们可以这样说:茶叶之路填补了中华文明史和东西方文化交流史的一段空白。研究茶叶之路,发现了它的考古学、历史学等文化意义;再现茶叶之路,会激活草原这段历史。

茶叶之路的繁荣,极大地刺激了我国北方经济的发展,大批城镇在它的影响下萌芽、发育、成长。这批城镇以归化城和张家口为中心,在其两翼铺展开的有:乌里雅苏台、科布多、定远营、包头城、河口镇、集宁、丰镇、隆盛庄、多伦、小库伦、武川、海拉尔、牙克石和满洲里等地。比如"先有复盛公,后有包头城"的民谚,到今天仍在包头流传。在茶叶之路催生下,由晋商与塞外民族共同培育起来的一批商城,在当时几乎是"平地冒出的城市"。

第十节 复盛公领跑包头商界 200 年

从清乾隆初年至"中华民国"时期,在塞外古城包头的商界中有一个驰名华夏的旅蒙巨商——复盛公。在 200 多年的历史长河中,复盛公称雄包头商界,其鼎盛时,统领十几个字号,横跨几百万平方公里,拥资几千万两白银,其经营范围则包罗万象:下至百姓日用的针头线脑、柴米油盐,上至关系国民经济命脉的蒙俄边贸和钱庄票号。在这 200 多年里,复盛公在中国商界和金融界纵横捭阖,呼风唤雨,其经营规模之大,持续时间之长,社会影响之大,堪称中国商界、金融界之奇观。故有"先有复盛公,后有包头城"之誉。

一、发迹西脑包,建起包头城

复盛公的创始人乔贵发,系山西省祁县乔家堡人,生于清康熙末年,自幼丧失父母,成为孤儿,少年时寄居在外公家,过着苦难的生活。

清朝时期,商业极盛,以晋商、徽商、潮商(广东潮州)三家为著名。其中最著名的是晋商,号称清朝政府的金库,左右着大清的金融市场,成为中国商界之马首,执大清金融之牛耳;晋商中的中坚核心力量乃是祁县、太谷、平遥之商人集团,而祁县乔家则名列晋商之十大财东之冠,可谓清代晋商的代表家族。

乔家的发迹始祖乔贵发为何能从一个孤儿成为富翁呢?这还得从头说起。

乔贵发于清雍正年间,毅然孤身出走,背井离乡,走口外,谋生存。来到口外后,乔贵发在归化城一家祁县人开设的旅蒙商号里拉骆驼。在拉骆驼期间,乔贵发吃了许多苦,受了不少罪,却增长了知识,开阔了眼界,并且悟出了一个道理:要想赚大钱,得自己做买卖。于是他辞掉拉骆驼的营生去萨拉齐做买卖。

在萨拉齐做买卖期间,乔贵发结识了太原府徐沟县大常村秦某,两人一见如故,情投意合,结义联盟,携手做生意,开设了豆腐坊、菜园、饭店、草料铺为一体的铺面。经过两年的发展,生意做得还可以,乔贵发终于找到了适合自己发展的行业。但是,他还缺乏一个发展自己的空间。

原因是在乔贵发来萨拉齐之前,清廷已经在萨拉齐设立直隶厅,这里已经成为一个繁华的小集镇,出现了许多为旅蒙商服务的粮店、草料铺和饭店。因而乔贵发的店铺处在一个后来者的位置上,不能做大做强,只能忍气吞声。正当乔贵发一筹莫展之时,有个旅蒙商人向他指出一条明路,那就是到萨拉齐西面的西脑包(今包头市东河区)去发展。这一指,给乔家指出一条光明大道,指出了乔家商业 200 多年的辉煌。

　　这西脑包原来是块风水宝地,地理位置十分优越,是归化城通往西部蒙古草原的必经之地。当时,从归化城通往西部蒙古草原途经一个叫昆都仑的地方。而这个昆都仑口是连接南北蒙古的交通要道,是旅蒙商队必经之地,西脑包就在离昆都仑口不远的地方。南北蒙古被阴山阻隔,在阴山支脉大青山和乌拉山分界线上有条河沟,这条河沟接纳大青山东而入的水和乌拉山由西而入的水,然后汇聚南流,出昆都仑口,归入黄河。当时,旅蒙商队就是循着这条河沟的河床进出南部蒙古的,昆都仑口就是这条河沟的出口。出了这个口,就是土地肥沃的土默川——以开荒种粮为业的汉人居住地。因而,旅蒙商人进草原时若从这里携带粮草,比萨拉齐更方便。所以,这里比萨拉齐更便于为旅蒙商服务。

　　别看乔贵发是没文化的商人,却很有见识,又有胆量。他经过反复考察后,就先行一步,和秦某带上积蓄从萨拉齐来到西脑包,并且在此地落脚。当时西脑包村人很少,只有十几户人家。乔秦二人来到西脑包后,很快以便宜的价格向居住在这里的巴图尔家族租用一大片地做菜园、盖店铺,并且开设了专供旅商人需求的饭店、草料铺、粮店,兼做蔬菜、豆腐、豆芽生意。他们的草料铺一开张,便在包头一带有了条件好、货物全、照顾客人周到的好名声,旅蒙商队纷纷下榻这里,可谓生意兴隆,买卖火爆。

　　此后,别的店铺竞相仿效,从而有力地带动了包头一带的饭店、草料铺的发展,又吸引了更多的旅蒙商队从萨拉齐转移到这里携带粮食、草料。于是,包头也由几个分散的居民点连成一个村庄,常住人口发展到上千人。他们把这个荒凉的草原村庄造就成为繁荣的塞外集镇。西脑包一带呈后来居上之势,欣欣向荣、日新月异。乔秦二人由于起步早,发展中自然占优势,西脑包一带如一片不断上涨之水,他们的铺子则像这片水上之船,占尽地利、天时。于是,先入为大,水涨船高,乔秦二人的草料铺就在西脑包发达了。

　　后来,秦氏家族后人不善经营,与乔家约定,秦家退股,乔家接股,外姓不得垫财。乔家当了财东后,尽可能地照顾秦家后代,因而起名叫复盛公,取两家创业财源茂盛,公平相对之意。到同治年间,由于外货流入,西部的皮毛、药材大宗出口,包头地区逐渐繁荣。复盛公也由西脑包搬到包头城

227

内,由原来的货铺改为栈、当两行,在包头市场上,形成庞大的商业网络,统领和繁荣包头的商业活动。因此,在当地留下"先有复盛公,后有包头城"的名言。

复盛公是乔家老字号,每逢过春节,还在财神桌前供奉沙盘、扫帚,以纪念当年创业之难。复盛公发展到一定后,又开设了复盛西当铺、复盛西面铺、复盛西油房。其面铺、油房都是大规模营业。后来,又安装了电磨、电碾,以批发订货为主,掌握了包头的粮盘、油盘。复盛公在包头大东街设立复盛西当铺,简称复盛当,在包头财神庙街东西两当铺,占据着繁华地区。复盛公放账折下的铺产、菜园地很多,并且在包头市郊有 40 顷水浇地,浇的是转龙藏的清水,另成立了一个复盛园,雇工经营,把持了包头的蔬菜价格。

二、汇通天下,誉满全国

乔家在包头发迹后,在其家乡山西祁县成立了在中堂。后来,在中堂成为全国屈指可数的巨商豪门。在中堂之所以誉满全国,关键是出了个雄才大略的乔致庸。

乔致庸,字仲登,号晓池,俗称亮财主。他一生历经嘉庆、道光、咸丰、同治、光绪五个时期。这正是清帝国逐渐走向衰落的年代,中国社会动荡不安,而乔致庸却纵横捭阖、避险趋利,把乔家的商业一步步推向鼎盛。

在包头,乔致庸在原有复盛公、复盛全两大字号(资本为 3 万两白银)基础上,于清同治三年(1864 年)投资 6 万两白银开设复盛西典当铺,以后又相继开设复盛西粮店、复盛协钱铺、复盛锦钱铺、复盛兴粮店、复盛和粮店等"复"字号;另外,还以在中堂的名义,于光绪元年(1875 年)独立投资白银 5 万两,在包头开设广顺恒钱铺,于光绪十三年(1887 年)投资 3 万两白银,在包头开设法中庸钱铺。

在祁县,乔致庸在原有大德诚(资本 6 万两)、大德兴(资本 6 万两)两茶庄基础上,顺应票号兴起的经济浪潮,于咸丰年间将大德兴改营票号业务,于光绪七年(1881 年)投资 6 万两白银(后追加 26 万两)开设大德恒票号

(分号遍布20多个城市),并且于光绪十年(1884年)追加6万两白银,将大德兴茶庄改为大德通票号(分号遍布20多个城市)。

此外,乔致庸还于光绪年间先后在归化城开设了主营日用百货的通顺南店,主营绒毛皮张的通顺北店,主营粮食的大德店、德兴店,主营米面的德兴长,在太原开设了晋泉涌钱铺,在乔家堡开设了主营日用百货、兼营饭庄的万川汇。

乔家的买卖字号在乔致庸手中繁衍发展,日积月累,从一个普通财主变成誉满全国的豪门巨商。

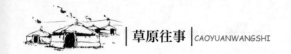
第七章　草原人民反帝反封建斗争

第一节　蒙古骑兵的反侵略斗争

1840年,英帝国主义对中国发动鸦片战争,驻守在东南沿海的蒙古八旗官兵与各族军民奋起反抗。1840年10月,蒙古族爱国将领裕谦指挥三镇将士在浙江定海奋战6昼夜,以身殉国。次年4月英军进犯乍浦,守军7000余人英勇反击,其中有蒙古八旗官兵800余人参战,蒙古族官兵牺牲200余人。第一次鸦片战争中当英军侵入渤海时,内蒙古东三盟和察哈尔八旗蒙古骑兵5000人,奉调天津海口防守。蒙古各地捐献马匹、银两支援前线。1856年,英、法发动第二次鸦片战争,至1860年英法联军攻占天津、北京,僧格林沁亲王奉命从内蒙古各盟征调蒙古骑兵参战,在大沽口的三次保卫战和八里桥之战中英勇抗击。其中有4000余名蒙古骑兵在参战的第二次大沽口保卫战中,打沉敌舰5艘,击伤6艘,打死打伤英法侵略军592人,取得胜利。第三次大沽口保卫战中,蒙古族爱国将领乐善率千余官兵坚守炮台,拼死抵抗,全部为国捐躯。在保卫北京的八里桥之战中,从卓索图盟、昭乌达盟、哲里木盟和察哈尔盟调集的4000蒙古骑兵穿插奋战,毙伤敌军1000余人,蒙古骑兵也有很大牺牲。在两次鸦片战争中,蒙古骑兵以弓箭、马刀抗击了敌方的洋枪、洋炮,成为中国近代史上的爱国壮举。

第二节　反封建斗争

一、八支箭起义

发生在卓索图盟土默特右旗（今辽宁省北票市）境内的长达 17 年的反封建压迫斗争。1853 年，八支箭地方以福泰、常明为首，以反抗王公沉重兵役、差役为由，数次派代表到盟长衙门和理藩院呈控该旗王公的暴政，统治者则不予理睬。八支箭人民据守村塞，拒不从征，并抗交所有差派。1868 年福泰因病身故，常明、色斋、阿噶齐、德尔沁札布等人继续领导斗争。1870 年统治者派兵镇压，将常明等人发送南方当苦差。为平民愤，统治者被迫核减差派。不准对平民子女随意使役、陪嫁，并处分了一些平日里欺压百姓的贝勒、章京、署印协理。

二、老头会起义

老头会，蒙古语称勿布格德会。1860—1865 年间，发生在卓索图盟土默特左旗（今辽宁阜新蒙古族自治县）的反封建暴政的起义。该旗蒙古族人民不堪忍受王公的压榨，推选德高望众的老者组成老头会赴京控告。几年之内，老头会呈控 30 余案，揭露了封建主们的种种罪恶，但统治者却不予理睬。清同治元年（1862 年）六月，青黄不接，蒙古族人民民生活极其困难，以绰金汰、那木斯赉为首，聚众要求减免杂差。王公不仅拒绝了，反而增派杂差六项，激起民愤。同年九月，绰金汰等人领导老头会联合该旗 70 多个村庄的数千名群众，武装反抗官兵镇压。1863 年夏，清廷派大军围攻起义群众。同年冬，绰金汰、那木斯赉等 88 名老头会成员被捕，绰金汰等人英勇就义。那木斯赉.恩和巴图等人越狱潜逃，仍坚持斗争。他们联合梁廷起、吴振德重新组建了 50 余人的队伍继续战斗。不久，那木斯赉等人在宾图王旗乌丹营子被捕牺牲。坚持五年之久的老头会起义虽然失败了,但极大地震撼了封建统治者,迫使王公作出一些让步,拟定了《查办土默特贝勒差项地亩条例》二十二条,并宣布免除同治二年(1863年)以前的差额,争得了每年只交东钱八吊的定额,并取得了对18名民愤极大的旗署官员治罪的胜利!

三、金丹道起义

清末在卓索图盟、昭乌达盟爆发的汉族农民反帝反封建起义。金丹道亦称在理会,为民间秘密组织。其宗旨是传播反帝思想,反对传教士的不法行为。清光绪十七年(1891年)四月,平泉州(原属喀喇沁旗)天主教堂强向各铺户"借粮",并枪杀前去说理的理会首领徐荣,激起民愤。同年十一月,杨悦春、李国珍召集各地代表集会宣布起义。将队伍分青、黄、白、红、黑旗五队,由数千人集聚至数万人。活动于平泉、建昌、赤峰等州县和喀喇沁、东土默特、翁牛特、敖汉、奈曼、巴林等旗。所到之处,毁堂灭教,击杀教士、教民。清廷急派直隶、奉天、热河3省军队镇压。起义军坚持两个多月,大小数十战,最终失败。杨悦春、李国珍等人壮烈牺牲,2万多起义群众遭到屠杀。

四、白凌阿、弥勒僧格起义

白凌阿,敖汉人。清咸丰十年(1860年),在内地农民起义高潮的影响下,与王达、刘珠、李凰奎、才宝善等人带领汉族、蒙古族、回族各族农民起义。1861年先后攻破朝阳、赤峰。在王达、李凰奎被捕牺牲和刘珠战死后,白凌阿、才宝善、弥勒僧格重举起义,继续转战于科尔沁草原和义县一带,使起义军发展到三四千人,同治元年(1862年)二月失利,同治四年(1866年)起义,被镇压下去。白凌阿、弥勒僧格得到蒙古族群众的掩护,于同治六年(1888年)秋再度举义旗,转战于卓索图、昭乌达、哲里木3盟和奉天、吉林、热河的部分地区,给蒙古封建王公和东北清军以沉重打击。终因白凌阿、弥勒僧格分别于同治七年、八年先后牺牲而失败。但起义对北方地区的捻军

(捻军是一个活跃在长江以北皖、苏、鲁、豫四小部分地区的反清农民武装势力,与太平天国同时期)起到策应作用。这次起义先后坚持了9年时间,促进了各民族的相互了解,增强了团结。

五、图合木起义

清光绪二十六年(1900 年)发生在科尔沁右翼前旗的反封建压迫的斗争。领导者刚布、桑布两兄弟,当时是科尔沁右翼前旗王公的属史。该旗蒙古族民众和从从卓索图盟迁来的蒙古族农民深受王公的暴政苛敛之害,早已忍无可忍。1900 年秋,由于沙俄军队的入侵,清军溃散。刚布和桑布等人便从溃军中夺取枪支弹药,以该旗南端的图合木为据点,聚集数千群众宣布起义。以抗拒官府、王公的差派,并在图合木一带扎营、种地为生。该旗札萨克乌泰逃到齐齐哈尔寻求沙俄保护,并引来俄军镇压,还调动科尔沁右翼前旗、中旗、后旗和郭尔罗斯前旗、中旗、后旗兵力会剿义军。1920 年底,图哈木起义终因寡不敌众而失败。

第三节　反洋教斗争

鸦片战争以后,在内蒙古中西部地区掀起一场声势浩大的革命斗争,即义和团反洋教侵略的斗争,这次斗争沉重地打击了西方列强的殖民势力。

一、洋教对内蒙古的渗透

清道光二十年(1840 年)鸦片战争以后,西方殖民主义国家接踵侵华,胁迫清政府签订一个又一个不平等条约,割地赔款,丧权辱国。洋天主教利用不平等条约的特权到中国自由传教。是年,天主教罗马教皇在内蒙古地区设立了蒙古教区,各国传教士在内蒙古各地建立教堂、发展教徒、霸占土地、收集情报、侵犯主权的事屡屡发生,传教活动逐渐普及至城镇和农村。

同治十一年(1872 年),蒙古教区副主教比利时人巴耆贤,在归化城庆凯桥东河沿 9 号购买了一处店院,建起规模较大的双爱堂。光绪六年(1880年),天主教陆殿英神甫在萨拉齐廉价购买河滩地一块,未经丈量,估 24 顷,随之建村,起名二十四顷地(后经绥远城将军重新组织丈量,实为 100 多顷),招收教徒耕种。光绪九年(1883 年),罗马教皇将蒙古教区划分为东、中、西南三个教区。东蒙古教区管辖昭乌达、卓索图两盟和热河地区的教务;中蒙古地区管辖乌兰察布盟东部、锡林郭勒盟南部和张家口以北地区的教务;西南蒙古教区管辖归化城、河套地区、乌兰察布盟西部、伊克昭盟等地的教务。光绪十九年(1893 年),兰广齐神甫在二十四顷地筑起一座城墙高大宽厚、利于防守、规模庞大的教堂。光绪二十六年(1900 年),西南教区主教韩默理将河套三盛公大教堂迁至二十四顷地,在城堡内训练武装团丁,设立分堂,包揽诉讼,肆意侵占农牧民的土地牧场,脱离清朝政府的管辖,俨然是"国中之国"。经过几十年的传教,到光绪二十六年(1900 年),三大教区共建立教堂 230 多座,吸收教徒 3.2 万人。

天主教会本打算吸收蒙古族群众入教,但因蒙古族早已笃信喇嘛教,其教义与天主教大相径庭而放弃。从而转向汉族农民,用购买或侵占的土地招徕汉族佃户耕种,以此为诱饵,强迫他们入教。群众一但入教就得效忠主教、神甫。到清末,仅土默特旗范围内的大小教堂就发展到 51 座,吸收教徒达 2.2 万多人。

天主教传教士还以举办慈善事业来笼络人心,大量吸收教徒。遇到灾年,教堂以赈粮来吸引灾民入教。教堂还设立育婴堂、医院、学校、孤老院、修道院等,向教徒和学生灌输天主教教义,进行奴化教育。仅萨拉齐地区就建立教会学校 38 所,有学生 1138 人,育婴堂 1 所,收婴 10641 人。

二、蒙汉人民反洋教霸占土地的斗争

天主教在内蒙古地区不断扩张,肆意霸占人民的土地和牧场。传教士看到蒙古地区地价低廉,买地不以亩计算,而是以上脊水沟为界,或骑马巡视一周,指 10 顷则 10 顷,指 5 顷则 5 顷。仅在河套、鄂尔多斯地区就抢占土地达 2 万多顷。天主教对其霸占的土地设置种种禁令,严禁非教徒在其中居住通行;不准非教徒农牧民和牲畜进入与教会土地毗邻的田地、牧场,如有违犯者必遭重罚,迫使农牧民迁徙他乡,生活每况愈下。因此,不断引发蒙古地区人民反洋教霸占土地的斗争。光绪十年(1884 年),因天主教在鄂尔多斯霸占大片土地建教堂,达拉特旗章京包力格巴拉率领 70 多人,烧毁教堂。光绪十二年(1886 年),改任中蒙古地区主教巴耆贤为开辟一个新"教友区",强行开垦察哈尔镶黄旗七苏木土地,当地蒙古族牧民联合平地泉的汉族农民,一炬烧毁了天主教堂土地上的青苗。事后,巴耆贤打通官府,以此地与教民垦领开种的名义结案,七苏木大片土地终被教堂霸占。

光绪二十六年(1900 年)春,西南蒙古教区总堂二十四顷地教堂欲低价强行购买兴义楼村蒙古族章贵寡妇的户口地"章贵圈子",遭到拒绝。章贵寡妇的乡邻高占年挺身而出与教会交涉,传教士却态度蛮横地说:"这地我们买定了!"高占年联合乡亲泼登、邬义五等人,组织群众,又请了 10 余名武术高手,日夜戒备。五月间,天主教西南蒙古教区主教韩默理唆使教民石险生、任喜财等人,带领教会团丁几百人包围了兴义楼村,村民们奋起反抗,终因寡不敌众,高占年、泼登等 9 人被抓,随后被装入麻袋,抛入黄河溺杀,"章贵圈子"被教堂霸占。高占年遇难后,村民向官府控告,山西巡抚饬令教会交出杀人凶手。韩默理凭借教堂坚固的工事,纠集 300 多名教徒护城,竭力庇护凶手。绥远城将军派旗兵缉拿凶手,但教会负隅顽抗,鸣枪拒捕,形成对峙局面。

三、义和团反洋教的斗争

光绪二十六年(1900 年),正当西方列强进一步瓜分中国的危难时刻,在全国范围掀起一场反帝爱国斗争——义和团运动。庞大的教会势力给中国人民造成许多灾难,而外国势力的种种罪行,引起义和团反洋教侵略的斗争。内蒙古各地群众怀着对洋教的深仇大恨,积极勇敢地投入了这场斗争。这一年的四五月间,昭乌达盟的建平、平泉、赤峰等地爆发了义和团反洋教侵略的斗争。起义群众烧毁教堂,惩罚洋教士,有力地打击了反动传教士的嚣张气焰。接着,哲里木盟南部的义和团,对传教士的侵略行径也予以严厉打击。六月,卓索图盟朝阳地区蒙古族和汉族民众2万多人组成义和团,向东蒙古教区的松树咀子教堂发动进攻,教堂传教士惊恐万状,连忙求助于俄军。

同年夏,在归化城大街小巷和土默川平原的村庄、场院地头都有义和团的神坛。在归化城小召前、财神庙、关帝庙等处的神坛是义和团的指挥部。托克托的龙王庙和河口、和林格尔、萨拉齐等地都设有神坛,组织团民练拳。很快参加义和团的就有数百人,参加者以农民为多数,及少数城乡手工业者、搬运工人、城市贫民等,还有蒙旗的保安队士兵和驻防绥远城的八旗兵。放眼土默川城乡,义和团的神幡到处飘扬,团民头缠红巾,腰系红带,个个威武健壮、斗志昂扬,他们以主持正义、讨伐妖魔的姜子牙、孙悟空、黎山圣母、关公、岳飞等群众敬仰的英雄人物和神化人物为偶像,决心把“洋鬼子”从中国的土地上赶出去。义和团的行动得到绥远城将军的支持,取得了合法地位,斗志更加高昂。托克托义和团一举焚毁了南坪、黑城、什拉乌素等地的天主教堂,萨拉齐的小巴拉盖、鄂尔格逊等村的团民冒着洋枪的阻击,攻克并焚毁了小巴拉盖教堂。是年六月,托克托义和团派出300多团民开赴二十四顷地,双龙、毛岱、萨拉齐镇、苏波盖、沙图沟等临近的10个村庄的团民也迅速赶到,与官兵一起将二十四顷地总堂包围,决心捣毁教堂,为被杀害的高占年等人报仇雪恨。教堂主教韩默理将6名神甫送出逃走,他独自留下与教徒负隅顽抗。六月底,数千名团民和官兵,冒着枪林弹雨,冲破防线,一举攻入教堂城堡,经过主教府前的肉搏战后,点燃了教堂,活捉了作恶多端的韩默理和杀人凶手石险生等歹徒。团民们把韩默理背绑起来,插上写有“老洋魔”的牌子,装在车上的一个大笼子里,拉到萨拉齐、托克托镇上游街示众。成千上万的群众涌上街头,高呼口号,异口同声地唾骂这个罪大恶极的“洋鬼子”。游街以后,把韩默理等人拉到托克托镇进行公开审判,判处“老洋鬼"和杀人凶手死刑,为被害的蒙古族、汉族农民报了仇。处决后,将韩默理、石险生、任喜财等人的头颅挂在高杆上示众。几十年来,土默川地区流传着这样的民谣:

> 光绪二十六年(1900年),绥远全境起神兵。烧了二十四顷地,杀了个老洋魔(韩默理)。

斗争中,教会死伤900多人,一个坚固的天主教中心城堡变成废墟。后来外籍传教士和大批教徒逃至大青山后的铁圪旦沟、乌尔图沟两教堂。绥远城将军命归绥道郑文钦加以遣散。七月下旬,郑文钦调义和团300多团民,配合土默特旗骑兵到铁圪旦沟规劝教徒,解散回家。洋教士竟下令开枪,打死官兵2人,伤40余人。于是官兵和团民奋起拼杀,攻下教堂,缴获枪炮各种武器200余件,杀死洋教士3人,焚烧教堂,教徒四处逃命。接着,义和团配合官兵攻毁了乌尔图沟教堂,夺得洋枪150余支。至此,分布在土默川平原上的天主教包括总堂、大小堂共27座全被焚毁,活着的洋教士全都被驱逐出境。

同年夏,乌兰察布盟的平地泉、丰镇等地,也爆发了义和团反洋教斗争。七月初,义和团向西营子、岱海、香火地、公沟堰等天主教堂发起进攻,攻打西营子教堂的团民多达六七千人,加乡民共2万余人。

四、反洋教斗争的结局

义和团的怒火燃遍内蒙古,从科尔沁草原到河套地区三盛公,从四子王旗到鄂尔多斯高原,凡有洋教活动的地方都有义和团在向他们出击。在反洋教侵略的斗争中,内蒙古地区的义和团团民一共攻克70多座教堂,处决7名西方传教士和不法教徒,教会势力遭到沉重打击。全国各地义和团的反洋教斗争,直接损害了西方列强的在华利益。于是,西方组成八国联军侵入中国,腐朽的清王朝由支持义和团转为与列强勾结镇压义和团运动。在内外敌人的夹攻下,义和团运动失败了。清王朝又一次与列强签订了丧权辱国的《辛丑条约》(1901年为农历辛丑年),《条约》规定给英、美、俄、德、日、奥、法、意、西、荷、比 11 国赔偿白银 4.5 亿两。这些巨额赔款统统转嫁到全国各族人民身上。教会势力乘势反攻倒算,要求严惩反洋教的民会和地方官员,赔偿所受的全部损失。教会则变本加厉地向蒙蒙古族、汉族人民索取银两、牲畜,掠夺大片耕地牧场。仅内蒙古西部各蒙旗与教会议定的赔款就达 70.2 万两。蒙旗没有银两就用土地抵赔,仅河套地区几个旗就有 5000 多顷良田被天主教会侵吞。而许多义和团团民或被捕杀害,或逃去他乡;一些清朝地方官员也遭到革职查办。教会利用取得的特权,在掠夺的土地上新建教堂、修道院、育婴堂和学校,招徕穷苦农牧民种田、放牧,开办小作坊,加工粮食和油料,组建经商驼队,用新式武器武装教会,进一步对内蒙古进行政治、经济、文化侵略,为各国殖民主义者服务。

第四节　绵延一个世纪的独贵龙运动

清咸丰八年(1858 年),在鄂尔多斯地区爆发了以反对该旗王公官吏的暴政、苛税、徭役为口号的声势浩大的牧民运动,并取得了伟大胜利。这个运动就是内蒙古历史上著名的独贵龙运动。

一、背景

清道光二十年(1840 年)鸦片战争后,帝国主义列强纷纷侵入中国,使中国逐渐沦为半殖民地半封建的悲惨境地。生活在中国北部边疆的蒙古族人民,除遭受列强的侵略和反动政府的民族压迫之外,还受到封建王公的剥削。他们在苦难中挣扎,在困境中抗争,寻找民族生存的出路。绵延一个世纪的独贵龙运动,是鄂尔多斯蒙古族人民采取的反帝、反封建斗争的独特形式。"独贵龙",蒙古语译,意为"环形""圆圈"。参加独贵龙运动的人集会时,围成一个圆形席地而坐,在请愿书等文件上签名排列成环形,以示地位平等,并且不分首尾,避免领导人被暴露;在批斗王府官吏时,采取将其围在中间的形式。

中国共产党成立后,独贵龙运动成为飘扬在鄂尔多斯高原上的蒙古民族解放斗争的一面革命旗帜。

清咸丰八年(1858 年),乌审旗贫苦牧民巴拉吉尔(又名丕勒吉)、朱勒杰尔嘎拉等率先组织牧民,参加反对旗札萨克、王公的封建压迫的独贵龙运动。在请愿书中,他们向旗政府提出了要减轻繁重的苛税摊派、兵差徭役,免除牧民为王公台吉代偿旅蒙商债务负担,不得贪脏枉法、抢占牧场耕地等正当要求,迫使盟长和旗政府修改了旗课税章程,限制封建王公的部分征敛。

在乌审旗独贵龙运动的影响之下,伊克昭盟各旗蒙古族人民组成各自的独贵龙队伍,接连不断地开展反封建斗争。清同治五年(1866 年),鄂托克旗农牧民独贵龙,掀起反对旗札萨克横征暴敛的斗争。清光绪五年(1879 年),乌审旗又有牧民伊得木扎布、通那领导的 300 多人联名具状,向盟长控告旗政府官吏欺压勒索牧民的暴行,宣布拒交各项官差,并一度冲进王府,围攻官吏。旗札萨克眼看众怒难平,遂将首恶官吏革职惩处。斗争一直持续了 5 年之久,才被清政府镇压下去。接着在光绪十二年(1886 年)和十七年(1891 年),鄂托克旗和乌审旗又兴起独贵龙运动。

二、反洋教斗争

随着西方列强对中国的入侵,洋教传入内蒙古,教会利用不平等条约,掠夺土地,大建教堂,吸收教民(包括部分土豪劣绅、流氓恶棍),建立城堡,组织卫队,设立公堂、监狱等,逐步形成天主教"王国"。传教士们极力引诱蒙古族、民族人民皈依天主教,改变教民原来的信仰和价值观,使教会成为列强实行殖民统治的工具。教会对教民实行残酷的经济剥削,农牧民不论收成丰歉,都要将其收量的 70%~80%向教会交租。同时唆使劣迹教民为教会霸占土地和欺压教民充当打手。到光绪二十六年(1900 年),伊克昭盟以柠条梁教堂为中心的天主教势力伸向各旗。在古族、汉族人民杂居地,教会以"高租"等手段,诱租蒙旗土地,剥夺汉族农民的租佃权。

天主教坛的恶劣行径在两个民族的农牧民中引起极大的愤慨。同年六月,乌审、鄂托克、札萨克旗的独贵龙队伍联合陕北的汉族群众,共同发起声势浩大的反洋教斗争。七月十五日,三个旗参加独贵龙运动的群众五六百人,手持火枪,鸟枪、弓箭等武器,高呼"上打洋人,下打官"的口号,包围了小桥畔教堂,并派出 200 余人的队伍冲进教堂的城堡,与洋鬼子展开斗争。一位比利时的传教士在城墙瞭望时,被一颗火枪子弹击中头部而毙命。由旗蒙古下层仕官和兵丁组成的"独贵龙",用火炮轰击教堂,教堂的屋顶被炸塌了,独贵龙反洋教斗争初战取胜。在柠条梁,参加运动的群众接连捣毁教堂4 座,房屋 600 多间,击毙传教士和恶棍教民 11 人。独贵龙群众在城川等地也烧毁教堂、房屋数间,击毙传教士 1 人、恶棍教民 20 多人。同月,达拉特旗参加独贵龙运动的群众烧毁了小淖尔、大淖尔的教堂 5 座、教会房屋 600 多间,杀死不法教民数人。

三、抗垦斗争

光绪二十八年(1902 年),清政府在内蒙古地区强制推行大规模的移民开垦蒙地的"移民实边"新政。这是一场对蒙古族牧民赖以生存的牧场的剥夺,也是清政府、蒙旗王公和地商搜刮银两的又一手段。乌审旗的独贵龙最先树起抗垦的旗帜,在光绪二十六年(1900 年),因该旗札萨克察克都尔色楞私自放垦旗地,坐收地利,引起独贵龙群众的抗垦。清政府施行放垦政策后,察克都尔色楞积极响应,提出放垦适耕的全旗蒙地,得到清朝垦务大臣贻谷的赏识,因而被提升为伊克昭盟盟长。为此贻谷最先派出垦务官员到乌审旗放垦,激起了全旗牧民的一致反对。于是由牧民白音赛音、五喇嘛等带领数十名青年牧民痛打垦务官员,将其逐出旗去。光绪三十一年(1905)春,垦务局再次派垦务官员及护垦兵丁来到乌审旗,强行进行武装开垦,结果又被独贵龙群众武装驱逐出境。两次抗垦的胜利鼓舞了广大牧民,独贵龙组织不断壮大,全旗发展成 12 支独贵龙队伍,约 2000 余人,建立了独贵龙总部。他们召开群众集会,烧毁放垦文契,号召拒绝放垦,拒缴王府的赋税差役,使清政府的放垦计划一连几年难以推行。

光绪三十年(1904),面对乌审旗府官员大面积报垦牧场,并将大片土地租给陕西地商的严重情况,旗台吉额尔德尼格尔勒领导独贵龙群众多次围攻垦务官员,击退护垦武装,驱逐地商,并联合达拉特旗独贵龙擒杀了一个前来包租土地的地商。随后,他们组织数百名牧民,与反对放垦的札萨克旗郡王特古斯等一同前往绥远城,向贻谷呈诉,迫使旗政府官员归还土地。光绪三十一年(1905年),杭锦旗札萨克阿尔宾巴雅尔被迫向垦务局报垦后,激起民愤。由厂汉卜罗、那素朝等人组织起13支独贵龙队伍,奋起抗垦。他们与达拉特旗的独贵龙群众联合起来,对各地垦务官员进行围攻,阻拦垦地。有一次,厂汉卜罗率1000余独贵龙队伍,拘押了卖地的旗府官员,击退了300多人护垦队的进攻,迫使垦务局不得不划出大片土地,作为牧民的户口地。同年,札萨克旗活佛旺丹尼玛领导的独贵龙群众,对人口少、面积小而报垦面积大的旗府展开抗垦斗争,独贵龙群众手持锹镐、棍棒赶走丈地的垦务官员,放火焚烧了垦务局办公室的房屋,阻滞了放垦的进展。

民国初年,北洋军阀政府继续推行放垦政策。伊克昭盟的独贵龙抗垦斗争仍持续不断。其中规模较大、影响较深、持续时间较长的是锡尼喇嘛(原名乌勒吉杰尔格勒)领导的乌审旗独贵龙运动。出身于贫苦牧民的锡尼喇嘛自幼聪慧,刻苦学习,文化有成,在给王府服徭役期满后被旗札萨克破格录用为笔帖式(文书)。出于对王公制度的不满,他毅然加入了独贵龙抗垦斗争队伍。为掩护其身份,他披上了袈裟,削发做了喇嘛,群众称其为"锡尼喇嘛",蒙古语意为"新喇嘛"。辛亥革命后,他接受了民主思想,于民国2年(1913年)11月,与志同道合的70多位牧民结义,组成"七十安达独贵龙",尔后又发展为11支独贵龙队伍,向旗王府提出不得出卖牧场,严惩卖地官员,不得以土地、牧场抵债,严惩贪官污吏,制定公正法律,减免课税等正当要求。在遭到旗札萨克察克都尔色楞的拒绝后,独贵龙群众将他赶出王府。

民国4年(1915年),北洋政府被迫革除了察克都尔色楞的札萨克职务。

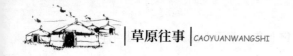

伊克昭盟的独贵龙抗垦斗争,打击了清王朝和北洋政府开垦草地、侵犯牧民利益的行径。

四、新民主主义时期的独贵龙运动

1921 年 7 月 1 日,中国共产党成立,从此中国革命的面目为之一新。锡尼喇嘛领导的乌审旗独贵龙运动,以新的姿态走上了由中国共产党领导的民族解放道路,被誉为"鄂尔多斯红色风暴"。在乌审旗独贵龙抗垦斗争失败后,锡尼喇嘛隐居北京雍和宫,民国 13 年(1924 年)他到蒙古人民共和国考察,学习了苏联和蒙古的革命经验。民国 14 年(1925 年)10 月回国后,他参加了共产国际,在中国共产党支持组建的蒙古民族革命政党——内蒙古人民革命党的成立大会上,被选为中央执行委员。民国 15 年(1926 年),他回到家乡,向农牧民群众宣传内蒙古人民革命党反对封建王公制度和军阀统治的纲领,组织起 7 支独贵龙队伍,建立了内蒙古人民革命党 7 个支部,尔后又发展到 17 个支部,有正式和候补党员 570 名,使独贵龙运动由自发的群众运动发展为有革命政党领导的武装斗争队伍。民国 16 年(1927 年)6 月,这支独贵龙队伍接受了蒙古人民共和国支援的 500 多支步枪,并自筹了其他武器,建立了内蒙古人民革命军第十二团,锡尼喇嘛任团长。8 月,锡尼喇嘛带领十二团把乌审旗札萨克特古斯阿木古郎等旗府官员逐出旗府,建立了乌审旗人民政权——公众委员会,简称公会。公会宣布保障人民的利益和各种权利,废除各种苛捐摊派和奸商的债务;创办学校;派干部到中央军参加培训;实行男女平等,妇女有权入党,实行婚姻自由;喇嘛可以还俗等革命主张,受到广大农牧民的热烈欢迎。十二团是保卫人民政权的革命武装队伍。锡尼喇嘛的革命活动一直遭到反动王公和军阀的极端仇恨,1929 年 2 月,锡尼喇嘛被叛徒杀害。

第五节　嘎达梅林领导的抗垦斗争

南方飞来的小鸿雁啊,

不落长江不呀不起飞。

要说起义的嘎达梅林,

是为了蒙古族人民的土地。

天上的鸿雁从南往北飞,

是为了追求太阳的温暖。

反抗王爷的嘎达梅林,

是为了蒙古人民的利益。

这首脍炙人口的科尔沁民歌传遍了内蒙古大草原,歌颂了嘎达梅林领导的哲里木盟科尔沁左翼中旗(今通辽市科尔沁左翼中旗,以下简称科左中旗)农牧民群众,反对军阀和王公开垦土地而举行的武装起义。起义震惊了科尔沁草原乃至内蒙古地区,并带来深远的影响。几十年来,嘎达梅林抗垦起义的英雄壮举,一直受到蒙汉各族人民的赞扬。

一、科左中旗的放垦

科左中旗的放垦由来已久,自清乾隆三十七年(1772 年)至民国 15 年(1926 年),经过 8 次大规模的开垦,蒙古族牧民赖以生存的水草丰美的草原仅剩四分之一。他们大多数赶着牲畜,背井离乡,被迫迁到山林、荒滩等不毛之地,牛马羊群无处放牧,生计受到严重威胁。

清政府和北洋军阀政府对内蒙古王公贵族实行怀柔政策,封建王公过着奢侈生活。不少王公入不敷出,靠借贷生活,从而把私放垦地作为生财之道。科左中旗在光绪年间共放了 8.6 万多垧(每垧 15 亩)牧场。收押荒银

29.13万两,而多数银两被札萨克卓里克图亲王偿还了债务。民国元年(1912年)为还债又放出9万牧场,收押荒银40万两。

民国18年(1929年)初,东北军阀统治下的辽宁省政府与科左中旗札萨克亲王那木济勒勾结,设立荒务局,着手开垦"西夹荒"(即郑家屯到白城子铁路以西荒地,以东的称"东夹荒",清末已开垦)和"辽北荒"(即通辽以北一带的荒地)。所谓荒地实为优良牧场,几百年来蒙古族牧民世世代代在这里放牧,哪有荒地可言。这样肆无忌惮地放垦,使全旗少得可怜的牧场面积进一步减少,数万名牧民的牲畜将无处放牧,必然会激起全旗农牧民的强烈反对。而蒙古族农民务农经验远不如汉族农民,因而留恋畜牧业。就连拥有"西夹荒"的部分牧场的一些闲散王公、台吉也表示不满。

二、请愿免垦,身陷囹圄

荒务局一成立,科左中旗王府的那些腐败官吏争先恐后地乘机占地卖地,大发不义之财。其中最活跃的莫过于王府印务扎兰(掌印官)韩色旺了。他积极主张卖地,并通过贿赂当上了荒务主任、辽源县蒙汉办事处处长、奉天蒙汉交易委员会会长、辽宁省政府咨议等要职。他大权在握,欺压百姓,收受贿赂,大发横财。而东北军阀还明目张胆地把"西夹荒"和"辽北荒"中间的部分土地,划作司令官的牧马场。

民国18年(1929年)2月1日,当荒务局测量队将要丈量土地的时候,由"西夹荒"和"辽北荒"的丹比、银宝等107人作为蒙古族人民代表,赴奉天(沈阳)以200多个村屯数万蒙古族人民的名义,向辽宁省政府和达尔罕王府请愿,要求免放。

在请愿的代表中有一位叫嘎达之人,蒙古语名为那达木德,汉名叫孟青山。他出生在科尔沁草原的一户贫苦农民家中,兄弟四人,他排行最小,乡亲们都亲昵地称他为"嘎达"。他16岁时就在王府当兵服役,33岁升为旗保安队梅林(相当于连长),人们习惯地称他为"嘎达梅林"。同年6月,嘎达梅林在科左中旗两次主持免耕群众集会,共有500余名农牧民参加。由于第一次请愿未果,大家决定再派代表向王爷和省府请愿,纷纷签名强烈呼吁停止买卖牧场,保障旗民生息的土地,并推选嘎达梅林、赵瑞堂等 4 人为请愿代表。

嘎达梅林等人抵达奉天后,要求面见旗札萨克和辽宁省长,想劝说王爷不要出卖牧民的利益,对百姓发善心。代表们等了 20 多天,王爷仍拒不接见。后来省长出于无奈接见了代表,对代表的合理要求反驳说:"开荒是国家规定的,是为了充实边疆。你们反对开荒是一种违反国法的不法行为。"嘎达梅林当即予以批驳说:"你身为一省之长,口口声声以国法压人,请问蒙古族现在居住的草原是不是中国的土地? 蒙古族人算不算中国人? 你们以实充边疆为名,强占蒙古族人民的土地,牲畜到哪里放牧? 土地被占怎样耕种? 实际上违法的是你们!"省长无言可对,悻然拂袖而去。

嘎达梅林等人又到王府高喊:"我们是为全旗人民的利益而来,王爷为何不见?"王爷让韩色旺出面收买嘎达梅林,对他说:"只要你领头回旗,不阻挠开荒,王爷愿送你 10 方子(即 10 平方米)土地和 1 万块大洋。"面对金钱嘎达梅林毫不动摇,他蔑视回答说:"我是为了蒙古人民的利益而来,谁要你们的臭钱!"随后王爷便传嘎达梅林来府,嘎达梅林将 500 多名农牧民反对开荒的请愿名图递交给王爷,王爷气得双手发颤。王爷的福晋放声斥道:"放肆! 放荒是国家的法令,达尔罕王已世袭了 13 代,从来没有见过你们这样的畜牲,滚!"嘎达梅林强压在胸中的怒火迸发了,他指着福晋的鼻子骂道:"王爷败家,全旗百姓遭殃,都是你这个钻进王府的狐狸精勾结军阀造成的!"说罢,他愤怒地大步走出王府。

王府收买人心不成,转而施展镇压手段。同年 8 月 29 日,王府致省政府,诬蔑嘎达梅林等"以停西夹荒为名,聚众造谣,捏词蛊惑,假请愿之名作要挟之具,品行极为卑污,举动更为嚣张⋯⋯请贵政府将孟青山等 4 人一并拿获,解交本旗严讯法办"。30 日晚,奉天公安局派侦缉队包围了请愿团的驻地,将嘎达梅林等 4 人逮捕,交予旗巡防统领,押回旗府兵营关押。

三、妻子牡丹营救越狱

嘎达梅林等4人被捕后,其中3人通过关系保释出狱了。由于王爷、福晋和王府官吏对嘎达梅林恨之入骨,单独将他关进黑牢,并采取多种手段欲将他置于死地。福晋指使人在嘎达梅林的食物中投了毒,幸亏被汉族人张师傅发现而躲填写一劫。又有一次,王府企图用满口袋沙子压死嘎达梅林。张师傅得知这一阴谋后,立即转告嘎达梅林的妻子牡丹,牡丹以探监为名,见到了嘎达梅林,密商了越狱计划。

一天,牡丹把给嘎达梅林当过警卫的丹日布、嘎达梅林的侄儿阿木日楞贵和好友斯楞格等人找来,研究营救嘎达梅林的计划。大家一致表示要舍身救出嘎达梅林。牡丹便秘密准备了枪支弹药,并以探监为名,将行动细节告诉了丈夫。同年12月13日,牡丹以祭祀祖宗为名,宰杀猪羊,请乡亲们来喝吉祥酒。席间,牡丹对大家说:"我家嘎达为了蒙古人民的利益,反对王爷勾结军阀出卖土地,因请愿而被捕入狱,现在他性命难保,我今夜决计劫狱营救他。"接着她补充说:"我这是被逼出来的,并非为非作歹。"乡亲们听后深受感动,纷纷要求参加劫狱行动。牡丹万分感谢大家的相助。为了避免暴露目标,只留事先约定好的丹日布等7人参加营救。

黄昏时分,天气骤变,北风呼啸,飞雪漫天。牡丹等8人来到旗监牢,由丹日布等守在监牢外的高墙下,准备接应嘎达梅林。牡丹只身一人,身藏手枪闯入营房。营房内笔帖式(文书)宝音乌力吉等2人正躺在炕上抽大烟,牡丹的出现使他们瞠目结舌。牡丹平静地说:"二位大哥不要见怪,今夜我是来解救嘎达梅林的,望二位多多关照,打开牢门放他一条生路,往后我们定将好好报答你们的大恩大德。"二位笔帖式听了牡丹的话,一骨碌坐起来大声呵斥道:"胆大包天的女人,竟敢说出这样的大话,真乃目无王法!"牡丹见这两个家伙不吃软的,就掏出手枪,对准他们说:"这小玩艺可不怕你们诈唬!快给我打开牢门!"两个家伙只好乖乖地爬下炕来,领着牡丹来到监牢,打开了牢门。牡丹用手枪逼着两个牢头,闪进牢里。嘎达梅林见此情景,对两个牢头说:"弟兄们,咱们一无仇,二无冤,只要你们放我出去,我不为难你们。"怕死的两个牢头被迫给嘎达梅林打开了脚镣。嘎达梅林为了安全越狱,并为牢头减轻"罪责",把手铐脚镣给他们带上并锁在牢房内。就这样嘎达梅林成功越狱,与墙外的弟兄们胜利会师。

四、众望所归,武装抗垦

嘎达梅林获救后,旗王爷报告了辽宁省政府,要求通辽、辽源两县会合旗统领缉拿嘎达梅林,被"逼上梁山"的嘎达梅林走上了武装抗垦的道路。他和弟兄们决定:先撤离科左中旗,奔洮南一带,通过打击东北军的小股部队,补充枪支弹药,扩充人员马匹,建立起一支强悍的抗垦军队,同王爷和军阀斗争到底。在到洮南的路上,他遇见一位名叫王春的人。王春很早就仰慕嘎达梅林,十分同情他为全旗农牧民的利益请愿奔波而遭囚禁的处境。他告诉嘎达梅林:"旗卫队正在搜索,到处张贴着通缉令,悬重赏缉捕你,但无人肯用你的头去换奖赏。"嘎达梅林听了很受感动,在王春的帮助下,嘎达梅林与失散的请愿兄弟们取得了联系,并结识了被王公贵族、地主逼得走投无路从而率领农牧民起义的白龙。他们一见如故,志同道合,决定联合起来,扩大队伍,嘎达梅林被推举为起义军首领。

嘎达梅林当众宣布:"合作不是当土匪,是为拯救黎民百姓。"并响亮地提出"打倒荒务局,不许抢夺民财"的起义口号。经过一个多月,起义队伍由最初的四五十人,发展到200余人。其中除了被垦荒军逼得走造反之路的蒙古族汉族农牧民外,还有部分官兵、土匪和外旗的小官吏。如科左后旗的王府军排长官布,因被一个大商号老板诬陷而破产,女儿被霸占,便举行暴动反对王爷,带领20余人投奔了嘎达梅林。像这样投奔嘎达梅林起义军的例子不胜枚举。至民国19年(1930年)上半年,起义军发展到500多人。从此,一支剽悍强壮的抗垦队伍驰骋在广阔的科尔沁草原。

嘎达梅林抗垦起义军看到荒务局派出的大批测量队,在垦荒军的保护下,对"西夹荒"和"辽北荒"强行丈地,迫使世代在此居住的蒙古族牧民携儿带女到处逃亡。王府的贪官污吏对逃亡的牧民征缴各种赋税;地商、地主和放高利贷者也趁机向他们逼债。这些受苦受难的农牧民见到嘎达梅林的队伍勇敢地打击垦荒军,赶走丈量土地的测量队,拔地界、撵走地商和讨债者,个个拍手称快,把起义军看作救命恩人。于是,嘎达梅林在一座喇嘛庙举行群众集会,向大家宣传起义军的宗旨,号召大家起来积极投身到保卫土地、保卫牧场的战斗中来。响应者纷至沓来。

嘎达梅林领导的抗垦起义军使贫苦牧民看到了希望。队伍走到哪里,群众像对待亲人一样欢迎他们,招待他们。有的送情报,有的支援枪弹、马匹,不少年轻人参加了起义军。有的群众支持嘎达梅林的起义军,与王府军和军阀的反动军队展开了殊死斗争。奔袭在千里草原,转战于西拉木伦河两岸,起义军越战越强,多次粉碎了王府军、垦荒军和东北军的围剿。同年3月,荒务局主任韩色旺由东北军保驾,带着测量人员,来到辽北架玛吐、叶柏寿、舍伯吐等土地肥沃的村庄,强行丈量。嘎达梅林起义军闻讯赶来,以迅雷不及掩耳之势,袭击了东北军,赶走了测量队,烧毁了地主的地契和放高利贷者的账目,没收了他们的不义之财,为农牧民解了围,报了仇。后来韩色旺带着东北军的精兵,追剿嘎达梅林的起义军,双方经过激战,起义军毙敌9人,俘5人,缴获长短枪20余支,全鞍马20多匹,起义军的士气更加高昂。

旗王府军屡遭失败,对起义军剿灭不成,便采取招降的办法,企图瓦解起义军。1930年8月,王爷、福晋等派嘎达梅林的好友、管旗章京(旗务总管)巴珠尔出面劝降。嘎达梅林念起旧情,设宴款待。席间,巴珠尔表明来意,嘎达梅林愤怒地说:"你我过去确实是好朋友,但你现在替我的敌人王爷和军阀办事,企图瓦解义军,按我们的规矩,对你这奸细应立即处死,看在你我过去的情份上,留你一条命。回去告诉王府,我嘎达梅林战斗到底,决不让王爷卖地,只要我活着,你们休想放荒。"巴珠尔听了,只好狼狈而去。

五、敌军大举围剿义军悲壮而去

达尔罕王爷的镇压与招降的伎俩连遭失败之后,便乞求东北军帮助镇压起义军。为了应付局势,嘎达梅林招纳了洪顺、玉山、黑搭、高山、天龙等大小股匪。到民国 19 年(1930 年)秋,起义军已扩充到 1200 多人。但敌人也在准备对起义军进行大规模的清剿。东北军答应了王府的请求,于同年底,调集了驻开鲁县的 17 旅李守信团、洮南的张大麻子部、奉天的张海鹏部,以及通辽、白城子等地的驻军,加上旗王府军,人数达到 4000 多人,从而开始了对嘎达梅林的起义军空前规模的大扫荡。

嘎达梅林起义军处在敌强我弱的不利局面。虽然起义军人多了,但其成分复杂。有的在敌人的威迫利诱下哗变而去。特别是收编过来的土匪头目恶习难改,一旦有机会就会干出一些罪恶勾当,败坏起义军的声誉。加上队伍的给养供不应求,群众无力负担。从 1930 年下半年开始,战事频繁。经过 20 多次大小战斗,不少英勇的士兵和指挥员都牺牲了。起义军面临着严峻的困难局面。于是嘎达梅林和起义军首领决定,为保存实力,便于机动作战,把部队化整为零,由首领们率所属部队分散行动。嘎达梅林的麾下只剩200 多人。

民国 20 年(1931 年)2 月,东北军张海鹏部将嘎达梅林的起义军围困在老北山的哲布图、奈木拉基一带。起义军以险要的地形为依托,用有限的弹药打击敌人的围攻。嘎达梅林面对孤立无援、粮食弹药齐缺的被动局面,决定设法突围,变被动为主动,从而重整旗鼓,打击敌人。

由于敌人在各个自然村屯都布下军队,又据守着交通要道的隘口,起义军日夜兼程,边打边走,伤亡很大。当他们突破敌人的重围,部队赶到扎鲁特旗东部的花结、胡结两地时,只剩下 80 多人,弹尽粮绝,处境更加困难。此时,嘎达梅林急中生智,派人给鲁北县(今扎鲁特旗鲁北镇)县长下了一道通牒,限他两天之内给起军送 1 万发子弹,否则起义军就要开进鲁北县。

鲁北县县长诡计多端,表面上满口答应,背地里却派人向东北军告密。反动军队得知起义军无进攻之力时,便以重兵在毛花都庙设下埋伏。当起义军来到庙外时,突然遭到反动军的袭击,双方展开了一场殊死的肉搏战。战斗使起义军又减员 50 多名。嘎达梅林带着不足 30 人的队伍,越过阿鲁芒哈沙漠,到新开河北岸洪格尔敖包渡口,准备渡河向南转移。此时正值开河之际,大块冰排在奔流的河水中滚动,后面又有李守信的蒙古骑兵追赶。嘎达梅林决定强行渡河,他把部队少量的子弹集中起来,由他和巴布、斯楞格两位神枪手利用有利地形进行掩护,阻击敌人。渡河的战士们有的中弹身亡,有的负伤落入水中,多数连人带马被冰排撞击而牺牲。最后,嘎达梅林在巴布斯楞格的掩护下纵马强渡,不幸被一颗罪恶的子弹击中,他那殷红的血染红冰排。两位战友用最后的一颗子弹击毙冲来的敌人,然后携枪毅然投河殉难。

这天是民国 20 年(1931)2 月 12 日,嘎达梅林为保卫科尔沁草原不被开垦,为了蒙汉人民的生存,壮烈牺牲了,年仅 39 岁。他领导的科左中旗蒙古族、汉族人民轰轰烈烈的抗垦斗争虽然失败了,但实践了他的誓言,沉重地打击了王公和东北军阀的反动统治,阻止了"西夹荒"和"辽北荒"的放垦。他英勇无畏的斗争精神,以及起义军可歌可泣的悲壮事迹已载入史册。

蒙古民族英雄嘎达梅林的英雄事迹,被作家、史学家、音乐家、民间艺人创作成许多艺术作品。在科左中旗花胡硕苏木矗立着嘎达梅林纪念碑,作为中小学爱国主义教育基地,宣传他的英雄事迹。

第八章　辛亥烽火燃草原

清宣统三年(1911年)10月,华夏大地响起了推翻清王朝的风雷,革命党人在湖北武昌率先举起义旗,全国各地纷纷响应。地处祖国北疆的内蒙古各族军民也加入了推翻腐朽没落的封建王朝的革命浪潮中。这年为农历辛亥年,史称辛亥革命。

第一节　革命火种的播撒

20世纪初的内蒙古大草原,正处于风雨飘摇的前夜。

清宣统三年(1911年)10月10日,武昌起义揭开了辛亥革命的序幕。内地各省纷纷响应,强烈的冲击波震动了地处偏远、消息闭塞的内蒙古地区。在同盟会革命党人的宣传、发动和组织下,塞外先后爆发了归绥新军起义、丰镇"小状元起义"、包头独立自治运动等。

早在辛亥革命前夕,中国同盟会就在国内设有五个支部。其中北方支部设在烟台,负责领导山西、陕西、直隶、东三省和绥远、蒙古(包括外蒙古)等地区的工作。由于绥远地区的革命力量薄弱,同盟会北方支部没有直接在这里设立机构和确定负责人。因此这里的工作主要由同盟会山西省分会直接领导进行。绥远西部的归、包地区,当时属于山西省归绥道管辖。因此,同盟会山西分会负责人谷思慎和会员续桐溪就派出大批同盟会员到这一带进行宣传、组织和发动工作。

光绪三十二年(1906年)初,山西巡抚恩寿通缉同盟会员。谷思慎与南桂馨等同盟会员乘除夕之夜潜逃到五台县东冶镇,与刚从日本回来的同盟会员荣福桐等人相见,此时在崞县川路学校活动的续桐溪亦离校到东冶镇。荣福桐向他们传达了同盟会总部的指示:"先行秘密布置,储备实力,至于发动的具体日期,须听总部命令。"据此,同盟会山西分会主盟负责人谷思慎和会员续桐溪、南桂馨等人共同议定方略:"绥远西部,清廷鞭长莫及,应到那里招兵买马,预作准备。"革命即可从塞外先发。因此,同盟会山西分会于1907年先后派王建屏、王建基、徐翰文、弓富魁、李荣、杨霈霖、李栖鹏等20余人出杀虎口赴归绥、包头等一带,联络朔方健儿讨议暴动。

同盟会山西分会的会员分途来到绥远西部地区之后,做了大量的工作。当时的王建屏、徐翰文、王建基、赵戴文、徐西园等三晋志士积极奔走于归绥、包头、五原、武川等地宣传革命思想,发展同盟会员。发展了李德懋、刘干臣等多人加入同盟。李德懋是大同人,精通武术,在归、包一带以设场卖艺为名,积极从事革命活动。后来,他们又在大同和丰镇分别设立了联络点,以联络雁北和归、包地区的革命党人。经过一个阶段的宣传鼓动,加入同盟会的人日渐增多,萨拉齐的蒙古族青年云亨、经权、安祥、满泰、巴文明、汉族青年王定圻以及武川青年石良屿等人先后加入了同盟会。到1909年,还有杨云阶、曾传章、郭鸿霖、王鸿文、李茂林、李土元、王肯堂等多人也先后加入。又有王廷选(丰镇人,光绪末年赴日留学,在东京加入同盟会)、李苑林(曾为江苏某县知事,后卸任回到丰镇,从事反清宣传工作)、韩升泉(本为天主教徒,后投身革命)、阎懋、刘兆瑞、陈孝先、李永清等人,因不满封建统治,同情革命,发展到积极参加反清秘密活动,在本地、外省或者国外参加了同盟会。

最先加入同盟会的云亨,后来成为辛亥革命及民国时期的著名革命志士。云亨,字嘉惠,水涧沟门小沙尔沁村人,光绪十年(1884年)生。少年家贫在村塾读书,后在包头读书8年。光绪二十六年(1900年)入归绥中学堂学习,光绪三十一年(1905年)毕业后来到包头。他与巴文峒交往密切,专览革命书报,光绪三十一年(1910年)9月考入北京殖边学堂。辛亥革命爆发后,他立即投身革命洪流。据人回忆,他的同盟会员证是用白布裱糊的,封面印有"三十四号"字样。不久，经过云亭的介绍，经权也加入同盟会。经权，蒙古族，字子衡，土默特美岱召村人，幼读汉书多，汉文根基深，当过塾师；曾任萨拉齐厅咨议员。从此，他们就积极开展革命宣传活动。他们最初宣传的内容，主要是根据同盟会发下来的《十二糊涂歌》，反对缠足，反对留辫子等。蒙古族同盟会员巴文峒，字焕章，土默特人，后迁包头居住，曾任包头第一届咨议局议员。他喜好藏书，经常把当时流传的康有为、梁启超著作及同盟会印行的秘密刊物介绍给云亭、经权等人习读。

山西同盟会员活动的对象除青年学生、清军官兵和地方士绅外，也在会员中大力发展力量。丰镇地区活跃着五六支以会党为基础的农民起义武装，其中力量较大的是以张占魁、赵喜泰、武万义（蒙古族）、马有才（回族）等为首的队伍。革命党人弓富魁、王虎臣、李德懋主动结交这些"绿林豪杰"，向他们灌输反清思想，积极准备发动武装起义。就在山西会党志士奔走呼号于绥远之际，走出内蒙古东部地区的蒙古族青年学生，在资产阶级民主革命思潮的熏陶下，走上革命道路。

光绪二十八年（1902年）清廷实施新政期间，就先后在卓索图盟喀喇沁右旗创立了崇正、守正、毓正学堂。该旗"逼近热河文化较优"之地，还有许多蒙古族学生考入承德府之"蒙汉文师范学堂"。后者是由热河、察哈尔都统、绥远城将军会商奏请于承德府设立的，考选诸蒙旗生员共200人，学习速成二年毕业后，分配内蒙古51旗任教，每旗可得4人，俟后按年续招，以为推广。因此，喀喇沁右旗人才辈出，不仅为东部各旗培养了教育师资，而且也为本旗学生后来遴派留学日本和到北京、天津、保定、上海等地上学创造了有利条件。至辛亥革命前夕，"令蒙旗延聘塾店多喀喇沁旗"人。喀喇沁右旗成为内蒙古蒙旗兴办学校较早的地区之一。后来，喀喇沁中旗、左旗，土默特左旗、右旗和宾图等旗，绥远土默特旗，都打破了清廷不准读汉文的禁令。在私塾中读书的蒙古族子弟中也产生了不少的革命志士。

光绪二十九年（1903），喀喇沁右旗亲王贡桑诺尔布选送本旗蒙古族青年德克精额、恩和布林、特睦格图、诺仍丕勒4人，入北京"东省铁路俄文学堂"，专政俄文俄语。光绪三十一年至光绪三十二年（1908至1909年），先后有两批蒙古族青年学生去日本留学,其中有 3 名女学生,分别入振武学堂、实践女学堂,学习军事、语言、历史、医学等学科。他们在日本留学 6 年后回国,成为中国近代蒙古族第一批留日学生。同时,蒙古族青年还到北京、天津、沈阳、保定、上海等地游学,至 1909 年,仅在沈阳蒙古文学堂里学习的蒙古族青年就有 120 余名。是年,当全国学生请愿召开国会之际,沈阳蒙古文学堂的蒙古族青年学生博彦满都、萨音巴雅尔被选为代表。参加了奉天省学生代表大会,听取了革命党人关于兴中会和同盟会的两个宣告,接受了同盟会的革命思想。随后,这两位蒙古族青年学生"把头上的辫子剪掉,利用寒暑假机会到各校或回到自己家乡喀喇沁右旗开展革命宣传活动"。与此同时,在北京"豫章中学""贵胄陆军学堂"和"殖边学校"的内蒙古青年学生王宗洛等人,不仅同情革命,而且还以实际行动参加了"蒙古队"的宣传活动。其中,"王宗洛利用星期日的空隙,借雍和宫暗中聚会蒙古队里的同学,宣传蒙古民族的独立思想"。

当清宣统三年(1911 年)武昌起义的消息传到日本后,当时留学日本千叶医科大学的蒙古族、汉族学生数十名,相约组织救护队,要往武汉前线服务,参加救护病、伤战士的工作。留学日本千叶医科大学的蒙古族学生吴恩和亲自到北京,联系上在东京农科大学留学的本旗学生伊德钦和金永昌一同到上海,与南洋公学的学生杨时秀、汪长春、于启明去和务本女校的女生吴秀贞、叶婉贞等联系,约定几人陆续回旗,共同进行革命活动。从此,内蒙古的蒙古族、汉族革命志士,随着时代的潮流,不断地涌入革命运动的行列。

第二节　归绥新军暴动

归绥,是内蒙古西部归化城和绥远城的总称,一建于明,一建于清。这里扼控三北,交通大漠,毗邻边境,堪称祖国北方的重要门户。清代中期,归代和绥远二城是清王朝用兵西北和统治蒙古族、汉族、回族各族人民的军事重地。

清朝末年,归化、绥远二城分设都统、将军镇守。其中,归化城设都统一、道台一、万官一,驻有土默特蒙古旗兵一营;绥远城驻有满洲八旗兵。当时归绥道还驻有汉军外八旗后路巡防队八个营(包括马队三营、步队五营),置设统领管理,分守四方;"西极五原河套,东至兴和接察哈尔边界,北尽武川。南界托城,分布散居千有余里"。驻守在归化城和绥远城之间,营坊道的汉军八旗巡防队,只不过250余人。根据清末汉军编制,是"一军统两翼,一翼统两旗,一旗统三营,一营统三哨,一哨为八十四人"。当时,驻守在归绥的这一营清军,多为原老湘军编遣下来的,且"驻防岁久,一无所事,平日除烟赌外,咸谋生聚,自营家室",毫无战斗力。这些驻防军枪支陈旧,都是铅丸老毛瑟,不堪使用。全国各省的汉军八旗兵,正在以仿效西方编练新式陆军来代替旧式军队。光绪三十一年(1905年),清政府为统一和扩充全国新军的编制,计划在全国共编36个省,按各省人力、物力及军事的重要性进行分配,限年编练完成。归绥地区在行政隶属山西归绥道管辖,由于山西编练新军不断扩充,后来归绥地区也编练新军。宣统二年(1910年),清政府为了加强归绥道的军事防务,命山西巡抚陆钟琦派遣周维藩任归绥道新军统领,整顿军务,统练新军,此为归绥新军创建之始。

新军统领周维藩,字介人,安徽合肥人,以翰林留学日本。他在日本广交革命党人,与关禄贞、徐绍桢、赵声等人交往最为密切。归国后,初任吴淞清军统领,同年正月,被任命为归绥新军统领。他"默相大势,审思周虑",为澄本清源,先从人事入手,对于原来驻防岁久之腐败老朽八营巡防军进行大力整顿,并把有"救国救民思想"的青年士兵吸收在营内,按照他的"简拔英俊,培养青年;淘汰腐旧,裁撤阗冗;巡边按部,结以恩信;更番受训,集中兵力,补充枪械,抽练新兵"的整编方案,建立起一支新军队伍。经过近一年的整顿,使归绥新军"逐增成效",初具规模。在新军中的刘少瑜、曹富章、张琳、张万禄、吴金山等人,都是他任以心腹的新军骨干力量。在军事装备上,周维藩商于山西巡抚陆钟琦,允拨其快枪(汉阳造小口径步枪)2000支,替换原已不堪使用的铅丸老毛瑟枪。至辛亥革命前夕,已运来快枪500支。这支新军队伍和关内其他省的新军一样,兵员多来自贫困破产的农民和城市失业者,也有一部分来自士农工商之家的安分子弟。他们年轻,有的稍有文化,思想上追求进步,容易接受革命,这是当时各省编练新军普遍重视的一般特点。在组织上,归绥新军的编制隶属大同镇。大同镇总所辖步队分四旗驻防:第一旗驻守大同,第二旗驻守保德州,第三旗驻丰镇,第四旗驻守右玉之杀虎口。大同镇所辖马队分五旗驻军:第一旗驻代州,第二旗驻归化城,第三旗驻包头,第四旗驻武川,第五旗驻缠金(今内蒙古五原县境内)。当时,归绥新军隶属于大同镇所属八旗(俗称外八旗)步、马队,约为两个营。至宣统三年(1911年)辛亥革命前夕,这支新军队伍经周维藩整肃,为后来归绥新军起义奠定了思想和组织基础。

宣统三年八月十九(1911年10月10日),武昌起义的燎原之火迅速燃遍全国,各省新军纷纷响应起义。九月十九,山西太原府首先光复。十月初十,也响应起义号召并发生兵变,直接震撼了清王朝在晋蒙地区的反动统治。绥远将军堃岫,惊恐万丈,慌忙奏报说:"查归化城各地土匪纷动,本处兵单不敷分顾,敬祈设法,保重要关,以顾关北全局。"(宣统三年十月初六日《军机处电报档》)之后,他又连续奏称:"归绥两城,无路求援。"

武昌起义爆发后,山西同盟会员毛智和来到包头与汉族同盟会员郭鸿霖联系响应革命事宜。接着革命党人杨云阶、王定圻和蒙古族同盟会员云亨,也分别从北京、太原等地来到归绥,直接在归绥新军中策动起义,新军统领周维藩派新军骨干刘少瑜、张万禄、吴金山去包头、五原一带发动西路清军起义,派吴鸿昌驻守武川,居中策应,作为东西两路的联络总据点。起义计划确定后,只待时机。

此时戒备森严的绥远、归化二城官厅衙署,将军堃岫、副都统麟寿、道尹咸麟等,也感到势头不妙,齐集道署举行紧急会议,研究对策,防备新军暴动。10月9日,新军统领周维藩望见绥远城门已闭,城上置炮多门,炮口指向新营房,旗兵在城墙上严阵以待。周维藩对身边的官兵说:"今日情况甚险。我等身居危地,不能受限于人。"于是,他决定当晚起义。夜幕很快降临了。周维藩宣布起义后,立即命军官方仲纯、书记官司刘莘农、哨官刘武泰、哨长康佐臣等人,守卫营坊道之营门(驻军位置大致为今呼和浩特市锡林北路、通道北路之间位置。原址中华人民共和国成立后尚存部分遗迹），又派一部分新军连夜赶运库存武器弹药，准备运至武川之东南大滩，以接起义军后援。是日午夜12时，周维藩亲率本营新军、步一营管带罗在千共约200余人，"轻装潜发，开拔后山"。据荣祥回忆说："他们暴动在夜间，正是城居民深入睡乡之时。义军原打算放火惊动居民，把煤油泼在礼拜寺巷清真大寺的门扇和木栅上，因天气寒冷，没有燃着。遂放了很少几枪就往后山撤退了。天明后，这件事很快传遍了全城。"

起义部队离开归绥城后，经城北公主府，直奔大青山，跨越蜈蚣坝，经过山上关帝庙［俗称老爷庙，乾隆三十一年（1766年）建，已拆］，直奔山巅。起义军见此处地势险要，便命罗在千设营部于关帝庙中，扼守山口，以防清兵追击，周维藩自己率领起义队伍向武川进发，次日，起义军驻扎在大滩。

大滩位于武川东境，俗称东大路，距东八号30多公里，是通往绥东的重要公路交叉点。起义军驻守这里不久，新军内部吴鸿昌倒戈叛变。原守卫在关帝庙的罗在千因"有少妇在绥远城内，故恋恋思归"，加之起义军"粮饷不齐，复苦饥寒"致使军心涣散。10月中下旬，驻守在大滩的起义军在周维藩指挥下继续战斗。他将起义军分为东西二路。东路起义军周维藩率领，转战于兴和、陶林、丰镇等地。10月中旬，绥东军民响应起义，警务长李昭明率领陶林厅巡警100余人宣布起义，迅速攻占陶林厅，杀死通判齐世名、巡检王化源。不久，这支起军又攻占宁远厅（今内蒙古凉城县，原址在今田家镇），受到当地人民群众的欢迎和支持。新军起义影响所及，至丰镇地区还爆发了张占奎领导的"小状元起义"。此后，周维藩领导的归绥起义军转战晋北地区，与阎锡山领导的山西革命军会合，为"再图绥远"联合进行反清斗争。

第三节　武川地区的革命斗争

在辛亥革命的浪潮中,大青山北麓的武川地区也燃起了革命烈火。

同盟会骨干续桐溪指派五台人王建基等人到塞外发展组织。王建基与五台人徐瀚文、崞县人弓富魁等20余人走出杀虎口,奔赴归绥、包头一带联络朔方志士。

光绪三十三年(1907年),王、徐二人来到武川西部土盖门大九号村拜访了当地有名望的士绅石良屿。这石良屿可不是一般人物,是武川地区著名的志士仁人。石良屿,字子璋,乳名二挠。清光绪十年(1884年)出生于武川县西部土盖门大九号村,自幼好学上进,19岁考取贡生。其家牛羊成群,良田百顷,砖瓦房院,养有家兵,并在归化城设有商号,资产颇丰。王建基、徐瀚文二人来到大九号村后,见到石良屿向石良屿极力宣传同盟会的宗旨及国内外形势,石良屿听后深受启发,大发相见恨晚之慨,当即表示完全拥护同盟会"驱除鞑虏,恢复中华,建立民国,平均地权"的政治纲领,对孙中山先生的"三民主义"赞不绝口。经徐、王二人介绍,石良屿慨然加入同盟会。当时武川地区交通不便,消息闭塞,民众对外界的形势知之甚少,石良屿就以自己的庭院作为根据地,接待同盟会的同志,并安排其食宿。为宣传同盟会的思想观点,他们以《民报》为主要思想武器进行宣传。后经石良屿联络,王、徐二人又介绍可镇的秀才贾荣华、武川东区绅士梁兰斋,以及王世祯、郭清禄等人相继加入同盟会。

石良屿认准了革命救国的路子,就全力以赴,不惜家资,投身革命。他们经常以商人的身份奔走各地开展宣传,同时招兵买马,组建骑兵,准备发动武川起义。一次,他家的商队遭遇土匪抢劫,在抢劫中土匪发现石家商号旗帜里面有一行字,正是同盟会的口号,于是急忙向官方告密邀赏。为此,绥远城将军衙门派土默特陆军骑兵哨官玉禄搜捕革命党人,玉禄带兵直扑土盖门大九号村。

石良屿的父亲石成锁理解儿子的选择,非常支持石良屿的革命行动。闻听官兵到来,石良屿急忙带领家兵严守土围,准备迎战。兵临庄下时,石成锁看到官军兵马众多,来势凶猛,考虑众寡悬殊不能硬拼,于是派管家同玉禄谈判。这管家是土默特旗人,与玉禄既是同乡又有交情,经他从中周旋,玉禄答应讲和,于是石家从城围上撤下兵来,玉禄的兵勇进入庄院。谁知有个军士发现了一面同盟会的旗帜,立即报告玉禄。玉禄看后勃然大怒,立即下令将庄院团团围住,进行大搜捕。石良屿迅速组织家兵抵抗,双方在庄院里交兵开火。在混战中,徐瀚文中弹身亡,石良屿及其长兄石宝娃、三弟石昌日,还有王建基均被逮捕。石成锁带领家眷从地洞逃出,家兵死伤过半。玉禄将石家兄弟和王建基押往绥远将军衙门,临行前,纵其兵勇对石家大肆抄掠,砸烂油房、推倒油房大瓮,遍搜金银财宝,赶走所有牛羊骡马。

石成锁为了营救他的三个儿子和被捕人员,动用所有的亲戚关系和有交情的相与,包括大盛魁总掌柜段履庄等人,请他们出面说情,同时倾其所有,用银铺路,以重金买命,最终跑通衙门,使石宝娃和石昌日获释,而石良屿和王建基因系朝廷要犯,继续关押。清宣统三年(1911 年),石成锁听说主管将军看上了他座骑的银马鞍,便忍痛割爱将银鞍作为礼品送上。为此将军答应有条件释放,即让石良屿在报纸上公开发表一份悔过自省书。石成锁亲到狱中劝说儿子动笔写书,没想到石良屿却写一篇痛斥清王朝、宣传民主革命思想的文章。将军看罢大怒,立即宣判石良屿和王建基以叛逆罪秋后问斩。当年 10 月,辛亥革命爆发,石、王二人方获释。

第四节　西路起义军在包头之战

话说西路归绥起义军在哨官曹富章、张琳等率领下,也从武川大滩转战于包头、五原一带,12 个带兵官都自称都督。当时,包头革命党人杨云阶、郭鸿霖、王鸿文、王定圻等人,正在按照山西同盟会的指示,动员驻包头清军起义。而归绥起义军的到来,犹如雪中送炭,极大鼓舞了包头地区革命党人的信心。

当武昌起义的消息传到口外后，很多老百姓认为这是党人造反，天下大乱，所以人心恐慌。绥远城将军堃岫和归绥兵备道咸麟这些满族官员更是惊惶失措，不得不启用汉将来应付事变。他们除启用贻谷案中被革职的统领谭永发指挥外八旗的军队，以加强归绥城防外，并以萨拉齐同知呼延庚为人软弱，包头又是归化以西重镇的缘故，命住在包头的五原厅同知樊恩庆兼管萨拉齐政务，全权处理包头的军政事宜。樊恩庆字筱亭，河南人，任过归化厅同知，熟悉口外的风俗民情，他虽是文官，但精于技法，是一个比较有为的酷吏。辛亥革命前虽以客卿身份，不过问包头行政，但平常却与当地驻军官佐及绅商大户往来，对于咨议局也有联络，所以他来维持局面，会受到地方士绅的拥护。

樊恩庆临危受命，很想显露自己的本领。他怕操切偾事，表面上很镇静，暗地里却为镇压革命进行各种部署。首先提出公款给驻防军队李德功部的王紫绶和谢若霖两哨人关饷，以收买和稳定军心。再就是掌握回民。他在口外做官多年，知晓绥包的回民既团结又勇敢，又有一身好武艺，经常与汉人的拳棒手和赌博汉打架，因而结下了仇恨。同盟会吸收了一个名叫刘长毛子的人，经常在外边叫嚷要杀回民；又听说"二麻烦"反了大同，周维藩的兵变差点火烧了归化城的清真寺。因而，回民对革命就特别惧怕和反感。樊恩庆利用这个矛盾，把回民编组为乡勇，由阿訇韩济清领导，归乡老王益卿（原籍河南，出身行伍，因军功改任包头统捐局长，遂在当地落户）指挥。包头的回民区在城内东北部的山坡上，五原厅、巡检衙门、包镇公行、东营盘"梁山"等机关团体，也在这个半山坡上。樊恩庆便将这一地带划为禁区，缩短防线，由驻军和乡勇严密戒备，摆好阵势，随时准备应付事变发生。

此时，王建屏和李德懋都回了山西，包头的同盟会急于起事，便派刘长毛子与义军联系，并有郭鸿霖、李茂林、李士元、王肯堂等以学董、咨议局议员之绅士身份，联袂拜谒樊恩庆，另外还叫了杨瑞鹏活动在包头的管带王紫绶、谢若霖与大佘太的郝树屏，请其允许曹富章和张琳的人马入城，想借这支部队作为自己的武装，通过和平协商办法，宣布包头独立。老奸巨猾的樊恩庆,早已成竹在胸,佯装极为赞成,假意宣布："定于十一月初一,悬旗反正。"并在包头建立"地方自治筹备处",招募新军。他一面张罗"欢迎",叫包镇分行给义军"都督"们布置行辕,一面和东西两个营盘的管带王紫绶、谢若霖及清真大寺的阿訇乡老商议,设下陷井,准备擒龙捉虎。曹富章和张琳是两个老粗,没有一点政治斗争经验;郭鸿霖的父亲中过太平天国的武举人以后,降清当了军官,王肯堂的父亲当过游击,所以一个叫郭四少,一个叫王二少,他们根本不知道革命的道路有多么艰险。杨瑞鹏到了大余太,王定圻还没回来,云亨、经权正在萨拉齐,李茂林和李士元、李士修兄弟也未识破樊恩庆的阴谋,所以一齐堕入圈套。

话说曹富章和张琳的部队,都斜背着一条白布,于1911年农历十一月初四上午,在郭鸿霖等和包头分行代表的迎接下,经太平桥由东门开进包头。这支部队总共不到200人,樊恩庆都把他们分散在东街庆生店、前街义盛店和富三元巷三元合店三处,用好酒好肉款待。这天天气很坏,风雪笼罩着全城,樊恩庆还到"行辕"进行慰问,与曹富章、张琳二人谈得很投机。他说自己从前也是武人,平生就喜欢和武人交朋友,现在非常赞成共和。第二天由各机关社团和地方新旧士绅联名发出请帖,定于当晚在包头镇公行马号大厅里举行宴会,酒后议事,并叫回民乡老王益卿和郭鸿霖早一步前去担任招款。曹富章和张琳等7个"都督"连一名护兵也没有带,于掌灯以后结骑赴宴,大模大样地走进马号大厅。因为等候其他陪客,"都督"们和郭鸿霖们在抽烟喝茶之中闲扯了一个钟头。到了七八点钟的时候,有一个仆役(回民杨楞子乔装)上来禀道:"樊大老爷下轿了。"王益卿说:"快往上端吧。"说罢外边的伏兵闻讯都拥了进来,看见穿军装的就开枪射击,当下将7个"都督"全数击毙。李坑、李茂林和王肯党乘乱逃出,郭鸿霖当场被捕。马号的枪声一响,东街前街和富三元也打成一片。驻在东街和前街的曹富章的人马,很快也被东西两个营盘的兵给解决了,驻守在富三元巷的一直抵抗到天明,经包镇分行请求,樊恩庆才叫让开一个豁口,由西脑包退出城外。

"马号事件"完全暴露了樊恩庆的真实面目。包头同盟会员经过这次沉重打击,才丢掉一切幻想,决定以武力解决。他们认为除掉樊恩庆,敌人便会失去中心。为此,李士修和郗效周先买通五原厅的衙役,交给他手枪将樊恩庆杀死。不料这家伙是个脓包,手抖得不敢开枪,刺杀未成。后来他们决定亲自下手。樊恩庆每天上午由瓦窑沟经过死人沟到包镇分行议事,有一天,李士修和郗效周埋伏在路旁一个临街的饼子铺里,想等到樊恩庆路过时投掷炸弹并开枪射击。可巧樊恩庆那天上午不是经过死人沟返瓦窑沟,而是由包镇分行东边的太平官巷,经东街和草市街回了五原厅。因此,他们的计划落空了。王肯堂和刘长毛子打算占领吕祖庙梁火药库,亦因守军防范严密,自身力量单薄而未完成。这些打草惊蛇的举动,都被樊恩庆侦知。他看到自己的性命危在旦夕,恐怕包头城内还要发生其他事变,就将郭鸿霖杀害在马号院内,将其人头挂到牛桥街示众。同时,又从死人沟五原厅的监牢中提出了 20 多个待处决囚犯,一律拉到南河槽枭首,尸体堆成 5 尺高的垛子,造成浓厚恐怖气氛,企图作最后的挣扎。在阎锡山队伍进城前夕,樊恩庆由包头逃回归绥,回到归绥后立即被堃岫任命为归化厅同知。当他听到阎锡山在萨县打开监狱救出张万顺,把犯人都编为敢死队的消息后,就在归化城清了一次狱,把 57 个犯人全部在后沙滩枪杀,只留下一个河套地主王同春。

第五节　丰镇军民的起义斗争

毗邻大同的塞外重镇丰镇隶属归绥道(省下设道,道下设厅),属山西省管理。清朝末年,丰镇的同知叫章同,系湖南长沙人,他倚仗其兄高居清政府邮传部侍郎之职位,从到任之日起,便搜刮民财,作威作福。凡稍有不满的人,他就开出"捉鬼"票,通缉追捕。对逮捕回来的人,穷者罚苦力,富者罚款。如有抗拒不从者,就给其坐"好汉床"。"好汉床"是一种极其残忍的刑具,坐一次"好汉床"总要伤筋断骨,许多无辜的百姓被活活折磨而死。那时的苛捐杂税,名目繁多。钱粮地有正税、附税,从大同口泉拉炭要过十几道卡子,每个卡子都要打税,结果税比本钱还要多。许多农民走投无路,他们纷纷组成"独立队",打土豪,杀贪官,得到广大农民群众的拥护。其中张占魁就是一位杰出代表。他是丰镇厅隆盛庄区饮马沟村人,自幼家贫,当过长工。他不甘忍受章同的残酷统治和重税盘剥,于是率众揭竿而起组成百余人的"独立队",活动在张皋、隆盛庄一带,因其足智多谋,多次挫败官兵,人称"小状元"。和他同时举义的还有张永善、赵立成、赵喜泰、郑作霖、武万义(蒙古族)、祁凤麟、马有才(回族)等人。

一

当时,丰镇是内蒙古西部地区文化较发达的一个厅,有部分在外地学习或做官的知识分子,在当时革命形势的影响下,逐渐成为革命者。如王廷选,光绪末年考赴日本留学,毅然加入同盟会,誓以革命为己任。禀生李苑林,不屑为帖括学。光绪末,痛见列强侵略,国事衰危,乃慨然加入同盟会。他曾做过江苏嘉定知县,因愤世嫉俗,痛恨清政府政治腐败,于辛亥年卸任归故里,暗中策动革命。

辛亥初,革命党人王虎臣(河北人,同盟会员)、弓富魁(崞县人,同盟会员)、李德懋(大同人,同盟会员)先后由河北、山西来到丰镇宣传革命。弓富魁是一位为人义气、交友甚广的名士,他到丰镇后多方结识"独立队"的好汉,"小状元"等人对他很是崇拜。经弓富魁的介绍,王虎臣和丰镇"独立队"的首领相识了。王虎臣系河北省清河陆军中学堂的地理教师,他学识渊博,熟谙军事,曾密谋组织清河中学堂学生2000余人袭取武库用以攻打北京,事泄后来到口外,继续宣传革命。王虎臣在"独立队"中做了半年多的宣传工作,"小状元"等接受了他的主张,认识到只有推翻清王朝的统治,才能解除人民遭受的苦难。从此这些农民起义有了明确的革命目标。由于王虎臣有胆有识、深谋远虑,"独立队"队员都很推崇他,一致拥护他为"独立队"军师。

王虎臣等革命党人在取得农民起义领导者"小状元"等人的支持后,集中精力在地方驻军和文武官吏中发展革命势力。李德懋到丰镇后,因他精于武功,被当时丰镇厅的警务长朱尧聘为武术教官。朱尧是山西运城人,肄业于太原警务学堂。到丰镇后,寻访侠客,广交俊杰,欲谋光复。他们二人志同道合,很快成为密友。经朱尧介绍,李德懋又结识了丰镇厅师爷郭福昌及亲兵队长田子功,渐次都成为同志。朱尧思想转变后,剪辫削发,决心革命,这引起章同的疑虑,便借口朱尧有贪污行为,呈准撤职。朱被撤职后,李德懋不敢在城内活动,潜赴隆盛庄与挚友邓绍禹计议对策。邓当时是隆盛庄区官,他不满章同的胡作非为,同情人民的疾苦,又和弓富魁是儿女亲家,所以他十分支持李德懋的革命活动。由于革命党人的广泛宣传和联系,丰镇厅的文武官吏同情革命的愈来愈多,如厅署内的曾厚章、郭丙林等。

革命党人在丰镇以"书子房"(民信局一类组织)为掩护进行联络。在王虎臣、李德懋来之前,弓富魁就派杨金中(山西忻州人)在丰镇城内忻州巷李毯子房院内开设一家"书子房",成为革命党人的秘密联络站。送信的范围南至山西忻州,东至兴和,北至陶林(现在乌兰察布市科布尔镇),西至宁远厅(即凉城)。借替人送信的名义,四处联络传递情报。送信者大都是革命党人,这座"书子房"实质上成为一个秘密工作机关,是山西革命党和口外革命党的联络站。这个"书子房"也是向当地一些知识分子和地方上层人物做革命宣传的阵地,致使一些文武官员、厅署胥吏和有识之士也参加革命队伍。如李苑林、朱尧、郭福昌、田子功等都是通过"书子房"取得联系,最后发展成为革命党人的。

后来,王虎臣和李官亭二人找到过去的同窗好友曾厚章(曾是章同的同僚),说明要游说章同支持革命的来意,经过曾厚章的介绍,他们见到章同,说明大义,劝章参加革命。而章同以"祖宗三辈深受皇恩"而谢绝,并暗中令警务长聂志贤将王、李拘留,欲加陷害。后经曾厚章再三周旋,二人才得以释放。从此,王虎臣等革命党人丢掉幻想,一心发动起义,坚决除掉章同。

二

辛亥革命于宣统三年(1911年)10月10日爆发,10月30日太原起义。11月24日,王虎臣到兴和厅,策动第三旗巡防马队管带汪荣九反正,改为民军。革命风暴很快席卷口外一带。这时当上弓沟区官的朱尧即与"小状元"联系,积极准备起义,弓沟地区的地方绅士张子光、徐登弟、赵钱子等都表示愿意赞助革命。

太原起义不久,晋北重镇大同总兵将三个步兵旗和五个骑兵旗全部开赴雁门关,防堵革命军北上,大同城十分空虚。革命党人续桐溪、弓富魁见时机成熟,率"忻代宁公团"武装奔袭大同,大同城唾手而得。同年 11 月底,赵喜泰和郑作霖率领的"独立队"(此时已成革命军)打进陶林城,杀死巡检王化源,通判齐世荣仓皇逃遁。12 月初,他们率部进攻宁远厅,未遇任何抵抗。后来由于镶蓝、镶红旗蒙古军队来犯,赵、郑寡不敌众,主动撤退。行不数里,蒙古骑兵追到,革命军被击败,赵、郑即赶回丰镇投奔"小状元"。这时,攻克大同的弓富魁等部队,被清政府派来的毅军陈希义官军团团围困在城内,弓富魁急令王虎臣率军大举进攻丰镇,以解大同之围。王虎臣得到指示后,和"独立队"各路英雄计议组成一支革命军,公推"小状元"为首领,在隆盛庄北 30 里的孤山村集合队伍,于 12 月 8 日进入隆盛庄,区官邓绍禹宣布起义,加入革命军并积极收集物资,供应服装、马鞍等军用物品。

武昌起义后,章同就顾虑到丰镇将有事变,因而他积极扩充实力,准备防范。因枪支缺乏,将库存的"二人抬"枪拿出八九十支,招募临时警察 200 多人。并动员幕僚们提高警觉,严加防范,如有事变,坚决镇压。

以"小状元"为首的革命军进行非常顺利,于同年 12 月 9 日到达距城 30 里的永善庄。章同得报,当即召开紧急会议,商议对策。会上主和派和主战派发生了激烈争吵,主和派提出派人出城和起义军谈判,只要革命军不进城,军饷、服装、粮食都由政府供给。主战派则认为起义军大逆不道,没有和他们和谈的必要,只能迎头痛击。而老奸巨猾的章同却提出他的主张,他一面派傅锦祥(典史下属的马警哨官)出城和谈,一面令办紧急求援公文,送往大同。而这一公文却落入同情革命的书启师爷郭福昌之手,扣留未发。而章同并不知晓。10 日,傅锦祥面见"小状元"和军师王虎臣,说明来意。"小状元"要杀死傅锦祥,被王拦住,并对傅锦祥说:"求和也好,但不知你们是真心求和还是缓兵之计。不管你们用心如何,你不能回去。"于是将他捆绑起来,押在车上,随军前进。傅锦祥一出城,西街典史聂志贤和抬枪队管带马进禄暗中活动章同,坚决主战。章同也改变了主意,于当日下午宣布聂志贤为总指挥,由马进禄率 150 名抬枪队为正面,聂带 30 名马警为右翼,背叛革命军的汪荣九以一哨为左翼,王玉玺(抬枪队教练)带 60 名抬枪队,警务长杜维林带60名警察守城。布置后,各自准备。11日清晨,部队在人市街集合,准备出征。但士兵们都怕打仗送死,个个吞声饮泣,担惊受怕,惊慌异常。他们的家人忧心忡忡,母子、夫妻相对啼哭者无数。一些富豪巨商愿出巨资赎回其子,遭到章同的拒绝。出发时,突然阴云密布,天色昏暗,观战者诅咒说:"天也发起怒来,官军必定要败。"

这几天,革命军从永善庄出发,向南挺进,两军在距城10余里的阮家窑相遇。王虎臣对傅金祥说:"既要讲和,为何出击,分明是缓兵之计。""小状元"一声令下,当场将傅击毙。革命军以迅雷不及掩耳之势抢占吉庆梁。章同武装的正面是马进禄率领的抬枪队。抬枪是一种落后的武器,又长又大,二人抬起,一人瞄准点火,实际上是三人使用一支枪,一人受伤,其他二人都无战斗力了。同时射击时不能隐蔽必须跪倒或蹲下,目标大,容易被击中。150人使用50支抬枪向东山坡射击,枪声隆隆,山鸣谷震。右翼聂志贤、左翼汪荣九也向革命军发起进攻。但吉庆梁居高临下,两军接触不到一小时,敌军就有伤亡,士气低落。汪荣九见势不妙,率部逃窜。"小状元"等革命军首领看到敌军阵脚动乱,便令赵有禄绕到敌军背后偷袭。下午3时,抬枪队伤亡20多人,其余士兵惊慌失措,弃枪而逃。马进禄企图阻止,却无济于事。拉运兵器弹药的大车,恐怕退后也跑不了,弃车后相继扬鞭策马,仓皇逃跑。所剩聂志贤的30名马警,显然敌不过革命军,于是上马向城内逃窜。革命军乘胜追击,突然大雪纷飞,敌军才免遭被全歼的命运。待革命军逼进城郊时,天色已晚,因不知城内虚实,不敢贸然行事,转而向西,在距城三四里的丹州营村住下。

敌军大败而回,章同当时召开紧急会议,准备据守城市,并大肆宣扬大同援军即日可到,以安定军心。翌日晨,聂志贤用望远镜向西瞭望,只见革命军持枪上马,不见出动。猛然间,只见一人骑一匹赤色骏马冲出城门向西奔驰而去。守城敌军开枪射击,已无济于事。此人叫贾根富,是一个跑桥的牙纪,早与革命军有联系。他见了革命军首领说:"大同救兵未到,城内空虚。"王虎臣据报告建议"小状元"派少数人在城的东、南、北方向鸣枪佯攻,集中兵力主攻西门。守西门的敌军是前一日败下来的马警,已属惊弓之鸟。

待革命军兵临城下时，他们不战而退，四处逃遁，隐蔽起来。革命军长驱直入，城东、城北、城南的守敌不约而同地全部逃命去了。革命军三路会攻厅署，与田子功率领的清兵摆开了作战的阵势。同情革命军的田子功佯装抵抗，战了不到半小时，他大声疾呼："弟兄们，赶快逃命吧！"这一喊，40多名清兵一下子都弃枪而逃。惊恐万状的章同无法出走，他乘混乱之机，潜逃到辘轳把巷田寡妇院内，藏在了李姓家的一个空棺材里。

革命军进入城内，放火烧毁章同的房院，用大石头砸开狱门，放出被监禁的无辜群众60余人，给他们洗澡换新衣，劝他们参加革命军。又将一些豪绅富户的财物拿出一部分，救济贫农，深得人民欢迎。武万义担任查街任务，严申纪律，城内秩序井然。接着革命军一致公举朱尧为县知事，进入街门，在大堂上宣布了被搜查出来的马进禄的罪状，并立即枪毙。革命军的首领与新知事朱尧会同商定由商会筹借饷银3万4千两，拨给革命军。很快各商店钱行都开始营业了。

三

蜷伏在棺内的章同焦急万分，于是他托房东找了一个胆大之人去大同求救。同院住有一个钉鞋匠，年轻胆大，应募愿去。章同写了一封亲笔信，嘱咐钉鞋匠贴肉绑在大腿上。扮成乞丐的钉鞋匠混出城门，飞奔大同，求见所谓"陈军门"（陈希义）。陈看了章同的求援信，即派毅军一营，计500余人，先遣马队一旗，计150人，由管带王国士率领，于12月15日开赴丰镇，驻在德源粮店。革命军探知消息后，知寡不敌众，分三路撤退，只留朱尧带领少数武装镇守丰镇城。

由王虎臣率领的一路部队，行军到得胜口，不料与敌马队遭遇，激战3小时，王部被击溃，王虎臣被俘，壮烈牺牲，被枭首于得胜口村。其他人一路由"小状元"率领退到永善庄一带，一路退到隆盛庄一带。

毅军进入丰镇城后，开始了大肆搜捕和血腥镇压。章同走出棺材后，衣帽不整，满身污垢，一副狼狈相。但其反动本质丝毫不改，回到衙门，他首先令巡警逮捕了朱尧夫妇，拉到大堂，责令跪下。而朱尧却面无惧色，泰然自若，坚强地回答："我们死也要站着死。"章同气极败坏，大声骂道："你姓朱的离开警察局,留在丰镇,就是图谋不轨。你私通匪徒,迎他们进城,当了5天知事,戕杀忠心报国的同僚,迫使我活人入棺。睁开眼看吧,同知仍由我当,你小子只有送命一条路。"接着他又指着朱尧妻董女士责骂道:"妇道人家,也要革命,有失体统。匪军入城,你也大摇大摆进入衙门,同你丈夫做坏事,企图将丰镇变成你们的天下,真乃痴心妄想。"随后他吩咐书启师爷郭福昌:"给你这把钢刀,拉出去将对男女匪徒杀死。"郭福昌接过钢刀,冲出衙门逃走了。郭福昌原是章同的亲信,与他同时从湖南老家来到丰镇,一向对章同唯命是从,章同哪里知道郭福昌早已看不惯他的胡作非为了。郭福昌的举动令章同不解其意,但当时时间紧迫,不容他细想。他马上又令巡警押送朱尧夫妻到毅军驻处,清兵将朱尧枭首示众。

朱尧被害,其妻董女士就在旁边,她从容脱下外衣盖在丈夫尸体上,掖好内衣领,引颈就刑。清军为董女士的凛然正气所感动,不忍杀害。董女士愤然说道:"妇人从一而终,夫死义不生,况天日如此昏暗,速动刑,勿多虑。"遂亦被枭首,与丈夫首级同悬于南门。

押送朱尧夫妇走后,章同问清军统领马锡三道:"将军何以今天才到,没有接到我送去的请将军从速率军北来的公文?"马答道:"是一位乞丐送来你的亲笔信,没有见到公文。"章同听后,恍然大悟,方知郭福昌从中做鬼。于是下令紧闭城门,不许出入,军警沿家进户搜查,一定要将郭福昌抓捕归案。

抓到郭福昌后,章同逼问:"为何不将公文按时送出?"郭福昌怒目而视,不作回答。章同暴跳如雷,大骂道:"你好大的胆!公文不送,贻误军机,同僚被杀,我屈体藏于棺内五天五夜,害得我好苦。你这条喂不熟的狗,我要处死你。"于是将郭福昌也杀害了。郭福昌在就义前,对着群众大声说道:"我郭福昌为了好人过好日子,才同情革命军,问心无愧。我被处死,心安理得。"他神色自若,从容不迫,围观者皆掩面拭泪。一齐被害的还有同情革命的李保恩。田子功以嫌疑犯押狱,被绑陪桩,割去半个耳朵。自毅军入城、章同出棺后的7天里,丰镇城先后有33人惨遭杀害。王国士连临时雇来给革命军铡草喂马的几个人也被指为通敌,一并杀害。隆盛庄、张皋等地亦被杀害多人。一场轰轰烈烈的革命起义斗争被镇压下去了。只有"小状元"张占魁率领的部分革命军仍在隆盛庄、察哈尔、八苏木、二大营子等地坚持活动,继续打击清军。

丰镇战事平息后,陈希义调毅军回大同,加派二旗步队和头旗马队常驻丰镇。他们惧怕革命军,不敢迈出城外一步,却在城内横行霸道,借搜索革命军人的名义,擅入商号、民户欺辱民众,见到好衣服,硬说是革命军留下的,强行拿去;在饭馆吃饭不给钱,让记账。拿一件破布裤子去当铺要当三两银子。还有拿木匣盛麻雀去当铺去当,铺伙开匣一看,麻雀飞去,便诬赖东家说把活宝放跑了,勒令赔偿。更有人故意把自己的裤裆撕破,硬叫妇女给缝补,借机调戏妇女,进而奸污。当时人人都说:"这样的官军真不如土匪。"

第六节　阎锡山智取包头

1911 年 11 月初,归绥新军起义队伍中,西路新军在包头遭到清军镇压后,余部奔向晋北大同一带。而东路新军在周维藩指挥下也转战于大同一带,准备与山西革命军会合,再次进攻归绥。

山西革命军是在太原失守后,由阎锡山、孔庚等人组织起来的。当年农历十月下旬,清政府命张锡銮为山西巡抚、许世英为布政使,并调六镇清军沿正太路反攻山西太原。此时,阎锡山偕赵戴文北逃,并招抚大同、雁北军政人员参加革命,声言进攻归绥。不久,阎锡山穿着僧衣、骑着毛驴来到大同。当时,归绥新军起义首领周维藩,还有雁北革命首领孔庚,都驻守大同,他们都是山西人,经过会晤,遂组成了山西革命军。仍推阎锡山为山西都督,孔庚任前敌总司令兼第一师师长,李勉之任参谋长,王家驹为统带。周维藩任总参谋长兼第二师师长,原归绥新军起义首领刘少瑜为统带。其中,周维藩、刘少瑜原是归绥新军重要人物;孔庚、王家驹是革命党人,原石家庄吴禄贞部下任统领,吴被杀害后,孔、王二人由石家庄转入太原,分别在阎锡山部下任职。从革命军领导成员来看,都是清末新军中重要人物,又是辛亥革命时各地起义首领。这支革命军组成后，"闻口外义军纷起，始北走萨拉齐"，并制定出进军计划：即由大同"西行与陕军联络，北取包头、五原等地作根据地"。然后进攻归绥。农历十一月下旬，这支革命军由大同经保德州、偏关直至河曲，各路军队在河曲集中后，由河曲渡过黄河，北上进军伊盟南部。

同年11月22日，绥远城将军堃岫奏报说："晋省击散余党，复聚河曲，势甚猖獗，归绥戒严，谨请旨派重兵援剿。"（《军机处电报档》宣统三年十一月二十二日）。几天后，革命军到达包头黄河对岸黑豆壕地方驻守，声言先攻包头，后占绥远。这时归绥清军惊恐万状，绥远城将军堃岫上奏清政府说：如"包镇失守，归绥危险至极，请饬派重兵，速赴包镇援救归绥。归绥为西北屏障，关系至为紧要"（《宫中电报档》宣统三年十一月三十日）。同时，堃岫向大同镇陈希义求援，请求就近酌派军队，开赴托克托驻扎，同时向察哈尔都统何宗莲求援。堃岫为了防守归化、绥远二城，把驻在绥远城的满八旗兵编为第一营，把驻守在归化城的土默特旗蒙古兵编为第二营，二营官兵都按北洋陆军章程编制，每营520余人，配备新式武器，以便对抗山西革命军。

老奸巨猾的樊恩庆此时又妄图故伎重演，他表面上伪装赞成共和，提出在包头南海子同民军首脑谈判，洽商义军和平进入包头事宜，实际上想诱民军深入，然后围而歼之。阎锡山当时也不愿意消耗自己的实力，很想和平进城，就令孔庚、吴信芳为代表，准备到南海子去谈判。在这紧急时刻，包头巡防营管带谢若霖，见革命民军来势凶猛，怕算破坏义军第一次进包头的老账，便把樊恩庆的诡计暗中告之吴信芳，赖吴信芳与谢若霖有旧交，乃免于难，谈判遂破裂。阎锡山便决定用武力进攻包头。民军士气旺盛，斗志昂扬，清军1500余人欲东走归化，李德懋、张树帜自东迎击之，接战数时，清军溃散，机械马匹被获甚多，是日即占包头。1912年1月22日夜，山西民军进入包头城。

阎锡山于25日先派骑兵进城垣搜索，看见营盘和衙门中都空无一人，大队随后才陆续入城。阎的行辕设在前街官盐店（现解放路川行店对过的南大院），赵戴文住恒兴长店，孔庚住东街义盛店。阎的随员张汉杰、军官张培梅等以后都成了晋军的高级将领。民军前敌总指挥是王家驹,人称王统带。进入包头的炮兵,多半是铁圈箍的榆木炮,其中有两根还是用红布裹的枪檩,称"大将军炮"和"二将军炮",派兵通夜看守,不许百姓接近,借壮声势。据说步兵均在城外,其实连同骑兵不过1000余人。阎锡山一入包头,即布告安民,其官衔是"秦晋蜀北伐先遣大都督",并合包头、东胜、五原为"包东州",委任大余太的巡查杨守性为州官,在草市街设立衙署办公,接收五原厅和由樊恩庆所兼任的盐务和垦务机关。因为杨巡检熟悉当地情况,杨的儿子杨瑞鹏(字云阶,民国成立后任过归绥县知事)又在阎军服务。萨拉齐水涧沟门的云亨、美岱召的经权、善岱镇的安祥代表咨议局来欢迎他东进,这几人都是蒙古族同盟会员。革命军方面发表云亨为绥远城将军,经权为归化城都统,安祥为归绥道道尹。

阎锡山在包头停留不到一个星期,从旧官吏到学生都成了他网罗的对象。他叫李德懋和刘长毛子把五原厅的监狱打开,把罪犯和死人沟"梁山"上的一些精壮流浪汉充入队伍。新招添游击马队两营,招募义勇队一营,并充实了炮队、工程队、警察队、探访队等。一些回族同胞也加入了队伍。又令全城的铸铁炉和熟食行,日夜加工铸造弹丸,烤烙干粮。临行时向包头公行要了马车驮骡,把干粮装到柳条篓子里,伪装成火药子弹。向公行借了包头镇寄商生息的8000两办学基金,命赵戴文把几万石官盐留给恒兴长店,以替军队向公行作保。办学基金于民国2年(1913年)做了包头地方投资保晋公司的股金。恒兴长店因为经营官盐发了一笔横财,给赵戴文送了贵重的酬谢礼物。

绥远城将军堃岫得知阎锡山进了包头,即调谭永发的步队和满洲常备的炮兵,赶到了萨拉齐防堵。同时清朝新军的第一镇也从北京开拔,阻挡阎军东进。

农历十一月三十日,萨拉齐驻进了清廷的正规部队,满泰连夜到包头给阎锡山报信。东进以后于腊月初二与清军接触,在萨拉齐打了一白天仗。城里的乡勇也被胁迫到城墙上守城。军民都无心恋战,朝天鸣放空枪,所以阎部人马伤亡很少。谭永发部有个姓曾的头目想要开门献城,被指挥官杀死在西城楼上。战斗至下午,守城的炮兵先由北门撤出,到黄昏时分,步兵整队托信去东门外迎接李德功,也一去不返。阎于翌日上午进入萨拉齐,住到德昌货店,并令原清廷命官同知呼延庚继续在衙署办公。王家驹到了萨拉齐,听说咨议局议员武海有一匹骏马,外号叫"黑缎马褂"(一说"黑老虎"),他派随从夏斗寅由葫芦头村将武海请进城内,飨以仁丹和洋旱烟,拿一支五响步枪和200两银子把马换了来。阎锡山派李德懋打开监狱,把囚犯放出编为敢死队。这时张万顺因为在地方曾打死过一个名叫丑仁子的"白活",正在萨拉齐坐监。包、萨两地参加革命军的无产者,多是张万顺的结拜弟兄和相好朋友,他又是铁匠出身,膂力过,能搬动石狮子,属清末包、萨地区的第一条好汉,阎锡山便任命他为敢死队长。

此时,归化城听到萨拉齐也被阎锡山占领,清军中的汉官谭永发、谢树巢、胡泰财、李德功等已动摇,悄悄派人到达尔村迎接革命队伍了。

堃岫看见满汉军队都不中用,便赶快把归化城新编陆军步兵第二营即土默特旗的蒙古兵开出去抵挡。阎锡山在萨拉齐停留了5天,又挥师向归化城进军,腊月初八打响了决定他东进或南返的刀什尔战役。

第七节　刀什尔战役

革命军接连攻取包头、萨拉齐后,清政府官吏兵士纷纷东逃。阎锡山略事休整,继续率军东进,准备攻占归绥。腊月初七进到陶思浩村,停下来准备进攻事宜。

自从萨拉齐厅失守,驻军溃退的消息传出后,绥远城将军堃岫急忙连夜召集土默特旗各家参领征求意见,经议定,拟派步、骑两营与谭永发的巡防队同去西路防守。这些老参领和堃岫的利害是一致的,当然同意这样办。堃岫立即发出命令,派一土旗步兵营营长发义率全队官兵并配以绥远城炮兵一连出中路,土旗骑兵营营长福坦率全营官兵出下路。三路兵必须紧密联络,齐头向西挺进,一遇敌军即展开反击。腊月初五中午,三路兵在旧城各大街整队行进，蒙、回两支守卫队也跟在后面，做了夸张性的"扬兵"仪式之后就出发了。到初七上午，步兵进入刀什尔村，此时晋军已到陶思浩村，双方百余里。双方对峙，准备应战。

清政府的土默特旗步兵营，是前绥远将军贻谷于光绪三十年（1904年）奏准新练陆军两营之一。第一营由八旗兵组成，第二营由土默特蒙古兵编成，官兵人数每营均为520人。贻谷聘北洋政府军胡恩光担任两营督练，胡引荐了一批北洋少壮军官分任两营教练，连年集训，极为认真，官兵素质比北洋陆军毫无逊色（民国元年即1921年曾与张绍曾的二十镇八十团进行操演竞赛，获得优胜）。武器方面：有德国枪（当时称斜五眼枪）300支，汉阳造步枪220余支，弹药都很充足。土默特骑兵营成立时期较晚，于武昌起义后才紧急编成，官兵270人，人人有马，其体制也符合北洋陆军的章程。它虽然是个新营，但兵士都是从步兵营退伍的壮丁，其年龄均在30岁左右，武器为崭新汉阳造马、步两种枪支。谭永发所率巡防队残部200余人，其武器原来就是汉阳造的步枪。当时对漠南军队来说这种装备不算差。

阎部总兵力约5000之众，号称2万人，分别由孔庚、王家驹统领。可北上晋军却把归绥这三路军队的战斗力估计过低，阎锡山的前敌总指挥王家驹认为：在萨拉齐击溃的第一营可能是归绥部队的精锐，精锐尚不堪一击，其余更何足道。因此，其气焰很盛，自信心也很强。发义得到一个住在陶思浩村的退伍兵云有福的情报，获悉革命军要打刀什尔等情况后，一面给谭永发送信，一面亲自布置阵地。刀什尔村在晋军所驻陶思浩村的东北方向，相距仅10余里，背靠大青山，有居民百余户，树木颇多，在村西南有一条从大青山发源的小溪流，土名谷勒畔河，故也有人称这次战斗为谷勒畔河之战。发义观察了地形，料定晋军必从村西南方向进攻，而村西南恰有紧相连接的几个打麦场，均用荒石块砌成矮墙，约有半人高，这是一种现成的很好的防御工事。发义让兵士把那太高的地方取低些，太低的地方加高些，把墙脚的积雪扫除，铺了很厚的麦秸，使兵士伏在墙里。这样安排以后，他就把全营战士分为两批，轮流替换埋伏，监视敌人，并一再告诉他们，没有命令，绝不许擅自开枪。

前半夜,阵地上没有发生任何情况。到后半夜即初八日,鸡鸣几声后,发义用马鞭把抱枪在墙下打盹的士兵敲醒,并警告那些班长们说:"拂晓攻击这句话,你们还记得吧,不要叫弟兄们再打盹了。"他说罢还不到一袋烟的工夫,就隐隐听到人马的踏雪声从西南方传来。这时风雪已息,旷野如银,当晋军进入到谷勒畔河岸,就先用从萨拉齐缴获的山炮向刀什尔村轰去,想把清兵的火力压住。可是这些炮弹半数打在大青山腰,半数打在村里的西头(村民已避在村东头),没有一枚击中清兵的阵地。打了一阵炮,不见抵抗,晋军就命敢死队和决死队过河冲锋,这两个大队都是由萨、包两地监狱放出来的"囚犯"临时组成的。排前一层的兵有二人抬、扣帽儿枪、老毛瑟枪等武器,排在第二层的就是徒手,是给前层做补充的。他们弯着腰行进到离刀什尔村不远的地方,后面的冲锋号吹响了,他们喊杀声不断,向前冲锋。发义看到他们进入步枪有效射程之内,便高声喊道:"开枪!"命令一下,晋军的敢死队就被击毙了一批! 可是他们人多,又因进入火力圈,退不下去,所以卧倒后退坚持战斗,使战场一时形成胶着状态。天明之时,晋军才将正规步兵投入,人数比土旗步兵营约多 3 倍,以偃月阵形从西南向东北逐步包围上来。发义见此情景,心中十分着急,为此他一面派通讯兵驰往福坦、谭永发处请援,一面筹划当前拒敌办法。他从望远镜里看见晋军前线有一个骑黑马的督战军官,飞驰飘忽,以战刀催督兵丁前进。当时,战场上虽是弹雨横飞,可是这位督战官毫不畏怯,因此晋军的步兵是节节前进,没有后退者。这时十旗步兵营全数士兵,连炊事员兵都加入了战斗,但危急的局面却丝毫没有扭转。发义急中生智,叫他的传令兵告诉四个连长,要每连选射击技术最好的士兵 3 名,立时到他这里来。转瞬间,这精选的 12 名神枪手都聚在他面前,发义命令说:"你们这 12 支枪暂不必射击敌兵,要集中精力瞄准那个骑黑马的督战官一齐扫射。"发义这个办法果然奏效,正当那个军官督促步兵汹涌挺进的紧急关头,12 支枪同时迸射,很快那位指挥官倒下了,那匹黑马也如箭一般向后驰去,晋军步兵的攻势从此渐渐松了下来。此时,谭永发也由东面赶来令炮开了几声山炮,福坦的骑兵也循着枪声由下路援应上来。

晋军在阵前伤亡的督战官正是阎锡山的前敌总指挥王家驹,那匹黑马是即葫芦头村蒙古人伍海的名马"黑缎马褂"(黑老虎)。王家驹头上、身上各中两弹,那马也身中三弹,跑到20里外的村边倒毙。战事结束,土默特旗步兵营仅阵亡2人而已。战后,阎锡山发布命令,孤军不可深入。于是部队经陶思浩由善岱镇折返托克托城和河口镇,攻占归绥终成一句空话。

第八节　打马河口之战

阎锡山进攻归绥,本非十分情愿,迟疑观望中丧失了最佳战机,加之南北和议后,太原方面数次催促其返晋议事,而刀什尔一战更为他的南归提供了极好的理由。所以王家驹牺牲后,尽管孔庚等将领力主继续东进,以实现将归绥创建为塞北革命根据地的既定计划,但阎锡山去意已定,加之渐进年关,不少晋籍官兵也归乡心切,于是都督一声令下,大队人马一溜烟开进了托克托城。

托克托厅(通判厅)原无清政府驻军,当阎锡山率部东进时,绥远城将军堃岫派巡防队200人来托,合并地方上组织的冬防队100余人,准备防堵。当阎军行进至托克托厅境内祝乐沁村时,托克托厅通判包荣富大为震惊,一时风声鹤唳,形势岌岌。包荣富乃召集地方绅商共谋对策。当地的一些知识分子如阎懋、刘兆瑞、李永清等人,因已与同盟会直接或间接地发生过一些联系,即陈说地方力量薄弱,无法抵抗,主张欢迎阎军,以免地方遭受损失。唯独冬防队队长吴英,自恃孔武,坚决主张拒抗。包荣富自知力不能敌,乃顺应舆论,决定开门欢迎,吴英也只好勉强从命。包荣富一面派人到祝乐沁欢迎阎军,一面令托城和距城5里的商业重镇河口两地的"乡耆府"(如同民国时期的商会)和地方土绅阎懋、刘兆瑞、李永清、吴英、石茂兰等,共同筹备欢迎和执行事宜;并应绅商请求,为避免发生事故,让归化城派去的巡防队撤回归化,将地方上的冬防队收枪解散。阎军于十二月初十抵托城,通判包荣富率地方绅商出城迎接,托城和河口两地商号,都遍悬白旗表示欢迎。

阎军入城后,分驻于托城和河口两地的商号和民户家中,阎锡山本人驻托城后街陆陈行商号大裕隆内。次日,即布告安民,开狱释囚,补充军队,筹借饷粮,提取了税局、盐局及地方各项公款,并向商号和富户临时借银8万余两(仅托城会川当、复合当、清宁当、义川当等四家当铺就出银1.2万两)。阎军设立随军官钱局,征调地方银匠,截大块银为小块,为官兵发饷。托克托城位于小黑河汇流黄河入口处,当时为水陆交通要埠,商业繁盛,地方殷实,为阎筹备粮糈提供了有利条件。

阎军初到包头时人数不多,到托城时已发展到步骑兵五六千人,吸收了许多新兵。阎军吸收新兵的对象有三:一是监狱释放出来的"囚犯";二是地方上的赌博汉;三是流浪的乞丐。这些人绝大多数为不满现状和无法维持生活的城乡无产者。阎锡山把这些人都编为"敢死队",从托城监狱里释放出来的人,也大部吸收为敢死队员。当时阎部的军纪还是很好的,据说,在托克托住了将近半个月,没有发生过抢拿老百姓东西和其他违反纪律的事情,颇受人民拥护。

阎军当时装备很差,没有军衣。进入托城之后,忙着赶制冬装,士兵一律得到了三面新的蓝市布棉军衣。其办法是军衣裁好后,分散由民户缝制,几乎每户都缝制了一两套,很快就全数缝制好了。

主张欢迎阎军的知识分子阎懋,是托克托厅河口镇人,清末秀才,他和革命军早有联系。宣统元年(1909年),同盟会员李德懋到托克托秘密宣传革命时,阎懋当时便和李有较深的关系。辛亥革命党人郭鸿霖起义事泄,殉难包头,同党杨德霖出走托城,投奔阎懋,得到掩护。阎锡山进驻祝乐沁时,阎懋与刘兆瑞、李永清秘密计议,派人与阎锡山联络,请阎来托,作为进攻归化城的根据地。因此,当托克托厅通判包荣富召集绅商开会时,阎懋与刘兆瑞、李永清等倾心革命,全力为革命工作。阎军在托克托厅的一切饷糈军用毫不费力,是和他们的努力分不开的。

吴英当时表面上不得不屈从众议,一起筹办供应招待阎军,但内心的反对并未随形势变化而稍有转变。阎军到托后,布告商民人等,存有枪支武器者,一律交出,献给革命,如果隐藏不交,一经查出,即按军法从事。吴英竟乘机陷害金福海(回族,河口大户,复兴玉屠行财东,因与吴英争夺清真寺教权,素有仇恨),捏词密告金家中藏有来复枪12支不交。经阎派人搜查,并未搜出。枪其实是冬防队绿头勇(冬防队有两个小队,各50余人,由汉民、回民分别组成,汉民头包黑巾,叫黑头勇;回民队头包绿巾,叫绿头勇)的,在冬防队解散时,金福海等人已交给通判衙门了。吴英是借此机会公报私仇。吴此计未成,又借筹办供应阎军军饷为名,向河口镇复兴玉、福祥号等商号,私自开条索借款项。他还秘密派人给绥远城将军送信,报告阎军军情,"请派大军来托,里应外合,消灭阎军"。送信人被阎军哨兵查获,搜出密信。阎锡山即派人于12月15日将吴英扣捕,并在他家中搜出大小枪3支。

吴英是一个很有武功的回族武术家,交友广,以八卦拳闻名北方,跟他学习拳术的徒弟很多,也教出不少好弟子。因此,此人在地方上的势力很大,曾霸占了"烟鬼地"(归、萨、托三角地带)的大片土地,他在托城内东边土山前修了一处新院,将沿山边的墓地开为园地,将棺木焚毁,尸骨扬弃。附近的泉子沟的泉水,清澈甘美,一向为居民生活用水。水源本不太大,吴英怕影响了他浇地,还不时阻止居民吃用,人们也敢怒而不敢言。阎军于12月21日将吴英从狱中提出,游街示众。22日把他的胡子剃掉,抹粉涂脂,头上插了一朵红花,身上穿上妇女衣服,载于车上,从托城押至河口禹王庙十字街头,召集群众大会,宣布了他的罪状,当场枭首示众。

这时,清兵第一镇已由归化城开动,即将来托,阎锡山也得到太原的讯息。因此,阎于22日张贴布告,其大意说:本部督率兵北伐,本期直捣黄龙,扫穴犁庭。但现在革命军已大败清军于韩信岭(一作韩候岭),山西新任抚台张锡銮逃遁,咨议局来函请班师返并云云。阎军离托时,为壮大声势,向地方要了大批车辆。地方上也赶制了大量油糖月饼,作为行军干粮,欢送阎军。阎军用条篓装起来,篓口蒙以红布,载于车上,声称是大炮,以恫吓清军追兵。22日,渡过黄河(时黄河已结冰,冰上可行),经准格尔旗由河曲返晋,驻扎忻州。行前,阎锡山曾让阎懋等为革命军出力之人跟他走。阎懋、刘兆瑞、李永清等因家在地方,暂难前去,允以随后再往。当时,仅有石茂兰一人随阎军前去。

12月23日黎明,清兵第一镇统领李奎元统兵进入托城。李一面派兵追击阎军,一面在城内捉拿革命党人。此时阎军尚未完全渡过河,追兵到达距河口20里之石子八湾,尚能瞭见阎军后卫。但清兵摄于革命军的威力,不敢尾追,随即返回托城,在城内大肆搜捕革命党人。托城乡耆白玉汝(东太店财东兼掌柜)向李奎元告密,把阎懋、刘兆瑞、李永清等人帮助阎军的情况,全盘托出。李立即派兵到阎懋、刘兆瑞、李永清等家中去搜捕。阎懋、刘兆瑞闻风躲藏于河口公义昌甘草店包甘草所用的苇席捆内。李永清逃出城去,隐藏于东村他的外祖父家中。清兵没有捉拿到阎、刘、李三人,三家家人也都逃走,清兵就把三家抄掠一空,并宣告窝藏者一律同罪。23日夜,阎懋同其弟阎肃,化装成农民逃出河口,奔投阎军。刘兆瑞亦逃往他村躲藏。清兵抵托后,和阎军相同,也分驻于托城和河口两地的商号和民户家中。当时,清兵任意拿走百姓的东西,军纪极坏,闹得人心惶惶。虽然为期很短,但他们着实让托、河两地都遭受了一场兵灾。

民国元年(1912年),阎锡山曾委阎懋为东胜县知事,李永清为和林格尔县知事,刘兆瑞为塞北关税务监督兼绥远警察厅厅长,把向清军告密的白玉汝扣捕(后死在托县狱中)。阎军向地方商号和富户借用的8万余两银两,从民国5年(1916年)起分期偿还,并按年息七厘计息,截至民国10年(1921年)本息全数还清。归还的款项,三分之一为现金,三分之一为山西省的公债券,三分之一为山西保晋公司的股票。

第九节　史无前例的爱国运动

民国10年(1921年)7月,中国共产党诞生了,中国共产党的诞生使中国革命的面貌为之一新。中国共产党从诞生那天起,就密切关注内蒙古草原,密切关心内蒙古各族人民,在中国共产党的创始人之一李大钊的亲自领导和精心策划下,内蒙古大草原上掀起了声势浩大史无前例的工农革命运动,革命的火种在内蒙古大草原上播撒开来,燃烧起来,照亮了内蒙古大草原,唤醒了草原人民,引导草原各族人民走上了革命道路。

一、运动的指针《蒙古农民》

《蒙古农民》创刊于民国 14 年(1925 年),它是在中国共产党北方组织的指导和中国共产党创始人之一李大钊的提议和关怀下,由北京蒙藏学校党支部书记多松年和中共党员云泽(乌兰夫)、奎璧 3 人创办的。

《蒙古农民》是在全国风起云涌的大革命风暴中诞生的。中国共产党第三次全国代表大会确定了和国民党合作的方针,国共合作实现后,极大地推动了中国革命运动的迅速发展,中国共产党进一步加强对工农运动的领导。此时,在中国共产党领导下的内蒙古民族解放斗争正向纵深发展。当时,内蒙古的主要矛盾是:内蒙古人民与帝国主义的矛盾;内蒙古人民与国内反动派的矛盾;内蒙古人民与民族内部封建势力的矛盾。为此,李大钊要求他们把刊物办成唤起蒙古族农牧民参加反对封建军阀和王公统治斗争的宣传阵地。为了完成党组织交给的光荣而艰巨的任务,当时担任学校中国社会主义青年团支部书记的多松年,找到即将加入中国共产党的青年团员云泽和奎璧,向他们说明此项任务的重要意义。他们经过反复研究,确定刊名为《蒙古农民》,并作了分工,由多松年负总责兼主笔,云泽负责校稿、编辑,奎璧负责排版、印刷和发行工作。随后,多松年向北方党组织负责人李大钊、邓中夏作了汇报。

民国 14 年(1925 年)3 月,多松年经请示党组织同意,到内蒙古西部地区的蒙古族农牧民聚居的察哈尔、绥远农村作短期社会调查。在察哈尔特别区都统所在地张家口,多松年与中国共产党在当地的组织取得联系,了解铁路、电厂工人及中学生的反帝斗争情况。在察哈尔农林牧区,对农牧民的生活状况作了调查。随后,多松年又回到自己的家乡归绥,深入土默川农村,了解到由于军阀收粮、征马,官府清丈土地、搜刮荒银,使各族农民的日子一天不如一天。他们在中共党组织的领导下正酝酿着掀起农民风暴。多松年了解到这些情况后,很快与云泽、奎璧进行撰稿和编辑工作,《蒙古农民》第一期于民国 14 年(1925)4 月 28 日问世了。

《蒙古农民》第一期的第一篇文章以《开篇的话》为题,只用了 16 个字,即:蒙古农民的仇人是——军阀、帝国主义、王公。开宗明义地宣布《蒙古农民》就是要以宣传中国共产党的反帝反封建的民主革命纲领为宗旨,揭露军阀、王公对内蒙古人民的压迫剥削和帝国主义的侵略,并一针见血地指出这三者是农民的仇人。其内容重大深刻,表述简洁鲜明,也可以说是《蒙古农民》的发刊词。《蒙古农民》中用蒙汉两种文字作为刊名,64 开,每期 15 页左右,封面注明每份售铜元两枚,农民半价,联系人是北京蒙藏学校奎璧。总共出版期数说法不一,目前只在中央档案馆存有第一、二两期。从这两期看,内容丰富,主题鲜明,题材多种多样,语言通俗流畅,理论联系实际,而且有各种醒目的栏目,读起来格外新颖感人。

《蒙古农民》第一期的第二篇文章以"为什么出这个报"为题,具体而深刻地阐明了军阀、帝国主义、王公是农民的仇人。文章开头介绍了内蒙古的地理范围,即"在中华民国北部地方,外蒙古的南边,有热河、察哈尔、绥远 3 个特别行政区,以及西套蒙古(指阿拉善旗和额济纳旗),这些地方合起来也叫作"内蒙古"。文章重点指出蒙古族农民的三个坏命运:一是直奉两系军阀在内蒙古混战,实行苛捐重税,造成广大农村"死尸遍野,烟苗遍地,土匪蜂起";二是蒙汉农民对土地只有使用权而无所有权,王公是大地主,农民是农奴,王公"肩不能担担,手不能提篮,白耗农民的血汗";三是外国资本家与教会勾结霸占土地,把蒙汉农民剥削得无法生存,国土沦亡,一切权利将尽丧,这是蒙古农民三个坏命运中最坏的一个。为了进一步说明问题,又以"听差的讲演录"为题补撰了一篇短文,描述了一个知识分子模样的职员,站在街头大声疾呼:"国可要亡,请诸位另走……";于是发表反帝救国的演讲,他回顾了五四运动时期学生在街头向市民宣传反帝爱国的情景,热烈鼓动掀起新的反帝斗争高潮。所以,《蒙古农民》庄严地宣告:"我们这份报,就是要把蒙古农人在军阀和外国资本主义压迫下所受的苦难,详细地刊登出来,并且替蒙古这些可怜的农人,想一个死里逃生之道。"

《蒙古农民》通过讲述蒙古农民的三个坏命运,十分贴切地宣传了中国共产党的反帝反封建革命纲领,最后又是以《蒙古曲》中的一首诗形象地概括了这三个坏命运:"天光光,地光光,军阀不倒民遭殃! 天光光,地光光,王公不倒民悲伤! 天光光,地光光,列强欺压哭断肠!"用儿歌的形式通俗地宣传了中国共产党的反帝反封建的民主革命纲领。还有《喇嘛应当娶媳妇》一文,强烈抨击了喇嘛教对蒙古民族的危害,揭示了这是蒙古族人口减少的原因之一。同时说明要媳妇并不影响念经,若能真心念经"娶媳妇也是正经喇嘛",宣传中国共产党尊重民族宗教信仰的政策。

民国 14 年(1925)5 月 5 日,《蒙古农民》第二期出版了。本期开辟了"醒人钟""蒙古曲""好主意""外蒙古人民的生活"等栏目。"醒人钟"发表了《不早醒悟受罪的日子在后啊》《佛神并不灵》两篇文章。前一篇诉说了号称天府之国的四川,因军阀混战,使四川人民缺吃少穿。因此,作者呼吁"内蒙古父老兄弟们! 你们赶快觉醒吧",团结起来,投入反军阀的斗争。最后一篇讲述一位蒙古族牧民,拉着 20 多峰骆驼,带着 30 两白银,到五台山叩完头,把这些都施舍了佛爷,求佛光照应,结果这位牧民在回家时不得不沿路讨吃。启发农牧民破除迷信,自己拯救自己。

这一期的《蒙古农民》还正确地阐述了蒙汉民族之间的关系和共同的命运、共同的使命。在《为什么出这个报?》中指出:内蒙古的农田,"现在有蒙汉人民在那里共同耕种着。这个地方的蒙汉农民是可怜的,用血汗种出来的粮米,每年被军阀分掉一大部分,还有被蒙古王公分掉一大部分,农民剩下的不够吃穿"。《蒙古曲》中的一首诗,把蒙汉族人民的共命运、共同任务作了更加形象生动的描述:"从前是穷蛮子(汉人),富鞑子(蒙古人),现在穷成一家子。蒙古蛮子一家人,亲亲热热好兄弟! 来! 来! 来! 蒙古蛮子成一气,共同打倒大军阀! 共同打倒帝国主义! 共同打倒王公们! 平平安安过日子。"这是对内蒙古蒙汉民族关系史的真实写照,是对未来事业的启迪。

另外,《蒙古农民》还有一个栏目"外蒙古人民的生活",主要介绍人们关注外蒙古革命后的情形。在第一期《外蒙古情形的开篇话》中,首先把革命胜利后的外蒙古人民当家作主的情形,与"忍受军阀、王公和洋人欺负"而处在苦难中的内蒙古农民作了对比。在回答对比差异的时候指出："这里没有什么深奥的道理……内蒙古人受苦，并不是内蒙古人的命运不好，外蒙古的人幸福，也不是天上的什么神什么佛爷王爷赐给他们的。"在《外蒙古的情形》一文中回答："外蒙古从前像我们内蒙古一样，受王公的欺压、中国军阀的欺压，后来更受俄国白党的压迫。外蒙古几个志士，跑到苏维埃俄罗斯去求救，苏俄答应了他们的请求，出兵把白党打倒，扶助蒙古的革命党又打倒了王公，组织了一个独立政府。这就是答案。内蒙古人民也要打倒军阀、帝国主义和王公，也要走这条路。"

《蒙古农民》是在北京王应候开办的印刷厂印刷的。该厂是第一家蒙古文印刷厂，王应候是蒙古族，他积极支持《蒙古农民》的出版工作。在他的大力支持下，《蒙古农民》共出过 4 期，被广泛散发到热河、察哈尔、绥远、外蒙古等地的蒙汉群众中，受到蒙汉广大农牧民的热烈欢迎。他们说："《蒙古农民》说出了我们的知心话。"

由于《蒙古农民》在农牧民中反响强烈，通俗易懂，贴近群众的办刊风格，曾被中共北方区委定为北京蒙藏学校党支部的刊物。

《蒙古农民》终因历史条件的限制，只出了 4 期就停刊了。但它真实地反映了蒙古民族在中国共产党领导下的新的党悟，反映了蒙古人民的心声，反映了蒙汉人民团结一致共同斗争的要求，在内蒙古革命史上写下了光辉的一页。

二、京绥铁路的工农运动

（一）京绥铁路的由来

光绪三十一年（1905 年）4 月，京张铁路破土动工。

在中国近代交通史上，这是一件石破天惊的大事。当从北京往张家口修一条铁路的设想刚提出时，包括英国在内的诸多列强，都纷纷伸出手来，抢夺工程设计权、修筑权及贷款权。然而，当他们勘探过这条铁路将要经过的山川地势后，都不约而同地知难而退。此时，中国铁路工程师詹天佑挺身而出,担当起设计和主持修筑这条铁路的重任。中国人自行设计、自己主持修筑铁路的历史由此开端。

1905 年 9 月 24 日,京张铁路建成通车。京张铁路设计和施工的难度,在当时举世皆知,而工程进展却堪称神速,从开工到通车仅用了 5 个月的时间。人们常说中华民族是勤劳智慧的民族,勤劳到何种程度? 智慧到何种程度? 京张铁路的建成就是一个庄严而恒久的回答。

开篇之作大气磅礴,震聋发聩,绚丽夺目,是一朵钢铁铸成的现代工业文明之花。然而,接下来的事情,却又一次证明,在政府腐败,军阀割据,整个国家遭受帝国主义列强瓜分掠夺的情况下,中国人要走自己的工业化道路,非但步履艰难,前景也笼罩在一片黑暗之中。京张铁路建成通车后,依据詹天佑的方案和建议,张家口至归绥的铁路亦在京绥铁路的二期工程开工建设。

张绥铁路的施工难度比京张铁路难了许多,而工程进度相比很慢,慢的程度让许多壮怀激烈的人白了少年头。

16 年后,即民国 10 年(1921)9 月 1 日,张绥铁路即京绥铁路的第二期建成通车。5 个月和 16 年共 192 个月的工期相比,足以说明一切。

在张绥铁路的通车典礼上,与会人员一致决定,进行京绥铁路的第三期工程建设,将铁路再延展修至包头。

民国 12 年(1923)1 月,归绥至包头的铁路建成通车。至此,全长 886. 16 公里,由内地连接中国西北边疆的第一条交通大动脉全线建成通车。

无论京绥铁路的建成经历过多少艰难困苦,只要钢铁巨龙开始在内地和边疆间来回飞奔,它带来的就绝不仅仅是简单的交通改善,革命铁路沿线的传播速度和效应,将远远超过物资运输的速度和效应。

（二）自发的工人运动

京绥铁路早期发生过两起自发组织的全路性工人罢工运动,一次发生在民国 10 年(1921)5 月,另一次发生在同年的 12 月。

同年 5 月,京绥铁路机匠工人大罢工,目的是维护京绥铁路的行车安全,保证机匠工人和列车乘客的生命安全。

民国 8 至 10 年(1919—1921 年),京绥铁路连续发生行车事故,其中有两起是严重的撞车事故。在两起严重撞车事故中,车上的司机、司炉等机匠,非但付出死亡或伤残的代价,还要被迫承担肇事之责,接受所谓的惩办。而导致事故的根本原因,则是事故路段的车站站长玩忽职守,轻视路章,不肯按照规定和司机匠交接路签,导致调度失控,列车相撞。

为此,京绥铁路的机匠工人屡次联合起来,向京绥铁路局局长递交呈文,要求全路各站长严格遵照铁路《行车路签规则》的规定办事,与司机交递路签,以保证行车安全。对工人们的合理要求,京绥铁路局却置之不理。忍无可忍的京绥铁路机匠工人于民国 10 年(1921)5 月 8 日召开会议,决定"先礼后兵",再一次向京绥铁路局局长递交呈文,并声明如再遭拒绝,将举行全路性的机匠工人大罢工。

严格按照路章规定办事,切实保障行车安全,本是京绥铁路局管理层应尽的职责,而当时把持京绥铁路管理权的一些官僚政客,非但不懂铁路管理业务,且只知弄权贪财,竟然再次拒绝了工人们的正当要求。于是京绥铁路机匠工人举行了大罢工,京绥铁路的机车全部停开。工人们组织有序,行动迅速,有理有节地显示出团结起来的力量,达到了基本目的,迫使京绥铁路当局提出了解决方案,重申全路各站长应亲自将路签递交到机车的路章规定,如站长需找人代理此职的,代理者必须佩戴有"站长"字样的袖章。因而,罢工工人取得初步胜利。

同年 12 月,京绥铁路机务工人举行大罢工,其斗争目的比第一次更深入,更广阔,参加罢工的人员也更为广泛,因此影响也很大。

引发工人罢工的直接原因是京绥铁路局累累拖欠员工工薪。而累累拖欠员工工资的深层原因则是时任京绥铁路局局长的陈世华和会计处长李懋勋等人滥用职权,在管理层安插自己人,网罗亲信,置正常业务于不顾,一面大肆贪污侵吞京绥铁路资产,一面为贪图高达 15% 的高额回扣,漫无节制地动用巨额款项,从国外定购各种并不急用甚至根本无用的机械设备,造成京绥铁路资产管理混乱、负债不断增加、收入不断下降的恶劣局面。

迫于工人罢工、京绥铁路全路停运的压力,交通部不得不派人前往京绥铁路局调查陈世华、李懋勋等人的问题,从而揭开了京绥铁路管理层贪污舞弊的部分黑幕,公布了京绥铁路负债 3600 余万元,陈世华、陈懋勋等人非法收受回扣 375 万元的事实,撤除了陈世华京绥铁路局局长的职务。

京绥铁路工人的这次大罢工,虽取得了胜利,但正如工人们在复工声明中指出的那样:违法之约,如何废除? 贪脏之罪,如何惩办? 残破之局,如何收场? 高达 3600 余万元的巨额负债,使京绥铁路面临的灾难依然是那么沉重。

(三) 中共领导下的铁路工人运动

中国共产党成立后,很快就担负起领导全国工人运动的重任。而京绥铁路的工人运动也很快就成为全国工人运动的组成部分。

民国 11 年(1922 年)6 月,李大钊同志以中国劳动组合书记部北京分部主任的名义,委托共产党员何孟雄、张昆弟、安体诚、陈为人、包惠僧等分赴京绥、京汉、京奉、正太、陇海五大铁路干线组织领导工人运动。

何孟雄来到京绥铁路开展工作时,京绥铁路已成立了机务工人精业研究所和车务工人同人会等工人组织,但因缺乏政治斗争经验,车务工人同人会把持在上层职员手中。发现这种情况后,何孟雄指导京绥铁路车务工人同人会,重新改组选举了工人李连升为会长,何孟雄任秘书,并在京绥铁路沿线的西直门、南口、康庄、张家口、大同、平地泉、归绥、包头等站成立了 8 个分会。

有了中国共产党的领导,京绥铁路的工人运动发展为目标明确的政治运动。

早在京绥铁路开筑之际,英、美、俄、日等帝国主义国家就已经策划利用购车合同、贷款协定等经济手段,谋取京绥铁路的管理权。京绥铁路建成后,这些帝国主义国家更加紧了行动,用高额回扣等经济手段,收买京绥铁路局局陈世华等人,连续多次举借短期贷款收购设备,使京绥铁路的债务累积达 3600 余万。短期贷款纷纷过期、到期之际,这些帝国主义国家就相互配合,以武力威胁为后盾,通过外交途径,催逼北洋政府还债。

同年 6 月 12 日,北洋政府交通部与美国太康洋行签订了以京绥铁路为抵押,偿还太康银行190余万元借款的"展期合同"。该合同规定:由合同签定之日起,原借款利息由八厘改为一分二厘,如逾期不付,即将利息增至一分八厘;美国有权举荐专人监督京绥铁路车辆的运用和收入,并将收入专门登记后,半数存入美方指定的银行。

这个出买京绥铁路权的所谓"展期合同"一经签订,立即遭到京绥铁路广大工人的强烈反对。在何孟雄等人通过京绥铁路车务工人同人会的领导下,全路员工召开大会,组成"护国救路团",在散发传单、张贴标语、各站集会抗议的同时,派出13名代表赴京请愿。

在请愿的呈文中,工人们严正指出:"太唐开其端,各债权继其后,于是乎该路完全断送矣,现在该路员司,迫于公义,奋不顾身,对于此项亡路之合同,誓死不能承认。"此外,在公开发表的《京绥铁路同人会反对交通部丧权之宣言》中,向全国呼吁:"京绥铁路自先贤詹天佑艰难缔造,克抵于成,至今已达一千五百余里,实为京兆、直隶、山西、察哈尔、内外蒙古、甘、新、青海各省区之大动脉,关系重大,各路无与伦比……本同人会即以保路为宗旨,则对于此种亡路合同,誓死不能承认,除恳请部局长官设法取消外,谨掬血诚,宣告于各界同胞日;京绥路为西北各省区之命脉,京绥亡,西北各省与亡,而全国也难幸保,务祈同发义声,一致挽救。"

面对京绥铁路广大员工的正义要求,北洋政府交通部居然表示:"借债还钱,理所当然,还不起钱,以路抵押也是应该的;中国路政积弊太深,请外国人监督路务也是好事,这些问题都属于政府交通政策的包围,同人会请愿纯属无理取闹。"鉴于北洋政府交通的无耻立场,京绥铁路车务工人同人会集全路工务、车务、机务工人及总局职员600余人开会决定"金以交通部直连辖铁路,名义上虽为五路,然京汉、京奉、津浦、沪宁四路,均因外债关系,大权旁落,纯粹之国有铁路,仅本路而已……为护国救路计,惟有在亡路合同取消之前,暂与交通部脱离关系,另外组织清理外债外,将全路收入,除正当开支外,一律偿还债人,不准交通部抵押及借款"。

作出决定之后,京绥铁路工人冲破包括军警镇压在内的层层阻挠,抛开北洋政府交通部,直接向北洋政府政务院及民国总统,以至民国参、众两院大规模请愿。京绥铁路工人的爱国救路斗争，迅速得到了全国各界同胞的广泛响应和坚决支持，甚至北洋政府政务院的部分工作人员也以罢工形式直接加入了斗争行列。迫于举国震动的形势，北洋政府宣布撤回那个所谓"展期合同"，并惩办了京绥铁路局前任局长陈世华。

京绥铁路工人的这次大规模爱国护路斗争，不仅扼制了帝国主义对京绥铁路的控制企图，促成了对卖国行为的具体惩办，为国家保住了京绥铁路的管理权，从而进一步提高了自身觉悟，爱国组织范围更为广泛。除"工人文化补习班""工人夜校"等共产党的外围组织外，中国劳动组合书记部北京分部直接领导下的京绥铁路工人小组等共产党的基层组织也纷纷建立，进一步推动了京绥铁路工人运动的蓬勃发展。

同年10月，在京绥铁路中共地下党组织的领导下，京绥铁路车务工人同人会发动的大罢工，再次震动全国。

当时由于军阀混战，全国经济混乱，物价不断上涨，而京绥铁路广大工人部连续8个月没领到分文工资。京绥铁路车务工人同人会代表京绥铁路员工向铁路总局连续三次递交请愿书，要求补发欠薪，增加工资。在三次请愿均遭拒绝的情况下，何孟雄等人召集京绥铁路各站工人代表开会，决定举行大罢工。

在大罢工开始之前，京绥铁路地下党组织帮助工人建立起以车务工人同人会为主的罢工领导机构——京绥铁路车务工人临时委员会，组织起纠察队、宣传队、敢死队，确定了争平等、争人权、争自由、争待遇，"允许工人组织工会合法存在"等政治口号，以及要求补薪、加薪的具体理由和条款，准备了应付当局阻挠、镇压的具体方案和措施。同时，他们将准备罢工的理由及罢工所要达到的目的正式通知了铁路总局及察哈尔等地方督统机构，在京绥铁路沿线城镇散发了《京绥铁路车务工人为罢工告各界同胞书》《京绥铁路车务工人罢工宣言》等文件，以求得沿线各界的理解和支持。

时至10月27日，铁路总局依然拒不答复工人的要求。京绥铁路车务工人临时委员会一声令下，京绥铁路沿线西直门、康庄、张家口、大同、平地泉、归绥、包头等八大分会组织全线60多个车站同时罢工。

罢工开始后,铁路总局想尽各种办法阻挠,美日等帝国主义国家的领事馆也先后出面干涉,并推动地方军阀派出军队包围车站,以逮捕工人代表等手段威胁镇压。但由于罢工组织严密,广大工人团结一致,敌人的伎俩均告无效。10月28日晚间,北洋政府交通部以书面批复的形式,答应了京绥铁路工人提出的增加工资的部分经济要求,历时两天的大罢工取得了相应的效果。

同年10月29日,京绥铁路车务工人临时委员会发表《京绥铁路罢工胜利宣言》。在宣告复工的同时,感谢本路和各地工友及社会各界的支持,并指出:"工友们,同胞们,我们这次罢工经过只有两天,由此得到的经验反而不少,从此我们知道我们工人要想谋幸福争福利,只要我们有紧密的团结。"

中国共产党领导下的这次京绥铁路大罢工,由于有充分的理由和充分的准备,有明确的政治和经济目标,有高度的组织纪律性,震动了全国,在中国工人运动史上写下了光辉的一页。

三、石拐煤矿工人罢工斗争

五卅运动后,中共包头工委书记李裕智,根据李大钊等中共北方区委负责人的指示,于民国14年(1925年)9月下旬组织发动了石拐煤矿千余名工人举行了第一次大罢工,经过7天的罢工斗争,矿主被迫答应了矿工们提出的全部条件,罢工斗争取得完全胜利。

一

石拐沟位于包头市区东北30里处,是大青山中富含优质煤矿的地段。民国初年,漠南矿业公司开始在石拐沟开采煤矿,该公司把煤矿转租给许多小窑主开采,而自己"坐享其成,专事剥削"。除此而外,还有另行组织公司从事小窑开采。这些煤矿的开采方式极其落后,随便在任何山脚下挖一个一人高的洞,就算是一个煤窑了。而出煤完全靠窑工镐刨、背驮的土法生产。窑工的日工作时间长,工资却很低,还经常被拖欠,这些公司用小货物和毒品来顶替工资,造成了窑工吸毒成瘾,被窑主所控制的局面。这样一来,窑工被扣除饭钱和油灯钱外,一年到头累死累活,结果两手空空。窑工行动没有自由,不能随意离开煤矿。如有违者,就用麻绳吊起来,用皮鞭抽打,打得矿工血肉模糊。窑工干得是牛马苦,吃得是猪狗饭。住的只是铺些麦秸的大炕,没枕头,只好用石头或煤块代替。窑工们个个蓬头垢面,衣不遮体,浑身污黑难以辨认,被称为"窑黑子"。伙房又脏又乱,疾病流行。窑工们因为没有健康的文化活动场所,出窑后不是喝酒,便是吸毒、赌钱,有时甚至打架斗殴,精神极度苦闷。窑工们在险恶的劳动环境中进行着超负荷的劳动,被活活累死的和被工伤事故夺去生命者不计其数。窑工因工死亡后,窑主只给死者一口棺材和少数衣物埋葬了事。因病死的,只用破苇席一卷便抛入山沟。矿工们的生命没有一点保障,过着有今天没明天的日子。"背炭弯腰四腿行,掏炭不见红日头,四块石头夹块肉,生命握在阎王手"是窑工生活的真实写照。

二

民国 14 年(1925 年),中共包头工委成立后,工委书记李裕智到工矿企业调查,在调查中了解到石拐煤矿工人之苦,认为这里是最需要革命的地方。于是在同年 9 月的一天,李裕智来到石拐煤矿下窑,亲身体验窑工生活艰辛的同时,又寻找机会开展革命工作。

在石拐煤矿下窑的第一天,晚上收工回到住的窑洞,李裕智仗着年轻强健的身体,啃着棒子面窝窝头,就着咸菜,吃得有滋有味。同时他不断地向一块干活的矿工们问长问短,很快和矿工们拉近了距离。可第二天一早起来,李裕智的脚肿了,浑身酸痛,动弹不得,只能托着窑壁爬行,咬着牙关去背炭。晚上收工后,勉强爬回住的窑洞,便动弹不得了,饭也懒得去吃。此时,一个矿工给他端了一碗菜汤,挑了两个窝窝头。他挣扎起来,咬着牙喝了汤,抓起一个窝窝头,三口两口就吃进去了。

这时,这个矿工对他说:"老弟,我看你不像个受苦人,是不是'躲官司'出来的。"

面对工友的提问,李裕智动了一动,看看小窑洞里住的都是受苦人,便说道:"实话告诉你们,我一不是杀人越狱的强盗,二不是什么富家子弟,我也是穷苦人出身,倒是念过几天书,我来这儿,也不是想吃这口饭,我是来搞社会调查的……"

"调查什么呀?"矿工们问道。

"我搞调查,就是想搞清楚,在煤矿上我们工人是怎么干活的,一天干多长时间活,出多少炭,矿主给多少工钱,矿主从我们身上榨取多少油水……"

"那还用调查,我们告诉你:每天早上5点下窑,晚上9点收工,除去中午两个钟头,一天干14个钟头……"

一个钟头最少跑6趟,一天最少跑80多趟,按每班头规矩,每趟背炭不少于100斤,这样算下来,每天能出1万斤大炭。

"1万斤炭能卖多少钱?"李裕智问道,工友们说:"按1块钱1000斤炭算,还卖10来块钱呢!"李裕智道:"咱们想一想,算一算,每天咱们挖那么多煤,卖那么多钱,一个月下来,矿主们才给咱们几个钱?按10成算,咱最多挣上1成。"

"知道了又能怎么样,还不照样给人家受……""人家有煤矿同人业会撑腰……",工友们七嘴八舌议论纷纷。

此时,李裕智对大家说道:"矿主们把咱们当成牛马,别人叫咱们窑黑子,咱们自己不能瞧不起自己。他们能联合起来组成同人业会,十几个人就能对付我们几百号人,我们为什么不能抱成团,挺起腰杆,起来斗争,改变我们现状呢!"李裕智接着说道:"现在包头城里的各行各业都有工人联合会,大家联合在一起,定期碰头,有啥难事,众人想办法……"

矿工们听得入了神,屋子里静悄悄的。

此后,每天下窑回来,李裕智不是请别的窑上的人来聊,便是到别的窑上去发动工人。在这个过程中,李裕智向他们介绍了省港大罢工、"二七"大罢工,讲述了工人阶级只要团结起来,就能由牛马变为主人的道理。

李裕智来到石拐煤矿的第六天,石拐煤矿工人自己的组织——石拐煤矿工人联合会成立了,并选举产生了工会主席。李裕智通过石拐煤矿工人联合会的积极分子把各个煤窑的工人们联系在一起,共同商讨维护自身权益的对策,提出来通过罢工的形式争取自己的权益。

　　刚开始,窑工们还有种种顾虑,比如这么多人能齐心吗;闹罢工,人家把自己全开除,另雇别人怎么办;罢了工老婆娃娃吃什么等顾虑。

　　在李裕智他们的不断的说服之下,矿工们逐渐打消了顾虑,积极响应李裕智的号召,希望通过斗争来改变现有处境。

　　李裕智来到石拐煤矿的第八天,石拐煤矿宣布大罢工,并组织起工人纠察队。李裕智和工会主席以及3名工人代表找到石拐煤矿同人会会长王占山后,提出了工人们的三条要求:一是缩短劳动时间,每天不超过10小时;二是增加工资,每天不低于2元;三是改善生活。这次罢工事先进行周密组织,发动广泛,共有1000多人参加,整个石拐煤矿一下子进入瘫痪状态。

<h2 style="text-align:center">三</h2>

　　罢工的第一天,王占山说他作不了主,需要研究,拖了一天。

　　第二天,仍没有消息。

　　第三天,矿主们联合起来,分化瓦解对付工人,"班头"领来些新工人,要下窑,被工人纠察队挡在窑门外劝了回去。

　　第四天,矿主们着急了,王占山主动找工人代表谈判。他们提出增加工资到1.2元,改善生活。工人们不同意,双方仍僵持不下。

　　第五天,谈判中断。李裕智和工人代表们充分分析了当前形势,认为目前的形势对工人极为有利,如果答应谈判,就是半途而废,只有坚持,才能取得罢工的最后胜利。

　　第六天,王占山再次要求谈判,工人代表说总代表不在,别人主不了事。这一天,李裕智已返回包头,以中共包头工委的名义组织工人、学生游行和募捐,支援石拐煤矿工人罢工。与此同时,同人业会也来到包头,想请包宁护路队帮忙,包宁护路队见有学生、工人支援,未敢轻举妄动。

　　第七天,李裕智返回石拐沟与王占山谈判,最终,石拐煤矿同人业会无条件接受工人提出的所有条件。

　　第八天,工人复工,李裕智返回包头。

　　石拐煤矿工人罢工是当时内蒙古地区规模最大的一次罢工运动。它的胜利是中共包头工委深入基层,密切联系群众,周密组织领导的结果。这次罢工斗争不仅为矿工们争取到了自己的利益,改善了他们的生活状况,更主要的是充分激发起广大工人的革命热情和革命精神,在工人们的心中播下了革命的火种。

四、声势浩大的反帝爱国学生运动

民国14年(1925年)2月开始,上海、青岛纱厂的工人相继举行罢工斗争。同年5月1日,第二次全国劳动大会在广州举行,决定成立中国全国总工会,以加强共产党对全国工人运动的领导,推动工人运动和全国革命运动的发展。上海日本纱厂当局为阻止工人罢工,对罢工工人进行报复,枪杀了工人共产党员顾正红,并打伤10余名工人。于是上海工人举行大罢工,各大学学生纷纷支援罢工斗争。5月28日,青岛日本纱厂当局勾结奉系军阀枪杀罢工工人8名,重伤10余人,逮捕70余人。5月30日,上海各校学生2000多人举行游行示威,声讨帝国主义屠杀逮捕工人、镇压罢工运动的罪行。帝国主义者在上海公共租界出动武装,逮捕示威学生和群众,当场枪杀13人,打伤数十人,制造了震惊中外的"五卅"惨案。中共中央当即决定开展工人罢工、学生罢课、商人罢市的三罢斗争。6月1日实行总同盟罢工;7日成立工商学联合会;11日工商学联合会主持召开了由20万人参加的市民大会,上海各界的反帝运动不断深入。

同年6月初,"五卅"运动的消息传到了祖国北疆的内蒙古。具有反帝爱国传统的归绥市各族青年学生,对帝国主义侵略者屠杀工人、学生的罪行无比愤慨。中共绥远工委及时领导这里的学生和各界群众开展反帝爱国斗争。这时,绥远的学生队伍有所壮大,除了原有的归绥中学、绥远师范学校和土默特高等小学、归绥高等小学外,又增加了绥远女子师范学校、绥远民族学院、西北职业学校等中等学校,学生人数发展到2000余人。他们是这里的反帝爱国斗争的先驱者。中共绥远工委通过绥远学生联合会公开发动和组织各学校学生参加这场斗争。6月上旬,绥远学联经过比较充分的准备,在归绥旧城席力图召大院,主持举行各族各界声援"五卅"惨案蒙难者、响应

"五卅"运动群众大会,学生、工人、商人和市民约 2000 人参加。绥远学联负责人介绍了上海"五卅"惨案和"五卅"运动的经过,揭露日、英帝国主义屠杀工人、学生、市民,制造"五卅"惨案的罪行,讲述了上海工人、学生英勇斗争的事迹,特别是工人代表顾正红壮烈牺牲的英雄事迹,激起了与会者对帝国主义侵略者的无比愤怒,"打倒帝国主义""惩办杀人凶手""为死难者报仇"等口号声不绝于耳。极大地激发了广大工人、学生、市民的爱国热情。大会发出通电,慰问在"五卅"惨案中蒙难工人、学生的家属,声援上海工人、学生、市民的反帝爱国斗争,响应"五卅"运动。会后举行了空前规模的示威游行,穿过大街小巷,广泛宣传"五卅"爱国运动,掀起了群众性的反帝爱国高潮。中共绥远工委书记吉雅泰直接领导了这次运动。

在中共绥远工委领导下,绥远学联决定各校学生举行三天总罢课,组织宣传队,广泛开展宣传活动,并发动劝募运动,从经济上支援上海受难的工人、学生。宣传队深入大街小巷、商店店铺、居民院落,散发传单,张贴标语,发表演讲,使更多的人了解"五卅"惨案的真相,并开展募捐活动。许多商人纷纷捐款,表达爱国之心,归化城最大的商号大盛魁主动捐银洋 100 元,一般大商号也捐献 10 至 30 元,中等商号也捐助了 3 至 5 元,即使一些小商铺也要主动捐款 1 至 2 元不等。旧城大通钱庄不仅老板慷慨捐献,其厨师也从伙房里跑出来捐钱 5 元,并大发感慨地说:"这是国家大事,爱国之心人人应有。"南洋兄弟烟草公司绥远分公司把整箱香烟搬到各剧场义卖捐献。绥远学联决定不向市民募捐,只作宣传。但许多市民住户、房东、房客也自愿捐助,钱数虽不多,但体现了一片爱国热情。凡捐献者均由绥远学联开具募捐收据。在短短的 3 天之内就募捐银洋 1000 多元,当即汇至上海市学生联合会,以表达祖国北疆的蒙汉各族人民对上海"五卅"惨案中蒙难工人、学生的同情和支援。

在以"五卅"运动为发端的全国大革命高潮滚滚向前发展的形势下,爱国热血沸腾的中国各族人民,以各种形式表达自己的赤子之心。当然,也有极少数对时代潮流无动于衷者,甚至对爱国学生的募捐的行动持反对态度。当时,在归化城大北街路西九龙湾巷口有一家闻名全城的大饭庄,名叫南古丰轩。其庭院宽敞，门面是三层楼阁，连同正庭和两侧房全部是客座，建筑别致，装饰华丽，饭菜讲究，顾客盈门，颇有名气。当学生宣传队前往劝募时，老板出乎意料地只给了1元钱，学生们大感不解。对这位老板的举动，既气愤又好笑，只好晓之以理，动之以情，激发他的爱国热情。可是这位吝啬的老板根本听不进去，固执己见。学生们没要他那1元钱，并告诉他说："你留着发财吧……"可是老板却反唇相讥："你们不是说捐献自由吗？能捐多少捐多少，怎么给1元钱还嫌少呢？"在两种情感的尖锐对立中，二者暂时结束了这场争论。在几天以后的一个星期天，绥远学联经过周密安排，学生们与这位老板进行了一次颇具戏剧性的较量。这一天的清晨，几十名学生在南古丰轩还没有开门营业之前，就聚集在这家饭庄的门口。当其一开门，学生们便蜂拥而入，把楼上楼下，正厅厢房的所有座席全部坐满。跑堂的伙计们殷勤地征询这伙奇怪的客人要吃什么？学生们齐声回答说："什么也不要，就要白开水喝。"弄得跑堂的伙计们瞠目结舌，虽知有故，但又不敢深究，只好提白开水招待。学生们喝水聊天，看书唱歌，来就餐的顾客，一看座无虚席，扭头便走。老板又气又急，但又不敢作声。中午时分，又来了一批学生，把早上来的学生"换回去"吃午饭。老板给警察局打了电话，但学生没有闹事，警察局也无法干涉，反让老板好好招待。这样南古丰轩被学生们整整占了一天。晚上学生们散去时还高声招呼"明天由师范请客，请大家都来光顾"。老板一听，更慌了手脚，急忙拜托商会向学联求救，表示愿捐助50元，请求他们明天不要再来占座。一天没开张，亏本何止50元，真可谓不吃敬酒吃罚酒。这件事后来成为归化城里的一个笑话，一直流传至今。

三天的罢课虽结束，但宣传活动并没有结束，每天的业余时间学生们都成群结队地上街开展宣传活动。6月下旬，各学校又相继停课，绥远学联组织宣传队分赴归绥近郊农村，向农民们宣传"五卅"爱国运动。在归绥城北的坝口子、乌素图、攸攸板和城西的兵州亥、什报气等村，都有学生宣传队的活动。蒙汉各族农民群众初则好奇地围拢过来，倾听学生们的宣传演讲，继则思考议论"五卅"运动的内容。这样一来，"五卅"运动的浪潮便从城市向农村推进，逐步席卷了整个土默川。与此同时，绥远学联还派人到包头、萨拉齐、五原、临河等地联络进步势力,扩大"五卅"运动的影响。包头还组织了学生游行示威,吓跑了耶稣教外国教师;在五原,地方绅士和县长出面接待绥远学联代表,并组织群众大会,宣传"五卅"运动;在临河,设治局长接待学联代表,支持学生反对天主教的侵略活动;在萨拉齐,学生宣传队直接到耶稣教堂示威,解救了育婴院的一批婴孩;学生在冯玉祥的国民军中还开展了慰问将士的活动。持续近两个月的宣传活动,使以归绥为中心的反帝爱国运动空前广泛地开展起来。

在这次的反帝爱国运动中,因日、英帝国主义制造了"五卅"惨案,归绥的英商和记洋行也成为爱国学生冲击的目标。当时,由天津买办商人王静轩经营的买办洋行,设在旧城西沙梁,专营内蒙古西部的畜产资源,拥有路驼队和十几辆汽车,洋行掠夺内蒙古的畜产品,倾销洋货,排斥民族工商业。爱国学生毅然驱散了它的骆驼队,烧毁了部分汽车,扯下了和记洋行悬挂的英国国旗。王静轩不敢公开与学生对抗,但在暗中却报告警察厅。警察厅长门致中武装干涉学生的爱国运动,无理责骂学生。绥远学联带领学生到绥远都统府示威。时任绥远都统的李鸣钟,是冯玉祥的部属,倾向革命,同情学生,责令门致中向学生认错赔礼道歉,确认学生的爱国行动。

绥远学生的爱国运动得到了上海、济南、天津、北京等地学生联合会的支持。这些城市的学生联合会纷纷派代表或宣传队来归绥联络、宣传、鼓动这里的爱国运动。他们在街头进行演说,揭露帝国主义在上海、青岛的暴行,在旧城同和剧院演出反映"五卅"惨案的话剧。绥远都统府教育厅长沙明远,曾在北京民国大学任教,同情支持北京民国大学学生宣传队在绥远的活动,号召绥远学生去看他们的演出。上海同济大学的宣传队,在旧城北门外小校场为国民军演出日本侵略者惨杀工人顾正红的街头话剧,士兵们看后泪流满面,自发地高呼反对帝国主义屠杀中国人的口号。绥远旅京学生同乡会也派出宣传队回到归绥,在旧城民乐剧社演出新话剧《孔雀东南飞》《良心》《可怜闺里月》《一念差》等。内蒙古地区的反帝爱国学生运动与全国的"五卅"运动结合起来了,并揭开了内蒙古大革命风暴的序幕。

五、归绥市行社工人的斗争

(一)"意和社"工人的斗争

蒙靴工人为争取生存的权力,多次依靠"意和社"和资本家展开斗争。

民国13年(1924年),当时一个制靴工人每月赚银子三两八钱,由于物价上涨,工人提出要增加到四两五钱十分五厘,资本家不答应。300多名制靴工人便一齐罢工,斗争一直坚持了50多天。罢工期间,"意和社"规定:资本家必须保证工人吃饭,资本家不能随意解雇工人,如资本家不遵守上述规定,"意和社"就宣布这个资本家"永远吃不开"(意思是说以后任何工人均不得给这个资本家干活,如有给他干活的工人,也将不受社会欢迎,需交"永远布施")。这次罢工,工人最终胜利了,工人普遍长了工资,工人们的腰杆也硬了。

民国26年(1937年),蒙靴铺"三和义"掌柜李鸿山,为了不让工人参加"意和社",给他柜上雇用的工人每月增加1块现洋的工资,在伙食上,把炒面换成莜面、绿豆汤,妄图以此瓦解"意和社"。"意和社"的首领王德元知道此事后,立即通知其他商号的靴匠,到义顺斋茶馆开会,研究对付李鸿山的对策。经大伙研究决定,谁给"三和义"干活就定为"永远吃不开",要交"永远布施"。"三和义"工人知道后,都不给"三和义"干了,结果使"三和义"停产半个月。为此,资本家李鸿山只好与"意和社"首领商谈。"意和社"决定罚李鸿山现洋100元,才算了事。

民国36年(1947年)秋,"意和社"通知蒙靴工人到翟家花园开会,研究向资本家提出每双靴增加工资1角5分的问题,不慎走漏了消息,资本家便买通了国民党警察局,冲散了会场,并诬陷工人开会是和八路军有联系,把工人代表李孝忠抓到国民党市政府。面对这种严重情况,"意和社"接连召开了几次会议,分析情况,研究对策。大家一致认为:国民党的官员和资本家都是贪财怕死的,穷鞋匠两个肩膀担着一张嘴,怕他个甚!决定将计就计。工人散会后,到处宣传在翟家花园开的是八路军的会,工人是兵,资本家是"队长"。给工人开工资是队长给"关饷"。这样一宣扬,资本家害怕了,他们对工人说:"这年头可不能乱说,传出去可不得了!"工人见这招挺灵,于是开会决定:今后各靴铺都一律管资本家叫"队长"。资本家着了急,怕把事情弄大。此时,工人们推举翟生明为代表和资本家商谈,指出:"如果把事闹大,倒霉的是资本家!你们先把李孝忠赎出来,然后把工钱给涨上去,这样事情才能平息。"资本家无可奈何,只得一一答应了工人的条件。制靴工人依靠"意和社",取得了斗争的胜利。

(二)"净发社"理发工人和资本家的斗争

"净发社"是理发工人的行社组织。每年7月13日,理发工人在归绥南茶坊一个庙里集会。工人们聚在一起聊聊各自的情况,然后大伙会餐一顿。

理发工人和资本家的斗争经常发生,因理发工人手艺在自己身上,工具又归己有,不像其他行业的工人的生产工具、生产资料都得依靠资本家。因此,理发工人跟资本家的关系是"和则留,不和则去。此处不留爷,自有留爷处"。实在不行,还能夹包走街串巷自己揽活干。

当时,理发工人给资本家干活,如果管饭,工人工资拿四成,资本家拿六成;如果不管饭,工人拿六成,资本家拿四成。于是资本家便在饭上大做文章。在粮食价钱便宜时,资本家便管饭,拿六成;反之,便不管饭,拿四成。为此问题,工人和资本家经常发生矛盾。此时,工人们便以"亮案子"的方式进行斗争,即举行集体罢工。有时和资本家当面吵翻了,给资本家几记老拳,然后一走了之。一次,理发工人打了资本家韩三保,被警察局抓了起来,行社的头头唐克林前去说理要人,又把唐克林也抓了进去,经过理发工人多方斗争才放了人。

理发工人的斗争始终没有停止过,在日本侵略军统治时期,"行社"被取缔,说话、行动都不自由,随时有被抓、被喂狼狗的危险,然而理发工人们经常聚会,团结起来和他们斗争。

(三)造纸工人依靠"公义社"和资本家斗争

造纸工人的行社组织叫"公义社"。因为旧社会造纸工人劳动强度大,劳动条件差,每天得干20多个小时的活,都是在地坑里抄纸。而地坑潮湿,阴暗,大部分工人都患有腰腿疼的病。因此,造纸工人团结得很紧,斗争性很强。

民国 26 年(1937 年),为增加工资,工人推派行社头头去和资本家谈判,资本家不答应,工人便罢工。这次罢工坚持了整整一年。罢工期间,按照"公义社"的规定,资本家照常管工人吃饭。公盛源纸坊想利用徒工干活,也被"公义社"派人把徒工叫回来。这样一来,资本家吃不消了,只好同意了工人的要求,给工人增加了工资。

国民党统治后期,物价飞涨,钞票贬值,"公义社"又推派会头和资本家谈判,要求把工人的货币工资改为实物工资,即一个工人一月挣七区半纸(每区纸值现洋 1 元),经过反复斗争取得了胜利。

由于造纸工人紧密团结在"公义社"周围,不断进行斗争,争得了一些应有的权益。如造纸工人给资本家干一年活,可以在柜上吃半个月的饭,还得给半个月的工钱。资方在雇用工人时,必须提前支给工人工资。这一规定在物价飞涨的当时,对保障工人生活起不了不小的作用。另外,工人干活时,资本家每月要供给每个工人茶叶、烟叶各七两,每月能吃上 28 顿莜面,初一、十五吃白面馒头。造纸工人依靠"公义社"的团结和不断斗争,争取着最低的生存权力。

六、产业工人的斗争

(一)日本投降时毛织厂工人的护厂斗争

民国 34 年(1945 年)上半年,毛织厂的日本侵略者感到他们的末日将要来临,五六月间,就企图对工厂进行破坏。7 月下旬,日本侵略军开始把库里的军毯和半成品向外转移,并开始拆卸机器。起初他们欺骗工人说是修机器,后来又说是要把工厂迁到张家口。工人们从种种迹象上看出鬼子要垮台了,他们要跑了,于是自发地团结起来和日本侵略者作斗争。日本侵略者一进车间,工人们就拿起扳手做样子,正扣的反拧,反扣的正拧,结果越拧越紧,半个多月只卸下一台梳毛机。日本侵略者心急如焚,但又没办法,只好给工人送糖果、西瓜,又通过给工人发黄布等手段来拉拢工人,但仍无济于事。这期间,满蒙毛织株式会社在归绥的一些商号的商品也陆续往毛织厂集中。一天夜里,全厂的日本侵略者突然跑了。归绥城郊麻花板仓库和一些商号浓烟滚滚。日本侵略者狗急跳墙,正在到处放火。毛织厂的工人关闭大门,不让日本侵略者的宪兵队进厂放火,毛织厂才免于灰烬。日本侵略者跑了以后,一些地痞流氓想乘机入厂抢劫,工人们又把这伙人赶走。在斗争中,工人们吃在工厂,住在工厂,终于保住了工厂。

(二)毛织厂工人的罢工斗争

日本投降后,腐败的国民党政府对劳动人民的剥削和压迫日甚一日。工人们对国民党抱的最后一点幻想破灭了,工人们的积极性一落千丈。他们除了采取怠工、制造机器事故等办法进行消极抵抗外,还举行过三次自觉性的罢工斗争。其中一次是在1947年春节前夕,由于工厂连续3个月没发工资。工人没衣没粮,无法生活。可是,工厂却给经理、职员、工头发白面、钞票,这大大激怒了工人。工人们发起了声势浩大的罢工斗争。毛织厂负责人邢国衡派人去报告警察局,被工人发觉,立即把报信人拦截。工人们把厂房围得水泄不通。最终迫使厂方答应了工人提出的条件,补发了3个月的工资。而那个邢国衡在工人的反抗下被迫辞职。

(三)绥远电灯公司工人的罢工斗争

民国36—37年(1947—1948年),电灯公司工人罢工竟达5次之多。而规模较大的一次是在1948年初,工人们要求补发拖欠的3个月工资,大家联合签名,推选工人代表和当时的董事长阎肃、会计科长武三畏谈判。全厂工人一起涌到办公室门口,质问阎肃,阎肃见势不妙,躲在办公室内不敢露面。只好让会计科长武三畏和工人们对话。工人们见厂方没有诚意,齐声高喊:"工人的血汗被你们榨尽了!肥了你们,饿死我们,坚决不干!"工人停电罢工,提出不发工资不送电。阎肃、武三畏一伙心惊胆颤,束手无策,只好答应了工人们的要求,发给工人面粉,罢工取得了胜利。

(四)糖面斗争

日本侵略军占领时期,铁路职工口粮实行配给制。为了盘剥工人,往面

299

里掺糖面,小米里掺沙子。职工领回去不能吃,大家很气愤。于是相互串联,联合领粮的路外单位,打算举行一次"拒领示威"。不料风声走漏,被特务抓走数人,行动未能实现。

1946年丰镇解放后,西段铁路职工纷纷站起来,控诉这家粮食加工厂的资本家的不洁行为,控诉他们凭借日寇势力坑害工人的罪行。在丰镇,由铁路工会召开控诉大会,清算回被资本家盘剥工人的粮食,把22万斤粮食退赔给工人。

当时,归绥还处于国民党统治区,但工人们闻讯后奔走相告,拍手称快。许多工人越过解放区和国统区的界限,前往解放区领粮,共庆糖面斗争的胜利。

七、毕克齐的农民运动

毕克齐是归绥城西的前哨,历来是各种政治势力的必争之地。之所以如此,一是人口多,全镇有1万多人口,谁掌握了此镇都会拥有一股不小的力量;二是交通便利,镇前有京包铁路,镇后有与铁路并行的京包公路。此镇是联结归绥和包头两大城市的枢纽,是扼控京包交通之要冲;三是战略位置重要,此地是绥远省会归绥市西大门,密切关系着归绥的安危,从此镇进可以威胁归绥城,退可以据守大青山。

也正因为这样得天独厚的条件,毕克齐的革命斗争连续不断。1900年的义和团运动,发展到归化城,很快又波及毕克齐,有力地打击了外国教会势力。接着在民国初年爆发以反清丈为中心的农民运动,摧垮了北洋军阀对这里的盘剥,这是毕克齐在近代革命史中的一次壮举。

1921年后,在"五四"运动革命浪潮的推动和中国共产党的领导下,归绥城的学生运动风起云涌,在这场爱国运动中,毕克齐的许多学生参加了示威游行和革命活动,如李国祯、孟纯等人都是有名的活动分子。1923年夏天,共产党员荣耀先动员土默特青年到北平蒙藏学校上学。当时在土默特高等学堂上学的毕克齐青年赵诚、孟纯、任殿邦等人去北京求学。这几个人到北平后,受到革命环境的熏陶和革命先辈的教诲,半年后加入了中国社会主义青年团,不久后又加入了中国共产党。这是中国共产党为毕克齐培育的第一批革命骨干,也为毕克齐播下了革命的火种。

民国 13 年(1924 年)初,中国国民党在广州召开了第一次全国代表大会。在这次大会上,孙中山接受共产党联俄、联工、扶助农工的三大政策,促成了国共合作,全国工农革命斗争更加蓬勃地发展起来。同年 11 月,孙中山发表"北上宣言",主张召开国民议会。中国共产党支持孙中山的主张,在全国发动召开国民议会的运动,全国各地纷纷响应。民国 14 年(1925 年)初,吉雅泰受共产党的委派回到归绥地区组织了"绥远国民议会促进会",深入宣传中国共产党的统一战线政策和打倒帝国主义、打倒军阀的主张。同年 3 月,受中共的委派,吉雅泰在巧尔齐召成立了中共绥远特别区工委,开展党的工作。中共绥远工委下设 50 个县工委,其中归绥县工委书记是赵绥恩。赵是毕克齐东 20 里什报气村人。他经常到毕克齐开展革命活动,发动贫苦农民起来斗地主。毕克齐的张刚、郜静淑、张交其等进步分子也积极参加了革命斗争。这郜静淑是山西代州阳明堡人,他年轻时在阎锡山的晋军里学过医。在第一次世界大战期间,充当华工去过法国巴黎,思想进步。后来到毕克齐居住。同年冬天,赵绥恩把郜静淑、张刚等人从毕克齐叫到归化城,当时,贾力更、吉雅泰组织他们和土默特旗别的村的一些农民学习了几天,然后吉雅泰便带他们到张家口参加"工农兵大同盟"成立大会。郜静淑、张刚回到毕克齐后,积极发动组织农民开展革命斗争。

民国 15 年(1926 年),全国的农民运动如火如荼,在这种大好形势下,吉雅泰召集党团骨干开会,部署了农民运动的工作,并深入到农村发动群众。当时在毕克齐一带活动的有中共绥远地委宣传部长杨曙晓。同年秋,在广州农民运动讲习所第六期学习的贾力更、王建功、高布泽博回到了土默川。王建功是兵州亥村人,贾力更是把什村人,此二人都离毕克齐不远。他们经常到毕克齐发动农民,和农民促膝谈心,分析农民受苦受难受压迫的根源,热情鼓励农民起来干革命,并领导农民建立农会,发展中共党员,建立了党支部,支部书记便是郜静淑,有十余名党员。时值军阀混战,毕克齐一带,晋军、国民军、奉军纷至沓来。他们乱发纸币，使物价飞涨，农民的粮食衣物被洗劫一空。同时，土匪也经常出没，老百姓处在水深火热之中，斗争的烈火一触即发。

民国16年(1927年)初，晋系军阀为了中饱私囊，又拿出了清丈土地的伎俩，指使绥远垦务督办冯曦和归绥县知事冯延铸，设立清丈局，要在土默川清丈土地。清丈土地是杀戮农民的一把"刀"，官僚豪绅利用清丈土地欺压盘剥农民，他们每到一处，都要吃要喝要东西，并在丈地时利用丈地绳子的长短松紧，大耍鬼把戏，敲诈勒索农民。这些家伙把绳子故意拉紧一点或把尺寸少算一点，本来是10亩土地就可以丈成11亩。他们以此妄定农民"欺骗官府，少报土地"，从而进行敲诈。因此，毕克齐要丈地的消息一传开，全镇人民为之震动，遭到了蒙汉人民的一致反对。毕克齐的中共党支部和农会利用这一有利时机，立即组织农民进行了斗争。

这年农历正月末，丈地委员赵滁来到毕克齐，要清丈土地。根据这一情况，中共绥远地委决定让贾力更到毕克齐组织农民进行反清丈土地的斗争。贾力更到达毕克齐后，立即找到了回家过年的孟纯和党支部、农民协会的郜静淑、张刚、张交其等人在关帝庙小学开会，具体商量反清丈土地的事宜。

经过充分准备，一场反清丈土地的斗争开始了。这天，丈地的给一家农民丈地时，掌绳子的又做了鬼，多丈出了土地。当时，贾力更和农民协会的骨干指出他们丈量不公，并当场重新丈量，结果丈量出的亩数和这家农民的原报地面积相同。贾力更等人抓住这个把柄，当场揭露了他们的阴谋。在场的其他农民协会的成员和农民群众也纷纷站出来，揭发了类似的情况和其索贿之事实。为此，农民协会以此为由将丈地委员赵滁弄到三官庙戏场，召开农民清算大会，参加大会的有好几千人。会上，农民协会的骨干分子当面揭露了赵滁和土豪恶霸的罪行，在场的农民怒不可遏，高呼反对清丈土地的口号。会后，给赵滁戴了纸帽，游街示众，并将其赶出毕克齐。

反清丈土地斗争的胜利，极大地鼓舞了毕克齐和周围农民的斗争勇气，有力地推动了毕克齐农民协会的发展。接着，归绥县和土默特旗西区的农民，参加了归绥城孤魂滩的反清丈集会，砸了清丈局和县政府，迫使绥远都统商震撤了冯曦和冯延铸的职,使刚刚开始的清丈土地工作破了产。

八、孤魂滩事件

20 世纪 20 年代,严重的民族危机的阴霾笼罩着内蒙古。西部地区的绥远特别区在封建军阀的黑暗统治下,蒙汉各族人民痛苦不堪,各种社会矛盾激化。1927 年 3 月,爆发了震惊全国、规模巨大、影响深远的反对军阀统治的以农民为主及各阶层群众参加的"绥远难民大会"运动,史称"孤魂滩事件"。时至今日,大闹孤魂滩的故事还在呼和浩特百姓中津津有味地传颂着。

"孤魂滩"位于归绥旧城南茶坊和西菜园之间,是一块沼泽地。最早是清朝乾隆年间设在城南的一个刑场。反对清朝放垦的领导人丹丕尔、参加过辛亥革命反对袁世凯称帝的革命党人王定圻等,都在这里英勇就义。后来成了乱坟滩,掩埋着受尽苦难的鳏寡孤独、乞丐、流浪者、革命者的尸骨。为祭奠死去的冤魂,人们在这里修建了一座孤魂庙,就把这里称之为"孤魂滩"。

民国 15 年(1926 年)底,山西军阀阎锡山统治绥远,晋绥军总司令商震出任绥远都统。他独揽军政大权,安插亲信,排挤地方人士,对人民大肆搜刮,激起绥远各族各界群众的反对。

商震为了筹集军饷,采取多种办法,在人民身上敲骨吸髓,巧取豪夺。清丈农村土地是勒索的办法之一。主要清丈农民赖以生存的被称作"夹荒余荒"的少量私垦地和牧草地。都统府在各县设立了"清丈地亩局",办理清丈土地、换发地照,收取清丈费、夹荒押荒银。这样,加重了农民的经济负担,使生活更加艰难;地主绅士的大量土地和余荒地也要纳押荒银,并提高了官租,遭到农村阶层群众的一致反对。

开放烟禁是商震在绥远搜刮、毒害老百的又一生财之道。绥远禁烟自民国元年(1912 年)以来深得社会各界的欢迎。商震统治绥远之后,开放禁烟令,鼓励农民种罂粟,设关卡征收过境烟税,在烟民中征收烟灯税,引起公众的普遍反对。

军阀统治下的绥远,金融危机,银元匮乏。阎锡山采用发行纸币来周转军费,以恢复生产为名,要农民以房约地契为抵押,向政府借贷。绥远都统署在各县成立了"抵产局",发行"绥远善后流通券"100万元。此举虽可从农民的房地产捞到油水,但会引起金融紊乱,于是又饬令停止发行。当时农民还没有识破"流通券"的骗局,因此出现了反对扣发"流通券"的社会风潮。

晋绥军统治绥远,除了以上苛政外,各种捐税名目繁多,农民过年时宰杀牛、羊、猪、鸡也要强征"割头税"。大小贪官污吏乘机搜刮,收税人员也向群众敲诈勒索。人民辛苦一年临到年关还不得安宁。

城市的工人、商界、市民等各阶层群众对军阀的苛政也异常不满。于是,从农村到城市酝酿着一场革命风暴。在这"山雨欲来风满楼"的时刻,中共绥远特别区地委不失时机地与中国国民党绥远特别区党部决定,共同发动和组织蒙汉各族农民、工人、学生、商人、市民以及不满军阀统治的各界社会人士参加的反对军阀统治的革命暴动。

同年3月26日,国民党绥远党部召开预备会议。会议决定:(一)近日组织农民示威游行;(二)要求废除清丈费,释放因抗拒缴纳清丈费而被监禁的农民;(三)砸毁清丈局和捣毁县公署;(四)定于28日在孤魂滩开"难民大会"。27日在归绥的中共党员、国民党员、共青团员及工会、农会、学联的负责人一起作了会前准备。农民协会的工作人员把三封"鸡毛传贴"送到城郊东、南、西三个交通站,交通站通知各村农民协会组织会员和农民参加。城里的工人、学生、市民等由各群众组织召集。

3月28日凌晨,寒意如冬,树枝挂霜,草滩冰覆。城郊旗县蒙汉各族农民多数半夜出发,和城里的工人、学生及部分市民共五六千人,手执各色小纸旗,肩扛铁锹、锄头、扁担、木棒、短棍,从四面八方涌向孤魂滩。集会游行总指挥中共党员路作霖,指挥归绥学联的学生,在两个坟堆上栽上两根竹杆,挂起写着"绥远难民大会"六个大字的白布横联。横联下用土垒起的土台作为大会主席台,会场庄严、肃穆。归绥清末秀才、国民党员李正乐担任大会主席,他首先致词,号召绥远社会各阶层积极参加这次反军阀的暴动。

李正乐致词后,各界人士上台讲演。中共绥远地委和团委代表杨曙晓在讲话中愤怒揭露军阀当局对绥远各阶层、各民族残暴统治的罪行,发出呼吁:"我们就像这坟里的孤魂一样,被欺侮压迫够了,我们坚决要翻身!"这时群情沸腾,高呼:"打倒军阀统治!"在旷野上空回荡的口号声中,学联主席张焕文、女子师范学生代表卜效夏、鄂光荣接连讲话,他们声泪俱下地为老百姓申冤,历数军阀混战给绥远各族人民造成的苦难,要求都统署公布清丈土地、开放烟禁的账目。一位学生带领群众愤怒高呼"反对清丈地亩!""反对开放烟禁!""反对扣发流通券!""取缔苛捐杂税!""打倒贪官污吏!"等口号。这时,商震派出的都统署秘书赵伯陶带一名随员,骑着高头大马前来劝阻。学生们向他们投掷土块,群情激愤,怒目相视,同声斥责。赵伯陶丧魂落魄,策马而逃。

在路作霖、杨曙晓的指挥下,浩浩荡荡的游行队伍,以"绥远难民大会"的横幅为前导,由手工业工人和学生组成的突击队开路,按原定的路线像一条巨龙从孤魂滩出发。队伍穿过史家巷,从大召前向东开进财神庙街。走在前面的突击队来到"归绥县清丈地亩局",一举将地亩局的牌子砸了个稀巴烂,农民群众涌进清丈地亩局的院子,砸毁办公室的门窗玻璃和桌椅卷柜,烧毁了丈地账簿、文书档案。清丈地亩局的职员早已闻风而逃;局长周锦斋从家里到地亩局途中听到地亩局被砸的消息后溜掉了。游行队伍从财神庙街出来,经过小南街、大南街,从大十字向西进入大西街、小北街,穿过杨家巷,直捣设在县府街的归绥县公署。沿路有"回民促进会"理事艾辅庭和"明善堂"书局经理赵子南带领一伙回族习武青年和几十名信奉"清佛教"善友,从马莲滩赶来加入游行队伍。在大盛魁经理段履庄等人组织下,上三元、裕合兴、天顺泰、聚生泰等商号与钱庄、茶庄、烧麦馆等商界同仁,也打着小纸旗跟在游行队伍后面参加示威。从大北街赶来参加游行的铁路工人的后续队伍,带着撬棍、斧头,加入了中共党员路作霖和刘进仁率领的突击队。游行队伍的声势越来越大,口号声此起彼伏。面对浩大的示威运动,位于小南街的绥远特别区警备司令部司令李培基不敢轻举妄动,命令卫兵在司令部加强警备,并派出一排宪兵去保护归绥县公署。县知事冯延铸闻讯吓破了胆,携带家眷从后门逃走,只剩几个卫兵守门。当人山人海的游行队伍把县衙门包围后,愤怒的群众以迅雷不及掩耳之势奋力将紧闭的大门撞开,潮水般地涌入县衙门和冯延铸的住宅。农民们挥舞手中的农具和棍棒,痛砸冯知事的家具,女学生们把冯知事的绸缎被褥和鸳鸯枕头撕得粉碎,收藏的古玩也被砸毁。昔日威风凛凛的官府,顿时变成工农群众脚下的残迹,令贪官污吏胆战心惊。

捣毁清丈地亩局和县衙门之后,游行队伍转回大北街,把设在大北街的财政厅、政务厅和教育厅包围起来,高呼"打倒财政厅长仇曾治!""打倒政务厅长屠义源!""打倒教育厅长郭贵宣!"的口号,一举砸了三厅的牌子。中午时分,游行队伍出旧城北门向绥远城进发。沿途群众夹道欢呼,鼓掌助威。当游行队伍到达新城西门时,绥远都统商震如临大敌,四城门紧闭,大批军警布防在城楼和城墙之上,架着机枪,威慑群众。示威群众集结西门外,喊话要见商震,商震怕见群众,派赵伯陶登城回话:"商震不在官邸!"群众情绪高昂,高呼口号,直到傍晚才暂停示威,各自散去。

第二天清晨,示威群众三四千人再度集会,聚集新城西门外,强烈要求进城请愿,商震出乎预料。相持数小时后,商震怕事态扩大,被迫答应示威群众派代表进城谈判。示威指挥者经过协商,决定选派刘进仁、张焕文、陈志仁、李正乐、阎肃、苗国华、辛崇业等绥远各族各界代表15人参加谈判。开始,商震仍不出面,只派赵伯陶与代表们周旋,对示威群众提出的要求声称研究以后答复。代表们表示如不立即答复就不出城,就是杀头坐牢也在所不惜。城外的示威群众直至天黑,还见不到代表们出城,口号声不绝于耳。商震被迫出来接见代表,经过激烈的争论,商震被迫答应了"难民大会"提出的六项要求:撤销丈地局;撤职垦务总办冯曦;撤职屠义源;撤职冯延铸;停止开放烟禁;停止扣发流通券。午夜之前,商震派卫兵打着灯笼送代表们出了城。等候在城门外的示威群众,听了代表们的传达,热烈鼓掌。学生们嘹亮的"打倒列强,打倒列强,除军阀!努力国民革命,努力国民革命,齐奋斗,齐奋斗!"的歌声响彻新城夜空。共青团员们还唱起了《国际歌》。在一片欢腾的气氛中,这场震惊全国的农民暴动胜利结束。凌晨,归绥农民协会负责人杨植霖、李致方动员大盛魁经理,把商会赶制的切面和焙子,送给示威群众充饥。

"孤魂滩事件"是大革命时期,在国共合作的背景下,内蒙古地区最大的一次农民暴动,是蒙古族、汉族、回族等各族人民团结一致反军阀、反贪官污吏斗争的一曲胜利凯歌。斗争轰动了整个绥远地区,推动了各地群众的革命和农民运动的发展,震动了奉系军阀统治的北京。4月7日,北京《晨报》以《空前未有之绥远市民示威运动》的大字标题,以"反对丈量余荒夹荒,反对开放烟禁,反对扣发流通券"为副题,报道了"孤魂滩事件"。报道说:"绥远今以丈量余荒,积成民变。3月28日晨,有市民五六千人,在归化城南之孤魂滩聚集示威,并散发传单。大致谓辛亥革命成功,不过换了一块中华民国的新招牌,所有专制时的腐朽遗物与帝国主义的思想,完全留着。"

第九章　走西口繁荣了大草原

第一节　西口简介

一、西口——杀虎口

明代中前期,长城沿线九边地区通设卫所,屡次修建边墙并广置屯堡关墩各卫所驻地称堡。至明隆庆年间,明庭与蒙古俺答汗部达成隆庆和议后,明廷开始于部分长城卫所附近进行至市,逐渐形成许多中小型贸易市场。至明万历后,大同杀胡堡与宣府镇、张家口比较发达。如万历四十五年(1617年),大同杀胡堡市场上"汉夷贸迁…日不下五六百骑"(《明神宗实录》卷五五八)。张家口庄明末也是贾店鳞比,各有各称。延至清代,边市贸易继续进行,人们开始称这些至市关口为口,如张家口、古北口、喜峰口、杀虎口。杀虎口称西口,张家口称东口。

杀虎口位于今山西省右玉县城北20公里的长城边墙附近。明嘉靖二十三年(1544年)开始筑堡,称杀胡堡。明万历二年(1574年),杀胡堡成为蒙汉至市关口,因杀胡堡通赛外蒙古俺答部落的大松树川、丰州川、咸海等处,地处要冲,所以在蒙汉至市后,杀胡堡便成为联系蒙汉经济文化的重要北道。因"汉夷贸迁,蚁聚城市,日不下五六百骑",与杀胡堡的军事职责有碍,于是经巡按御史同师上奏,万历四十三年,明庭在附近另筑新堡一座,名平集堡。后又在两堡间筑东西墙,合二为一,前后左右开门,并设守备管辖。进入清代后,杀胡堡改称为杀虎口,继续作为供蒙汉交易之所。清顺治十八年(1661年)六月,户部在此设关,并派监督执掌关税,定年征关税正额1.3万两,比张家口多3000两。当时,道统北番,为牛羊、马驼、皮革、木质之所初,商家称"络绎焉"(《清圣主实录》)。可见其地位置重要,贸易之盛。也从此时起,张家口称之为东口,杀虎口称为西口。

杀虎口在康熙、雍正年间地位极盛,康熙二十九年(1690年),准噶尔部噶尔丹进扰内蒙古。康熙三十年,康熙帝派遣重臣驻张家口、大同、宁夏。康熙三十三年在山西右卫(今右玉县)设山西右卫将军1人,互军统领2人,副都统4人,护军参领56人,协领12人,佐领、防御、骁骑校各72人,护军校112人。杀虎口成为防护要地。康熙三十六年,康熙帝亲征噶尔丹,大败之,噶尔丹自杀。准格尔部平定后威胁解除,康熙三十七年,即裁护军统2人,副都统2人,护军参领56人,协领1人,佐领、防御、骁骑校各8人,护军校112人。

二、杀虎口与边贸

清代为加强杀虎口管理,设置户部抽分署、协镇署、笔帖式署驿传道署、中军都司署,还有千总二署,把总四署。随着杀虎口商业贸易的发展,顺治年间在此建立杀虎口监督署,是专门征收西北边口进出口税的单位。关署下设大关总署和卫队,管辖宁鲁、归化、高庙、德胜、新平、镇川、小村、包头、托克托等分局、卡等。民国元年(1912年),甘鹏云出任杀虎口监督七个月,征收税银8.3万两,这已是中蒙、中俄贸易衰落之后,兴盛时远远超过此数。故有杀虎口日进斗银之说。

清代大同边贸经山西人开拓,商品交流盛况空前,成为丝绸之路衰落后另一条中国陆地上连接欧洲的重要商路,因对欧贸易是以茶业为主,故称为茶叶之路。山西商人在半个中国范围内,贩来茶叶、丝绸、土布、瓷器、手工艺品以及本省的铜铁制品、米谷、烟叶、酿造品等,一路经张家口抵归化,转运恰克图(今蒙古国阿尔丹布拉克);另一路经大同杀虎口抵归化,转运恰克图。到清代后期,输出货物多取道绥远北上分东路、中路、西路,经大同杀虎口到达库伦(今蒙古国乌兰巴托)。恰克图市场分为中俄两个贸易圈,由两国各自筹建,俄国市圈称恰克图,中国市圈称买卖城。两国市圈毗连,中间仅一木栅相隔。市圈内各建市场、商号、货摊以及贮藏货物的库房,中俄各派官员管理。对俄贸易始终由山西人所垄断,俄国以大宗皮货输入中国,换取茶、缎等。乾隆四十二年(1777 年),"俄国输入者 1 484 712 卢布,输出者则为 1 383 621 卢布,合计 2 868 333 卢布"。(《燕京学报》第三十五期)由于俄国各阶层嗜茶者与日俱增,风行各地,大大刺激进口量的急剧增长,尤其是西伯利亚一带以肉食为主的游牧民族,饮茶之风日炽,甚至达到宁可一日无食,不可一日无茶的地步。由于茶业需求日增,边贸十分畅旺,据《山西贸易志》载,嘉庆二十三年(1818 年),运往恰克图的中国商品达 2 450 驼(每驼 250 斤)和 1 420 车(每车约 500 斤),合计 132 万斤;而道光十七年至十九年(1837—1839 年)每年茶叶输入(俄国)数量,平均为 8 071 880 俄磅,约值 800 万卢布。与俄国交换的商品,除一定数量的皮毛外,还有各种毛呢(哈拉)、羽绒、天鹅绒、麝香、马鹿角等。山西商人拥有大批的马匹、骆驼,时称驼帮、马帮,一帮有 50 匹左右。五驼为一行,一人赶十行,十行为一帮。最前一人打商旗,最后一人骑马称骑乘,是一队的总负责人,起押运、保镖、指挥作用。车辆也是数百结对,一辆辆首尾相衔,迤逦前行,驼铃交奏,飘荡旷野,数里可闻,牛辚辚,马萧萧,蔚为壮观。在经杀虎口这条路上络绎于途,终年不绝,成为名副其实的茶叶之路。直到第二次鸦片战争后,俄国商业势力侵入中国,直接到中国内地攫取土产和推销工业品,不再局限于边境易货。后来俄商还在中国收茶叶,建加工厂,再运回俄国,遂使恰克图旳贸易急剧下降。山西茶行、字号原有 120 家,后存 10 家,到同治七年(1868 年)剩4 家。民国 12 年(1923 年),随着京绥铁路的开通,恰克图贸易已完成历史使命,杀虎口也失去昔日的繁华。

三、杀虎口户部衙门

朔平府右玉县城北 20 里长城脚下的杀虎口,是山西和内蒙古接壤的边陲要塞。清顺治年间,在此设税务监督机构,直属中央户部,税关的最高领导监督亦由户部指派。衙门口挂着写有"户部钦差"的匾额,人们因此习惯称其为户部衙门。衙门坐落在杀虎口新旧堡之间的中关北路。衙门内设有科房、班房和库房,中间是议事大厅,科房、班房在大厅两侧。科房的领导叫经承,下有稿书和帖书组成。班房的领导叫头役,由巡役数名组成。库房的钥匙由经承掌管,归班房的头役负责看守。夜间有杂役轮流打更巡逻,衙门口有绿营兵站岗守卫。

杀虎口栅子里的大街两旁,面对面排列着 6 个厅子,前两个厅是满洲兵的骑兵厅,专门检验军政官员和蒙古官兵的护照,不检验货物。骑兵厅的南边是两个绿营厅,只负责检查货物里面是否夹杂着军火武器,并不检验货物。最后的两个厅,路东的叫查验所,各种货物都得在此受验,受大关分局领导。查验所的背后就是杀虎口大关。路西的厅子叫通事房,内有数名懂蒙古文会蒙古语的翻译,专为骑兵、绿营兵、大关和驿传道看蒙古文护照,替前往五台山的蒙古族敬香旅客办理交涉手续。

户部衙门的监督即为钦差,在人选上就有别与一般。首先必须是满族人,而且多是宗室贵胄,即由所谓的黄带子、红带子充任。下面的经承、头役、巡役等职务,由顶户部衙门的四十六家房缺和六十家班缺轮流充任。司事、单谕则由监督带来的人充任,随监督来去。监督的任期,原定为一年。光绪三十年(1904 年)后,清廷为缓和满汉之间的民族矛盾,实行改良主义政策,开始派汉人充任,监督的任期也有所延长。福建省林景贤,就是汉人第一个被任命为杀虎口监督的,共在杀虎口担任监督 5 年,后因税收逼死人命被告发革职。在此期间,取消用钱买房缺、班缺的世袭制,改为雇佣员制。

杀虎口的税收性质为边口出入税。税收项目计油:牲畜税、铜、铁、锡税、木植税,鞍、鞯、辔、鞭、杂物税,笔、墨、纸张税,冠、靴、履、袜和棉、毛、丝、麻织品税,皮、毛、骨、角税,珍玩、料器、钟表、屏镜器物税,米、面、油、糖食物税,烟、盐、酒、茶税,腥荤腌腊税,海菜、香料、干鲜、果品税等 12 个大项目。

物品中除给皇上的贡品和死人灵柩不上税外,几乎所有的东西不分多少、大小全部纳税。

另外,对牲畜税有个规定,驾车的辕马、辕骡不打税。据说是皇上体恤驾辕的牲口苦重特于免税。货物的税率,按值抽取 1%～1.5%。据说,当时的杀虎口每年可收入白银 10 万两,最多上过三四十万两。人们对杀虎口的财税收入有日进斗金斗银之说。

当时社会上流传着三大肥缺,即古北口、张家口、杀虎口的监督。这三个地方的监督任期原定为一年,后来发现闰年与平年有一个月的差异,就改为以月计算,12 个月为限,到时必须把监督官方信印交给新任监督,一天也不得延迟。

杀虎口的税收不交当地府县衙门,而每年以镖驮送往京城直接交户部入国库。后来因为路途遥远,虽有护镖人员随从,但因人员有限,恐生不测,于是改为交归化城大德通票号,而后转交户部。杀虎口在极盛时期,有 3 600 户人家,1.5 万人。当时有人把它归结为三家半人家:即顶户部衙门的为一家,旅蒙经商的为一家,驿传道服务的顶半家。实际上,还是以吃税的占多数,除缺房、班房共 100 家为直接吃税的外,还有间接吃税的,如税店、商店、旅店和烙火印的铁匠,还有一些所谓的靠关吃关的"黑鬼",统计起来,足有 1 000 多户,占杀虎口总户数的三分之一。由此可见,户部衙门的设置和杀虎口的兴旺发达,有着密不可分的关系。

辛亥革命推翻清王朝后,在军阀混战期间,税收衙门的门几经更改,先改为杀虎口税务监督公署,后又改名为杀虎口货税征收局。再后来隶属单位也逐渐由中央变为地方,户部衙门的所在地也由杀虎口迁往丰镇、大同等地,到民国 17 年(1928 年)撤销,先后存在 280 年之久。

第二节　清政府西征与杀虎口的繁荣

明隆庆年间,鞑靼与明廷化干戈为玉帛,在杀虎口开设马市,允许蒙古人在这里用马匹等畜产品换取他们所需的生活用品。清顺治七年(1650年),清政府在杀虎口设立户部抽分署,并派钦差监督税务,专门征收山西北部到神木一带的进出口关税。

康熙二十七年(1688年),准格尔部噶尔丹攻掠喀尔喀蒙古,随机掀起反清的大规模武装叛乱。康熙皇帝"亲统六师,三临绝塞",御驾亲征。第一次,康熙二十九年;第二次,康熙三十五年九月;第三次康熙三十六年二月六日。其中第二次,西路军调右卫兵及大同绿旗兵,合官兵厮役共计24 260余名,由驻守右卫的抚远大将军费扬古统领,从杀虎口出发。其后在与以策旺阿拉布坦、阿睦尔撒纳为代表的贵族首领的斗争中,杀虎口一直是处于后勤供应的大本营地位,负责担当传递情报、运送军粮军饷,供应给养的重任。

清政府西征选杀虎口为后勤供应的大本营,主要是由于杀虎口的重要地理位置与特殊的地理条件决定的。杀虎口位于山西的最北部,处于蒙晋交界处。由于明代一直以长城为界,长城以北为蒙古土默特部占领。清初,如今的呼和浩特和包头还是荒漠古堡,交通、经济尚不发达,而杀虎口已是已有一定规模的茶马贸易的集市。从地理条件看,杀虎口东面的唐子山峰峦层叠,蜿蜒交错一直通向燕山山脉,而西面的大堡山一直连通晋陕峡谷的崇山峻岭,苍头河从中由南向北逶迤其间,杀虎口正处塞外与赛内交通咽喉要道。苍头河最窄处仅数十米,最宽也不过300米,河谷至山头高差300多米,河谷两厢基岩裸露,山崖陡峭,嶙峋雄险。据《水经注·河水》说明,苍头在汉代称中陵川水,北魏又称参合陉。该河经杀虎口,向北流30里后,又往西流入内蒙古和林格尔境内的浑河归入黄河。这样西征大军沿仓头河流域入浑河流域进入黄河流域可直通河套地区。根据古人依山傍水安营扎寨的军事原则,杀虎口是最理想的后勤供应大营。据《朔平府志》康熙三十六年《安设杀虎口满汉官兵奏议》载,"如由外张家口行走,路途遥远,且恐盗贼,若由杀虎口行走,且近又五盗贼之虞"。据《清实录》载,康熙对西路督运官的指示:"挽输朔漠车辆,甚为要紧,尔等会同山西巡抚,动支正项钱粮,速运备造……挽车兵卒,给予行粮,地方官有才具者,任尔等选择带往,其管兵官员,与挽车人等,亦必择精壮者用之。"之后康熙诏曰:"西路挽输较中路尤为要紧……要著原任兵部督抚右侍郎王国昌,大理寺卿于成龙往助,增造运车四百辆,亦著动支正项钱粮。"康熙所说之西路,就是指从杀虎口出发的这一路。为确保西路畅通无阻,运粮队安全运行,从杀虎口起,每百里设一台站。每台站又派兵坐台守卡,台站之间经常联络。运粮车队又分为若干运,每运又分为若干营。康熙年间的三次亲征,三路大军十几万人,负责运送粮草的又是十几万人马,真是人来车往,络绎不绝。

为西征战略的实施,清政府可以说是采取一系列的措施,保证西征路线的畅通,重点是保证杀虎口这个后勤供应的大本营有雄厚的实力。围绕这一战略,清政府采取了一些重要措施:一是军事上。清初,在明代沿长城一线采取九边重镇的基础上,在长城沿线设三十营为京师之屏障,而杀虎口屏障是三十营重中之重。派抚远大将军飞费扬古把守。时杀虎口八旗绿营兵达四五千人。加上右卫镇驻军上万人共达2万多人,组成西征西路军劲旅。据《清史搞·圣主》载:"冬十月贾申朔,遣官赍西路军事衣裘牛羊,丁亥次昭哈赐右玉、大同阵亡军士白金,庚寅大将军费扬古献俘至。赐银赎出,令其完聚。戊申上临右卫军士赐食,传谕曰:'昭莫多之役,其伤病之人,另颁赐之。众叩首欢鲜'。"也就是说康熙西征凯旋,驻跸杀虎口九九弯,大宴功臣,并敕赐银两,抚恤伤病,更加鼓舞各路官兵,也鼓励协助西征为大军搞后勤服务的晋商。《清史稿·兵志》载:"雍正九年令直隶疆区修治边墙,其古北口、宣化、大同三处咸募兵帅防,自独石口以西,西面至杀虎口一袋要隘亦酌增兵牟。"二是行政上。清雍正三年(1725年),在右玉县设朔平府,管辖着右玉、左云、朔县、马邑四个县,还有宁远厅,即今凉城地区。清《朔平府志》载:"朔平府新设郡治,所属一州四县即边外归化城。"归化城,即今呼和浩特。《清史稿》载:"雍正三年于右玉卫置府,改三卫为县,属雁平道。"三是政策上。清顺治七年(1650年),在杀虎口设税关。《清稿史·征权》中就有康熙二十七年(1688年)"张家、杀虎二口专差满汉官"的记载。也就是说在杀虎口派遣钦差,管理税收。康熙四十七年,定"古北、潘桃、杀虎口即打箭炉扔差部员"管理税收。雍正三年决定:"河保营木税归杀虎口监督征收。"雍正四年决定:"归化城木税归杀虎口征收,五年复差部员监督。"乾隆二十三年(1758年)决定:"潘桃、古北、杀虎三口给商务印票。"乾隆五十年决定:"山西得胜口归杀虎口监督稽征,"并为杀虎口核减关税一万五千两。专门负责征收东至天镇，西至陕西神木一带的进出口关税。同时在归化城设分关，在沿长城内外设八局十卡。即在大同得胜口、河曲、保德、包头、归化城、托克托、兴和、阳高、天镇处设税收分局、支卡。这些税收直属户部设在杀虎口的税关管理。这样保证西征军费所需。四是在组织上。在杀虎口这样一个边关小镇上，设有八大衙门，即户部抽分署衙门、中军都司衙门、协镇衙门、驿传道衙门、巡检司衙门、副将衙门、守备衙门、千总署衙门。这些衙门的官吏，不是皇亲国戚，便是朝廷命官，就是在这里经商的人们也都戴上红顶帽。杀虎口商人秦钺早先也是康熙西征时的一个杂役，后来成为大盛魁经理，捐上四品顶戴，乾隆皇帝还专门为此颁发可在蒙古任何地方经商的龙票，这就是皇帝的特许通商证。

晋商就是抓住这个契机，以杀虎口为跳板，跟随西征大军走向沙漠，走出国门，也走出了晋商的辉煌。像著名的大盛魁商号，就是在康熙年间，费扬古部队在杀虎口驻防时，大盛魁的创始人王相卿、张杰和史大学等在费扬古的军队驻地做小买卖，为费扬古的部队采购一些生活用品。由于他们经常出入边关集市，熟悉蒙古人的礼节和生活习惯。费扬古的部队在康熙皇帝的统帅下，西征进入乌里雅苏台和科布多的时候，王相卿、张杰、史大学等以小商小贩的身份，兼挑货物随军前往，做随军贸易生意，不久便以他们三个为主体，与杀虎口当地人合伙开办吉盛唐杂货店。

第三节　清政府在蒙古地区的移民实边与新政

19世纪末，在帝国主义强烈侵略下，蒙古地区的严重危机日益加重。清政府统治者从保全其统治利益和保护边疆安全出发，提出改变政策，宣布取消蒙禁，实行移民实边和新政。在实施这一政策中，则注重敛财济困，大量放垦蒙地，对蒙古地区人民加紧政治压迫和经济剥削，造成蒙古地区的民族矛盾和阶级矛盾更加尖锐复杂。

一、移民实边与新政的提出

鸦片战争以后,由于帝国主义列强的侵略,特别是沙俄和日本帝国主义对蒙古地区加紧吞并、瓜分的殖民活动,使蒙古地区社会危机日益加剧。为此,19世纪80年代以后,就有不少的清政府大臣、疆吏提出许多筹边改制、放垦蒙地的建议,光绪六年(1880年),内阁学士张之洞提出:"蒙古强我之候遮也,蒙古弱则彼之鱼肉也。"要求充实边防,增强蒙古各盟旗的实力,以低御日、俄虎视眈眈的侵略野心。光绪二十三年(1897年),山西巡抚刚毅、胡聘之以及护理黑龙江将军增琪、国子监司业黄思永等奏请开放蒙禁,实行屯垦或放垦蒙地,"以兴屯利,而固边防"(《清德宗实录·硃批胡聘之奏议开晋边蒙地以兴屯利而固边防折》)。但是,由于事关改变清政府原有治蒙政策,并遭到一些蒙旗王公反对,这些建议当时都未能得到清政府的批准实施。甲午战争和八国联军发动侵华战争以后,强迫清政府签订空前丧权辱国的《辛丑合约》,向帝国主义侵华列强赔款4.5亿两白银。当时清政府面临国库空虚,外债累累的严峻局面,在这"外辱益剧,部臣失策,国事日危,民不聊生"的情况下,朝廷上下都纷纷议论边疆危机,清政府迫于情势和舆论的压迫,更基于维持护统治者的切身利益,对于边疆安危不得不加以注意。光绪二十七年(1901年),张之洞、刘坤一等又提出改变治蒙政策,主张以中原移民到蒙地边疆开垦定居,以充实边疆等建议。同年,陕西巡抚陈春煊提出具体办法并上奏。于是光绪帝便很快接受这些建议,遂于光绪二十八年(1902年),对治蒙政策做出划时代的改变,宣布取消其维护长达250年的封禁政策。在全国各省倡新立宪新政策的同时(光绪二十七年,清政府在全国实新政),在蒙古地区大力推行实边的政策。

事实上早在嘉庆年间,由于中原封建剥削压迫惨重,土地不足,饥民日增,大批破产农民不顾清政府禁令,早已纷纷涌向关外的蒙古地区谋生。当时清政府鉴于内地社会矛盾日益加深的严峻形势,就将内蒙古哲里木盟西拉木伦河(西辽河)以南的宾图王、达尔罕王、博王三旗的大片平衍的土地,划为借地养民区,供从内地流亡而来的破产汉族农民耕种。其后,清政府又开放郭尔罗斯前旗南部地区和昭乌达盟南部的围场一带地区,并宣布免税放荒,鼓励关内农民移居蒙地开垦。此时,蒙古各旗封建王公,为贪得放垦土地所得的押荒和银租来满足其经济利益,对于流离失所跋涉而来的关内流民群,都主动出荒招租,容留定居,以使其有押租可收,有田租可得。因此,19世纪以来,清政府对蒙地采取的灵活政策,逐渐打破天朝的藩禁。随着借地养民的政策实施,关内流民群蜂拥而至,垦地面积日益拓展,清政府便相继在哲理木盟辖境内,新设置昌图、梨树、法库、怀德、辽源等县治,实行蒙民归旗,汉民归县的分治管辖。

光绪二十八年,清政府实行移民实边政策的宗旨是通过转移关内破产流亡的农民和手工业生产者,来北部边疆蒙古地区开垦定居,借以达到缓和关内日益激化的阶级矛盾,同时,将内地的汉族农民迁徙来蒙古边疆地区定居,有利于充实边防,应救边疆空虚的危机,有助于加强北部边疆地区的防务力量。这在当时北部边疆地区受到帝国主义吞并并瓜分的严重情势下,是具有发动各族人民共同抵御外来侵略者的积极意义的。

二、新政实施

面对东三省和蒙古地区已处于日、俄等帝国主义侵略吞并的危机,同时,在外患内忧日益严重的情势下,国内各种错综复杂的阶级矛盾与民族矛盾更趋尖锐,清王朝的统治者在政治上更加孤立。为此,清政府朝野上下,再次掀起挽救北部边疆地区厄运、保全大清江山统一的舆论。主要有"恤盟实边""筹蒙殖民"等呼声。于是,光绪三十二年(1906年),清政府特派遣亲王善耆周游内蒙古东部各盟旗,进行实地考察后,提出筹蒙、经营之策八条措施。同时,内阁中书钟镛提出蒙古四项十四条,作为革新提案。同年,军机大臣徐世昌奉命巡视东山省,并负有考察蒙古,条陈经营之策之使命。徐世昌赴东北和内蒙古东部地区巡视考察后,给光绪帝的筹蒙奏折中提出:"保蒙之道,亦曰安其内而攘其外而已,世局日新,古制不足以维时变,羁縻之义、又复名存实亡""乃自俄人移志东侵，窥我蒙古，铁道拦于金源边堡，长驱直入，横贯三省西北。防守之势一变，日本扼我于长春，化辽、洮为界限""故今日经营蒙古，非旦谋藩眼之安危，实将以蒙古为防御地，以保全满洲根本"。(《东三省攻略·蒙务下·筹蒙篇》) 根据这些奏折建议，同年，光绪帝发布上谕又提出在蒙古地区实行以筹蒙殖民，改革图强为内容的新政。为利于在蒙古地区贯彻新政的实施，清政府将理藩院改为理藩部，并设领办、调查、编纂等局，着手调查蒙古各旗的经济资源状况。调查内容有开垦、林业、牲畜、狩猎、纫造、皮毛、矿产、盐池等十八项之多(中国历史第二档案馆藏:《清朝理藩部档案》162 号一五二三卷)。清政府除派遣亲命大臣和命驻蒙古各地将军、都统、大臣以及各部、盟长要认真进行调查办理外，并传谕各地将军、大臣、蒙古内外札萨克王公应严格实施新政，按照理藩部开列项目认真进行调查，"逐一详细明绘图贴说，祥注现在办法"(同上书)，并将各地贯彻实施情形报告清政府。

在日、俄帝国主义加紧对东三省和蒙古地区大肆进行吞并侵略活动同时诱惑一些蒙古封建上层投靠帝国主义进行分裂活动的严重局势下，继移民实边政策后，清政府又在蒙古地区实行新政，这在当时情势下应当视为是具有积极意义的筹边政策。但是，已经腐败无能的清政府根本担当不起这项重要政策的任务。相反，清政府和一些筹边疆吏们，在推行移民实边和新政的实施过程中，完全同其在中原地区实行所谓练兵筹饷的立宪新政一样，其着眼点主要是从增辟财源，以挽救清政府日趋严重恶化的经济危机方面出发。因此，清政府在蒙古地区实行移民实边政策和新政的主要内容，便成为通过大量放垦蒙地和开发蒙古地区资源，以达到敛财济困的目的，进而使这项新政策完全失去实边、筹蒙的国防意义，而成为专注指取押荒银和搜刮财富的经济掠夺政策。对于此政策的经济效益，山西巡抚岑春煊给光绪帝的奏折里作出明确的阐述说:"臣维现在时局艰难，度支竭蹶，兵费赔款之巨，实为历来所未有。"而如今朝野上下，"其言救贫者，则或议裁节饷费，或拟振兴工商。然汰兵省官，所节无几，矿路制造，效难骤求。以糜财河沙之时，而规乐锱铢之人，虽是理财之常理，仍无以应急也。查晋边西北乌兰察布、伊克昭二盟蒙古十三旗,地方旷野,甲子朔陲"。"以各旗幅员计之,广袤不下三四千里,若垦十之三四,当可得田十万顷。二十五年前,黑龙江将军恩泽奏请效扎赉特旗荒地,计荒价一半,可得四五十万两。今以鄂尔多斯近晋各旗论之,即放一半,亦可得三四倍……何可胜言,是利于国也"。(《光绪渝折汇存》"硃批岑春煊奏议开垦蒙地折",光绪二十七年十一月二十六日)这就清楚地道破清政府推行移民实边政策,虽是迫于当时边疆危机的需要,但在实际实施中,则更多注重搜刮财富,以解除其经济危机为其主要目的。

三、移民实边对蒙古地区社会的影响

光绪三十四年(1908年),自清政府颁布移民实边和新政的实施期间,理藩部左承姚锡光奉命赴蒙古地区东部考察后提出:"奉天三省,乃国家之根本,关系尤为重大","于今日而欲保奉天三省,当极力经营蒙古内外荒地。周历内蒙各旗,查勘形势,唯昭乌达、哲理木二盟之巴林、达尔汗各旗,未垦荒地纵横万千里,除游牧不垦外,尚可开地数十万顷。其地大半在直隶、热河界内,唯奉之洮南,吉之农安,犬牙相错,以之殖民,诚直、奉之外府也","此荒若以光绪三十二年办理札萨克图荒价,预算共可得银千万两,除拨与蒙古荒价一半及办公费外,尚可得银四百万余两。"(《东三省略·蒙务下·溢蒙篇》)真可谓:"垦务朝令一出暮入千金。"(徐宗亮,《黑龙江略述》卷四,光绪三十年恭镗奏折语)由此不难看出,这些所谓筹蒙殖民的生财之道,正好完全迎合清政府急于敛财救贫的需要。于是,继光绪二十八年清政府任命兵部左侍郎贻谷为蒙古地区西部督办盟旗垦务大臣之后,又在东三省总督徐世昌的推荐下,派遣民政部外臣巡警厅厅长朱启玲为蒙古地区东部三盟垦务专员。从此偏开始"官放蒙荒,民括耕种",掀起更大规模放垦蒙古地区土地的高潮。

自清政府实行移民实边和新政后,解除对蒙古地区封禁,客观上增加各族人民之间接触与联系的机会。同时,清政府大力鼓励中原移民携眷到蒙古地区定居开垦,并在清政府垦务官局的主持下,允许蒙古王公放荒招垦,从而进一步扩大土地开发耕种面积,在一定程度上适应蒙古地区农业经济发展的需要。同时,实行新政,"非力剔从前之弊不可",并主张学习西方资本主义的大农业,由清政府或"直省大资本家鸠集股本,组织殖民开垦公司","收买大农地,分割为小农地,其法可变通行之,拟择新荒一段,面积若干里,招致小农计授地,宽其年赋,安其家室。凡土质之所宜,艺事之所在,评为指授,务使周知,即泰西农业家所设浅近田务围学是已。至牛犁、谷种、土木、工筑亦均已官力扶持之纾"(《东三省略》,"蒙务下·寿蒙篇")。这种资本主义经营管理方式,倘能得以实施,无疑是对促进蒙古地区社会经济发展会有一定裨益的。然而,此时清政府已处于库储一空如洗,"大局日危,上下交困",岌岌不可终日的严重政治、经济危机之中,为急于筹款,以支撑其垂危命运,把实施移民实边和新政的重点,完全放在增辟财源的经济措施方面,没有注重边防的实效,更没有及时解决移民实边政策中暴露出的蒙垦弊端等各种矛盾。

清政府派遣的垦务大员到任以后,坐镇督垦,设局清丈放荒。光绪二十八年之三十四年(1902—1908年)在内蒙古西部地区共放垦土地757余万亩;东部仅哲理木盟七旗共放荒245万余垧。大片水草丰茂的牧地被掠卖以后,使许多蒙古族游牧民被迫跻到荒山秃岭或砂碱地带去放牧。随着牧地日渐缩小,封建剥削加剧,造成大批蒙古族游牧民生活愈加贫困化,乃至完全破产后,不得已改变他们陌生的农耕,严重损害了广大牧民的生计。而清政府的垦务机构和官吏,为搜刮钱财,以软硬兼施办法对付蒙旗,如劝垦不成,则以武力强垦,"凡绳丈所至,兵力随之"(贻谷《蒙垦奏议》)。放垦中官局、地商极力贪求地价,大小官吏只顾中饱私囊,全然不顾农牧民之死活。不仅对游牧地任意滥放,剥夺牧民的生计和牧场,而且对农民多年垦耕种的良田,又强行重新丈放,再次收取所谓押荒地价银使垦户除给蒙古地主缴付租银外,再向荒务局缴纳押荒地价,进一步加重佃农的租税负担。这种只顾搜刮钱财,不计垦务效果的滥垦滥放,致使垦务大坏,百弊丛生。正如姚锡光在《覆奏东三省内蒙垦务并预筹办法折》中所指出:官方垦务机构,"以筹款为主义,故一经清丈后,偏无余事。甚或欺虐蒙民,侵吞项款"。而荒务局从敛财目的出发,所制定的蒙古地区东西放荒办法,率从已垦之田,肯收押荒银。遂致造成农民"佃户先已纳价一次于蒙民,而又需缴价二次于官吏,则佃户吃亏甚大,其在蒙民,则未经收价之田,收租必多,而一缴押荒,则租入须减,石蒙民折耗亦巨。此放荒一事,只可谓之熟地勒费,不可谓之荒地押荒。所以,蒙汉闻之,几如谈虎色变"(姚锡光,《筹蒙刍议》卷上)。少数蒙古封建王公虽从放垦土地中得利,但是,由于其封建领主制的世袭领地日渐缩小,各项封建权和既得利益被剥夺,清政府既收其地,复分其租,他们对官放蒙荒深表不满和怨恨。

在放垦蒙地中最大的得利者是清政府和承办垦务官吏和包揽大片领荒的大地商,一部分人蒙古封建王公通过放垦招租、收取押荒和租银也得到些实惠。那些负债累累的王公和上层喇嘛们,为摆脱困境,满足其一些奢靡生活所需的费用,不顾广大的阿拉特属民死活,与垦务官吏互相勾结,大量丈放牧场、土地。有的旗几乎把水草丰盛的牧地已卖殆尽。这种竭泽而渔的做法,无异于饮鸩止渴。他不但使广大蒙古族牧民失去牧地而无所依托,而且严重破坏蒙古地区赖以生存发展的畜牧业经济基础。荒务局为达到速放则利速厚的经济掠夺目的,甚至连一些根本没有条件经营农业的荒寒之区也强行放垦,从而造成自然生态的严重破坏。呼伦贝尔副都统宋小濂奏称:"差本处原系僻壤遐陬,今兹遭当前形势维新,诸政操刀举行,不但动受牵制,实属力有不逮。一切艰苦况,言难蔽述。"呼伦贝尔地区原有"八旗驻防与蒙古俗同,依游牧为主,而无农田。近有耕种,忽种忽弃,故荒寒之区,收获不易"。(中国第二档案馆藏《清朝理藩部档案·宋小濂奏预备立宪报所属各旗疆域垦牧等大概情形折》)。然而荒务局强行丈放海拉尔河沿岸牧地,唯因地处荒寒,"富民观望不前,穷寒乏力前来"(《东山省攻略》),所以,牧地虽经丈放,而农业收效甚微。

清政府不顾蒙古地区各阶层的强烈反对,强行丈放牧民放牧地和垦民的农田,搜刮巨额押荒银。各级垦务官吏随意侵占或私自包揽大片土地,从中渔利。甚至倚势横行,在放垦中"绳丈则多寡不均放荒则肥跷任意"(同上书)。从而在各地引起"缠讼互控穆辅纷纭莫可究诘"的纷争,造成蒙古社会动荡不安,严重激化民族矛盾与阶级矛盾。正如贻谷所供认:"查察哈尔左右翼暨西蒙十三旗皆游牧也,不垦熟地,则可垦亦无几矣!"故"报谎则垦荒,报熟则垦熟"(贻谷,《蒙垦陈诉供状》)。但是,晋边西北的乌兰察布盟、伊克昭盟的二盟十三旗和察哈尔左右翼八旗的土地,蒙古王公和蒙民早在清代初期就私行招租开垦耕种。因此形成"蒙众私在私垦,民户私在私租。不垦蒙地则以,垦则蒙人必有怨者,不收押荒则已,收则民户必有怨者。此又势所必至"(同上书)。然而,"垦局即欲多收地价",对蒙古人则既收其地,复分其租。"而垦员贪利持强必尽逐原佃而转卖之,以图厚利"(贻谷,《蒙垦续供》)而后快矣。为达到多利厚利的目的,对抵制放垦的蒙古王公和农牧民群众,垦务官吏则采取威逼、利诱和武装镇压等软硬兼施手段,劝垦不行,就以武装强行丈放。当时,贻谷报清政府批准,对抵制报垦的伊克昭盟盟长兼杭锦旗扎萨克阿尔宾巴雅尔撤去盟长职务,并派兵捕杀准格尔旗抗拒放垦的台吉丹丕尔,从而更激起广大蒙古族、汉族人民的愤怒,于是聚众抗官的武装抗垦斗争,在各旗层出不穷。清政府为平息蒙古王公和蒙古族、汉族人民的愤怒,于光绪三十四年,以败坏边局、欺蒙巧取、蒙民怨恨为由,降旨将督办蒙旗垦务大臣贻谷撤职查办。至此,清政府在内蒙古西部地区的垦务,已成弩末陷于停顿状态。

自光绪二十八年,推行移民实边政策以来,严重损害了各族农牧民的生计,也直接威胁到蒙古王公和汉族地主的利益。正如法部尚书戴鸿慈奏蒙垦失败原因指出:"顾垦务至今,迄无起色者,则以放荒者祗计荒价之多寡,不问垦殖之兴衰;揽荒者祗求垄断以居奇,不恤领户之艰窘。"(《宣统政纪》卷一八)致使蒙垦弊端百出。

四、郡县制取代封建领主制

随着移民实边的推行,清政府在已拓殖开垦为农业定居地区设置大批府、厅、州、县治所,加强对蒙古地区的直接控制。在乌兰察布盟、伊克昭盟、归化土默特旗和察哈尔八旗境内,设有五原、陶林、武川、兴和、东胜厅;在昭乌达盟、卓索图盟、哲理木盟辖境内,设有开鲁、阜新、建平、林西、绥东、安广、镇东、开通、醴泉、靖安、彰武、长岭、德惠县治和大赉、肇州、安达厅治,以及辽源州、洮南府治等。此外,还将原赤峰县升为州治,朝阳县升为府治,在呼伦贝尔和伊克明安公属境,设治有呼伦厅、卢滨府、拜泉县。这些新设置的地方政权治所,都分别划归山西省巡抚,奉天省和黑龙江省将军、热河都统等管辖。并在呼伦地区设呼伦贝尔兵备道,在辽源设置洮(南)昌(图)兵备道,加强治权管理。

在划定放垦的牧地,通常是那里丈放完毕,即相应设置新的治所,并委派官吏管辖。例如光绪三十二年,署理黑龙江军程德全奏:"已放郭尔罗斯后旗、杜尔伯特两盟并巴拜等地,均应添设厅县,正佐各官,以资治理。"(《清德宗实录》卷三五一)三十四年,盛京将军增祺奏:"札萨克图王旗将次放竣,亟宜添设府县各官,以资治理。"(《清德宗实录》卷五五四)同时,新设置的道府州县,还兼有辖治其临近蒙旗的权力。如洮昌道除辖洮南、昌图两府所属的各州县外,还监管科尔沁六旗的事物,设置于光绪三年的奉化、怀德、康平等县,均有兼理其境内蒙古族人的职权。为此,清政府明确规定:"蒙古各部已开作府厅州县之处,应无论蒙民汉民皆受治于地方官。"所以,内蒙古地区放垦以来,由于广设府厅州县,使许多盟旗辖境的范围已大大缩小,有的盟旗的土地已大部分被分割,有的盟旗则基本上被划为府县辖治后而名存实亡。而在这些新设治所的地区,蒙古扎萨克的行政统治权力,已大部分为道府州县的官吏所取代。进而使辖境内的蒙古阿拉特在已被沉重的蒙古封建领主供赋债务压得无法喘息的情况下,又得承担州县官府的赋税,遭受着旗县双重的压迫剥削。

清政府在蒙古地区实行新政的目的,也是为适应形势的发展,进一步加强对蒙古的直接控制。对于这一点,姚锡光在《蒙古部落处置议》中已明确提出:"我朝抚绥蒙古,分封扎萨克、台吉、塔布囊,以掌旗务。划疆分治,实即封建之制也。""窃唯封建与郡县,二者不能并存,而封建之法,尤不宜于今日之世界,势分力薄,不相统一,不足捍御外辱,势不能其久存。自非易封建,而郡县不能为治。然欲易为完全无缺郡县制度,非收回扎萨克土地、人民之权不可。"（姚锡光，《筹蒙刍议》卷上）清政府为应顺时代潮流,试图将蒙古社会实行 260 余年的蒙古封建领主占有制,改变为封建地主所有制的郡县统治,就必须首先收回蒙旗封建领主扎萨克土地、人民的统治权。清政府治蒙政策的划时代改变,表明至清代以来一惯所奉行以满蒙联合的为主的政权,随着情势的推移,已逐渐转变为以满汉地主阶级联合为主的政权。同时,满汉官僚地主阶级更希望在蒙古地区施行与中原省县一样的政治制度。这种治蒙政策的重大改变,必然首先要削弱乃至剥夺蒙古扎萨克王公的原有权力,这种变革,必然会引起蒙古王公的不满。光绪三十一年,清政府转发给事中左少佐改蒙古为行省的建议,要求有关疆吏予以审议,并提出改革方案。当时,有的建议将内蒙古划分为二个行省,亦有提议在内蒙古中、西部各划为一省,还有的提议划为三个省。而清政府亦拟议除外蒙古地区暂缓议设省外,已按照贻谷提的建议,筹划在内蒙古地区分设热河、察哈尔、绥远三个行省。但是,清政府拟议中在内蒙古设置行省的议案,将更进一步使蒙旗体制和蒙古封建领土的统治特权地位被大大削弱,从而引起蒙古封建王公的强烈反对,清政府只得暂作罢议。

第四节 走西口的成因及影响

一、走西口的历史

清初,统治者实行一条割断蒙古族、汉族人民之间交往的政策,沿鄂尔多斯部落南边的长城北侧划一条南北宽 50 里、东西延伸 200 余里的禁地,人们统称为黑界地,以此为界,禁止人通过。《钦定理藩部则例》规定:凡蒙古官民招汉民去种地者,要受扣发俸禄、发没牲畜、打皮鞭、戴木枷等处罚。汉民则发配充军。所以在清初年代,无走西口一说。

据归化城《呼和浩特玉泉区》先农坛石记载,汉民到口外种地,始于康熙三十年(1692 年)。清同治《河曲县志》载:"自康熙三十一年,圣主仁皇帝特允鄂尔多斯之请,以故河保营得与蒙古交易。又准汉民垦蒙古地,岁与租籽。"由此可见,走西口开始于清政府开禁这一时期。清雍正、乾隆年间,多有允许汉民到内蒙古垦荒之记载。如《准蒙档》载:"乾隆五十六年八月二十五日,河曲知县衙门来文,催准旗速报境内务农的汉民,以备汇总呈报太原府兵备道吏、神桲郎、保德州官。"《大清会典事例》记载:嘉庆二十年(1815年),仁宗皇帝曰:"近年蒙古渐染汉民恶习,竟有建造房屋、演戏听曲之事,此已失其旧俊,此又留邪俗,尤属非事"。可知此时走西口已进入盛期。不少汉民携带家眷进入蒙古族人民的区域,由"雁行"发展为定居。

光绪二十六年(1900年)庚子赔款后,清政府财政枯竭,便采取以官府放垦蒙荒以增加税收的办法,以此来弥补财政的不足,于是任命兵部左侍郎贻谷为钦命蒙旗垦务大臣,这便是历史上的"贻谷放垦",从此汉人掀起第二次走西口的高潮。从此之后,朝廷再也没有对走西口活动进行阻止和干涉,这一活动一直延续到民国初期。

二、走西口的特定环境与其习俗形成的依从关系

走西口这一特殊的社会现象,产生于以下特定的地区:晋西北至河曲、保德、偏关三县,雁北的平鲁、左云、右玉、山阴五县;陕北的府谷、神木、横川、靖边、定边六县。为什么走西口集中于这些地区呢?这是由其特殊的地域环境所决定的。

(一)恶劣的生存环境迫使农民不得不开迁徙求生存

上述地区是典型的黄土高原地区,沟壑纵横,植被鲜少,土壤贫瘠,降雨不足。90%以上的土地为丘陵和山地,水土流失相当严重。据考查,河曲197万亩总面积有162万亩水土流失严重,洪水含沙量达48%以上。平均亩产在合作化初期为30~50千克。农民辛勤一年,粮食仍不能自给。这一地区也是灾害严重且频繁的地区。由于地处内陆黄土高原腹地,干旱严重的大陆性气候,自然灾害频繁。有民歌曰:"河曲保德州,十年久不收,又把蛋蛋(冰雹)丢。"据史志载:"保德县从明天顺八年(1464年)至1972年,有303

年旱情严重,平均18个月一遇。河曲县从1958年至1983年的25年中,只有3年未发生雹灾。"这是晋西北、陕北恶劣的自然条件的典型代表。对没有能力抵御自然灾害能力的小农经济来讲,这种接连不断的灾害,无异于灭顶之灾。当农民为摆脱饥荒,只有另觅生路,而走西口便成为他们最佳的选择。

(二)日益严重的土地兼并使农民贫困化

除自然环境恶劣外,农民的贫困化还有一个重要的社会原因——土地兼并。这一在旧中国所共有的社会现象,在北方这一块最为贫瘠的地区最为严重。以河曲县民国31年(1942年)的调查为例:全县共有农户11 254户,其中地主有674户,占5.98%,而占有土地则为全县的51%。这个县其中有4户地主,7户富农,即占有995坰土地,村共有土地1282坰,占88%;而70户贫困雇农仅占耕地41坰。无地少地,自然少衣无食,不得不忍受地租、雇工、高利贷等剥削,这加速了他们贫困化乃至破产的过程,自然也成为导致走西口这一悲剧的主要原因。

(三)内蒙古的地域环境为走西口提供良好的谋生市场

与山西及陕西一水相隔的内蒙古西部地区,地广人稀,土地肥沃,资源丰富,交通闭塞。此地既有官府统治鞭长莫及之地区,又正处在开发时期,广阔劳务市场急需劳动力的。这种宽松的社会环境与广袤的土地资源,吸引着大批的打工者。再加上蒙古族人民善良、好客的本性,他们又不事农,将广阔的土地让给汉民耕种。于是,使走西口的汉民有了生产或打工的市场。这里付出同等劳动比走西口之前收益高出数倍,因而成为众人心目中养家糊口的理想去处,使走西口愈来愈形成一种大规模的生产和社会实践活动。

到内蒙古定居河曲人主要聚居在包头、临河、五原、固阳、土默特左旗、土默特右旗、乌拉特前旗、乌拉特中旗、乌拉特后旗等地。如乌拉特中旗和乌拉特后旗的双美圣乡、石哈乡、郜北乡、此老图乡的大多数村民是河曲人;固阳县的红泥井有72个自然村,村村都有河曲人。

贫困的农民大批向内蒙古草原进军,由自耕农变为出卖劳动力的人,靠出卖劳动力为生。因而,使劳动力成为买方市场,走西口的人不得不接受雇主苛刻的待遇与剥削。如以大秤收购粮食遭遇缺斤短两而不敢言声;从事繁重体力劳动而得到很少的报酬;结账不付现金而付代金券只能在雇主开的商店购物;生产工具、生活用品必须向厂房赊借,最后结算时再受一层剥削。

由于贫困和剥削,他们的吃住行始终都维持着最低级、最原始的状态。住地窖、睡草滩、盖破衣、吃生饭……有一首河曲民歌形容其出卖劳动的惨状:"上炕盖掏根子(药材)自打基炕,下石河拉大船驼背弯身,进后套挖大渠自带囚墩,上后山拔麦子两手流脓,走后营拉骆驼自问充军,大青山背大炭压断脊筋,高圪梁放冬羊冷寒受冻……"由于其苦力繁重,所以走西口者皆为 40 岁以下的青壮年,其中 30 岁以上者不到五分之一。他们来到草原,同时也把家乡的许多风俗习惯带到草原。

(四) 蒙汉文化的融合也是走西口习俗文化形成的重要原因

三北(晋西北、雁北、陕北)地区与内蒙古毗邻。年复一年的走西口,沟通了黄土文化与奶茶文化通道。其融合结果,便是西口文化的产生。

内蒙古流传的剧种,首推二人台,而二人台,便是西口文化最集中的代表。二人台其产生和流传地区背景不同,分为东、南、西、北四大流源;东源流传于张家口一带,南源流传于晋西北河曲一带,西源流传于陕北一带,北源流传于内蒙古一带。他究竟发展于何地,现未定论,但说明了蒙汉文化水乳交融的亲缘关系。

1. 河曲以及三北艺人(晋西北、雁北、陕北)与蒙古族艺人的合作

在 20 世纪 30 年代,河曲有一批小手艺匠人,走西口来到大草原,其中有樊六(笊笼匠)、王半师(毡匠)、何三旦(皮匠)、李铁锁(小炉匠)等人,他们为克服语言障碍,用唱山曲及打坐腔(二人台初级形式)招徕生意,愈唱愈盛,结果又吸引了一些河曲人,如老白灵旦(樊贵淖尔)、芝麻旦(菅二毛)等人也立班演出。当时,这样的玩艺班子在内蒙古大草原达 20 多个,超出河曲本土的规模。这些人,后来竟相成为誉满草原的名演员。值得一书的是,二人台在内蒙古地区的广泛传播,引起了蒙古族同胞的广泛兴趣,他们的艺人

也加入到玩意班子的演唱行列中来,如绰号叫大脚二好、云双羊、老山羊的艺人便是蒙古族艺人。云双羊,蒙古族,咸丰七年(1857年)出生于敕勒川平原上的一个贫苦的牧民家庭。他从小酷爱音乐,少年时期就学唱流传在土默川一带的蒙古族民歌。由于生活艰辛,20岁就在黄河边的协盛窑子当了雇工,在休息时学唱打坐腔(蒙古族人称打坐唱),他声音洪亮,口齿伶俐,蒙汉语兼通。清光绪元年(1875年)云双羊创办了土默川第一个玩意班子。此班子是一丑一旦代装表演,这种代装表演很受群众的欢迎,每到一地演出时人山人海。就是云双羊这位杰出的蒙古族民间艺人,把风行在内蒙古大草原上的打坐腔这种民间艺术发展成为后来的二人台,并且发展壮大,使其成为大草原上一株艳丽的艺术之花。

2. 走西口的实践是二人台发展的土壤

没有一种艺术形成比二人台和走西口的关系更为密切。走西口为二人台提供素材,二人台反过来生动地反映走西口的现实。二人台的代表剧目便是《走西口》,其唱词中有:"头天住古城,二天住纳林,第三天翻坝梁,两眼泪汪汪。"把河曲人走西口的路线、店口交代得清清楚楚。还有《夸后套》《水刮西包头》等剧目也都是反映内蒙古地区的史实。在二人台曲牌中,直接引入蒙古族名称的也屡见不鲜。如《巴音杭盖》《喇嘛苏》《海莲花》《四公主》《大青马》《森吉德玛》《敏金杭盖》等。

在长达三个世纪的历史中,走西口的人们和当地人民往来不断,和睦相处,共同生活,共同创建美好家园,对增强蒙汉人民相互了解和团结,对形成和谐共融的中华民族大家庭起到极大的推动作用。所以可以这样说,走西口在我们民族发展团结的历史上,立下不朽功勋。

三、戏剧传入和演出

走西口的人定居草原后,他们也把戏剧传入草原,逐渐占领各种戏剧舞台,繁荣了草原文艺。比较著名的剧种有山西梆子、河北梆子、晋剧、评剧等。当时,这些剧种先后在包头、归绥、阿拉善、集宁等地得到演出。据史志载:从庙会社戏明台演出到茶园、戏馆再到专业剧场,百余年间,包头戏剧舞台繁盛一时,其间有晋剧、河北梆子、评剧等诸多剧种演出,但占据舞台者仍是山西梆子。

民国初年,京包铁路通车后,一下子打破了山西梆子一统包头戏剧舞台的局面。先是由筱桂玲、石宝玲、金素梅等人带领河北梆子进入包头。他们以新声腔使广大观众耳目一新,其擅长剧目有《玉虎坠》《大登殿》《小上坟》等。后来,白俊英、李相来等率京剧班来此首演,他们演出的剧目《狸猫换太子》《呼延庆打雷》《小王义》等连台本戏,使本地观众交口称赞。再后,京剧女武生韩月樵、红彩莲、赵丽蓉等评剧演员亦曾应邀到包头做短期演出,他们演出剧目有《杜十娘》《马寡妇开店》《王少安赶船》《万花船》等。评剧明快清新之风格甚为观众称道。这种日日丝弦,夜夜笙歌的频繁表演出状况,使得寺庙明台、茶楼、戏馆远远不能适应需求,于是一批专营戏剧演出的剧院渐次增多,如共和舞台(三庆茶园)、西北剧影社等。

戏剧等艺术活动的兴衰起落,在某种程度上折射出一定社会阶段的繁荣与萧条。从明清末年的寺庙乐楼的搭建到专业剧院的诞生,从单一的剧种到各种剧种的纷至沓来,始终与西口文化息息相关。

四、民间传统街头文艺活动传入草原

随着戏剧传入草原,晋陕许多民间传统街头文艺活动也走进了草原,活跃了草原的文化生活,主要活动有庙会、社火、游灯会、狮子、高跷、船灯、龙灯、双阁、旱板船等。

(一)庙戏

庙会,就是每年在一定的时间请来戏班给庙神唱戏,为的是让神在天显灵,风调雨顺,让人时来运转。这种戏一般唱三四天。这几天老百姓穿上最好的衣裳,带着自己生产的一点农副产品,扶老携幼,前来赶会,是一次文化娱乐会,也是一次物资交流会。庙会的时间有的是从农历五月二十五日起,有的是在七月、十月,日子一般是固定的,有时也因各种原因提前或推后。

请的戏班都是私人戏班。这些私人戏班主要是陈玉锁、陈有才父子领的戏班。有时也请河曲、府谷、准格尔旗的一些戏班，如张金花、杨兰兰、吕三、马鸡换等戏班。陈玉锁于民国28年（1939年）从大同来到东胜，组织起一个戏班，这是东胜有史以来第一个戏班。主要班主除陈玉锁、陈有才以外，还有孟凡人、苏红洞、张三、郝财富等人，演员通常有20人左右，有时可增加到30人，少时减少到十几人。他们演的都是古装戏，如《访白袍》《下河东》《天门阵》《金水桥》《明公断》《教子》等，也唱一些不太健康的戏，如《杀子报》《狐狸缘》《换花》等。他们的服装道具比较简单陈旧，演员的年龄也比较大，而且多数有抽鸦片烟的习惯，生活比较贫困，还常常受官僚、土匪的压迫和骚扰。他们夏秋唱戏，冬天没事干，就当鼓匠"讨吃"，遇到人家有婚丧之事请他们去演奏，也能得到一点报酬。这种演奏乐器有唢呐、锣鼓等，是一种简单的民乐合奏。

（二）喇嘛庙会

东胜境内有不少的喇嘛庙，如桃力庙、罕台庙、赫拉不拉庙、吉乐庆庙、山炭庙、板什台庙、巴彦特老亥庙、莫尔古庆庙、阿不亥庙等。这些喇嘛庙每年都有会，时间多数是在农历七月，也有在九月，时间多为3—5天，大一点的庙7天或10天以上。会前，喇嘛们从四面八方赶来做准备，念几天经，然后正式开始，举行民间舞蹈，人们叫"跳鬼"。这种舞蹈由锣鼓、唢呐和嗡（一种长则三五米短则一两米，类似长号的乐器）组成的乐队伴奏，跳舞的人头戴牛、马、羊、鹿、鬼神等面具，身穿长花袍。这是蒙古民族的一种民间舞蹈。在庙会期间不仅跳舞，有时还请戏班唱戏，同时进行物资交流，人们从四面八方赶来，交流牲畜和农副产品，观看文艺节目，非常热闹。

（三）社火

是民间的一种娱乐活动，举行在正月期间，特别是正月十五前后，由若干个牛惧户组成社，由社里推举的会首按牛惧分摊活动所需要的吃喝费用。这种社火有三种形式：即高跷、秧歌、旱船，走乡串户，家家户户堆上旺火，张灯结彩，鸣放鞭炮。

（四）游灯会

凡是大一点的庙都举办,时间多数是在正月十四、十五、十六晚上,也有的在二月初一至初三、二月初七到初九、二月十四到十六的晚上。先在庙前拢起 360 个小土堆,小土堆上点上用面捏的小油灯,用纸糊个灯罩,人们叫它是九曲黄河阵,里面有一定的线路,能进能出,不了解的容易走错,找不到出处。民间迷信认为,举行灯游会的晚上,人们成群结队从四面八方赶到里边转转,可以免除灾疫;夫妻不和,进去转转能够和好;不生孩子的妇女进去转转,偷上一个灯,就能生下小孩,生下小孩后再把灯送还;有冤仇的人相跟上进去转转转,能化解冤仇。这种灯游会虽然带有迷信色彩,却是民间的一种集体游戏娱乐活动。

（五）玩艺儿班子

由一些爱好玩艺儿的人自发组成一个班子,表演玩艺——二人台。演出节目有:《走西口》《打金钱》《五哥牧羊》《梁山伯与祝英台》《送四门》、《探病》等,也有一些不健康的节目,如《听房》、《吃醋》、《害娃娃》,各类节目有 100 多个。东胜县当时出名一点的玩艺班子有东胜附近的杜久栓、杨板等人,他们能演 120 多个节目,每年从正月初六开始演到月底,有时一直演到农历二月底,由社里按牛惧收取吃喝费用,管饭不给钱。他们平时参加劳动,只是在春节期间组织起来,是自发的民间业余文艺组织。东胜县的玩艺传入较早。清光绪三十年（1904 年）,从托克托县来一位叫张小辫的艺人,带领一个由八人组成的玩艺班子,来东胜表演过。后来在宣统初年,杜久栓、杨板、王犸虎、屈须狮、屈拴狮 5 人到后套五原一带拜艺人何三旦与高林（他们两人原是托克托县人）为师,学习打玩艺节目。他们从后套回来,就在东胜传开玩艺,从而这 5 人成为东胜县玩艺的创始人。

（六）舞狮子

营坊街,是清代绿营兵驻扎的地方。相传同治年间,陕西金鸡堡的回民首领马化龙举兵叛乱,清廷调动杀虎口等长城一线的绿营兵平息叛乱。得胜归营后,朝廷把宫内一对象征勇猛威武的卷毛狮子（现存一只）和八个檀木宫灯赏赐给营坊街的绿营兵作为嘉奖,并令绿营兵丁在每年佳节时与民同乐同舞。这对狮子头直径 3 尺许,用纸筋精造而就。外涂绿色油漆,上下颌活动自如,其眉眼凸凹别致,其耳则以铁环套在头顶外侧,狮子通体在内罩上缝制军绿色染制的皮麻,狮子通长约 6 尺,高 4 尺余,整体看来,既是耍玩艺的道具,又不失为一件精致的工艺品。舞时,一人顶头部,一人弯腰抵腰尾部,二人为耍狮子的;另一个手持空心燃灯绣球为喊狮子的。舞狮头的人如没有强健的体魄,是难以舞动数十斤重的狮头,这三人配合默契,表演出各种套路动作供人欣赏。奇特的是狮子在闭嘴伏首跪卧时,其面部表情和善安详,甚至亲昵可爱。如在张嘴蹦跳奔跑时,则凶猛恼怒,凶狠异常。总之,狮子的喜怒均能通过一件没有生命的道具予以表现。这里,不能不赞叹古人制作狮头时的高超工艺。

在舞狮时,仅用锣鼓镲伴奏即可,乐曲是硬五锤、急急风、长淌子、步步紧等。套路大致有扑山、瞭长天、饮水、跳高桌、拜四门斗子、含铜钱(纸烟)、大抖毛等。

(七) 踩高跷

高跷是用韧性较强的约一寸半粗的原木棍制成,长 5 许尺。在 1 尺 5 寸的地方开榫安跷凳以备脚踏。下部的 3 尺多涂以彩色。表演的时候将双跷绑在表演者的小腿上,他们着彩衣画脸谱,在手持哨棒的愣二小的带领下上场表演。其扮演内容身份不一,闺门绣女、文人书生、官宦子弟、客、僧侣尼姑、市井无赖等均可。在正日子表演时则要以戏文故事为背景,如白蛇传、秦琼卖马、游西湖、八仙过海等。观众对表演者评价是以身段美、扮相俊、扭得稳为标准。踩高跷难度较高,必须掌握好重心平衡才行。最难的则是最后面的一名俗称拧尾子的表演者,他不仅要会扭,还要会表演双跷交叉对转、攀杠子等高难度动作才行。比如攀杠子,是两人抬一根木棍,另一人在棍上面翻转腾挪做回轮、倒挂、硬担、软担等表演,这时,观众欣赏的不仅是高跷,间有杂技的技巧。

踩高跷的集体表演有走圆场、走插花、蒜瓣子、并双股等。单人动作有放叉自起、倒立自起、稳墩、跳单拐、攀杠子、舞彩条(布、绸、纸)、张飞骗马、苏秦背剑等。

踩高跷的配乐也只用锣鼓打击乐。鼓点一般用长流水,表演跳单拐、放叉、舞彩条等紧张惊险动作时才用急急风点鼓。至于踩高跷为啥由木匠铺及城壕沿牵头活动,大概是与木匠们对木料质地的选择与制作及城壕沿排练场地宽阔有关。老一代的高跷表演者有杨在山、李丙五、朱礼等,后继者有赵保、徐福元、许艾元、崔老虎、任福才、李芝元、范明、王贵、李喜明、苏德民等人。有时,几路高跷队同场表演,彼时只见跷上五彩缤纷上下翻舞,跷下人头攒动呐喊叫好,表演者使出浑身解数,卖上劲要争个好(俗称拆洗),使观众有目不暇接、心旌奋摇之感。

(八)旱板车

旱板车制作较为简单,用四根或三根木棍交叉捆绑即可,然后在架子上置放几盆鲜花,架子下围以彩色布幔即成。

表演者为3人,即拉车的丑婆子、坐车的大姑娘、推车的傻小子或老汉。旱车前面挂个銮铃铃,傻小子身上挂一串串铃,他们叮铃当啷、稀里哗啦地伴随着鼓点扭动起来、做出走平路、上山、过河等贴近生活的动作。其丑和傻,常常能惹得观众哈哈大笑。旱板车不需要特别地排练,也没有绝对的表演套路,只要热闹就行。另外,有一种介于旱板车和船灯之间的表演叫车车灯,也是3人表演。不同的是车车灯加上彩棚,角色也变为靓男俊女。旱板车一般是出一对儿或者数对儿。鼓点是用长淌子或烂席片,吹奏乐可有可无。栅子外是晋蒙交界处的通衢大道,客店多,人员杂,三五个人即兴可出一辆旱板车车灯,所以逐代相传定位俗定。要旱板车车灯的热心者有张富、蔡玉寿等人。至于别处风行的传统街头文艺活动如踢鼓子、点灯、社火、大头人儿、跑驴、扭秧歌、二鬼摔跤、猪八戒背媳妇等,在杀虎口不常演出。

杀虎口的玩艺特点之一是讲文明。比如在表演完一场之后还给唱一段小曲儿,且有四胡、笛子伴奏。内容吉祥的有《表花》;抒情的有《珍珠倒卷帘》;风趣的有《害娃娃》《十劝》等。在店铺、字号、民宅要完之后,东家就会把香烟、糖(茶)水、糕点端出来任人享用以示犒劳。这时,表演者会一致脱帽鞠躬高喊一声"谢领啦"之后方离去。特点之二是规则多。比如各路表演者在正月十三必须聚齐,到各个街道预演一番。这个程序叫踩街。凡是没有参加踩街活动的,就不能参加元宵节的正式表演。特点之三是有前承后揽的习惯。所谓前承,就是每年正月初十这天便开始物料的采买、花朵的制作等前期操作,分工也十分明确。期间,闲人不得擅入场所。所谓后揽,就是活动的时间较长(一般是正月十三到十六,闰年延至正月十七才结束)。龙灯则在二月初二(龙抬头的日子)再依原样表演一天才正式结束。扫尾工作也是井然有序。

在杀虎口,为街头文娱活动进行乐器伴奏的有代代相传的鼓乐班。著名的乐师有隋涛(艺名杨眼镜),他自制的唢呐比一般唢呐要长得多。吹奏时音域宽阔且韵调百出,婉转谐妙,独具风格,扣人心弦,使闻者叹为观止。如站在西城门上来几段吹奏,音域可传到十几里外的二铺、茶坊、大石头湾子、圪针沟子等周边村庄,足见其功底不凡。后有盲人陈德厚父子把全套船歌儿承传下来。锣鼓队中有梁六、王鹏、杜福厚、杨万贵、李德玉、杨存仁、刘发及牛建山等,他们配合默契。演奏出动听的乐声,服务于各种街头娱乐表演。

杀虎口形式多样的传统街头文艺活动源远流长,它给人们带来的是节日的欢乐和美好的希冀。你方演罢我登场,热闹的表演、满街的花灯、摩肩接踵的人群加上舞台上待演的戏剧,把杀虎口的节日气氛推向吉庆祥和之巅。

第五节 山西移民在塞外地区开发中的贡献

走西口使成千上万的山西人来到塞外草原,与各族人民共同生活,共同开发漠北漠南广袤的区域。从此,在"天苍苍,野茫茫,风吹草低见牛羊"的浩瀚草原上,不仅出现良田千顷、丰产五谷的塞上江南,更出现上家辐辏、百货杂陈的繁荣城镇。秦汉以来,长城以北地区虽不乏农耕地区出现的实例,但往往是屡兴屡废,尤其是在强大的游牧民族出现之时,长城以北即化为纯牧业区域。即使是明朝晚期颇具规模的板升或库库河屯也没有逃脱付之一炬的厄运。导致塞北农耕地区屡兴屡废的原因固然很多，但最关键的因素恐怕还在于农耕区域的狭小与从事农商人数的稀少，以及缺乏长期稳定的社会环境与源源不绝的后继者。长城以北大面积可耕耘的土地为这些地区农耕事业的发展提供客观基础，清朝长时期的政治稳定与各民族的和睦相处，营造出良好的社会环境，这一切都为塞外地区的开发带来难得的时机，而大批山西人又渴望走出贫瘠的故土，寻找摆脱生存危机的路，天时、地利、人和，种种因素的巧妙结合，从而为塞外地区的开发建设谱写出崭新的篇章。通常所称塞外涉及范围相当广泛，即从狭义而言，也包括今内蒙古自治区及蒙古国。当然，走出口外的山西人所到之处，远不止于此。在这里，我们将论述的范围限定在山西移民数量最多、影响最显著的区域，及归化城及其土默特周围盟旗，这一区域的核心部分便是今内蒙古自治区首府呼和浩特市及包头市广大地区。

一、完成行政区划的演变

关于行政区划的演变与地区开发的关系，学者谭其骧说："一地方至于创建县治，即大致可以表示该地区开发已臻成熟；而其设县以前所属隶属之县，又大致即为开发此县动力所自来。故研求各县之设治时代及其析置所自，骤视之似为一琐碎乏味的工作，但就全国某一区域内各县作一综合的观察则不啻为一部简要的地方开发史。"（《浙江省历代行政区域——兼论浙江各地区的开发过程》）检索清代规划地区的行政区划演变之时发现，尽管这一地区有各民族杂居的特殊因素，但行政区域演变与开发的关系明确无误地证实谭先生的论断，而这片地区的开发与山西移民息息相关，可以说，这一区域行政区划的演变不仅是该地区开发程度的标志，更是移民运动进展的象征。

1. 雍正以前为酝酿时期

查雍正年间编纂的《山西通志》，山西省长城以北地区并没有设置行政区的记载。据嘉庆《重修一统志》归化城六厅建置沿革称:"本朝天聪六年,太宗皇帝亲征察哈尔,驻跸归化城,土默特部落悉归顺。九年,以贝勒岳脱驻守归化城。康熙三十五年,圣祖仁皇帝自白塔驻跸于此,其官制都有都统、协领等员,统理驻牧诸旗。"在这一段时期内,土默特及其周围地区归入清朝统治后,基本仿照清朝八旗的制度,实行都统或扎萨克统领。这显然考虑到其游牧民族的特点,带有浓厚的军事管制色彩,还不能与正常的行政区域相提并论。这一阶段正处清王朝开疆拓土时期,统治者需要蒙古部落的武装力量为其效力,自然无暇顾及其他方面的建设。当然,这也与当时山西向这一地区的移民数量有限,且社会缺乏稳定有关。

2. 雍正至同治时期为全面推进时期

这一区域的行政区划建设渐具规模。雍正元年(1723年),设置归化城理事同知,隶属山西朔平府,是这一地区正式行政区建设的开始,也是这一片区域隶属山西行政区的开始,这并不是偶然的巧合。当时山西移民已经进入该地区,为管理上的便利,已开始在移民中实行牌甲制度,尽管没有正式入籍,但已具有合法的居留权,而理事同知正是为处理汉人之间的纠葛而设置[雍正二年弘昇奏称:"照依归化城同知一例办理,如汉人之事令同知料理完结,如蒙古汗人参错之一事,会同该总管审事即可。"见(《口北三厅制·地舆篇》卷一)]。这也就是所谓旗厅并存制的开始。从这个意义上讲,山西汉族移民成为该地区行政区设置起步的原动力。如此众多的山西移民租种蒙古部民土地,必然带来管理上的各种复杂问题,单靠设置一二员同知必定力不从心,故至乾隆元年(1736年)于归化城东北又建绥远城,移左卫之建威将军驻守,作为归化地区及西二盟最高军事长官,这显然是这片区域实行军政分离的征兆。建威将军原本驻守山西朔州,这种安排,自然是基于将归化地区与山西合并为一体的考虑,同时也为山西地方官员移治塞外开先例。这同样表明山西为该地区开发动力的来源,山西移民正是将两个区域联系一起的强有力纽带。

在设置绥远城理事同知的同时,又将这一地区分为五路,增设协理通判分管,这无疑是开发与管理进一步深化的反映。而乾隆六年归绥道的设置更表明:这一地区成为山西省的一个有机组成部分。嘉庆《重修一统志》载:"(乾隆)二十五年增置归化、托克托城、清水河、萨拉齐、和林格尔通判五员,并属归绥道。二十九年,裁归化城通判,共为六厅。"此处的增置,即正式将五协理通判升为理事通判厅,上述归化城六厅包括绥远城同知,其范围与《绥乘》口外五厅完全一致。

3. 光绪年间是归绥一带行政区划实现重大突破时期

在这一时期,归绥道所属理事厅从口外五厅一跃增为口外十二厅,更重要的是,这些理事厅一并改为抚民厅兼理事,管辖的内容扩大必然是因为境内汉民数量迅速增加的缘故。《垦务局档案》所保存的光绪二十九年(1903年)山西巡抚吴廷斌的奏折,对设厅一事作详细的说明,强调"分厅议案系为边外地广民繁,非设官分治无以为绥边弭边志谋、长治久安之计,加以各处蒙汉错居,民教杂处,垦务议创,百废待兴"。此奏一方面反映出设厅是出于边外地广民繁的客观需要,另一方面也反映出清代官府将行政区的设置左卫垦荒工作先期准备的意图(《绥乘·疆域考·附》卷三)。所有这一切都为民国初年的设置县治作出充分准备。另外,这些新设的抚民厅官员均有山西各州府官员改任,这无疑有利于对当地山西移民的管理,也有助于加强山西内地这一地区的联系,南北一家、往来无惧的优越时机会激励更多的山西人北上。

总之,归化城六厅是清代山西省的一个组成部分,其设置本身就是山西行政区演变中的重大突破。首先,秦汉以来,汉族中央王朝虽有长城以北地区设置郡县之先例,但其实维持的时间往往相当短暂,这些郡县与今天山西省北部的关系又相当疏远,并没有较实质的联系。时至明代,中央王朝又以长城一线为最北边界,调集大批军事屯集塞上,与塞北民族成水火之势,这种敌对状况直到俺答汗封贡后才有所好转。有清一代,长城南北和睦相处,为山西平民的北上谋生创造得天独厚的机缘。正如板申的建设主要依赖山西移民一样,归化、土默特地区开发的主力军则非山西移民莫属,徐继畬所称三晋之人种地服贾者尤多,正是这种状况的真实反映。其次,大量口内平民的北上,为边墙之外蒙古地区的治理带来新的问题。正如徐继畬在文中所指出的那样,各理事厅的设置都是在汉民聚成都会之处,其设置的区域及时间正与山西移民的推进速度相适应。再加上地缘关系,归绥道隶属山西省成为顺理成章之事,而这一归属又同时为山西平民的继续北上创造出更良好的条件。直到民国初年,归绥地区的行政区划的演变充分体现山西移民运动的进展情况,同时较为准确地反映出各时期该地区开发的深度与广度。

二、促进农业生产的发展

在近代工业文明到来之前,中国一直是较为纯粹的农业国家,农业是汉族具有压倒性优势的主导产业而长城又是中国农牧业区的分界线,因此,汉民族越过长城,走到口外,向塞外移居,在移入地顺理成章地开展农业生产,可以说,汉民族的北迁实质上就是南部农业的北扩。在经商之外,大多数山西平民来到塞外也主要从事开垦耕耘,为当地农业生产的发展作出积极的贡献。

农业生产的发展多种多样,其主要指标包括农业人口的增加、耕地的扩大、农作物品种的改良与引进,以及粮食产量的增长等。正是由于大批移民的涌入,特别是山西平民的北上,清代归化、土默特地区的农业生产获得长足的发展。至光绪年间,清代官府招民垦荒,使这一地区开垦面积迅速扩大,从而一举改善塞北地区对南方农业区的严重依赖,不仅达到粮食自给,而且成为山西大部分地区粮食供应基地,由千里荒漠变为米粮仓,实现历史性的飞跃。

光绪时期《土默特志》中有《输田记》一文,对该地区开垦以及田赋情况作有较详细的介绍:"土默特旗众自被中朝收录救援,始有今日,故尺地移民不能私为我有。维是境内天工陆续纳垦屯,爱助粮饷者,所在粮多。有交五厅管属征粮者,有交右卫八旗以及绥远城八旗作为游牧者。原奉旨土默特为公共牧地,今则续垦数十百里矣。本境荒田而外,有粮厅管属之庄头地,有拨给公主之地,有代买米地,有拨给庄头等项地,无不由土默特笑纳扎萨

克四十九旗中。"根据不同的用途与需要,清代土默特内放垦的土地也分为不同种类,然而每一种垦地的进展都与山西移民有关:

1. 大粮官地共有八处:善岱垦地 1 500 顷;西尔格、补退、什拉乌素三处垦地 7 000 顷;清水河垦地 2.7 万顷;特穆尔昂立行、浑津垦地 2 500 顷。八处垦地面积合计 4 万顷(日本学者田山茂在《清代蒙古社会制度》附录《汉民族向蒙古移民的沿革》中也提到八大处粮官地,但将单位定位亩,不知何据)。

2. 归化、萨拉齐、托克托、和林格尔、清水河等五厅乾隆年间丈放粮地共 20 105 顷 98 余亩。

3. 从康熙到光绪年间奏放各项粮地官厂各地有 10 万余顷(《土默特志·赋税篇·附》卷五)。

当然,不能把《土默特志》所载垦田数与后来报垦数简单叠加,作为当地开垦出的全部耕地数量。但以上各类垦地相加有 16 余万顷,数量已经相当惊人。这一数量如果与山西口内的耕地相比较,就更能显示出其规模与成绩。光绪四年(1878 年),前工部侍郎阎敬铭与山西巡抚曾国荃联名上疏申禁鸦片,疏中云:"查晋省地亩五十三万余顷,地利本属有限。"(《晋政辑要·礼制风教篇·附》卷二十)仅归土默特地区报垦土地已接近山西口内耕地的总和,而整个内蒙古地区放垦的土地更不止于此数。

放垦耕地面积的庞大固然重要,不过,口外蒙古地区农业发展更具代表性的标志还是粮食产量的提高。到清代中叶,该地区生产的粮食不仅能满足本地区居民的需要,而且还大量向长城以南供应,成为闻名遐迩的塞上谷仓。口外粮食的外运至康熙年间已渐具规模。如康熙帝在四十八年(1709年)的一份口谕中讲到:"大都京城之米,自口外来者甚多。口外米价虽及贵之时,秫米一担不过值银二钱,小米一担不过值银三钱,京师亦常赖之。"(《清圣祖实录》卷二十四)山西口内地区土瘠民贫,粮食生产长期无法自给自足,地缘上的便利,口外蒙古地区成为山西许多地区的粮食供应基地。阎敬铭与曾国荃上疏中指出:"臣等窃观晋省形势南路重山复岭,绝少平原,北路固阴沍寒,每优霜雹,纵令全行播种嘉谷,已不足给通省卒岁之粮……省北大、朔、代、忻及归化七厅向来产粮尚多，每年秋后，粮贩自北而南，委输络绎不绝。近至省城（即太原），远输韩候岭。昔年太、汾二府米价低昂，恒视北路之丰歉为准，由包头一路循河而下，直达蒲、绛。"（《土默特志·赋税篇·附》卷五）光绪初年山西遭受特大灾害，粮食奇缺，造成惊人的死亡数量，其中重要原因之一便是当时归化七厅也受到灾害侵袭，粮食产量锐减。当时山西巡抚曾国荃在奏文中称："查晋省地方所产之粮，本不敷民间之食，向（赖）陕西及省北一带商贩接济。本年陕省荒旱，尚赴楚、豫各省买粮，陕北地方亦被旱灾，以致粮价奇昂。"（《山西通志·荒政记·附》卷八十二）后来阎敬铭与曾国荃联名上奏有提到这个问题："晋省地瘠民贫，素无盖藏，即遇丰收，不敷一年之食。向日蒲、解、汾、平仰给予秦，潞、泽、辽（沁）仰给予豫。其与腹地州县，无不以口外粮之来源。去岁，秦、豫亦被荒旱，口外收成连年歉薄，仰给无从。"（《山西通志·荒政记·附》卷八十二）这些资料都证实了清代山西地区对归化七厅的粮食供应的需求。

从秦汉到明末，长城以北一向被视作荒裔不毛之地，生活在这一大片地域里的游牧民族，在粮食、生产工具及日用品等方面很大程度上依赖南方汉族的供给。正如王崇古所云："北虏散处漠北，人不耕织，地无他产，锅釜衣缯之具，咸仰给中国。"（《明穆宗实录》卷五十四）从这个意义上讲，长期以来南北民族的冲突，实际上是由两大区域间物质生产严重不均衡的矛盾所引发。南方中央王朝以邻为壑，视塞外民族为异类，拼命组织先进的生产技术及物资北上，使塞外长期徘徊在原始落后的游牧业生产状态，粮食、生活用品极度缺乏，因此，每当塞外部落强大之时，饱受贫乏封闭之苦的游牧部众总是迫切而频繁地向南进攻，以获得渴求的各种物资。在某些特殊时期，长城以北一些有限的区域出现农垦与定居区，但由于缺乏源源不断的后继者，这些区域往往在剧烈的社会动荡后消失踪迹。直至明代末年丰州川上板申区的出现。清代南北民族的和睦，山西及各地平民的北上，终于使塞外千里荒漠里现数十万顷良田，并一举成为供应华北各地（特别是山西口内）的粮食基地，这不能不说是塞外地区农业生产的辉煌成就，在这辉煌成就的背后，也不能不提到山西移民的功劳。

三、商业与城市的兴起

山西商人不仅是口外地区商业的开拓者、奠基人，而且也是口外商业发展最重要的一支力量。城镇的出现正是商业发展的必然结果，而山西成功的富贾商家为塞外城镇发展作出举足轻重的贡献。

俺答汗封贡后的南北互市为塞外商业发展提供千载难逢的大好时机，清代南北的统一更为商家往来铺平道路。声名显赫的山西商人夤缘际会，迅速把自己的经营地域向塞外拓展。清纳兰常安《行国风土记》载："塞上商贾，多宣化、大同、朔平三府人。甘劳瘁、耐风寒，以其沿边居处，素习土著故也。其筑城驻兵处侧建室集货，行营进剿，时亦尾随前进，虽锋刃旁午，人马沸腾之际，未肯裹足，轻生而重利，其情乎！……是以收利盈千万亿，致富不赀。"山西商人这种重利轻生的冒险精神实在令人感叹，然而如果没有这种冒险精神与坚韧追求，塞外荒漠就不可能有商业拓展与城镇的兴起。民国《归化县志》载："（归化城）邑，明代为蒙人游牧地，谙达（即俺答汗）内附后，始有晋人来营商业，初仅百物互易，后始代以货币，货币银为主，制钱辅之……票号有平遥帮、太谷帮之分。"光绪《新修清水河厅制》载："所有商贾圜圚者率皆边内人，或负贩，或坐售。"

如此简略的陈述是无法表现出山西商人所付出的艰苦努力。《归绥识略小传》载："时归化城商贩初集，蒙古兵弁强攫货物，有索价者辄倚势欺暴，商民苦之，公（指费扬古）至，力除其弊，有犯者即惩以法，康熙三十七年朔奉特命还师京城，塞外军民商家攀辕泣送，立生祠，归绥人至今尸祝之。"良好的社会环境对于贸易发展是必不可少的发展前提，清代长城内外的和睦安宁为山西商人在口外地区持续发展创造优越的条件。为数可观的山西商人在塞外经营取得巨大的成功，往往赤手成素封，这些活跃在塞外的商人群体被人们称为旅蒙商。清代山西籍著名学者徐继畬在《诰封武翼都尉周公朴斋八十寿序》一文中对旅蒙商代表人物之一——周朴斋的奋斗历程作了扼要的介绍："忻州诰封武翼都尉周公朴斋，先世已贫无生业，移家于萨拉齐

(厅),勤苦治生,粗有温饱。公继嗣于世父锡嘏公,锡嘏公弃养时,公甫十五,兄复斋年十八。兄弟继先业,协力谋生,不数年而少有,又不数年而富。迨公年四十余,已累赀钜万矣。公以塞外非首邱地,复移家于故土,晚年家益丰,忻州屈指巨室者,以及于公。方公壮年时,勤瘁治生,冒寒暑往来塞外,手足皴皲,面目黧黑,虽少籍先世遗基,而继增长高皆出于拮据经营而来得之,亦不易亦!"周朴斋的先辈从山西移民萨拉齐厅,经过几代人的艰苦努力,终于家业发达,累资钜万,成为成千上万山西移民中的佼佼者,殊属不易,堪称典范。周朴斋在晚年重新回到故乡忻州,却不更改其移民的身份。因为很多山西商人虽在故籍拥有地产、家室,但其经营的基业依然留在塞外。笔者在查阅有关资料的时候,深切地感到清代山西成功商人多至不可胜数,然而像周朴斋这样被著名学者称颂、记述的巨商实在太少。

一个商人成功的意义不仅在于其个人的财富积累,成功的商人必须拥有较大规模的不动产,如众多不同门类的商号、作坊等,还必须雇佣较多的伙计为其服务。对于一座城镇而言,商人经营的成功,包括资金数量的增加与不动产的扩大,这些会直接地促进城市景观的建设与市场的繁荣。反之,商人的破产与经营的萎缩,也同样在市面上得到明确的反映。这也是商人与城镇建设之间的密切关系所在。大批山西人云集塞外,并取得巨大的成功,对塞上城镇的建设起到不可或缺的作用,可以说,在某种程度上,口外蒙古商业城镇的发展正是山西商人在塞外经商事业取得成功的写照。关于这一点,大盛魁与复盛公两大商号的创业史为我们提供最具说服力的证明。

清代口外蒙古的贸易基本上为旅蒙商所垄断,而归化城是旅蒙商经营的主要基地之一。在最鼎盛时期,归化城中有旅蒙商四五十家,最负盛名的是三大号——大盛魁、元盛德、天义德,在这三家顶尖级商号中,要数大盛魁最为显赫。大盛魁的三位创始人分别是山西太谷人王相卿与祁县人张杰、史大学。他们最初都在驻杀虎口清军中服役,后来成为随军贸易的小贩,日积月累,在雍正年间挂出大盛魁的招牌。到清朝末年,大盛魁成为口外地区天字第一号商业集团。它的经营范围极广,上至绸缎,下至葱蒜,几乎无所不包;经营地域北至外蒙古、新疆,南至晋、豫、湖广。它下属商号有三玉川茶庄、天顺太绸布庄、大盛川票号、裕盛厚钱庄等。大盛魁的从业人员最多达六七千人。它的骆驼运输队更是罕有其匹，一年三百六十五天，都有在路上走着的。骆驼队担任护卫的狗就有 1 200 只，规模之大，令人咋舌。大盛魁总号之下，各种分支机构星罗棋布，伸展到草原各个角落。它每年收取的赊账利息就有"七万匹马和五十万只羊"。归化城是它翻云覆雨、只手遮天的地方。城中的生意多半由它牵头进行，市面上的主要商品也都由它来开盘行市，因此，大盛魁就有个响当当的绰号——半个归化城。像大盛魁这样庞大的商业集团实为中国历史上所罕见，有人形容它的资本，如果用 50 两重的大元宝铺路，可以从库伦(蒙古国今乌兰巴托)一直铺至北京城。它实际上控制整个归化城的经济命脉，他的兴衰也就成为归化城商业繁荣与否的晴雨表(沈斌华，《内蒙古经济发展史札记》；内蒙古文史资料第 12 期《旅蒙商大盛魁》)。

先有复盛公，后有包头城。熟悉包头城工业发展上的人也都熟知这句话，而这句话也就简明扼要地道出复盛公商号对于包头城发展所起到的巨大作用。包头城的历史相当短，这一地名直到清康熙年间才出现，当时只是一个很不起眼的小村落。到嘉庆年间，包头才由村改为镇。而复盛公的创始人山西祁县人乔贵发与一位秦姓老乡却早在乾隆年间就离开山西，到萨拉齐厅一带落脚，开始艰辛的创业生涯。他们现在当铺当工人，又在包头一带开杂货店，同心协力。苍天不负有心人，逐渐发达起来，于乾隆二十二年(1757 年)合开广盛公商号，也就是复盛公商号的前身。广盛公购置地皮，兴修房院，经营内容越来越广，到嘉庆年间改为复盛公，基本上由祁县乔家独自主持。道光以后，复盛公又独资开设复盛全与复盛西商号。在包头市面上，复盛公、复盛全、富盛西三大号共有十九个门脸，四五百职工，尽管清代末年，社会动荡，国势日渐凋敝，而复盛公这塞上商业巨子却枝繁叶茂，走过 200 余年发达之路。民国初年，京绥铁路的贯通，黄河航运的发展使包头迎来前所未有的发展机遇，复盛公的事业也臻于极盛。复盛公、复盛全、复盛西三大商号成为包头市面上九行、十三社的资金周转中心。

第十章　历史名人与巨著

第一节　帝王诸侯

一、赵武灵王

赵武灵王(公元前 340 年—公元前 295 年),战国时期赵国国君,名雍。一位善于向北方少数民族学习的君主。当时的赵国,北有燕国,东有东胡,西有林胡、楼烦、秦、韩国等。为实现占有胡地的战略意图,乃于武灵王十九年(公元前 307 年),改革军事,服胡服,教民齐射,建设骑兵。原来赵国的衣服,袖长、腰肥、领口宽、下摆大。穿着这样的衣服,行动不方便。同时赵国只有步兵而无骑兵。赵武灵王教民胡服骑射,仅一年时间,赵国训练了大批矫捷善于骑战之士。从而开始强大起来,武灵王二十六年(公元前 300 年)破林胡、楼烦,掠地北至燕代,西至云中九原,对秦国北部形成包围态势。武灵王向少数民族学习,改革军制,实行胡服骑射,具有重要意义。

二、冒顿单于

冒顿单于(公元前 234 年—公元前 174 年),秦末至西汉年间的匈奴单于,姓挛鞮。秦二世元年(公元前 209 年)杀父头曼单于自立,建立匈奴政权,单于庭直代郡、云中。建立以单于、左、右贤王为主干的官制体系。拥有"控弘之士"30 余万。在位期间,东灭东胡,西逐月氏,夺取楼兰、乌孙、呼揭等地。北服丁零,南服楼烦白羊(匈奴的部落),南下代郡、定襄、云中、五原、朔方(多今在内蒙古境内)活动,再次占领河南地(今内蒙古河套平原以南地区)。

三、呼韩邪单于

呼韩邪单于(？—公元前 31),西汉时期匈奴单于,名稽侯狦。西汉宣帝神爵四年(公元前 58 年)与其兄郅支单于争夺权位,兵败。宣帝甘露二年(公元前 52 年)呼韩邪单于主动归附西汉,结束了汉朝与匈奴之间长期的对立状态,为双方友好交往开辟了道路。单于请愿留光禄塞下(今固阳县西南)。元帝竟宁元年(公元前 33 年)又入汉求和亲,迎娶宫女王嫱(王昭君)为阏氏。从此,双方和好达 60 余年。匈奴社会也得到了安定和发展。呼韩邪单于在处理汉匈关系上力主友好的做法,对当时和以后的历史产生了重要的影响。

四、檀石槐

檀石槐(137—181 年),东汉时鲜卑首领。建立领导了鲜卑部落军事大联盟。立庭于弹汗山(今山西省阳高县西北)。制定法律。由汉人地区输入铁器,学会制造兵器与工具,促进了鲜卑部落社会经济的发展。对蒙古高原的历史产生了不可忽视的影响,活动范围十分广阔。东败扶余;西达乌孙界;向南掠夺东汉,北连外兴安岭,逐步控制匈奴故地。将鲜卑分为东、中、西三部,各是大人统领,曾率鲜卑部众频繁与中原交往,求至市。

五、拓跋珪

拓跋珪(371 年—409 年),北魏的建立者。鲜卑族拓跋部人。北魏登国元年(386 年)正月即代王位。四月改称魏王。建国盛乐(今和呼和浩特市林格尔地区)。北魏天兴元年(398年)即帝位,迁都平城(今山西大同)。在位时,使鲜卑人分地定居,发展农桑,任用汉人,从而使社会经济有了较快发展。晚年政事苛暴,被次子所杀。庙号太祖皇帝,谥号魏道武帝。

六、耶律阿保机

耶律阿保机(公元872年—公元926年),辽国的建立者。契丹族达剌部人。唐天复元年(901年)被推为部落首领。统兵南下今河北、山西、内蒙古中部。与五代时期的中原政权争雄,建州县统治汉人。辽神册元年(916年)建元称帝,国号契丹。两年后建都皇都(今赤峰市巴林左旗南)。947年改国号为辽,改皇都为上京。草创辽朝的政治、经济、军事制度。对契丹部族以及燕云以北的各部族采取辽朝的制度予以统治。对燕云地区的汉人,实行唐朝以来的制度进行治理。辽天显六年(925年),东征渤海国。次年灭之,建立东丹国。回军时病死于扶余。

七、完颜阿骨打

完颜阿骨打(1068—1123年),金朝的建立者。汉名旻。女真族完颜部人。辽天庆三年(1113年)为女真部族完颜部首领。统一女真诸部后,于天庆五年(1115年)称帝,建立金朝,年号收国,建都于会宁(今黑龙江省哈尔滨市)。先后击败辽朝的宁江洲(今吉林省扶余市东南)、黄龙府(今吉林省农安县)的军队和辽朝天祚帝的亲征军,招降了保(今朝鲜新义州北、开(今辽宁省凤城县)、南京(今北京)。天辅三年(1119年)与北宋定约,共同攻辽,先后占领辽的大部土地。1123年在征战途中病逝。庙号太祖,谥武元皇帝。

八、成吉思汗

成吉思汗(1162—1227年),蒙古开国大汗,古代蒙古贵族首领,军事家和政治家,蒙古乞颜部人,孛儿只斤氏,名铁木真。出生于蒙古贵族世家。9岁时父也速该被仇人毒死,随寡母度日,艰险备至,后在其父的"安达"克烈部首领脱里罕庇护下,收集亡父离散旧部,实力逐渐强大起来,宋醇熙十六年(1189 年)被推举为汗。称汗后,相继战胜扎答阑、塔塔尔、乃蛮、太赤乌,斡亦剌、和答今、散只兀都部,成为蒙古高原最高的统治者。南宋开禧二年(1206 年)铁木真在斡难河(今鄂嫩河)源召开忽里勒台大会,树九游白旗,即蒙古国大汗位,号成吉思汗。制定军事、政治、法律等制度,建立军政合一的千户制,扩大直辖的护卫军,设置必要的国家机构,由传统的草原贵族斡耳朵发展成为游牧军事国家。开始用畏兀儿字母记述蒙古语。蒙古汗国统一部落后,大批原来的部落人口被分编在不同千户中,许多部落的界限逐渐消失,开始形成共同的蒙古民族。临近的吉利吉思、畏兀儿、哈剌鲁等部,先后归附成吉思汗。成吉思汗凭借其强大的武装力量和优越的军事组织,对外开始了大规模的军事扩张,进行南下和西征。从 1205 年至 1209 年曾三次进军西夏,逼其纳女请和。1211 年,率领大军攻金,野狐岭之役上消灭金军40 万。1213 年,缙山一战,金军精锐消耗殆尽。接着蒙古军又南出紫荆关,兵分三路横扫华北平原。至此,金朝已无力抵抗,1214 年向成吉思汗献岐国公主,并给蒙古国大批金银珠宝。随后金宣宗从中都(今北京)逃迁南京(今河南开封)。1215 年蒙古军占领中都。1217 年,成吉思汗封木华黎为太师、国王,专事攻金。自己准备西征。1218 年,派大将哲别灭西辽。1219 年,成吉思汗率 20 万大军西进。1220 年攻克讹答剌城、不花剌、撒麻耳干、玉龙杰赤乌尔根奇),进入呼罗珊地区。1221 年拖雷占领呼罗珊全境。1222 年,在占领直达鲁花赤监治。1223 年,还撒麻耳干驻冬,次年启程还国。西征胜利后的蒙古国,其版图已经扩展到中亚南部。成吉思汗将这一大片土地封给长子术赤、次子察合台、三子窝阔台三大汗国。1226 年,成吉思汗出征西夏。次年西夏被灭亡。1227 年七月,成吉思汗病逝。临终提出连宋灭金战略。大皇后孛儿贴生子四人,第四子拖。忽兰皇后生一子阔列坚。元世祖至元三年(1266 年)追谥为圣武皇帝。武宗至大二年(1309 年)加谥法天启运圣武皇帝,庙号太祖。

九、木华黎

木华黎(1170—1223年),蒙古汗国大将,开国功臣,札剌亦儿部人。自幼投靠铁木真家,随铁木真统一蒙古各部。屡救铁木真于危难之中。1206年蒙古汗国建立时,因公受封为左手万户长,兼领左翼第一千户,统汗庭以东至哈剌温只敦(今大兴安岭地区)的广阔地区。元太祖六年至十一年(1211—1216年),随成吉思汗连年伐金,大败金兵。1215年五月,木华黎军取临潢府(今内蒙古巴林左旗)、北京路(今内蒙古宁城县大名城)诸州县,大败金军于花道(今内蒙古赤峰市东南),进克辽西重镇北京,遣人招降兴中府(今辽宁省朝阳市)。辽东、辽西诸州郡尽为蒙古军所有。元太祖十二年(1217年)秋,成吉思汗诏封木华黎为太师、国王。成吉思汗归漠北后,命木华黎经略对金战事和中原地区治理。同年攻下河北、山东诸州。1218年攻入山西,占太原、平阳等80余城。1220年秋入济南。磁、洺(今河北永年东南)、恩(今山东武城旧城)、博(今山东聊城)、滑(今河南滑县东)、浚等州户30万诣军门降。1221年秋出河西,取葭州,破绥德、鄜(今陕西富县)、坊(今陕西黄陵)等州。1222年,西攻凤翔,凤翔军民英勇抵抗。蒙古军围攻一个多月,仍不能克,只得引兵退还。1223年三月病死于闻喜(今属山西)。子孛鲁嗣位,子孙世袭国王。

十、哲别

哲别(?—约1224年),蒙古大将,别速部人,原名只儿豁阿歹。初臣服蒙古太赤乌部,后投降成吉思汗。赐名哲别(蒙古语,箭之意)。又译者别。哲别骁勇善战,由十户长升至千户长。元太祖六年(1211年),成吉思汗率兵南下攻金,金筑乌沙堡拒之。成吉思汗命哲别攻之,破乌沙堡、乌月营。蒙古军拔德兴府,金居庸关守将遁去。哲别率兵入关,抵金中都(今北京)。元太祖十三年(1218年)哲别奉成吉思汗命,率2万人讨伐屈出律,执斩之,灭西辽。元太祖十四年(1219 年),随成吉思汗西征。1223 年,于阿里吉河战役中击溃斡罗思诸国王公与钦察汗联军,进掠斡罗思南境,又转攻也的里河上的不里阿耳国,然后东返蒙古,病死在归途。

十一、术赤

术赤(1177—1225 年),蒙古汗国大将,成吉思汗长子。骁勇善战,屡随父出征。南宋嘉熙四年(1204 年)掌右军征服乃蛮部后,屯镇金山(今阿尔泰山)地区。成吉思汗建国后,以蒙古百姓封为子弟,术赤分得 900 民户。元太祖六年(1211 年),随成吉思汗伐金,攻取云内、东胜、武、朔等州。1213年,再次伐金,与察合台、窝阔台率右军,循太行山而南,攻陷保、遂等 12 州县;残破潞、辽等 7 州;攻取汾、石等 6 州。1217 年,曾率军征林木中百姓,招降斡赤剌、不里牙惕、巴儿忽等十余部。1219 年,从父西征。1220 年攻取花剌子模旧都玉龙杰赤等城。西征后,成吉思汗分封诸子,术赤作为长子,封地最西,得今咸海、里海以北之地。后病死。有子甚多,知名者 14 人。次子拔都承袭汗位,在其封地的基础上建钦察汗国。

十二、察合台

察合台(?—1241 年),察合台汗国的建立者,成吉思汗的次子。元太祖八年(1213 年)攻金,初领有西辽旧地。元太祖十四年(1219 年)随父西征,得讹打剌城、玉龙赤杰城。以畏兀儿以西直至阿姆河等地为封地,建察合台汗国。定都于阿力麻里(今新疆霍城县水定镇西北)。1219 年反对长兄术赤作为汗位继承人,请其弟窝阔台继承汗位。窝阔台(元太宗)即位后很受尊重,重大决策多尊重他的意见。

十三、窝阔台

窝阔台(1186—1214 年),蒙古国第二代大汗,成吉思汗第三子。1229—

1241 年在位。年轻时,随父征服漠北诸部。1211 年,从父伐金,攻取云内、东胜、武、朔等州。1213 年蒙古军分三路南下,与术赤、察合台率右军,尽破太行山东西两侧 20 余州。1219 年成吉思汗西征,窝阔台被确定为大汗继承人。西征中,与术赤、察合台先后攻陷讹打剌城、玉龙赤杰城。西征后其封地在今额尔齐斯河上游和巴尔喀什湖以东一带,首府叶密立城(今新疆额敏县)。1226 年,窝阔台率师围南京(今河南开封)。1227 年,随成吉思汗征西夏。1229 年,经蒙古族诸王的忽里台选举,即汗位。始立朝仪,制定皇族诸王见大汗时的跪拜礼节。再一次颁行大札撒(大法令)。确定牧民赋额按牲畜数百取其一。始置仓廪,确立驿站制度。任契丹人耶律楚掌领汉人赋税,牙老瓦赤掌领西域赋税。1230 年,采纳耶律楚材建议,设立十路课税所,专掌征收钱谷。赋税制度的推行,使朝廷得到大批金帛,从而窝阔台开始信任耶律楚材等儒士,并采用汉地传统制度,改进统治。七月,窝阔台分道出兵伐金,相继占领陕西、河南、淮西大部。1231 年始立中书省。1232 年败金师,攻克钧(今河南禹县)等 15 州。1233 年,清查、登记中原户口,入户籍者 73 万多户。又在燕京创立国子学,选派蒙古子弟学习汉文,占领金新都汴京,继又联合南宋,羿年攻下蔡州,灭金。1235 年创建和林城,建造万安宫。同年开始编制中原户口,至 1236 年续得 110 多万户。再次召集大会,分遣诸王拔都、皇子贵由、皇侄蒙哥大举西征。窝阔台留居蒙古本土,纵情享乐。1236 年,将 70 多万户中原汉地人户分赐诸王、贵戚、功臣、斡耳朵为食邑。实行"五户丝制"。1237—1238 年,考试中原诸儒生,中试者编入儒户籍,其中有部分人被任命为本籍贯州县议事官。窝阔台在位 13 年中,采取耶律楚材的建议,用汉法,定赋税,置仓廪,扩户籍,行交钞,设驿站,漠北凿井,派人治理中亚和汉地,加强了各民族的联系和经济文化交流。晚年,听信谗言,耶律楚材等重臣受排挤;而以富商奥都剌合曼为提领诸路课税所官,扑买中原课税,加重了对人民的剥削。窝阔台性喜奢豪,挥霍无度,嗜酒无节。1241 年暴死。元世祖至元三年(1266 年)追谥英文皇帝,庙号太宗。

十四、拖雷

拖雷(1193—1232 年)成吉思汗第四子。1213 年,成吉思汗分兵伐金,拖雷从其父率领中路军,攻克宣德府,遂攻德兴府。拖雷与驸马赤驹先登,拔其城。继而挥师南下,拔涿州、易州,残破河北、山东诸郡县。1219 年,从成吉思汗西征,攻陷不花刺、撒麻耳干。1221 年,分领一军进入呼罗珊境,陷马鲁、你沙不尔,渡搠搠阑河,降也里。遂与成吉思汗合兵攻陷塔里寒寨。按照蒙古习俗,幼子继承父业,而年长的则分析外出,自谋生计。故成吉思汗生前分封诸子,拖雷留在父母身边,继承父亲所有的斡难和怯绿连的斡耳朵、牧地及军队。成吉思汗留下的军队共有 12.9 万人。其中 1.1 万人由拖累继承。成吉思汗死后,在 1229 年选举大汗的忽里台上,推窝阔台即大汗位。1231 年,与窝阔台分道伐金,拖雷左右军自凤翔渡渭水,过宝鸡,入大散关。十一月,蒙古军假道南宋境沿汉水而下,经兴元(今陕西汉中)、洋州(今陕西洋县),在均州(今湖北均县西北)、光化(今湖北光化北)一带,渡汉水,北上进入京境。1232 年初,与金军在钧州(今河南禹县)遭遇。拖雷趁雪夜天寒大败金将完颜哈达、移刺蒲阿、完颜斜烈于三峰山,尽歼金军精锐。此役毕,拖雷与自白坡渡河南下的窝阔台会合。同年北返,病死于途中。元世祖至元三年(1266 年)谥号景襄皇帝,庙号睿宗。子蒙哥(元宪宗)、忽必烈(元世祖)相继称帝。

十五、速不台

速不台(1176—1248 年),蒙古汗国开国功臣,兀良谷部人。早年跟随成吉思汗,为其忠实的那可儿(伴当),勇猛善战。与折里麦、哲别、虎必来同为"四獒"。初为百户长,统一漠北诸部后,封为千户长。蒙古汗国太祖六年至十年(1211—1215 年)随成吉思汗攻金。1217 年奉命追袭企图逃串的蔑儿乞残部于垂河(今中亚地区楚河),灭之。1219 年随成吉思汗西征,与哲别率

3 万骑攻打花剌子模王朝。其首领摩诃末病死后收兵。又按成吉思汗的原计划北进,破谷儿只(今格鲁吉亚),越太和岭(今高加索山),攻入阿速、钦察国。1223 年,于阿里吉河击溃斡罗思之伽里奇和乞瓦二公的援军,进掠斡罗思南部地区。同年底转兵攻也的里河(今伏尔加河)畔的阿耳国后,东返蒙古。1226 年从成吉思汗西征西夏,并奉命入金境,取临洮、凤翔路诸州县。太宗三年(1231 年)随拖雷执行假道于宋,联宋灭金的大迁回战略。次年在均州三山峰与三四万之众,歼金重兵。窝阔台、拖雷北上后,留速不台围攻汴京。1234 年与宋军联合攻克蔡州,金亡。1235 年从诸王拔都、贵由、蒙哥等西征不里阿耳、钦察、斡罗思诸国,为先锋。1241 年出奇计败马札儿(匈牙利)军于漷宁河(今匈牙利东部索约河),创闻名于世的歼灭战战例。参加定宗元年(1246 年)贵由汗登基大典后,回秃剌河营地。《元史》有《速不台传》。其子兀良合台、孙阿速均为元开国名将。

十六、贵由

贵由(1206—1248),蒙古汗国大汗,1246—1248 年在位。太宗窝阔台长子。太宗即位后,继承父原有封地,领有今额尔齐斯河上游和巴尔喀什湖以东地区。太宗五年(1233 年),受命征辽东,与按只带领东夏国主蒲鲜万奴。太宗七年(1235 年)与诸王拔都、蒙哥西征,攻打斡罗思及东欧诸地。太宗十二年(1240 年)奉召班师。乃马真后五年(1246 年),即皇帝位于汪吉宿秃里之地。拔都与贵由不和,借口患病,不参加选汗大会。蒙古皇室的内讧开始激化。即位后,命察罕进攻江淮。杀大臣奥都剌合蛮,以牙老瓦赤领汉地事务。定宗二年(1247 年)派亲信大臣也里知吉带为西征军统帅,授以统辖波斯及其以西诸地的权力。下令,凡蒙古人户每百户以一名充拔都鲁。又取太宗宿卫之半,以也曲门答儿领之。又下令扩人户。定宗三年(1248 年)贵由亲率护卫军西行,声言到叶密立(今新疆伊敏河)养病。同年,贵由死于横相乙儿(今新疆布尔根河与写伦古河汇流处)之地。谥简平皇帝,庙号定宗。

十七、孟哥

孟哥(1209—1259 年),蒙古汗国第四代大汗,成吉思汗之孙,拖雷长子,1251—1259 年在位。自幼由太宗窝阔台抚养。随从西征,屡立战功。窝阔台汗七年(1235 年),奉窝阔台命,与拔都、贵由率兵西征不里阿耳、钦察、斡罗思诸地。1240 年与贵由奉旨还东。贵由去世后,斡兀立海米失皇后称制。在汗位继承上诸宗王之间意见分歧。经过几年激烈斗争,1215 年六月,确定蒙哥为大汗。从此,汗位从窝阔台系转移到拖雷系。蒙哥即位后,极力恢复大汗的权威和政令的统一。他下令整饬民政,拘收前此朝廷及诸王所滥发之牌印、召旨、宣命,限制诸王乘驿所征用的马匹数量;禁止擅招民户;禁止商人乘驿;加强汉地、中亚和波斯三大行政区的统治机构。又命弟忽必烈总领漠南汉地军国庶事。1252 年命忽必烈南征大理、南宋,命诸王也古征高丽。1253 年,命弟旭烈兀总领波斯之地,统兵西征未服诸国。1252 年起,在全国范围内进行全国户口登记,编造籍册,并再次分封诸王贵族。又任诸臣分掌汗廷事务。1256 年,蒙哥汗召开诸王会议,决定大举攻伐南宋。蒙哥以幼弟阿里不哥留守和林,诸王塔察儿率师出东部,攻荆襄。1258 年,自率主力入四川,克利州(今陕西省汉中市),破苦竹隘、大良山诸险。1259 年二月,蒙哥率全军渡鸡爪滩,至石子山,猛攻钓鱼山(今重庆市合川区东),因宋将王坚恃险坚守,屡攻不克。天气暑湿,军中疫疠流行,士兵多病死。蒙哥亦染疾,七月,卒于钓鱼山。在位 9 年。后追谥桓肃皇帝,庙号宪宗。

十八、忽必烈

忽必烈(1215—1294 年),元朝的创建者。1260—1294 年年在位。元宪宗元年(1251 年),忽必烈受命总领漠南汉地军国庶事。早在藩王时期就思"大有为于天下",并热心于学习汉文化。曾先后召僧海云(宋印简)、僧子聪(刘秉忠)、王鹏、元好问、张德辉、张文谦、窦默等,问以儒家治道。先后任用汉人儒士整饬州吏治;立经略司于汴梁,整顿河南军政;屯田唐、邓等州。1253年,受京兆(今陕西省西安市)封地,遣人立京兆宣抚司,任用诸儒臣兴立屯田,恢复农业。同年六月,忽必烈受命于大将兀良合台远征云南,灭大理国。1256年春,命僧子聪相地于桓州(今内蒙古正蓝旗北)东北,滦河北岸的龙冈(今内蒙古多伦县西北),营建宫室、房舍,三年后建成,名为开平(后称上都)。忽必烈采行汉法的活动招致蒙哥的不满。1258年蒙哥兴师伐南宋,受命代总东路军。1259年九月,率师抵淮河。蒙哥在合州前线病逝的消息传来,忽必烈挥军自阳逻堡渡长江,围鄂州(今湖北省武汉市)。忽必烈得悉留守漠北的幼弟阿里不哥擅自征兵,图谋汗位,于是采纳汉人儒士郝经的献计,与宋约和,轻骑北返燕京。1260年三月,忽必烈在部分诸王的拥戴下,即大汗位,称帝于开平,建元中统,开始按中国传统的王朝年号纪年,建立与中原经济基础相适应的中央集权制封建政权。阿里不哥不承认忽必烈的汗位,于同年五月在和林由漠北诸王拥戴为汗,与忽必烈对抗,引起长达四年的争战。元至元元年(1264年)阿里不哥败降。元至元八年(公元1271年)11月,改"大蒙古"国号为大元。元至元九年(1272年)迁都大都(今北京),后大举出兵攻南宋。元至元十三年(1276年)下临安,元至元十六年(1279年)灭南宋。忽必烈确立中央集权政治,恢复正常的统治秩序,采取一些有利于农业和手工业生产的措施,使社会经济逐步恢复和发展,从而边疆地区得到开发。全国统一,初步奠定了国家疆域的规模,发展了国内各民族的经济文化交流。全国统一以后,忽必烈的保守和黩武等消极因素使改革落后旧制的工作陷于停顿。在位35年。元至元三十一年(1294年)忽必烈病逝,年80岁,有子11人。谥圣德神功文武皇帝,庙号世祖。

十九、阿里不哥

阿里不哥(约1219—1266年),蒙古宗王,拖雷的幼子,元世祖忽必烈之弟。唆鲁禾帖尼所生。按照幼子继承父业的蒙古族风俗,阿里不哥随唆鲁禾帖尼同住,并继承她的宫帐。元宪宗八年(1258年),蒙哥将兵攻宋,命其留守和林(蒙古国鄂尔浑河上游东岸哈尔和林)。1259年七月,蒙哥病逝与四川和州钓鱼山下。当时,忽必烈得知蒙哥死讯,仍继续渡淮南下,进围鄂州。这时,留镇漠北的阿里不哥力图乘机控制漠南,谋即汗位,遣阿蓝答儿发兵与漠北诸部,脱里赤扩兵于漠南诸州。忽必烈闻讯,立即与南宋言和,迅速北返。1260年三月,在部分蒙古宗王的拥戴下,与开平(后称上都,今内蒙古正蓝旗一带)抢先即大汗位,建元中统。阿里不哥也在漠北诸宗王的拥戴下,于同年四月在和林即大汗位,据有漠北地区。双方使者来往,无法取得妥协后,阿里不哥遣军南征,忽必烈亲自率师北征,前锋移相哥败阿里不哥军,迫使他退守吉利吉思。次年秋,阿里不哥移师东还,袭败移相哥,大举南进,与忽必烈激战于昔木土脑儿,双方死伤相当,各自退兵。忽必烈下令禁绝汉地对漠北的物资供应,阿里不哥陷入窘困。又值大饥,民怨沸腾,部众离散,势穷力竭,于元至元元年(1266年)病死。

第二节　将相

一、杰出将领卫青

陕西省兴平县内,有一座汉武帝墓,称为茂陵。茂陵的东北,并排着两座坟墓。紧靠茂陵的一座,下面埋葬着一个名叫卫青的人,那么,这个异姓的人卫青,死后怎么会在至为尊贵的皇陵占了一角之地,因为此人功勋卓著,是汉代著名的抗匈英雄,杰出将领。

卫青字仲卿(?—106年)出身低微,其父姓卫,其母为平阳公主府里的女仆,卫青最小的一个姐姐是后来做了武帝皇后的卫子夫。幼年时,由于家境贫困,曾当过放羊娃,受尽苦难。冷漠的环境,艰苦的生活,辛勤的劳作,使卫青从小养成吃苦耐劳、刚毅倔强的品质,也练就了强健有力的身体。后来,又跟随母亲回到平阳府。最初,平阳公主很喜欢这个英俊懂事、勤奋好学的青年,并让他做了自己自己的随从骑奴。从此,卫青又开始了一种新的生活。作为皇亲国戚的公主府家奴,卫青渐渐学到了一些文化知识,懂得了一些封建社会上层接人待物的道理。后来,汉武帝拜卫青为建章宫监,并让他做了侍中,接着汉武帝又封卫子夫为皇后,卫青也被提升为太中大夫,做了皇帝的顾问。

秦末汉初,我国北方的游牧民族匈奴强大起来。匈奴冒顿单于再次占领了河南地(今内蒙古鄂尔多斯一带),并时常攻打汉朝边郡。在此后60余年间,北部边军兵连祸结,人民惨遭蹂躏,生产受到极大破坏。公元前142年,汉武帝即位的前二年,匈奴骑兵再次进攻雁门,雁门太守冯敬战死。卫青的家乡平阳接近战地,多次受到战争的骚扰。少年时代的卫青听惯了战争的号角,看惯了边塞的烽火。

汉武帝元光二年(公元前133年)夏,西汉出兵30万大军,由护国将军韩安国为总指挥,分两路设伏,诱歼匈奴。李广、公孙贺率主力隐藏在马邑(今山西朔州)附近的山谷中,只等单于兵到,立即发起袭击,王恢、李息另率3万人马,急出代郡,插入敌后方,断其后路。匈奴军臣单于带领10万人马,直奔马邑。在距马邑百里左右的地方,识破了汉军的计谋,立即掉头撤兵。而李广、公孙贺行动迟缓,失去战机;王恢、李息,闻知单于兵多势众,也没敢按原计划截击。"马邑之谋"失败后,西汉同匈奴公开决裂,双方进入长期的交战状态。

"马邑之谋"失败后,汉武帝通过总结教训,决定提拔后起之秀。为此他决定提拔卫青。汉武帝元光六年(公元前129年),汉武帝毅然决定,拜卫青为车骑将军。从此,年轻将领踏上了战争舞台。卫青拜任车骑将军后,英勇作战,屡建功劳。卫青参加了恢复河南、河北、漠北三大战役。

河南地一带,水草肥美,宜于农牧;其地又临近西汉京城长安,在经济、军事上的意义十分重要,历来是兵家的必争之地。自从冒顿单于占领河南地后,汉武帝为恢复此地,发起了著名的河南战役。

这是西汉有史以来发起的第一次战略进攻。艰巨的任务又落到卫青身上。卫青统辖两个校尉,掌领40万铁骑,冒着风沙,踏着积雪出征。在这次战役中,卫青采取了"迂回侧击"的突击战术,大军越过云中后,立即折向西北,绕道匈奴后方,迅速拿下河南通往北地的隘口阙(今内蒙古杭锦后旗),一举切断了驻守河南的匈奴白羊王、楼烦王同单于庭(约在今呼和浩特一带)的联系,使敌陷于孤立无援的困境。接着,卫青率领自己的骑兵,奋勇前进,人不下鞍,马不停蹄地沿着黄河飞兵南下,急行军数千里,一路挫敌,到达陇西(今甘肃临洮县),从而对白羊王、楼烦王形成包围态势。白羊王、楼烦王见全线崩溃,自身又身陷被困境地,为此,急忙率部西渡黄河,从鸡鹿塞仓皇逃走。

卫青领一支劲旅,孤军深入,转战数千里,一战肃清了南地的匈奴势力,取得了重大胜利。这一仗,杀敌2300多人,俘敌数千人卫青凯旋而归。为表彰卫青战功,汉武帝晋封卫青为长平候,食邑3800户。随同出征的校尉苏建被封为平陵侯,张次公为岸头候。

匈奴并不甘心失掉肥沃富饶的河南地。汉武帝元朔二年(公元前126年)夏,匈奴数万起骑兵入代郡,代郡太守以身殉职。秋,匈奴骑兵又进攻雁门。第二年,匈奴骑兵兵分三路,大举南下,一路攻代郡,一路侵定襄,一路犯上郡。各路都是30万人马。在此期间,匈奴右贤王也多次出兵进攻河南地,袭击朔方城。匈奴在这两年内动员的兵力总计在20万左右。杀掠人民1万多。其侵扰地区的范围之大及次数的频繁,前所未有。

为确保朔方安全,公元前129年春,卫青奉命带领四员将领,统领10万人马,第四次出征。卫青亲率3万健儿,由高阙出兵,公孙贺、苏建、李沮、李蔡四将率部从朔城一起北上,对右贤王实行两路围剿。此外,李息、张次公也率兵从东北方的右北平(在今辽宁凌源市西南)出塞,牵制单于主力对右贤王的增援,同卫青等人的主力部队遥相应策。

当时,右贤王的驻地设在离朔方城、高阙很远的地方。右贤王虽然得报汉军出塞,却认为大漠荒凉,路途遥远,汉军不可能深入。夜间,他照常稳坐毡帐中,一边欣赏歌舞,一边饮酒消遣,喝得酩酊大醉。

卫青摸准了右贤王傲慢轻敌、麻痹大意的弱点,采取了出其不意、攻其不备"的袭击战术。为此,他带领部队,一口气急行军六七百里,深夜包围了右贤王。汉兵犹如从天而降,右贤王从梦中惊醒。眼前火光烛天,四周杀生震野,匈奴兵将毫无戒备,措手不及。战斗进展极为迅速,包围圈越缩越小。右贤王只好抛下将校士卒,在数百名亲信掩护下,向北落荒而逃。卫青当即命令轻骑部队飞马追击。

这次袭击,俘虏匈奴小王10余人,活捉士兵15000多人,夺得牲畜近百万头。汉武帝得报卫青大获全胜,立即派出使臣,带着印绶,赶到边塞,拜卫青为大将军。

卫青还朝后,朝廷论功行赏,又加封卫青7800户,并封其子卫伉为宜春候,卫不疑为阴安候,卫登为发千候。当时,这三位烈候还都在襁褓中。

公元前119年春,汉武帝命令大将军卫青,骠骑大将军霍去病,各自率领5万骑兵,分为东西两路,远征漠北。在大队人马的后面,参战民夫还有几十万,载运军资粮草的马匹达4万有余。这就是漠北战役。

卫青指挥的西路军,以公孙贺为左将军,赵食基为右将军,曹襄为后将军。大军从定向出塞后,卫青从俘虏口中得知单于的驻地所在,便命李广同赵食基合军,从东面进发,约定战场聚齐。卫青率领另外两路兵马,从正面直趋单于驻地。

这时,伊稚斜单于采纳了降将赵信的策略,把大量军资粮草运到了更远的北方,只率精兵驻守漠北。

卫青率军进击千余里,突然发现单于骑兵已严阵以待。面对这突如其来的局面,身经百战的卫青临危不惧,沉着镇定,立即命令部队用武刚车环绕成营,以防匈奴的突然袭击。接着,又派出5000人马,向匈奴发起进攻,变被动为主动,双方展开了一场殊死恶战。

一直鏖战到傍晚,此时狂风骤起,飞沙走石,两军对面不相见。大将军卫青当机立断,利用恶劣的天时,命令大队人马分左右两翼夹攻匈奴。单于见汉兵兵多将广,恐怕打下去于己不利,便趁着暮色狂风,在数百名卫士的保护之下,冲破汉军包围,向西北逃去。

汉军一直追到东方破晓,急行军200多里,到达窦颜山赵信城(今蒙古国境内),单于已逃得无影无踪。汉军得到匈奴囤积的大批粮草,人马饱食,停留一天,而后班师凯旋。

西战场这一路,汉军大获全胜,匈奴主力溃散,单于下落不明。十几天以后,右谷蠡王才主动去掉单于称号。

在东战场,骠骑将军霍去病,从代郡出兵后,直奔左贤王驻地杀去,远征2000 余里,俘虏了匈奴顿头王、汗王等 3 人,生擒匈奴国的相国、将军、当户、都尉等 83 人,总计歼灭匈奴兵 7 万多人,左贤王的主力部队全部瓦解,战果更在卫青之上。

经过漠北之战,匈奴东西两个战场共损失近 10 万多人马,元气大伤。此后,"匈奴远遁,幕南无王庭"。经过整整 10 年的反击战争,西汉终于把匈奴势力赶到大漠漠北以北,解除了持续近一个世纪的威胁。汉武帝除了奖赏两路大军的有功人员外,还任命卫青、霍去病皆为大司马,并明令规定霍去病与大将军的级别、俸禄相同。

二、大将军霍去病

霍去病(公元前 140—公元前 117 年),汉朝河东郡平原县(今山西临汾)人。其父霍仲儒是平阳县的衙役,分发在平阳公主府里当差。他母亲卫少儿是平阳公主府里的侍婢。霍去病出生在汉朝皇亲的府中,养育在奴婢群里,他的童年生活是艰苦的。他从小勤奋好学,精通骑马、射箭、击刺等各种武艺。他十六七岁时便参加了军队,随大将军卫青出塞对匈奴作战,多次立功。当时汉武帝赏识他,称其为壮士。派他做票姚校尉。校尉是一个带兵练武之官,"票姚"是行动勇猛敏捷的意思。霍去病英勇果敢,又能够全面地掌握对付匈奴的战略战术。所以在 19 岁时就从票姚校尉升任骠骑大将军,指挥汉朝的几十万大军,基本上解决了来自北方几百年来的威胁。因此,霍去病成为历史上杰出的将领。霍去病的主要战绩如下所述。

霍去病是在公元前 123 年初次随大将军出塞作战。这一年卫青奉命出兵攻打匈奴,霍去病正值年少,精通骑马射箭,十分英武勇猛。汉武帝特别令大将军卫青挑选了 800 名最精锐的骑士,专归霍去病指挥,并赏给他"票姚校尉"的官号。霍去病带领着 800 名骑兵,离开汉军主力数百里,看准有利于自己进攻的目标,犹如风驰电掣一般发起猛攻。在几次战斗中,霍去病不但没有因孤军深入而吃亏,反因猛冲敌军的首脑部分,打得匈奴措手不及,乱作一团,带领汉军大胜。后来汉武帝发表战功说:"票姚校尉霍去病杀敌 2028 人,杀死匈奴的相国、当户等官,斩了和单于的祖父同辈的借若候产(人名),活捉了单于的叔父罗姑比。屡次得到头功。应即封霍去病为冠军侯。"

霍去病是依靠新建立的骑兵打败匈奴的。以前,匈奴骑兵一直占据显著优势,汉军抵抗不了。到汉武帝时,汉朝的骑兵经过积极准备和训练,居然能扭转劣势,变为优势,战败匈奴,这是汉朝几十年来练兵备战扩充实力的结果。同时,霍去病善于骑射,勇于杀敌,正确运用突破中坚,猛烈冲击的战略战术,自然也是其立功取胜的重要因素。

公元前 123 年后,汉朝为应付战争的新形势,采取新的战略方针,出兵直向占据"河西走廊"的匈奴诸部落发起进攻。"河西走廊"是蒙古高原和青海高原之间的一条交通要道。祁连、合黎两山南北并峙,中间平地低落,形成一条天然走廊,因为这个地区在黄河以西,所以自古称为河西,这条走廊是的要道也被称为"河西走廊",这个走廊是通向西域的恐道。当初匈奴早已占领了这个河西地区,由浑邪王和休屠王分两部统治,凭此控制西域各国,并同南面的羌人结合,威胁汉朝西部的安全。因此,汉兵在河西战争中的胜败,关系非常重大。

公元前 121 年(汉元狩二年)春,汉武帝任霍去病做骠骑大将军,率领精锐骑兵 1 万多人,从陇西出发,。实行夺取河西计划的第一步。霍去病所统帅的骑兵在进军河西的战斗中,运动灵活,冲击猛烈,发挥了强大的威力,他们跨过了乌戾山,攻破匈奴的速濮部,又渡过了孤奴河,扫荡了 5 个匈奴王国(部落)汉军转战 6 天,冲过燕山 1000 余里,和匈奴军短兵相接,大获全胜。这一战役,霍去病指挥骑兵,杀死匈奴的折兰王和卢胡王(皆为部落酋长),生擒了浑邪王的王子和国相、都尉等;歼灭了匈奴的有生力量;使匈奴浑邪王和休屠王受到了沉重打击。这年夏,汉武帝又派出两支军队进攻匈奴;一支是骠骑将军霍去病和合骑候公孙敖;从北地郡出塞,另一支是博望候张骞和郎中令李广从右北平出塞。张骞、李广的军队是策应霍去病的军队对河西的攻势的。公孙敖因迷失了道路，没能按原计划和霍去病会师。霍去病单独率领奇兵，大胆深入，涉过钧耆河，渡过居延水，到达小月氏地区，直向祁连山进攻，打败了匈奴各部。霍去病又在稣得地方获得大捷。这一战役，总计俘获单于部下的单桓王、酋涂王、相国、都尉和单于阏氏、王子等百余人，接受匈奴投降兵将 250 余人，斩杀敌兵 302000 人。而霍去病队伍中兵将的伤亡不到十分之三。霍去病由于历次击败匈奴的赫赫战功，其食邑也逐步加封，政治地位愈高，军事威望也愈大。可以和当时的大将军卫青齐名了。在霍去病河西大捷二十年左右（前 101 年前后），汉朝新筑的城堡更向西延展，从敦煌到盐泽一段交通大道上，处处新建起驿亭。当时玉门关和阳关成为通往西域的南北两条大路交汇点上的重要城镇。汉朝的屯田就出现在龟兹焉耆等地的轮台（今新疆轮台）、乌垒城旁了。汉朝在西域的交通也就空前活跃起来了。从此，西域各地的特种物产和文化艺术也源源传入内地，内地的生产技术和文物、商品更远更多地传播到西域各地。

公元前 119 年（汉元狩四年）春，汉朝下了远征的动员令，派出最精锐的骑兵 10 万，加上随从和载运衣粮的马匹 4 万，合成 14 万匹的马队，输送物资的军马和后继步兵还有几十万人马，浩浩荡荡，杀奔匈奴大营。这次大进军，由大将军卫青和骠骑大将军霍去病分领精锐骑兵 5 万人，约定从两路越过瀚海大沙漠进击匈奴腹地。

霍去病统领大军从代郡出塞，北上行军 2000 余里。这次霍去病所率的骑士，全是经过严格训练选拔出来的精兵，雄心勃勃，力量充沛。带队的将领，如右北平太守路博德，北地都尉邢山、校尉李敢和徐自为等人，都是杰出的战将。部队里更有一部分是先前投汉的匈奴人，也被选拔为军校，如复陆支、伊即轩、赵破奴等。他们熟知地理，惯于在沙漠中行军，这次随骠骑将军出塞，个个奋战，各自立下大功。霍去病在远征中充分利用了各方面的有利条件和的为将领的特长，指挥骑士轻装跃马，冲锋北进。大军越过了离侯山，渡过了云间河，大败匈奴左贤王，粉碎了他的主力部队。汉军各部能够随处夺取敌人的军粮来补给给本部的粮食，所以追赶到很远之地，既不愁粮草,又能灵活地选择追击目标,分头作战,各自斩将夺关,因而能从够方面获取全胜。霍去病亲自率领的这支部队,生擒了匈奴屯头王、韩王等三人,将军、相国、当户、都尉等83人,战果辉煌、这次战役,总计折掳约7万多名,匈奴左部几乎全军覆灭。

最后,霍去病的大军在瀚海之上胜利会师,为庆祝战功,特别在狼居胥山主峰上建起高坛、在姑衍山旁开辟广场,同时举起千万支胜利火炬,祭告天地,祭奠烈士,犒劳全军。

霍去病所到的狼居胥和姑衍山,卫青所到的窦颜山、赵信城,都是瀚海大沙漠北边,深入匈奴腹地,汉朝两路远征大军,追击匈奴出塞1200里,获得重大战果,凯旋胜利,班师归来。在本次重大的战役里,汉军的10万精锐骑兵也损失不少,特别是出塞远征的战马死亡数字竟超过了10万匹。战争是极其艰苦的,代价是极其巨大的,但终于造成了汉朝抗击匈奴战争史上空前辉煌的胜利,使“匈奴远遁,幕南无王庭”。

第三节　文化名人

一、明安图

明安图(1692—1765),清代蒙古族著名的数学家、测绘学家和天文历法学家。内蒙古正镶白旗人,清康熙五十一年(1712年)前,明安图以官学名义进入钦天监学习,康熙皇帝曾对他“亲临提命,许其问难,如师弟子”。曾参加清代组织编纂的一部多卷本的《律历渊源》的工作,包括测量日影、观测天体,为该书中的《历象考成》提供了天文数据。乾隆二年(1737年),参加《历象考成后编》的编修工作。乾隆九年(1744年)后,参与编写《仪象考成》,担任该书繁杂的推算工作。今呼和浩特市五塔寺照壁上有一副蒙古文“盖天图”,直径144.5厘米,是世界上现存的唯一用蒙古文标注的天文图。这幅石刻天文图的刻成,与明安图的天文学活动密切相关。先后参与主持过准噶尔、新疆等地图的测绘工作。在地理学史上,作出重要贡献。著有《割图密率捷法》一书,对数学研究做出重大贡献。晚年,明安图已是钦天监的栋梁,可以在天文数学方面代替洋人。乾隆二十一年(1762 年)升任为钦天监监正,从而动摇了外国人在清代号称知识专家的垄断地位。

二、伊希巴拉珠尔

伊希巴拉珠尔(1704—1788 年),又名额尔德尼班智达,蒙古族。作为十八世纪闻名蒙藏地区的学者,他不但是一位蒙医学家,而且在天文学、哲学、文学等方面也成就突出。18 岁到塔尔寺学习医药学、语言学和佛学。20 岁赴拉萨学习哲学,从五世班禅·洛桑也协及塔尔寺降白嘉措那里学习各科学问;从达赖五世太师惹瓦·普波切弟子尼玛坚赞那里学习《四部医典》理论,曾被清政府封为那扎那格堪布("扎那格意"为中国,"堪布"意为亲牧师)。一生著有五部医学著作,即《甘露之泉》(藏名《都德泽楚俊》),木刻板;《甘露点滴》(藏名《都德泽梯格巴》),木刻板;《甘露汇集》(藏名《都德泽尕教》),木刻板。以上四部著作合称为《四部甘露》。第五部《认药水晶鉴》(藏名《西勒尕尔米龙》),,是一部内容丰富的蒙古药物学著作。他还从事蒙古史、文学、语法、哲学、天文历法等方面的研究,相关著作均收入《吉祥八祭》定名的八函全集中,在清代由内蒙古乌苏图召木刻板印行。

三、伊希旦金旺吉拉

伊希旦金旺吉拉(1853—1906),生于察哈尔盟(今锡林郭勒盟)正镶白旗杜荣敖包村一个官宦之家,蒙古族一代名医。7 岁时被鄂尔多斯郡王旗(今伊金霍洛旗)公召庙(全福经轮寺)的沙卜隆(活佛)第五世招去,学蒙古文、藏文及医学。30 岁开始在鄂尔多斯 7 旗、察哈尔、锡林郭勒及蒙古、布里亚特等地行医。一生写过四部书,即《珊瑚验方》(藏名《朱如道沙拉》)、《珍宝验方》(藏名《仁钦道沙拉》)、《珍珠验方》(藏名《莫德格道沙拉》)、《医学

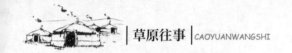
歌诀》。前三部用文撰写,后一部用蒙古文撰写。《珊瑚验方》为歌赋体裁,共154阙。用蒙古文歌赋体编写医书在蒙古史上是首创。他编著的3个镶饰药袋的银制圆花银勺,为研制蒙药计量提供了可靠依据。

第四节　历史巨著和故事

一、《蒙古秘史》

书名。蒙古族最早用蒙古语写成的历史文献巨著。原名《忙豁仑·纽察·脱卜察安》。撰者佚名。原文为蒙古文,不存。传世者为汉字音写本,明洪武年间,翰林议员色目人火原洁、回回人马沙懿黑根据当时保存在宫廷中的原本,以汉字音写蒙古语,逐词旁注汉译,并分段节译,题《元朝秘史》,用于教习生员。此书元朝藏于国史院,成为蒙古皇室的秘籍。全书共282节,有十二卷和十五卷两种分法。内容仿编年体例记述蒙古族的起源、元太祖先人谱系、元太祖生平事迹、元太宗时事以及蒙古社会政治、经济状况,与《圣武亲征录》《史集》等互有异同,为研究蒙古族早期历史、社会、文学、语言提供了宝贵资料,因而史料价值很高。书中保存有大量蒙古语词语、语法,是研究语言学的宝贵资料。蒙古族的古代著作一般是文史不分的。这种传统从《蒙古秘史》发端,一直延续了五六百年。本书才用文艺的笔法叙述历史,不失为一部形象而生动的文艺作品,文学价值很高。《蒙古秘史》是蒙古民族珍贵的文化遗产,对后代的蒙古历史、文学和语言著作都有深刻的影响。作为一部历史文学作品,在七百多年的长时期内没有经过后人的篡改,保持了原作的面貌,对于研究蒙古族古代历史、文学和语言的发展,具有重要的意义。明刻本十二卷(现存41叶残页);《永乐大典》收录本分十五卷,均有抄本传世。通行《四部丛刊》三编本,影印顾广圻监抄本,并配有明刻页,为最佳的十二卷本。另有连筠簃刻本、皇朝藩属舆地丛书本、叶德辉刊本、苏联东方文献出版社影印韩泰华旧藏十五卷抄本(舛误较多)等多种版本。国外各种文字译本或英写本,达 10 余种。国内对此书的研究已有二百余年历史。国外的研究亦近百年历史,现有日、俄、德、法、英、捷、匈、土等语言译本。

二、《史集》

书名。一部前所未有的世界通史性质的巨著。十四世纪初上波斯政治家、史学家拉斯特先后受伊利汗合赞(1295—1304 年)和完都者(1304—1316 年)之命主持编纂,历时十年,于回历 710 年(1310—1311 年)编成。全书原分为三部:第一部为《蒙古史》;第二部为《世界史》;第三部为《世界地志》。而流传至今的只有前两部和一个残缺不全的附编——《阿拉伯、犹太、蒙古、拂郎、中华五民族系谱》。第一部《蒙古史》包括第一至三卷,分别记述了乌古思及起源于乌古思亲属、后裔的个部落、民族、札剌亦儿、塔塔尔等 19 个部落,克烈、乃蛮、汪古、唐兀、畏兀儿、吉利吉思等 9 个大部族,他们自古以来就成为蒙古的诸部落;成吉思汗先祖纪和 1155—1227 年的成吉思汗编年大事记、成吉思汗训言、军队编制、波斯伊利汗以外的成吉思汗后裔以及旭烈兀至合赞诸伊利汗史。第二部《世界史》,包括第四至七卷,分别记述了波斯古代诸帝王史迄萨珊王朝之衰亡。本书中《蒙古史》部分是研究十四世纪初以前的蒙古族史的最重要的基本史料之一,也是研究古代游牧部族社会制度、族源、民族学的重要资料。书中对十三世纪以前的蒙古地区各游牧部落及其重要人物(窝阔台、贵由、蒙哥、忽必烈等大汗)以及四大汗国历史的记载,包含有许多为《蒙古秘史》所没有的重要资料,或有不同记载。1983—1986 年余大钧、周建奇据新俄译本将《史集》译为汉文。分 4 册由商务印书馆出版。

三、《世界征服者史》

书名。记载十三世纪蒙古族历史的巨著。研究蒙古历史的重要著作。

志费尼著。成吉思汗西征的过程,志费尼是第一个以完整、详尽记录的史学家。全书分为三部分:第一部分包括蒙古前三汗,即成吉思汗、窝阔台汗和贵由汗时期的历史;第二部分实际是中亚和波斯史;第三部分从拖雷开始,以较大的篇幅谈到蒙哥的登基及其统治初期的史实。比《元史》的记载更为详尽。世祖至元二十年(1283 年)志费尼去世,第三部分没有写完。该书留存至今的波斯文抄本散见于法国、英国、伊朗等国,其中以巴黎国家图书馆收藏的 1290 年抄本是最为古老的抄本。1980 年,内蒙古人民出版社出版了由何高济根据波伊勒英译本翻译的《世界征服者史》汉译本。

四、《多桑蒙古史》

书名。一部用法文撰写的历史文献。内容是关于蒙古王朝——元朝的历史。对蒙古民族在中亚、西亚以及欧洲的活动史实作出了详细的叙述。多桑(1780—1855 年)著。全书分 4 册,1852 年出齐。资产阶级历史学界给予很高的评价。一时欧洲各国广为竞购,故又再版,为中西学者广泛使用。全书分七卷,前三卷记述自成吉思汗自元末时的事迹,后几卷专研伊尔汗国的史事,并附带言及钦察、察合台两汗国。第二卷和第三卷记述成吉思汗以后之事,多取材于中国史书的译文,其中以取材于《续通鉴纲目》《元史类编》两书为最多,偶亦采用《元史》。由于作者自身阶级的局限,书中只是比较系统地叙述一些历史事实,有些却没有科学的分析和公正的评价。多桑的书,卷帙颇巨,出版百余年来,译成汉语的有我国冯承钧的汉译本。日本由田中萃一郎的日译本,仅完成前 3 编。冯译本上下册因系分期译完,有些译名未能统一。1958 年陆峻岭将两册的译名加以统一,书后增添译名对照表,由中华书局出版,分上下两册装订。

五、《蒙鞑备录》

书名。记载蒙古事迹的专书。南宋赵珙撰。南宋嘉定十四年(1221 年)

赵珙随奉使赴蒙古国,见到总领蒙古大军攻金的木华黎(《蒙鞑备录》作"谋合理",今据《元史》译名)国王。后来他把自己见闻的材料著录成书。全书分立国、鞑主始起、国号年号、太子诸王、诸将功臣、任相、军政、马政、粮食、征伐、官制、风俗、军装器械、奉使、祭师、妇女、燕聚舞乐共17目,其中有许多有价值的记载。当今存汉籍中最早较系统记载成吉思汗时期蒙古事迹专书。《蒙鞑备录》现存最早的版本是《说郛》本,通行诸本中以1926年刊行的王国维《蒙鞑备录笺证》本较佳。王氏笺证本在正文中附夹注。凡有新说和疑虑皆有考订,著名史料出处,纠正原书史文、史实讹误,并爬疏散见史料,统一译名,使原文窒碍之处得以疏通,作出合理解释。

六、《圣武亲征录》

书名。亦名《皇元圣武亲征录》《元亲征录》《元圣武亲征录》。不著撰人姓氏。由两部分组成:成吉思汗通过征战将蒙古诸部联合在一个统一的政权下而称汗的历史;成吉思汗和窝阔台对外征讨。主要是讨征金和南宋的历史。从书中叙述手法和风格来看,此书是部已经失传的蒙古文史籍。今存世的是一部被译作汉语的译本。本书所用的语言和古典汉语文学有迥然不同之处。目前,很难确定出这部汉译本的蒙古原本是哪一部史籍。研究者对此颇有分歧意见。

七、《金宫桦皮书》

十三至十四世纪的民歌作品。1930年从伊吉尔河畔(今伏尔加河畔)一座古墓中发掘出来。在25张桦树皮上,分别写着蒙古文、畏兀儿文和八思巴文,其中用蒙古文书写的一首歌谣,就是《金宫桦皮书》。歌中唱出了一位母亲对儿子为权贵诸颜当差的惋惜痛苦和期望祝福,流露出这位贫苦的儿子离开母亲,走上征途时依依不舍和怀念故乡之情。充分反映了十三世纪至十四世纪劳动人民对封建统治者长期进行征战的不满,对故乡和亲人的怀

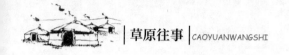

恋。在蒙古文学发展史上具有时代的代表性。

八、《成吉思汗箴言》

古代格言之一。从十三世纪以来以各种手抄形式流传下来，有的被载入古代的典籍。主要内容时集录成吉思汗对自己的子弟和大臣们的教谕，有的是根据成吉思汗的旨意定制的"札撒"（法令），有的是成吉思汗的各种谈话、下达的命令。编成训言后，以此作为教育臣民的法则和统治人民的规范。列入《成吉思汗箴言》的，并不完全是成吉思汗的言论，有些是他的将相臣僚对成吉思汗的颂词、献策和传说，还有挽歌。其中心思想是强调对大汗的忠诚，宣扬发展与巩固封建制度，宣扬人伦道德观念。

九、智慧的钥匙

古代格言之一。根据《成吉思汗箴言》及其他著作加工整理而成。内容除与《成吉思汗箴言》有许多相似之处外，还增加了一些寓言、诗歌、谚语，甚至有些宗教迷信的内容。这部集子后来被封建统治阶级作为修身的课本与私塾教材。部分格言具有一定的积极意义，如教诲人要注重团结、树立坚强意志、分清敌友等。

十、《孤儿传》

短篇叙事诗。又称《谷儿舌战成吉思汗九卿》。全诗 240 余行。刻画了一个小奴隶不惧权贵与强暴，敢于同显贵高官以酒的利弊为内容进行辩论，最后驳倒了钦达嘎斯琴这个封建统治阶级代表人物的鲜明形象。这篇叙事诗被载入罗卜桑丹津的《黄金史》和拉希朋楚克的《水晶珠》等著作，在当时的蒙古地区广为流传。

十一、成吉思汗的两匹骏马

蒙古民族的寓言叙事诗。从其思想内容与语言特点来看,创作于十三世纪或十四世纪。叙事诗写两匹骏马参加成吉思汗的围猎,表现出超群的能力,但没有得到重视和赞赏,因而遁逃远去。在遁逃中,刻画了两匹骏马的不同思想性格及对主人成吉思汗的不同态度。一儿是倔强自信、桀骜不驯、追求自由;一儿是愿意忍受苦难、役使而眷恋主人。最后仍然在"君恩""乡情"、"手足之情"的感召下,重新回到原来的马群,并且受到了成吉思汗的封赏。这一寓言诗,实际上是用两匹骏马的人格化,反映了当时处于奴隶地位的人们的理想、信念、追求和性格,并把成吉思汗描绘成一位能够知错必改的"仁君"。既真实的反映了当时社会的封建道德思想,也体现了蒙古民族爱马赞马的特色。语言纯朴优美。开始以口语流传,以后逐步形成手抄和书面作品,对蒙古民族叙事诗与民歌的发展影响颇大。在蒙古族文学艺术发展史上具有代表性。

十二、蒙古族古代的祝词与赞词

蒙古族激发劳动与抒发感情的一种口头诗歌。常与舞蹈和音乐密切联系,互相结合。随着原始的宗教(萨满教)仪式而流传开来。既有一定的宗教色彩,又保持了劳动人民的一些纯朴自然的本色。内容包括人们对天地山川、自然万物主宰神祇的崇拜,以及在劳动过程中,对许多事物的祝愿与企求。进入阶级社会后,祝词与赞词的内容逐步发生变化。追求自由、英雄的尚武性格、一些重要节日、喜庆风俗、牲畜、美好的理想都可作为祝词、赞词的题材和主要内容来歌唱。随着人民生活的变化,祝词与赞词不断增添新的内容,产生新的特征和光彩。祝词与赞词没有固定的字行与节律,没有押韵与句型,伸缩性大。其节奏不是体现在音节单位上,而是体现在口语的自然规律上。但祝词与赞词有一定的套式和朗诵曲调,不是一般的朗诵诗,

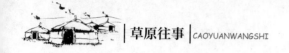

而是可以吟唱的诗章。

十三、大札撒

蒙古语音译词，意为法度。大札撒意为大法令，专指元太祖生前根据蒙古族习惯颁布的法律名称。《元史·太宗纪》："大札撒，华言大法令也。"元朝奉为祖宗大法。《蒙古秘史》除译札撒为法度外，还有军法、法律、条例、政治等义。南宋嘉泰二年（1202 年）蒙古部有札撒。南宋开禧二年（1206 年）蒙古汗国建立后，渐趋完备，设专人执掌，立"青册"，以畏兀儿文字记述蒙古语，逐渐演变成为文法，此即大札撒或札撒大典。每逢新汗即位，诸王集会，军队调动等国家的事，均聚众颂读，按律遵行。大札撒原文已佚，散见于《史集》《世界征服者》《埃及志》等书。

十四、《元典章》

书名。全名《大元圣政国朝典章》。元至治二年（1322 年）以前元朝法令文书的分类汇编。是地方胥吏汇抄法令的一种坊刻本。正集收辑中统至延祐七年（公元 1320 年）间各条格、公牒。全书分诏令、圣政、朝纲、台纲、吏部、兵部、刑部、工部等十大类，共六十卷。又增附《新集至治条例》，分国典、朝纲以及吏户礼兵刑工六部共八大类，不分卷。记事皆在至治元年至至治二年（1321—1322 年）中。各大类之下又有门、目，目下列举条格事例，全书共有 81 门，467 目，2391 条。为现存记载元代典章制度的重要史料。传世有沈家本刻本及台湾故宫博物院影印元刻本。《元典章》收集的全是元代的原始文牒资料，从中反映了元代政治、经济、文化等社会生活的各个侧面，是研究元代历史不可缺少的重要文献之一。

十五、《大元通制》

书名。元朝政府颁行的法令汇编。元至元八年（1271 年）元政府禁用金

《泰和律》,此后曾几次着手定制本朝新律,没有成功。仁宗即位后,为便于各级官吏检索遵行,下令将历朝颁发的有关法令文书斟酌损益、类集折衷,汇辑成书,并命拜住、完颜纳丹、曹伯启、普颜等修纂。书成后,又经英宗朝增删审核,定名《大元通制》,于至治三年(1233 年)刊行。该书即世祖以来法令,仿金《泰和律》例,编为 2539 条,内断例 717 条,条格 1151 条,诏赦 94 条,令类 577 条。今仅存条格二十二卷,646 条。有北京图书馆印明初墨格写本,书名《通制条格》。《大元通制》是元朝在民事、行政、财政等方面的重要法规。与《元典章》同为研究元朝历史的重要文献之一。

十六、保巴的哲学

保巴,古代哲学家。字普庵,号云孟。元朝前期人(生卒年月不详)。蒙古族(一说色目)人。曾任元朝太中大夫、黄州路总管兼管内劝农事等职,终于上书右丞。主要著作有《易渊奥义》一卷,《周易原旨》八卷。《易渊奥义》是研究《周易》的著作。分三部分:一、通过对河图、八卦、洛书及其关系的解释,构成他的先天图式说。二、"大横图",即太极演为六十四卦的图示。三、"易源心法"把《周易》经传关于体卦用等问题归纳成定卦主。定卦义,求卦位等八点。《周易原旨》是注释和发挥《周易》思想的著作。全书共八卷,前六卷是对《易经》六十四卦及象、象、文言的注释和发挥,其中有 400 余条集中阐述其思想。后两卷分别注释《系辞》《说卦》《序卦》和《杂卦》。保巴在上树两部著作中阐发了儒家的哲学及伦理政治思想。保巴是一个唯心主义的哲学家,但他的著作中蕴含着丰富的朴素辩证法思想。

十七、杨景贤的戏曲

杨景贤,元末明初戏曲家。生卒年月不详。据贾仲明在《录鬼薄续编》中记述:"杨景贤,名暹,后改名讷,号儒斋。故元蒙古氏,因从姐夫杨镇抚,人以杨姓称之。善琵琶,好戏虐。乐府出人头地,锦陈华营,悠悠乐志。"他的创作有杂剧和散曲两部分。杂剧剧目有《天台梦》《生死夫妻》《玩江楼》《偃时救驾》《西湖怨》《为富不仁》《待子瞻》《三田分树》《西游记》《红白蜘蛛》《巫娥女》《保韩庄》《刘行首》《盗红绡》《鸳鸯宴》《东岳殿》《海棠亭》《两团圆》等18种;散曲作品见于《词林摘艳》《乐府群珠》《盛世新声》《雍熙乐府》《北词广正谱》等。作品对剥削者的残暴不仁表露出极端的不满,对封建的等级和功名富贵思想有一定的抨击,反映出初期的民主主义与平等观念。

十八、《南村辍耕录》

简称《辍耕录》。有关元朝史事的札记。三十卷。元末明初人陶宗仪著。宗仪字九成,号南村,浙江黄岩人。元末起兵,南村避难松江华亭,耕作之余,杂采前人笔记所记载及本人闻见之事,编录成书。至正末,由其门生加以整理,得其中精粹580条,分类汇编成书。为现存元人笔记中内容最丰富的一种。对元代典章制度、社会掌故、元末农民战争以及内蒙古舆地方面(如黑河村)都有记载。对小说、戏剧、书画、诗词等方面多有议论,见解独到。对元末黑暗统治揭露甚多。对农民起义的记述比较客观。对生产状况也有记载。是研究元史和文化史的重要参考资料,为研究元代社会状况提供了重要素材,史料价值和学术价值都很高。《南村辍耕录》初刻于元至正二十六年(公元1366年),明刻本多种。另有1958年中华书局据影刻原本断句后重印本。

附　录

一、古城

1. 战国名郡——云中城

在托克托县古城村,有一座历史悠久的古城,它就是著名的云中城。它是呼和浩特建城史上的第一座古城,也是内蒙古西部地区最早的一座历史名城。

云中城,始建于战国时期。自建城后,秦汉、魏晋、隋唐,历代沿用,长达1000余年。呼和浩特地区,史称云中,就是因云中城而得名。

云中城所在的云中地区,北靠东西横亘的阴山山脉,东面有南北走向的蛮汉山区,西面是一望无际的广阔平原,西南有滔滔不绝的黄河之水。境内山环水绕,土地肥沃,宜农宜牧,是一处得天独厚的风水宝地。

云中地区,不仅有良好的自然条件,而且具有重要的战略地位。中国历代封建王朝,都以此地为屏障,北方的游牧民族,也视其为进据中原的前沿阵地。所以这里历来是兵家必争之地。

公元前475年后,我国进入诸侯争雄的战国时期。随着社会生产力的发展,中原各诸侯国对自身的利益有了更大的要求,竞争日趋激烈,这样就要求有军事据点来屯兵打仗。因此,军事性质的城池也应运而生。当时,战国时期的赵国,为扩大疆土,攻占了今呼和浩特地区及以西的巴彦淖尔地区。不久便修筑了一条西起河套平原,东到呼和浩特阴山的赵长城,并开始修筑军事城池,以作屯兵之用。

云中城,是一座方形的古城,城墙每面长 2000 米,周长 8000 米,面积为 4 平方公里。城墙由夯土筑成,高约 8 米,城墙遗址至今清晰可辨。据史籍考证,在战国前,中原地区的城池虽大,城围也不过三百丈(约合 1 公里),到了战国时期,也仅仅是千丈之城(约合 3 公里)。而当时的云中城,城围却是 16 华里,合两千六百六十余丈之多,足见其规模之大。

云中城建成后,因战略地位重要而成为兵家必争之地。战国时期,云中城曾一度为燕国所有,后复属赵国。赵国的势力曾几进几出,直到公元前 307 年后的赵武灵王时期,才最终巩固了赵国在云中的统治地位。

据史籍介绍,赵武灵王的胡服骑射就发生在这一时期,胡服骑射的实行,极大的增强了赵国的军事力里。当时,训练骑兵的基地就在云中城东面的平原一带。

赵武灵王的改革举措取得了很大成效。他率骑兵南征北战,击败北方游部落,不仅收复了失地,而且还灭了当时的中山国。到公元前 300 年后,赵国的势力已十分强盛,疆域扩展到千余里,与当时的秦、楚、韩、魏、齐等六国,并称"战国七雄"。

赵武灵王收复云中地区后,即以云中城为中心,正式建立云中郡,成为呼和浩特地区历史上第一个地方性的行政建制。其管辖范围包括今内蒙古阴山以南的呼和浩特地区、乌兰察布市、巴彦淖尔市,以及山西、河北省的部分地区。自此,历史上的呼和浩特一带便以"云中"一名著称,正式载入中国史册。秦始皇统一中国后,建立了我国历史上第一个统一的封建王朝。秦朝实行郡县制,初设天下三十六郡,将云中郡作为其中之一郡,仍称云中郡。并置守、丞、尉等郡官,以守治民,以丞为佐,以尉掌兵,来统辖和管理此地区。秦王朝还推行徙民边地的政策,曾多次将中原地区的农业人口迁徙到阴山南麓的云中地区和九原(今巴彦淖尔地区)一带。并划给迁徙人口足够的土地供其耕种,生产粮食,以满足当地众多人口的生活需要。当时的云中城,既是郡所在地,也是秦朝北疆一带的政治、军事、经济、文化的中心。

汉袭秦制,还采取了增设郡县、广建城池、任命官吏、编定户口等一系列措施来治理这一地区。西汉时期,国力大增,到汉武帝时,逐渐步入较为和平的时期。这一时期出现了许多大大小小的村落。汉朝统治者又在云中郡东南新增了一个郡，称定襄郡。当时的云中郡，辖有云中、咸阳、陶林、武泉、犊和、北舆、沙南、原阳、沙陵、帧陵、阳寿十一个属县。据史籍载，汉代全国统计注册的人口中，云中郡有 38303 户，合计人数 173270 人。西汉时期，既是云中郡人数最多时期，也是最为昌盛的时期。

魏晋时期，云中地区成为北方鲜卑民族的势力范围。鲜卑人曾在这里建立过代政权，使云中城再次成为当时的政治和军事中心。这一时期云中城曾多次更名，称云中宫、盛乐宫、云中镇等。北魏王朝建立后，经过数十年的治理，使这里的社会经济得到迅猛发展。

隋、唐之际，云中城仍为北方军事重镇和屯兵之所。隋炀帝曾巡幸云中，在当地与北方突厥的启民可汗举行过著名的金河会盟。唐朝统治者曾在云中城设置云中都护府，以辖漠南诸部。云中都护府后改为单于大都护府，成为唐代初期全国著名的六大都护府之一。

云中城不仅有悠久的历史沿革，而且有深厚的文化蕴藏。至今在古城内的地表上面，散溶的残陶、碎瓦片比比皆是，历史遗迹到处可见。城内地下，除出土过战国、秦汉时期的文物外，还出土过许多魏、隋唐时期的各种珍贵文物。众多的出土文物都是云中城悠久历史的最好见证。

1956 年，在云中古城内出土了一尊 1500 年前的北魏鎏金铜佛像。这尊佛像是迄今本地区发现的一尊最精美的早期佛像，现已定为国家一级文物。

1974 年，在云中古城南约 30 公里处的哈拉板申村东梁上出土了一枚汉代的云中丞印。

云中丞印为铜质，方形，边长 2.4 厘米，厚 0.5 厘米，上有龟形印钮，钮高 0.9 厘米，制作工艺颇为精巧。印文为汉代篆书，阴刻而成。印文字体舒展自如、朴实大方。其印小巧玲珑，便于携带。该印曾是汉代云中城官员的信物。印文中的"丞"，是指秦汉时期一种官职的名称，主要掌管文书、粮仓、监狱等事务，是当时郡守、县官的辅佐官员。经考证，该印是西汉时期的遗物。另，清光绪年间在云中城南（今内蒙古托克托县境内）还出土过一件极为珍贵的汉代遗物——日晷。

日晷,在汉代前是我国民间经常使用的一种测量工具。人们在日晷上立杆测影,根据一年中太阳在日晷上晷影不同的变化,确定出白天与黑夜的时间长短,并依次来推算寒署往来,节气、气候变化规律。用于指导当时的农业生产。在汉代,日晷既是测量日景、时刻的仪器,同时也是用于测量方位的仪器。

该日晷是我国现存年代最早,最完整的一件汉代日晷,属国家一级文物,现存于北京的中国国家博物馆。

2. 汉魏邑都——盛乐城

在和林格尔县的土城子乡的土城村,有一座叫盛乐的古城,它因曾是北魏王朝早期的都城而闻名于世。盛乐城原名成乐城,始建于西汉时期。北魏时期,北方鲜卑民族在此建都后,改名盛乐城,史称北都。以后,隋唐、辽金元,都曾沿用此名称,长达1500余年。目前是国家级重点文物保护单位。

盛乐城,位于呼和浩特平原的入口处,北面平川,南临群山,东西两侧为夹山带、河的丘陵地带,是古代北方地区定襄道和单于道的必经之路。该城因地处中原与边塞的门户要道,地势险要,历来为兵家必争之地。

该古城因历代不断的重修和扩建,形成了一个不规则的长方形。现存城东西宽1550米,南北长2250米,占地面积约3.5平方公里。古城分为南北两部分,南面为汉代最早建成的城区,北面为北魏以后扩建后的城区。城内曾出土大量古代遗物,其中有陶器、铜器、农具、兵器以及墓碑、石刻等。还出土过瓮装重约500公斤的古代铜钱。汉代成乐城,曾是北方定襄郡的治所,管辖有成乐、安陶、定襄、襄阴、武成、武进、武皋、武要、桐过、骆县、都武、复陆十二个属县。西汉时期,这里村落遍地,经济发达。自汉武帝后,汉廷为屯垦戍边,曾将大量人口迁入这一地区。当时的定襄郡人口最多时达16万。他们在这里大力发展农业生产和水利事业。由于广泛推广牛耕技术和当时最先进的耕作技术——代田法,以及铁制农具的广泛使用,使这一地区很快成为汉代边疆地区重要的农垦区之一。东汉时期,由于战乱之故,多数郡县名存实亡,此时的成乐城也因战乱变成一座废城。

两晋南北朝时期,是我国历史上一个民族大迁徙和民族大融合的时期。

当时,以今呼和浩特地区为中心的北方地带,成为汉族与匈奴、乌桓、柔然、鲜卑、突厥等少数民族先后交错杂居的地带,其中尤以鲜卑民族的影响最大,占有重要地位。

北魏王朝建立后,北都盛乐一带进一步受到北魏统治者的重视。在北魏进取中原前,统治者不仅把这里作为屯兵练武、储备军事力量的地方,而且又在这一地区首先推行了分土定居,发展农桑的政策,使这里的社会经济得到进一步发展。

盛乐一带地处广阔的平原,有着得天独厚的地理条件。北魏政权极为重视农业生产的发展,早在北魏初期,就对居住在盛乐一带的各族人民进行劝课农耕,展开较大规模的农垦。大面积实行屯田。屯田制的实施,使过去以游牧、狩猎为主的北方民族也转入农耕生活。北魏孝文帝时,实行三长法和均田制。这两项较为先进的人口、土地管理制度,有力地促进了盛乐一带农业经济的发展。农业经济的发展,为北魏时期的社会稳定和经济发展,奠定了雄厚的物质基础。

北魏时期的呼和浩特地区,不仅有发达的农业经济,而且有良好的畜牧业经济。这里有宜耕宜牧、水草丰美的自然环境,为发展畜牧业提供了良好的天然条件。北魏王朝曾多次将归降的各民族人众安置到此地区驻牧、定居,发展畜牧业生产。其中人数最多的是敕勒族人,约有 10 万之众。因该民族长期在此地区居住.生活,所以,这一带当时被称作敕勒川。

敕勒族,曾是我国古代的游牧民族。秦汉时称作丁零,居住在贝加尔湖以南的大漠南北。据说,敕勒人因善于制作和使用高轮大车,所以又称高车人。魏晋南朝时期,才被称为敕勒。

据史籍载,北魏太武帝出征北伐时路经大漠,曾征服高车部,获得敕勒人约数 10 万众和牛马羊百万余。最后将他们都迁徙到漠南千里之地,即今呼和浩特及周边定居。

据史载,敕勒人无论男女老少,都能歌善舞。当时,这里传唱过许多著名的民歌,其中一首脍炙人口的《敕勒歌》一直流传至今,成为古代北方民族的千古绝唱。

敕勒川,阴山下,

天似穹庐,笼盖田野。

天苍苍,野茫茫,

风吹草低见牛羊。

北魏时期的盛乐一带,不仅有繁荣的农牧业经济,而且交通事业也很发达。这里的郡、县、镇之间,道路纵横交错,交通便利。当时的盛乐城,不仅有南通中原,北抵大漠的交通干道,同时还有着通往西域的草原丝绸之路。长期频繁的贸易往来,又使盛乐这座北魏都城,成为当时草原丝绸路上的一座商贸名城。

盛乐城,因是北魏王朝诞生地,被北魏统治者视为神圣之地。北魏的开国皇帝拓跋珪,在山西新都平城称帝不久,即派人回到旧都盛乐,在这里大兴土市,营造宫室,建立宗庙,祭祀祖先。以后的历代皇帝也曾多次回到故都进行祭祀活动。

这一带,不仅是历史上鲜卑民族开创伟业的最早基地,而且还是最早埋葬北魏历代帝、后之墓地,即著名的金陵所在地。据史籍载,401 年,北魏大祖皇帝拓跋珪死后,就葬于盛乐的金陵。

以后,北魏的明元帝、太武帝、文成帝、献文帝等五代皇帝均葬于此。另还有北魏的几代皇后、大臣等人也葬于此或陪葬。

北魏的金陵,在历史上名声显赫。相传金陵的建筑规模宏大,可与秦始皇陵相比。但史籍从未讲明金陵的准确位置。一说,是在盛乐城西北宝河欠的下游,故称金河的沿岸地带;又一说,在盛乐城东面土岗重叠的神山之北。多少年来,曾有过无数抱着梦想之人,寻找金陵,但均一无所获。直到今天,北魏金陵依然是个千古之迷。

三、文化

1. 大窑文化

大窑旧石器遗址　位于呼和浩特市郊区保合少乡大窑村南山。属于大青山前丘陵地带,当地盛产燧石。发现于 1973 年,1976 年正式发掘。1979—1984 年继续发掘。所得成果表明:这处石器制造场分为旧石器时代早期第一、第二两个阶段,另有旧石器时代晚期、中石器以及新石器时代,共分五个阶段。四道沟北崖发现地层剖面 1 处,厚 14 米,长 24 米,分为上、中、下 3 层,下层和中层由中更新世离石黄土构成,代表旧石器时代早期第一、第二两个阶段;上层由晚更新世马兰黄土构成,代表旧石器时代晚期。上、中、下层均出土文化遗物和古生物化石。化石方面,下层出土三门马白齿化石、肿骨大角鹿上下颌骨烧骨化石;中层出土 10 多种啮齿类动物化石;上层及其附近出土披毛犀和原始牛等化石。经用古地磁法测定年代其下部最低文化层为七十万三千三百年;肿骨大角鹿出土层为五十九万年;离石黄土下部与上部之间为四十至四十一万年;离石黄土与马兰黄土之间十一万六千年;马兰黄土上部黑垆土层为九千三百八十六年。遗迹之中有灰堆 1 处,内含烧土和柴草灰,人类开采过大块燧石约 70 万块;遗物之中有石制品 600 多件,分为石锤、石核、石片、刮削器、尖状器、砍砸器等。刮削器的加工方法以交互打击为主,另有龟背形刮削器,很有特点,命名为四道沟文化。中层出土石制品 203 件,其组合与下层同,另有开采过的大块燧石约 20 块。上层文化遗物出土于黑垆土之下的马兰黄土层中,数量不多。山上各地另有人类开采过的大块燧石约 400 块。地表散布和地下埋藏的石制品更是不计其数。1976 年二道沟发掘时由于出土文物很有特点,被命名为大窑文化。中石器时代文化遗址位于兔儿山北坡二道沟北口,文化遗物出土半米厚的全新世地层中。新石器时代遗址位于兔儿山南坡八道沟北岸,面积 2.5 万平方米,属于仰韶文化晚期,距今约五千年。这处石器制造场面积实达 170 万平方米,其历史年代超过七十万年,在考古学上很有意义。

2. 河套人及其文化遗址

河套人及其文化遗址　位于内蒙古自治区鄂尔多斯市乌审旗南部萨拉乌苏河沿岸,为法国生物学家桑志华在1922年所发现,成为中国境内发掘和研究最早的旧石器时代晚期遗址之一。他与周口店的山顶文化和宁夏灵武县水洞沟文化齐名。当时曾发现大量古生物化石、人类化石、石器和灰烬等物。人类化石仅有一件八九岁幼童的左上外侧门齿,其后以河套人闻名于世。解放后,自治区有关部门曾于1956年派人前往该地区进行调查,在萨拉乌苏河的杨四沟弯与范家沟弯之间新发现河套人文化遗址一处;在滴哨沟弯发现河套人顶骨和股骨化石各1件,还采集到纳玛象牙和披毛犀牛头骨化石等。1963年以中国著名考古学家裴文中教授为首,组成考察队前往调查,在划分乌苏河沟崖的地层年代方面,取得很大进展。1972年贾兰坡教授一行前往萨拉乌苏河考察。1978—1980年间,中国科学等有关单位再次前往考察,采集到一批人类化石,并首次从原生地层中发现人骨化石6件,前后共发现河套人化石23件。这些化石表明:河套人属于晚期智人,其体质特征接近现代人,但仍保留一些原始性质,如头骨骨壁和股骨骨壁较厚等。萨拉乌苏河的沟崖下前后出土石制品共500多件,所用原料大部分为石英石和燧石。石器类型分为刮削器、尖状器、雕刻器等,以刮削器为主。器型特小,一般仅长2—3厘米,属于华北地区小型文化系统。其历史年代为距今五万至三万五千年。

3. 兴隆洼文化

兴隆洼文化　因1982年首次发现于赤峰市敖汉旗宝国土乡兴隆洼村而命名。是目前已知内蒙古境内和东北地区时间最早的新石器时代文化类型,距今约七千余年。遗址面积4000余平方米,其外缘有一椭圆形围壕,壕内侧分布有10余排南北排列的房址130间。经1983—1986年的4次考古发掘,共揭露房址80余间,均为半地穴式房址,最大的房址面积140平方米,一般为70—80平方米。兴隆洼文化的陶器以大型厚胎厚唇夹砂直筒罐为主,饰压印之字纹、麻点纹和交叉划线纹等。石器以锄形器为主要特片,骨器发达,还出土有石雕人头像等石刻。兴隆洼文化的年代与中原地区的磁山裴李岗文化的年代大体相同。

4. 红山文化

红山文化　因 1935 年在赤峰市红山的发掘而得名。距今约五六千年，属新石器文化。分布范围在赤峰市、通辽市南部、辽宁省西部及燕山南麓。红山文化的遗址多在地势平缓、视野开阔的向阳坡地，并有成群分布的特征。其面积一般为 3—4 平方米，大遗址可达几百万至几千万平方米。其中约占十分之一的遗址为方形围壕，并在一侧设有对称的寨门。红山文化以彩陶和"之"字纹夹砂直筒罐为其主要的陶瓷特征。石器以石耜、石磨盘和磨棒为主，反映出以农耕业为主的生产方式。早在这一地区发现的玉器群，在 20 世纪 80 年代被考证是属于红山文化猪形玉龙、卷云形玉饰、各种玉鸟等，代表了红山文化的工艺水平，大型的泥塑女神以及由庙、冢、坛结合的带有祖先崇拜色彩的组合建筑群，反映出发达的祖先崇拜文化。

5. 红山碧玉龙

红山碧玉龙　原始社会新石器时代遗物。这件大型玉龙为墨绿色，高 26 厘米，完整无缺。体卷曲，呈"C"字形。是一块玉料的原雕细部运用浮雕、浅雕手法表现，通体琢磨，光洁圆润。龙体伸曲刚劲有力，长鬣高扬，显得极有生气。堪称中国玉器中年代最早的高水平作品。1971 年出土于赤峰市翁牛特旗赛沁塔拉嘎查。经考证，初步认定这件玉龙属于红山文化，距今约五千年。有关专家认为："龙的孕育、出现，意味着中国远古文明的黎明时期已经到来。"

6. 庙子沟遗址

庙子沟遗址　内蒙古中南部新石器时代遗址。位于乌兰察布市察哈尔右翼前旗境新风乡庙子沟村南。地处西坡，背风向阳，面积近 3 万平方米。1985 年，在此发觉，揭露面积达 1 万多平方米。清理出房子 50 余座，窖穴、灰坑 130 多个，墓葬 40 余座。出土并复原各类陶器 700 多件，其他石器、骨器和蚌螺类装饰品千余件。房址均依缓坡等高线次序排列，房子皆半地穴式，地表建木骨泥墙，室内有若干木柱支撑房架，门道东开向日，室中心设炕灶。在房内四角或房址周围，多建有圆形或长方形窖穴。房子居住面及室内外的窖穴内,发现有大量的生产工具和生活用品,有较多的人骨乱置其中。此外,遗址还出土了牛、羊、鹿、狍、猪、狗和少量水生动物遗骸。反映了当时人们以农业为主,兼营狩猎和捕捞业的经济特点。庙沟子遗址年代属仰韶晚期阶段,距今五千五百年左右。遗址以布局井然的村落,制作精美的陶器和几何形彩陶案,以及磨制精致的石器和骨制品而独具特色。

7. 老虎山文化

老虎山文化 位于凉城县,980 年发现老虎山遗址,1982 年、1984 年、1986 年数次大规模发掘,获得了重要发现。从 1986 年开始,又先后发现了西白玉、面超、板城、园子沟和大庙坡遗址,并进行了清理和试掘。1986—1989 年,对园子沟遗址进行了大规模发掘。以老虎山遗址为代表的岱海地区石城堡聚落遗址群,均分布在山前向阳坡地上。除园子沟遗址周围无石墙外,其他遗址均被石墙环绕。但园子沟遗址背靠龙脊背山,面临河,亦可起到防御作用。在板城遗址墙外山梁上还发现了祭坛遗址。围墙之内,房子成排建筑在坡前层层阶地上,每两三间为一组。在园子沟遗址还发现了两间卧室共用一个炊室的房址和前炊事后卧室的双间房址。老虎山遗址成群窑址分布于墙外,显然是专业集体作坊;园子沟发现的窑址都在遗址区内,设有专用作坊的房子。各遗址发现的遗址,均呈“凸”字形,群墙和地面均抹白灰面,圆形地面灶居中,有的灶周有一圈黑彩。在黄土堆积较薄的遗址内,主要是窑洞式建筑,造型划一,工艺讲究。通过老虎山和园子沟遗址的发掘,并与周围同期遗址对比、分析、研究,发现岱海遗址群的各类遗址可分为 4 段。其年代距今四千八百至四千三百年间。其代表性器物发展序列清楚。其中尤其三足器鬲和斝的出现,改变以往平底器作为炊具的习惯,开文明时代鬲文化先河。以它们的分布地域和文化特征,此类遗存被命名为老虎山文化。

8. 朱开沟文化

朱开沟文化 朱开沟遗址位于鄂尔多斯市伊金霍洛旗纳林塔乡正北 10 公里的朱开沟村。1974 年发现。1977 年、1980 年、1983 年和 1984 年 4 次发掘,揭露面积 4000 平方米,共发现房址 87 座,灰坑 207 个,墓葬 329 座、瓮棺葬 19 座,出土陶器(可复原)500 余件,石、骨、陶、铜生产工具约 800 余件。地层堆积,可分 5 层,除表土层外,2—5 层为文化层。根据文化层的叠压和遗存打破关系,可分为三期 5 段:一期为第 1 段,相当龙山晚期;二期为第 2—4 段,相当夏朝早、中、晚期;三期为第 5 段,相当于早商时期。考古资料表明,朱开沟遗址层位关系清楚,年代及发展程序明确,第 1—5 段遗存大体是衔接发展起来的。房址,第 1 段以圆角形为主,地铺白灰面;第 2 段以圆形者占多数,但圆角方形或圆角长方形仍是主要形式,铺白灰面的数量减少,地表一律铺黄粘土硬面。灰炕,第 1 段以圆角方形或椭圆形为主;第 2 段圆角方形和椭圆形比例下降,以圆形筒状为主,并有少数灰炕底部铺灰而呈白灰渣;第 3 段以圆筒状为主;第 4 段圆筒状虽占多数,但出现了数量较多的袋状和方形覆斗状;第 5 段以袋状和方形覆斗状为主。墓葬的性质早晚期也有变化,主要表现在随葬品器物组合和葬俗上。大体从第 3 段开始,畜牧业因素逐段增长,第 5 段时出现了草原文化特征——鄂尔多斯铜器。各段陶器的基本组合为:各种型式的鬲、三足瓮、单耳罐、双耳罐、甑、高领罐、豆、盆、碗、杯、壶、大口尊等。其中与周围邻近地区同期陶器相比,有本地区特征的花边鬲、蛇纹鬲、三足瓮、带纽罐等,发展序列挖完整,不同于其他同期文化,故命名为朱开沟文化。

9. 鄂尔多斯式青铜器

鄂尔多斯式青铜器　以各种动物纹为特征的青铜艺术品,人们通常称之为鄂尔多斯式青铜器。它是中国古代北方草原文化的代表器物之一。该文化内涵丰富,器物种类繁多,包括兵器和工具类、装饰品类、生活用具类和车马具类。兵器和工具类中,有短剑、铜刀、铜斧、铜凿、鹤嘴斧、棍头棒、铜锥、铜戈、铜矛和铜镞等。其中,以短剑和铜刀最有代表性,出土数量多,发展演变序列清楚。装饰品类中,有头饰、项饰、腰带饰和佩品饰等。以各种动物纹饰牌组成的腰带饰最引人注目。所表现的动物纹有鸟纹、牛纹、驼纹、狼纹、虎纹和其他不明种属的动物纹等。其表现手法,有立形、蹲踞、奔跑形,咬斗形和身体反转呈 S 形等。尤其是动物咬斗形的大型铜、金饰牌,从艺术构思到制作工艺,都达到了精工娴熟的程度。表现的主题有虎咬羊、虎咬马、虎豕咬斗、鹰虎搏斗、双豹夺鹿及狼背鹿，以及人与动物界合并以自然景象衬托的反映社会生活的艺术构思等，均表现得栩栩如生，具有浓郁的草原气息。生活用具类中，有铜镜、铜匙、铜(铁)釜和陶器。此外，还有车马具零件，考古发现，在朱开沟文化晚期，相当早商时期(公元前十五世纪)的墓葬中出土了目前最早的鄂尔多斯式青铜短刀、铜刀和铜銎(盔)，比西方斯基泰文化早一千年。说明鄂尔多斯式青铜器，可能起源于鄂尔多斯及其邻近地区。创造该文化的民族，可能是对中国史及至世界史有过深远影响的中国北方民族——匈奴族。

10. 夏家店下层文化

夏家店下层文化　中国北方青铜时代的早期文化。最初发现于赤峰市夏家店。下层文化年代在公元前2000—前1500年。主要分布于燕山北麓，向北至西拉木伦河，东达医巫闾山，西抵河北省张家口地区。夏家店下层文化的陶器特点鲜明，实用陶器以青灰色为主，手制，泥条盘筑，烧制火候较高，彩绘陶器多见于墓中房址被围墙或壕沟包围，其数目自数十座至百余座不等。房屋有半地穴式的，也有石块或土坯垒砌墙壁的，屋门多开向东南。墓葬都发现在聚落近旁，规模有的达1000余座，排列密集而有规律。随葬品除随身佩戴的装饰品之外，女性以纺轮随葬，男性则随葬斧、钺、金属制品，多是小型制品。如青铜耳环、指环、金耳环等。此外，还发现占卜用的卜骨。

11. 阴山岩画

阴山岩画　分布地域广泛，主要集中在内蒙古乌拉特中旗、乌拉特后旗、石登口吸到 等旗县境内。岩画题材内容有野兽、飞禽、家畜、放牧、狩猎、车辆、人脚印、动物蹄印、舞蹈、十二生肖、手形、畜圈、符号、人画像、云等，以家畜和放牧为最多。岩画是陆续制作的。新石器时代画面有车辆、放牧、骑者、动物。北朝岩画，多图案化、程式化和抽象化的图形和酷似古突厥文字母的符号，题材有长矛、二齿叉、动物图案等。元代至清代作品有神像、文官立像、虎等，以青铜时代游牧人作品为主。作画民族有原始氏族部落，其后有匈奴、突厥、蒙古族和汉族，以突厥岩画最有特色。

12. 阿拉善岩画

阿拉善岩画　分布在阿拉善盟雅布赖山、龙首山、贺兰山、海尔罕山等地。以雅布赖山东南曼德拉山最为密集。岩画内容,有各种动物,如盘羊、北山羊、岩羊、黄羊、马、牛、骆驼、鹿、狼、豹、狐狸、飞禽等,还有规模宏大的狩猎和放牧图。在雅布赖山有 3 个岩洞,石壁上用红色颜料吹喷而成的手印,是中国已发现岩画时代最早者,距今已三万年以上的历史。岩画内容,反映了从旧石器时代,经青铜时代、北朝、唐代、西夏,一直到明清时代北方草原荒漠地带猎牧人的生产、生活、宗教信仰、原始思维、生命意识等各个方面的历史概貌。

13. 战国长城遗址

战国长城遗址　战国时代的内蒙古地区,秦、赵、燕三国都修筑长城用于军事防御。秦长城修筑于秦昭王时,遗迹由陕北进入内蒙古鄂尔多斯高原中部,今伊金霍洛旗与准格尔旗交界处偏东北,傍近黄河,至十二连城,属上郡;赵长城修筑于赵武灵王时,遗迹由河北进入乌兰察布市东南部,沿大青山、乌拉山南坡,西至狼山,分属于代、雁门、云中、九原等郡;燕长城修筑于燕昭王时,遗迹在今乌兰察布市与锡林郭勒盟交界处南部,绵延向东,经燕山北麓,又向东经赤峰市南部进入辽宁省,分属于上谷、渔阳、右北平郡。长城遗迹为石砌、土筑,也有土石兼用的。在山岭陡峭之处,则往往以天险为屏,有封锁谷口墙垣。沿长城有屏障、烽燧、塞围等遗迹。长城之内置边郡、边县,呼和浩特市托克托县古城村古城是赵国云中郡治所。

14. 高阙塞遗址

高阙塞遗址　位于巴彦淖尔市乌拉特后旗呼和温都尔镇向西的达巴图音苏木。高阙塞得名于战国时期,最早的文字记载见于司马迁《史记》。高阙塞因地势险要,又是从北方草原通往山南平原的咽喉要道,历来为兵家必争之地。据考古调查,在山口两侧及山谷两边,均有石筑长城和烽燧遗迹,这也证明高阙塞在古代曾是军队镇守的重要据点。据《史记》记载,汉将卫青 7 次出塞北击匈奴,其中有 3 次从高阙出塞,足见高阙塞之重要。

15. 和林格尔汉代壁画墓

和林格尔汉代壁画墓　在内蒙古和林格尔县东南 40 公里,新店子村西2.5 公里的红河北岸小丘山下。1972 年清理,墓是由墓门、甬道、前室、三耳室、中室、后室等组成多墓室。除前室、左右耳室为券顶,其余均为穹庐顶,全长 19.85 米,中室高达 4 米。因早期被盗,仅存残破的陶器等 80 余件。壁画是本墓最重要的收获。全部墓壁及甬道直到墓顶,都绘满彩画。壁画分上、中、下 3 层。上层画神话传说及忠孝节义等故事,下层画墓主人的官曹属隶。中层绘死者生前事迹,自举孝廉为郎,升任西河郡长史、上郡属国都尉,迁繁阳县令,晋升为使持节护乌桓校尉的最高官职。乌桓校尉是汉代主管北方兄弟民族的事务官。壁画中有很多乌桓鲜卑人形象。壁画巧妙地运用死者历任官职所在的城桓、粮仓和车马出行图等,以展示他的生前事迹。后室绘有五成县图,为死者的故里。五成县属东汉定襄郡,即今墓地东 5 公里玉林村南的汉城。壁画场面宏伟,内容丰富,具有现代绘画艺术的超高水平,较全面地反映了东汉时期真实的社会面貌。

16. 十二连城遗址

十二连城遗址　在准格尔旗北十二连城黄河岸边,隔河与托克托县城对峙,相距约 5 公里。1963 年内蒙古文物工作队将城垣范围分别编为 1—5号,南面的 1 号城垣范围最大,东面的 5 号城垣范围次之。西北隅 2—4 号三城,呈矩形相连,城垣范围很小。五城共计周长 4.5 千米。其中 1 号城南北长 1039 米,东西宽 857 米,范围最大。5 号城范围次之,长 1019 米,宽约 300米。2 号城长 237 米,3 号城长 248 米,4 号城长 165 米。三城相连都略呈方形。地面上遗物分布情况为:1 号、5 号、4 号城中,以隋唐时期遗存最为丰富,汉、魏遗物次之。2 号、3 号城中,以西夏和元、明时遗存为主。

17. 汉代石刻日晷

汉代石刻日晷　呼和浩特市托克托县出土。据考证,是迄今发现的唯一可靠而完整的汉代日晷。日晷用质地细密的大理石雕刻而成,为正方形,边长 27.4 厘米,厚 3.5 厘米。晷面中央有一个深 102 厘米,直径 1 厘米的圆孔。以该孔为中心刻有内外两个圆和一个大圆弧。两圆之间刻有 69 条辐射线,占圆面积的四分之三,辐射线与外圆交合处分别钻以小孔,按顺时针方向标刻一至六十九汉篆体数字。这件汉代石刻日晷的出土,对于研究古代的天文历算科学提供了极为珍贵的实物资料。

18. 辽代陈国公主墓

辽代陈国公主墓　1986 年夏在奈曼旗青龙镇发掘了辽代陈国公主与其驸马合葬墓。墓是由前、左右耳室、后室等 3 部分组成。全长 16 米,后室高 3.97 米,穹庐顶,东向。墓门上为仿木结构雕彩斗拱,琳琅艳丽。墓道两侧,绘有鬈发契丹装束的牵马驺从。前室绘有侍卫、男女仆役及云鹤、日月、星辰和天象等图。壁画约 30 平方米,线条粗犷豪放,挺直舒展,均用原色单线平涂,显现辽代早、中期的绘画特征,较多地保留了唐画风格。后室正面,有砖砌灵床、供台,上有床罩和帷幔。灵床上公主、驸马皆直肢仰葬、戴金面具,身上各式金银、玉带、经过精雕细琢。墓中精美的宫廷御用瓷器,以及来自中亚的钠钙玻璃等共 50 多组 300 多件,都是稀世之珍宝。多数为过去辽墓中从未见过的。其中有的是朝廷御制的随葬物品。出土墓志记载,"公主景宗皇帝之孙,秦晋国王黄太弟正妃肖氏之女"卒于开泰七年(1018 年),18 岁。驸马薛绍矩是圣宗仁的皇后之兄。曾任泰宁军节度使及检校太师等职。

19. 嘎仙洞遗址

嘎仙洞遗址　位于呼伦贝尔盟鄂伦春自治旗阿里河镇西北 10 公里大兴安岭北端。为北魏拓跋鲜卑先祖旧墟遗址石室。洞内南北长 120 米,东西宽约 28 米,高 20 余米,洞口西南向。1980 年在洞口西北上发现北魏太平真君四年(443 年)铭刻,隶书汉字 19 行,共计 201 字,字体大部清晰可辩。洞内堆积有较厚的文化层。这一发现对于研究拓跋鲜卑早期历史和有关的古代北方民族历史地理等问题,既具有重要的科学价值,又有重要的政治意义。

20. 辽代打马球国

辽代打马球国　1990 年出土于敖汉旗皮匠沟 1 号辽墓。长 1.5 米,宽 0.5 米,共绘有 5 人,各乘 1 马,有 4 人头戴斗笠形毡帽,策马奔驰于球场上,并手持月杖在抢击一红色球。球场两端各设一红色毡帐式球门。另一人在球场外,持杖静观比赛,生动地描绘了契丹族的击球场面。

21. 金代钞版

金代钞版　全称为金贞佑三年壹拾贯文交钞铜版。交钞版高 20.2 厘米,宽 10.6 厘米,厚 1 厘米,重 2345 克。正面形制为:四周以莲花、莲叶为栏,版头有字为"壹拾贯",左栏外有"每纸工墨线捌文足纳旧换新减半"字样。栏内为钞文,分上下两部分,上部中间为钞面金额:"壹拾贯八十足陌";左边为"字号"2 字,右边为"字料"2 字。料号之外分别篆书:"伪造交钞处斩""赏钱三百贯文"。下部还有 7 行小字。这块金代钞版在内蒙古地区为孤品。

22. 西夏黑水城和元代亦集乃路遗址

西夏黑水城和元代亦集乃路遗址　(额济纳旗黑城)位于额济纳旗人民政府所在地达赖库布镇东南约 25 公里的荒漠中。蒙古语俗称哈拉浩特。西夏时的城垣,每面长约 240 米,现尚存南墙及南城门遗迹,暴露地表高约 2 米。元至元二十三年(1286 年)在此设置亦集乃路总管府(亦集乃是党项语黑水的音译),改筑和扩展城垣后,成为南北长 384 米、东西宽 435 米的中等城郭,并在东城墙外兴建了东关厢地带的街区。城墙东、西两面各设 1 门,墙高 10 米许,城墙西北隅建有覆钵式佛塔 5 座,最大的一座高达 13 米,远在数十里外就可望见。城内有东街、正街等东西向的纬路 3 条,南北向的经路 6 条,组成长方形状的街区,市民多住在城内东北角,即西夏时旧城区域。总管府位于西门内大街路北,其司属单位均建在扩展后的城区内。城内出土过一些文书和其他文物,现已被列为自治区级重点文物保护单位。

23. 元应昌路遗址

元应昌路遗址　在今内蒙古克什克腾旗达里诺尔湖西岸的达尔罕木境内。元代弘吉剌部长世居的城郭。元至元七年(1270 年)始建,初名应昌府,元至元二十二年(1285 年)升府为路。弘吉剌部长特薛禅随成吉思汗起兵有功,女孛儿台为太祖皇后,子按陈从太祖征伐有功并封王,因此决定"弘吉剌氏生女世以为后,生男世尚公主",显赫于诸王之上。元贞元年(1295 年)驸马蛮子台封为济宁王,后晋封为鲁王,以后弘吉剌部长皆袭封为鲁王,所以应昌路又称为鲁王城。城墙全用黄土夯筑,平面呈长方形,东西宽 650 米,南北长 800 米。在东、西、南三面墙上开设城门。南城门内为一条宽约 10 米的大街。横街以南还有两条经向和一条纬向的街道,将城南部分割成方形街区。横街以北为王府、王傅府及寺庙区域。王府位于丁字街正北方中央,为南北长 240 米、东西宽 220 米的大院,院内残存有三进殿堂基址。1368 年,元王朝覆灭,元顺帝妥欢帖睦尔退出大都(今北京)后,先据守上都(今正蓝旗五一牧场),再退至应昌,继续用元朝年号及一切典章制度维持统治,史称为北元。1370 年元顺帝病逝。同年 5 月明王府派兵攻克应昌,北元军马远遁,应昌城也被废弃。

24. 元代纸币

元代纸币　1982 年在维修呼和浩特市辽代万部华严经塔工程中,出土元代中统元宝交钞一张。该钞为黑灰色麻桑皮纸,钞面额为“壹拾文”。钞纸长 16.4 厘米,宽 9.2 厘米。正面分额头和版文两部分。额头横书“中统元宝交钞”,版文以攀枝花纹作为边框,围成以横线割成的上下两部分。上部居中是“壹拾文”钞额和纵列的十枚铜钱图案。两旁各有一行竖写的九叠汉子——“中统元宝”“诸路通行”。两行篆字之下,分别为“字料”和“字号”,并以毛笔草书千字文“动”和“光”。下部从右起印文为“行中书省奏准印造中统元宝交钞宣课差发内并行收受不限年月诸路通行”。左边为“元宝交钞库子攒司印造库子攒司”的签押。左下为“中统年、月、日”“元宝交钞库使副判,印造库使副判”的签押。最后款识是“行中书省提举司”。钞面上下加盖两方朱红印章。背面有斜盖骑缝章,上刊“壹拾文”钞额,下印如正面排列式的十枚铜钱图案。偏上隐约可见朱红印章一方。此钞为元世祖忽必烈时期印制,使用时间约在至元十三年(1276 年)左右,是世界上迄今为止发现的最早纸币实物。

25. 元监国公主印

元监国公主印　蒙元时期监国公主的一方官印,是 1974 年在大青山北武川县五家村征集到的。为正方形,边长 1 厘米,通纽高 6.3 厘米,厚约 1 厘米,重 1400 克。黄铜质。印背面有台级一层,纽作为长方形,其顶端刻一

"上"字,下凿一"王"字。印文为阳刻篆体九叠文,共三行十四字,为"监国公主行宣差河北都总管之印",印的正中畏兀儿蒙文两行,体式特别、古朴,字体漫漶不清,经考定为"总管之印"之意。根据文献记载,监国公主就是嫁到汪古部的成吉思汗三女儿阿剌海别吉。金元之际,汪古部活动在今内蒙古大青山以北的广袤地区。汪古部本是金朝臣民,负责守卫金的北疆,与漠北各部的关系很密切。在成吉思汗实现统一蒙古各部和征伐金朝的战事中,汪古部起了重要作用,后汪古部受封并与成吉思汗家族约为世婚,阿剌海别吉首先嫁给汪古部首领阿剌兀思剔吉忽里。后来阿剌海别吉不仅掌握汪古部政事,而且还降懿旨任命今山西、河北等地的地方官员。印文意是成吉思汗三女儿监国公主阿剌海别吉还兼行河北都总管,为今华北地区诸军总管的总统领,管辖黄河以北广大地区。该印的发现,为探索早期蒙古和汪古部的历史及当时的民族关系,提供了新资料。

26. 元均窑大香炉

元均窑大香炉　元代均窑瓷器中的稀世珍品。1970 年 12 月在呼和浩特东郊太平庄出土。香炉高 42.7 厘米,口径 25.5 厘米。香炉两侧有对称的长方形耳各一,另有 1 对兽形耳位于长方形耳的下部,连接在香炉腹颈之间。在香炉的颈部有 3 个雕贴的麒麟,1 个在背面,2 个在正面。在正面的两个麒麟中间,有一块方形题记,其上阴刻有"乙酉年九月十五小宋自造香炉一个"(乙酉年为元武宗至大二年,即 1309 年)。腹部塑雕贴有兽面和铺首衔环等纹饰,圆底鼎立兽足 3 个,通体是天青色釉。由于施釉较厚,烧纸时釉液纵横流于器表,造成天然的流釉现象,致使这件香炉显得浑厚而独特。

27. 元失林婚书案文卷

元失林婚书案文卷　1983—1984 年在额济纳旗黑城发掘出土的诉讼类文书保存较好的一卷。由 24 份公文组成,包括原告人失林之夫的诉状的承管状,被告人失林和阎从亮的取状和认识状,于照人(证人)的取状,差役和司狱的责领状和承管状,主办诉讼单位刑房向亦集乃路总管府官员的呈牒等等。从这份文卷所载案情得知:失林本姓张,原籍大都人,经媒人倒剌说合,嫁于回回商人脱墨尔,脱墨尔又将她过房给脱黑贴木。在脱黑贴木将她送回岭北行省以西的回回地面途中,失林恐远离故土,拒不从行。脱黑贴木将她转嫁给亦集乃路礼拜寺即奥丁哈的所管回回商人阿兀。由于生活习惯与宗教信仰不同,又是妾妻身份,失林不愿与阿兀长久生活下去,趁阿兀到岭北地面做买卖期间,结识了邻人阎从亮,年岁相当且生活习惯相近,便合谋今后结为夫妻。失林将嫁给阿兀的婚书偷出来交给阎从亮,阎从亮不识字拿到街上找史外郎等认读,并约出失林商议将婚书烧毁。待阿兀做买卖归来,得知此事后上告官府,经多次审讯后,失林、阎从亮供认不讳,于是官府归案,笞杖处罚了事。这份文卷对于研究亦集乃路以及元代的民族、婚姻关系、中西交通,以及民事诉讼等方面都很有价值。

28. 元大德四年军粮文卷

元大德四年军粮文卷 1983—1984 年间,在额济纳旗黑城考古发掘出土文物书中较完整的一件。由 6 件公文组成,包括甘肃行中书省给亦集乃路总管府的答复,亦集乃路总管府向甘肃行中书省的申文。这卷文书从一个侧面反映了元朝大德四年至五年(1299—1300 年)间平定海都叛乱的重大历史事件。大德四年铁穆尔命皇侄海山太子总领漠北诸王大军,准备彻底平息海都叛乱。由于所需军粮万石,而亦集乃路仅存官粮二千石,于是急申请甘肃行中书省调拨军粮,但行中书省又无粮可调,只好拨钞籴粮,保证了这次战役的军需供给。这件文书即记录了筹集军粮的过程。

29. 阿伦斯木古城遗址

阿伦斯木古城遗址 元代汪古部长世居的城郭。位于达尔罕茂名安联合旗百灵庙镇东约 20 公里,艾不盖河北岸的平原上。延祐五年(1318 年)由黑水新城更名为德宁路。汪古部长术忽难于至大二年(1309 年)袭封为赵王,以后继封诸王均为赵王,故统称此城为赵王城。蒙古语称为阿伦斯木,意为多庙。城垣平面呈长方形,东墙长 951 米,南墙长 582 米,西墙长 970米,北墙长 565 米。城墙中部开门,并加筑有瓮城。城内街道布局整齐,建筑遗迹甚多,大都各有围墙院落。在这些建筑遗址中,有王府、景教教堂、天主教堂及其他用途的一般建筑物。汪古部人信仰景教(基督教的一支),现城中尚存有景教徒墓室,上刻有古叙利亚的铭文和十字架。1289 年,天主教罗马教皇派遣方济各会修士约翰·蒙特·科维诺到东方传教,约在 1300 年前后达到汪古部,汪古部长阔里吉思率领大部分臣民皈依了天主教,并修建了一座富丽堂皇的"罗马教堂",阔里吉思去世后,汪古部人又复信景教。现今这处天主教堂遗迹仍存于城内西北角。明朝土默特蒙古部阿拉坦汗崇尚佛教,曾在此城中建立佛寺和若干喇嘛塔。清朝也曾在这里兴建了一座大佛寺,将元朝建筑材料改为地基石,因此古城内留有不少寺庙遗迹,形成多种宗教的"多庙"。为研究中西文化交流及民族历史的重要遗迹。

30. 石刻蒙古文天文图

石刻蒙古文天文图 全国重点文物保护单位金刚座舍利宝塔(俗称五塔寺)的后面山墙上,镶嵌有石刻蒙古文天盖图一幅。这是以天北极为圆心的放射状天盖图,用 5 个间隔不同的同心圆分别表示天北极圈、夏至圈、天赤道、冬至圈、天南极圈;又有 28 根经线,分别等于 28 宿的赤道距离。还有一个双勾刻度的圆圈,略扁圆形,与天赤道圈相交于春分点与秋分点,并与夏至圈与冬至圈相切,这是黄道圈。从图的右上方开始,有两条不规则的连续曲线,斜向左下方,绕过天北极,又转向右上方,这是银河;外侧一条是南河,内侧一条是北河。天文图圆面的外围,有四层注字的圆圈,最外层均匀地分成 10 段,刻黄道 12 宫与 12 生肖的蒙古文名称;往里一层分成 24 段,与黄道上的位置相应,刻 24 节气名称;再往里一圈分成 36 段,用藏码标注周天度数,以春分点为 0 度,每段 10 度,绕一周 360 度,正好与 0 度重合;这个分度圈的内外两侧,分别刻赤道和黄道的周天度数;最里一层于 28 根经线末端,刻 28 宿名称。图上刻有恒星 270 多个,星数 1550 余颗,并用蒙古文标注星名,字头指向北极。在天文图的左下方,有一个署名栏,刻星宿图例与"钦天监绘制天文图"字样。

31. 珍珠团龙袍

珍珠团龙袍 1996 年赤峰市巴林右旗出土了清代荣宪公主墓。袍外层呈深黄色,丝质。长 144 厘米,带袖宽 190 厘米。圆领、马蹄形袖,袖口及领口均有黑蓝色丝绸垫边。丝袍周身有八块用金丝线穿珍珠粒组成的团龙图案。两肩各一行龙,前后下缘各有两条行龙,昂首引颈,作追逐宝珠状。行龙以下用彩丝线织出海水、祥云图案。据初步估算,组成图案龙图案的珍珠粒有十万颗之多。荣宪公主为康熙三女儿,与康熙三十年(1691 年),下嫁于蒙古巴林郡王吴日衮(1671—1722 年)。康熙四十八年(1700 年)晋封固伦荣宪公主。荣宪公主墓是塞北地区清代重要墓葬之一。这件珍珠团龙袍,是中国现存同类物品中唯一的一件出土文物。

32. 古画月明楼

古画月明楼　发现于呼和浩特市无量寺(大召)公中仓正厅,悬挂于正座上端。画幅 350 厘米×120 厘米。画法单线平涂,一般用矿物质原料,故颜色多年不变。作者失传。人物表情刻画生动,画中共 110 人,衣冠打扮,互不相同,充分表现出康熙年间之民间习俗。画之主题表现康熙二十八年至三十五年(1689—1696 年)期间康熙私访故事。当时康熙(玄烨)亲自率军在西北边境某城镇一带驻扎,常常私访,一次他化妆到"月明楼"吃酒之后,酒饭钱要白银八两三,大大超出其所带银之数。他暗中断定此店主定非好人,此举纯为勒索敲诈,即称腰中无银,付不起饭帐。店主安山太系地方恶霸,便施展其一贯手段,唆使家奴打手摩拳擦掌,吼叫威胁,非拿八两三,否则扣驴剥衣。此时惊醒正在歇工的刘三。刘三进入吵闹之人群中,见店主又在讹诈外地人,内心不平。便冲到玄烨身旁,手拉客人至柜台前,慷慨陈词,愿将自己一年工资代为酒饭帐。清算结果,刘三一年工资恰为八两三,替玄烨解除此围。当时玄烨即与其拜为干兄弟。传说,玄烨回京后,召刘三至北京,不令其做任何事,封官四品。亦有人云,刘三实质上为担任暗查工作之人。此画对不同阶层、不同人物及其态度表情描绘鲜明生动。画中突出私访陷入重围之中的康熙的困窘之态;刘三则表现为激昂慷慨,仗义执言,并举起左手要求代付酒钱;恶霸流氓安山太及其同伙则满脸凶横,张牙舞爪。此外,尚表现一部分人看事不公从旁规劝;而另一部分人则表现为天下混乱,与己无关,只顾吃酒喝茶看热闹。场面中形形色色景象应有尽有。从画上更可鲜明看出,画家借康熙私访之说,表现其对当时社会上豪强恶霸、地痞流氓之不满。

参考资料

《内蒙古大辞典》,布赫主编,内蒙古人民出版社 1991 年版。

《走西口通鉴》,邢野主编,内蒙人民出版社 2009 年版。

《隋唐盛世与武川英雄》,张立侠主编,中国文史出版社 2016 年版。

《武川县志》,李尚恩主编,内蒙古人民出版社 1988 年版。

《内蒙古历史与文化》(上册),内蒙古教研室主编,湖南教育出版社 2009 年版。

《内蒙古历史与文化》(下册),内蒙古教研室编,湖南教育出版社 2011 年版。

《北魏盛乐时代》,王凯著,内蒙古人民出版社 2003 年版。

《神奇武川》,郭自刚主编,新华出版社 2006 年版。

《草原第一都—盛乐》,吴欣编著,内蒙古人民出版社 2001 年版。